Juli

Ve
un

Julia Rußmann

Vereinbarkeit von Familie und Beruf

Der Einfluss von Art. 6 GG auf die Rechte und Pflichten im Arbeitsverhältnis

Tectum Verlag

Julia Rußmann

Vereinbarkeit von Familie und Beruf.
Der Einfluss von Art. 6 GG auf die Rechte und Pflichten im Arbeitsverhältnis
© Tectum – ein Verlag in der Nomos Verlagsgesellschaft, Baden-Baden 2017
Zugl. Diss. Philipps-Universität Marburg 2016
ISBN: 978-3-8288-3982-3

Druck und Bindung: CPI buchbücher.de, Birkach
Printed in Germany
Alle Rechte vorbehalten

Besuchen Sie uns im Internet
www.tectum-verlag.de

Bibliografische Informationen der Deutschen Nationalbibliothek
Die Deutsche Nationalbibliothek verzeichnet diese Publikation in der
Deutschen Nationalbibliografie; detaillierte bibliografische Angaben sind
im Internet über http://dnb.ddb.de abrufbar.

Vorwort

Die vorliegende Dissertation wurde im Sommersemester 2016 von der juristischen Fakultät der Philipps-Universität Marburg angenommen. Rechtsprechung und Literatur sind auf dem Stand von Dezember 2015. Einschlägige Neuerscheinungen wurden vor Drucklegung berücksichtigt.

Mein besonderer Dank gilt Herrn Prof. Dr. Markus Roth, der mich stets in tadelloser Weise betreut und gefördert hat und mir volle wissenschaftliche Freiheit ließ. Ich danke ferner Herrn Prof. Dr. Friedhelm Rost für die zügige Zweitbegutachtung.

Auch meiner Familie möchte ich herzlich danken, ohne deren Unterstützung die Ausarbeitung und Fertigstellung der Arbeit nicht möglich gewesen wäre. Danken möchte ich insbesondere meinem Vater, Herrn Anton Riegger, der mich durch Korrekturlesen unterstützt hat, und meinem Mann, Herrn Dr. Dominik Rußmann, der die Arbeit bis zur Fertigstellung mit fachlichen Diskussionen und konstruktiver Kritik begleitet hat.

Wiesbaden, den 19.1.2017
Julia Rußmann

Inhaltsübersicht

Inhaltsverzeichnis

Einleitung

Die meisten Menschen wünschen sich eine Familie. Der Realisierung dieses Wunsches stehen Gründe entgegen, die hauptsächlich mit Finanzen, Karriere und Kinderbetreuung zusammenhängen.[1] Als Konsequenz hat der Gesetzgeber Gesetze erlassen, die neben finanziellen Regelungen eine bessere Vereinbarkeit von Familie und Beruf zum Ziel haben. Die Auswirkungen des demografischen Wandels auf die Sozialsysteme verschärfen die Brisanz des Themas und führen dazu, dass die Vereinbarkeit von Familie und Beruf in aller Munde ist. Kaum ein Politiker lässt dieses Thema mehr unbeachtet. Gleichwohl fehlt eine Zusammenstellung der gesetzlichen Regelungen, der neu erlassenen sowie der bereits bestehenden Gesetze, die dem Förderauftrag nach Art. 6 Grundgesetz (GG) entsprechend auszulegen sind.

Die überwiegende Anzahl dieser Gesetze regelt die Rechte und Pflichten von Arbeitgeber und Arbeitnehmer und sind Untersuchungsgegenstand dieser Arbeit. Es wird generell der geschlechtsneutrale Begriff „Arbeitnehmer" verwendet.

Ziel dieser Arbeit ist die Untersuchung der wichtigsten Vorschriften zur Förderung der Vereinbarkeit von Familie und Beruf als Konsequenz aus Art. 6 GG, was bisher in der rechtswissenschaftlichen Literatur nur wenig Beachtung gefunden hat.[2] Es sollen darüber hinaus Vorschläge unterbreitet werden, wie die Förderung der Vereinbarkeit von Familie und Beruf besser umgesetzt werden kann. Das englische Recht wird hierfür rechtsvergleichend hinzugezogen.

Einleitend wird die Bedeutung der zentralen Begriffe Familie und Arbeitsverhältnis und der verfassungsrechtliche Familienschutz nach

---

1   Monitor Familienleben 2010, S. 9f.; Monitor Familienleben 2012 (Schaubild 22); Monitor Familienleben 2013 (Schaubild 21,23) S. 27; *Dahm*, EuZA 2011, 30 (36); *Kirchhof*, AöR 2004 (Bd. 129), 542 (547); *Brosius-Gersdorf* S. 112, ausführlich zum demografischen Wandel in Deutschland S. 10f.

2   Es gibt jedoch rechtswissenschaftliche Arbeiten, die sich mit einzelnen Problemen beschäftigen wie beispielsweise *Dahm*, Familiendiskriminierungen bei Beendigung des Arbeitsverhältnisses und *Nebe*, Schwangerschaft am Arbeitsplatz.

Art. 6 GG herausgearbeitet. Es wird die staatliche Förderung der Kinderbetreuung skizziert, bei der das Kindeswohl stets zu beachten ist. Der Überblick über die Rechtslage in England ist Grundlage der rechtsvergleichenden Analyse der in Deutschland bestehenden Vorschriften.

Die Darstellung der gesetzlichen Regelungen im Hauptteil folgt den Lebensphasen des Kindes. Das Mutterschutzgesetz betrifft die erste Lebensphase des Kindes, den Zeitraum der Schwangerschaft und die ersten sechs Wochen nach der Geburt. Daran anschließend beginnt die Phase bis zum Ende des dritten Lebensjahres des Kindes, in der die Regelungen zum Elterngeld und zur Elternzeit relevant werden. Ab dem dritten Lebensjahr bestehen keine speziellen Regelungen, wenn man von der staatlichen Förderung der Kinderbetreuung bis zum Schuleintritt absieht. Eine Verbesserung der Vereinbarkeit von Familie und Beruf kann mittels der allgemeinen Vorschriften des Teilzeitbefristungsgesetz und des Weisungsrechts erreicht werden. Abschließend folgt eine Auseinandersetzung mit den allgemeinen und besonderen kündigungsschutzrechtlichen Vorschriften. Der allgemeine und besondere Kündigungsschutz tragen zum einen zur finanziellen Absicherung bei und gewährleisten, dass die Rechte aus den Fördergesetzen sanktionslos in Anspruch genommen werden können.

Die Literatur ist auf dem Stand von Dezember 2015. Der Gesetzgeber hat 2016 eine Neuregelung des Mutterschutzgesetzes[3] auf den Weg gebracht. Die Neufassung des Mutterschutzgesetzes dient primär dazu, dass Mutterschutzrecht transparenter, klarer und verständlicher zu gestalten. Inhaltlich soll es hingegen nur zu wenigen Änderungen kommen. Auf inhaltliche Änderungen, die für die Arbeit relevant sind, wird verwiesen.

---

3   BT-Drs. 18/8963 v. 28.6.2016.

1 Grundlagen

A. Die lenkende Wirkung des Rechts auf gesellschaftliche Strukturen

Das Private und das Staatliche stehen sich grundsätzlich konträr gegenüber. Gleichwohl werden der Privatperson in der Verfassung nicht nur Abwehrrechte gewährt, sondern es bestehen auch staatliche Schutz- und Förderaufträge. Gesetze, die zur Umsetzung dieser Aufträge erlassen werden, können auch in Rechte anderer Privatpersonen eingreifen. Ein solches Aufeinanderprallen verschiedener verfassungsrechtlich geschützter Rechtspositionen ist den Regelungen zur Vereinbarkeit von Familie und Beruf immanent. Denn sollen diese Regelungen nicht nur für Beschäftigungen im öffentlichen Dienst Beachtung finden, sondern sich auch auf privatrechtliche Beschäftigungen erstrecken, bedeutet dies automatisch eine Beschränkung der privatrechtlichen Interessen des Arbeitgebers zugunsten privatrechtlicher Interessen des Arbeitnehmers. Die Verfassung gewährt beiden Privatpersonen Schutz. Bei der Umsetzung und Anwendung von Regelungen sind diese zwei rechtlich geschützten Positionen in Abwägung miteinander zu bringen.

Durch den Förderauftrag nimmt der Staat zudem unmittelbar Einfluss auf gesellschaftliche Realitäten und Prozesse. Das einfache Gesetzesrecht und das Verfassungsrecht stehen sich ambivalent gegenüber. Während es der einfachen Gesetzgebung auf der einen Seite bedarf, um das Verfassungsrecht umzusetzen, kann sie sich auf der anderen Seite auch verfassungsbeschränkend auswirken. Unmittelbar realitätsprägend ist nur das einfache Recht.[4] Gleichwohl ist den Verfassungsnormen ein „Anspruch auf effektive Gestaltung der Realität" eigen.[5] Das Recht kann eine Erwartungssicherung und eine Verhaltenssteuerung zum Ziel haben. Während sich die Erwartungssicherung auf die Vergangenheit bezieht, ist die Verhaltenssteuerung auf die Zukunft gerichtet.[6] Die Erwar-

---

4 *Degenhart*, FS Lerche 2008, 89 (91).
5 *Degenhart*, FS Lerche 2008, 89 (93).
6 *Luhmann*, Ausdifferenzierung des Rechts S. 73f.

tungssicherung entspricht dem Vertrauensschutz. Das Recht steht in einer Wechselbeziehung zu der Gesellschaft, es wird von gesellschaftlichen Entwicklungen mitbestimmt und kann gleichzeitig ebendiese mitbestimmen. „Recht ist als unaufgebbares Element der Gesellschaftsstruktur immer Bewirktes und Wirkendes zugleich."[7] Die Anwendung von Rechtsregeln bedarf der Konkretisierung, die nicht frei von Wertungen ist. Die „Richtigkeit oder Unrichtigkeit von Wertungen" verschmilzt mit einer Diskussion über die Folgen der Wertungen für die Gesellschaft.[8] Mithilfe des Rechts werden gesellschaftliche Entwicklungen beeinflusst.[9] Es besteht in Abhängigkeit von der Gesellschaft, sodass eine Veränderung der Gesellschaft auch zu einer Änderung des Rechts führt. Irrelevant ist, ob dies in Form neu erlassener Gesetze oder durch Änderung der Auslegung von Worten und Begriffen geschieht.[10]

Der Staat wird durch Art. 6 GG verpflichtet, die Familie zu schützen. Nicht festgelegt ist, was unter dem Begriff der Familie zu verstehen ist oder wie dieser Schutzauftrag auszufüllen ist. So werden bestimmte Familienmodelle durch die Umsetzung des Schutzauftrages in einfaches Recht beeinflusst. Der Familienbegriff wird von der gesellschaftlichen Wirklichkeit geprägt. Das Verständnis von Familie prägt wiederum den Schutz- und Förderauftrag des Staates.

Das Familien- und das Arbeitsleben stehen zumeist in Konkurrenz zueinander. Durch eine Art. 6 GG konforme Auslegung des Arbeitsrechts kann diese Konkurrenz ausgeglichen werden. Dies gelingt nur dann, wenn es richtigerweise als „werdendes Recht […], [das] sich immer neu an den Entwicklungen des sozialen Lebens orientieren muss"[11] verstanden wird. Der staatliche Familienauftrag bestimmt somit die Anwendung und Auslegung arbeitsrechtlicher Regelungen. Von dem verfassungsrechtlich bestimmten Verständnis der Familie ist es abhän-

---

7   *Luhmann*, Rechtssoziologie S. 294.
8   *Podlech*, AöR 1970 (Bd. 95), 185 (209).
9   *Luhmann*, Rechtssoziologie S. 212; *Lewis, Child and Family Law Quarterly 2009 (vol. 21) p. 443 (459)*.
10 *Luhmann*, Ausdifferenzierung des Rechts, S. 75.
11 *Sinzheimer*, Die Reichsgerichtspraxis im deutschen Rechtsleben 1929 (Bd. IV), S. 2.

gig, inwiefern betreffende arbeitsrechtliche Regelungen erwartungssichernd oder verhaltenssteuernd wirken.[12]

B. Die Familie

Was ist also unter Familie zu verstehen? Die Herausforderung bei der Erarbeitung des Rechtsbegriffs Familie ist, dem ständigen Wandel des Familienverständnisses Rechnung zu tragen. So muss der Begriff der Familie zum einen eng genug gefasst sein, um die Familie von anderen Lebensgemeinschaften abgrenzen zu können. Zum anderen muss der Familienbegriff aber auch von vorherrschenden Familienbildern unabhängig bleiben, um der Wandlungsfähigkeit des Familienbildes Rechnung zu tragen. Gleichzeitig ist der Familienbegriff aus seiner Entstehung heraus zu begreifen, sodass auch die geschichtliche Entwicklung nicht außer Acht gelassen werden darf.

I. Der Familienbegriff im deutschen Recht

Im alltäglichen Sprachgebrauch versteht man unter Familie eine „aus einem Elternpaar oder Elternteil und mindestens einem Kind bestehende [Lebens]Gemeinschaft"[13]. Dem entspricht, dass die Zwei-Generationen-Familie bei der Mehrheit der Bevölkerung an der Tagesordnung ist.[14] Etymologisch bedeutet Familie die Gemeinschaft von Eltern und Kindern oder der Verwandten und entstand aus den Begriffen lat. familia (Gesinde) und lat. famulus (Diener, Gehilfe).[15]

1. Funktionen der Familie

Es stellt sich mithin zunächst die Frage, was eine Familie ausmacht. Hierfür sind zunächst die Funktionen einer Familie herauszuarbeiten.

---

12   *Luhmann,* Ausdifferenzierung des Rechts S. 73f.
13   Duden (3. Aufl.) Band 3, Familie.
14   *Lüscher,* Bitburger Gespräche Jahrbuch 2001, 15 (18).
15   Duden (3. Aufl.) Band 3, Familie; *Kluge,* (25. Auflage), Familie; *Pfeiffer* (1989), Familie; sowie *Klappenbach/Steinitz* (1967), Familie; *Schwab,* FS Bosch 1976, 893 (898).

Aus soziologischer Sicht wird auf die Reproduktions- und die Sozialisationsfunktion abgestellt, um den Begriff der Familie einzugrenzen. Die Reproduktionsfunktion entspricht nicht nur dem Erhaltungstrieb des einzelnen Menschen, sondern stellt auch die Grundlage der Bevölkerungspolitik und damit den Erhalt der Gesellschaft dar. Die Sozialisationsfunktion ist die konsequente Folge, da durch sie das alltägliche Wissen weitergegeben wird und die Kinder in ihre gesellschaftliche Rolle eingeführt werden.[16] Die gesellschaftserhaltende Funktion der Familie kommt in der Sozialisationsfunktion klar zum Ausdruck. Eine funktionierende Gesellschaft ist davon abhängig, dass ihre Gesellschaftsmitglieder in ihr auch agieren können.

Die Reproduktionsfunktion spielt nur noch eine untergeordnete Rolle, da die biologische Elternschaft hinter der sozialen Elternschaft zurücktritt. Die Übernahme von Fürsorgepflichten und Erziehungsaufgaben ist als das ausschlaggebende Merkmal der Familie anzusehen. Die Reproduktionsfunktion wird demnach von der Sozialisationsfunktion verdrängt. Die kleinstmögliche Familie besteht mithin aus einer generationendifferenten Zweierbeziehung, in der diese Aufgaben übernommen werden. Ob Verwandte in vertikaler oder horizontaler Linie zur Familie gezählt werden, muss von ihrem Einfluss auf den Familienalltag und damit von ihrem Einfluss auf die Sozialisation abhängig gemacht werden.[17]

2. Die Familie im Grundgesetz

Das Grundgesetz enthält in Art. 6 keine Definition der Familie. Zur Begriffsbestimmung sind mithin die Beratungen zu Art. 6 GG im parlamentarischen Rat und die Rechtsprechung zu Art. 6 GG heranzuziehen.

a. Bedeutung des Familienbegriffs bei den Beratungen zu Art. 6 GG im Parlamentarischen Rat

In den Beratungen zum Grundgesetz im Parlamentarischen Rat 1948/1949 spielte die Definition des Begriffs der Familie unabhän-

---

16 *Lenz*, Familie und Gesellschaft, S. 12; zu weiteren Funktionen der Familie *Schmid*, S. 198f.

17 Siehe *Lenz*, Familie und Gesellschaft (2005), 12 (17f).

gig von dem der Ehe keine Rolle. Dementsprechend lautete auch der Formulierungsvorschlag der CDU/CSU: „Die Ehe als die rechtmäßige Form der dauernden Lebensgemeinschaft von Mann und Frau und die aus ihr wachsende Familie sowie die aus der Ehe und Zugehörigkeit zur Familie fließenden Recht und Pflichten stehen unter dem besonderen Schutz der Verfassung."[18] Bei den anschließenden Beratungen wurde die hier vorgeschlagene Verknüpfung von Ehe und Familie dahingehend problematisiert, dass nicht aus jeder Ehe Kinder hervorgehen. Als Gegenvorschlag wurde daraufhin eingebracht statt „Die Ehe (...) und die aus ihre wachsende Familie" „Die Ehe [...] und die mit ihr gegebene Familie" zu formulieren.[19] Diese Formulierung entsprach auch der vom Grundgesetzausschuss vorgelegten Version des Art. 7a GG in der ersten Lesung des Hauptausschusses.[20] Die starke Verknüpfung zwischen Ehe und Familie blieb zwar erhalten, jedoch wurde das Kriterium der Abstammung durch die Neuformulierung geschwächt. In der Diskussion im Hauptausschuss wurden verschiedenste Ansichten zu der Rechtsstellung der unehelichen Kinder vorgetragen. Nichtsdestotrotz wurde im Rahmen der Diskussion um die unterschiedliche Behandlung von ehelichen und unehelichen Kindern darauf hingewiesen, dass diese Ungleichbehandlung wandlungsfähig ist und in anderen Zeiten und Rechtsordnungen nicht vorkommt. Diese Relativierung wurde auch auf den Begriff der Familie übertragen. So ist Familie „als Institution, an die sich bestimmte Rechte und Pflichten knüpfen, ein Produkt der Rechtsordnung, die in den einzelnen Epochen und in den einzelnen Gegenden gelten, [...] etwas vollkommen anderes, und es knüpfen sich an gleiche biologische und soziologische Tatbestände verschiedene Rechtsfolgen".[21] Für die dritte Lesung wurde die heutige Formulierung des Art. 6 Abs. 1 GG „Ehe und Familie stehen unter dem besonderen Schutz der staatlichen Ordnung" gewählt. Diese Umformulierung war jedoch der in Art. 1 Abs. 3 GG niedergelegten Verpflichtung, geltendes Recht zu formulieren, geschuldet und ändert nichts an der im Parlamentarischen Rat vorherrschenden Auffassung, dass Ehe und Familie in einem unmittelbaren Zusammenhang stehen.

---

18 Der Parlamentarische Rat 1948–1949, Band 5/I, S. 218/Anm. 28.
19 Der Parlamentarische Rat 1948–1949 Band 5/I, S. 830.
20 Der Parlamentarische Rat 1948–1949 Band 14/I, S. 597.
21 Der Parlamentarische Rat 1948–1949 Band 14/I, S. 604.

Auch wenn der Familienbegriff selbst nicht unmittelbar bei den Beratungen problematisiert wurde, bildete die Eltern-Kind-Beziehung
(nicht gleichzusetzen mit der Abstammung) wohl unwidersprochen
die Grundlage der Familie. Die Sozialisationsfunktion war folglich ausschlaggebend für das Verständnis von Familie. Darüber hinaus wurde
die Wandlungsfähigkeit des Familienbegriffs in den verschieden Zeiten
und Rechtsordnungen festgehalten.

b. Die Familie in den Bundesverfassungsgerichtsurteilen
(1) Allgemeines

In einer frühen Bundesverfassungsgerichtsentscheidung kam es zu einer bis heute immer wieder gern zitierten Beschreibung von Ehe und
Familie. Hiernach stellt Art. 6 Abs. 1 GG „Ehe und Familie als die Keim-
zelle jeder menschlichen Gemeinschaft, deren Bedeutung mit keiner anderen menschlichen Bindung verknüpft werden kann, unter den besonderen Schutz der staatlichen Ordnung."[22] Konstituierendes Element von
Familie war entsprechend den Ausführungen im Parlamentarischen
Rat die Reproduktions- und Sozialisationsfunktion, die grundsätzlich
im Eltern-Kind-Verhältnis verwirklicht wird. Das Verhältnis von Ehe
und Familie war immer noch eng, allerdings führte schon das Neben-
einanderstehen von Ehe und Familie in Art. 6 Abs. 1 GG dazu, dass das
„verfassungsrechtliche Bekenntnis zu Ehe und Familie zugleich die Gewährleistung beider Lebensformen"[23] sicherstellt. Das biologische Element und damit die Reproduktionsfunktion wurden in den bundes-
verfassungsgerichtlichen Entscheidungen nicht zur Bestimmung des
Familienbegriffs hinzugezogen. Folgerichtig wird das Recht eines Kindes auf Kenntnis seiner Abstammung nicht aus Art. 6 GG, sondern aus
Art. 2 Abs. 1 i.V.m. Art. 1 Abs. 1 GG also über das allgemeine Persönlichkeitsrecht hergeleitet.[24]

(2) Uneheliche Kinder und der Begriff der Familie

In den Urteilen des Bundesverfassungsgerichts wird unter dem Familienbegriff die unterschiedliche Situation von ehelichen und unehelichen
Kindern diskutiert. Das Fehlen des ehelichen Vaters des Kindes führe

---

22 BVerfG v. 17.1.1957 1 BvL 4/54 BVerfGE 6, 55 (71).
23 BVerfG v. 17.1.1957 1 BvL 4/54 BVerfGE 6, 55 (72).
24 BVerfG v. 06.5.1997 1 BvR 409/90 BVerfGE 96, 56 (63).

dazu, dass das uneheliche Kind nur eine Familiengemeinschaft mit der sorge- und erziehungsberechtigten Mutter bilde.[25] Die Verknüpfung der grundsätzlich als unabhängig voneinander anerkannten Institute Ehe und Familie wurde hier deutlicher herausgearbeitet. Die Familie kann auf der einen Seite unabhängig von der Ehe bestehen (Verbindung zwischen mindestens einem Kind und der Mutter), auf der anderen Seite wird sie bei Vorliegen einer Ehe als Erweiterung der Ehegemeinschaft angesehen. Die Sozialisationsfunktion wurde auch hier als das ausschlaggebende Element von Familie herangezogen, da auf die alleinige bzw. gemeinsame Sorge- und Erziehungsberechtigung abgestellt wurde. Die gleiche Abgrenzung findet sich in der Entscheidung des Bundesverfassungsgerichts vom 29.7.1959 zur Gleichordnung von Vater und Mutter im Bereich der elterlichen Gewalt[26], in der Familie beschrieben wird als „die umfassende Gemeinschaft von Eltern und Kindern, in der den Eltern vor allem Recht und Pflicht zur Pflege und Erziehung der Kinder erwachsen".[27]

Die Gemeinschaft der Eltern mit ihrem unehelichen Kind ist Familie.[28] Problematisch ist jedoch weiterhin die Frage, ob ein uneheliches Kind auch mit dem Elternteil eine Familiengemeinschaft bildet, der nicht im gemeinsamen Haushalt lebt. Ausschlaggebend für die Einbeziehung des mit dem unehelichen Kind nicht in einem Haushalt zusammenlebenden Elternteils muss sein, ob trotzdem die in Art. 6 Abs. 2 GG festgelegten Elternrechte wahrgenommen werden.[29] Grundsätzlich umfasst der Begriff der Familie im Sinne von Art. 6 Abs. 1 GG die geeinte engere Familie, also die Eltern mit ihren Kindern.[30] Die Familie besteht auch im Erwachsenenalter der Kinder weiter. Dem entspricht auch die wech-

---

25 BVerfG v. 23.10.1958 1 BvL 45/56 BVerfGE 8, 210 (215); v. 29.1.1969 BVerfGE 25, 167 (196).
26 BVerfG v. 29.7.1959 1 BvR 205/58 BVerfGE 10, 59 (66); BVerfG v. 29.7.1968 1 BvL 20/63, 1 BvL 31/66 24, 119 (148f).
27 So auch BVerfG v. 15.6.1971 1 BvR 192/70 BVerfGE 31, 194 (205); 61, 358 (372).
28 So auch BVerfG v. 8.6.1977 1 BvR 265/75 BVerfGE 45, 104 (123); BVerfG v. 24.3.1981 1 BvR 1516/78, 1 BvR 964/80, 1 BvR 1337/80 BVerfGE 56, 363 (385): „Die Bedingungen für seine körperliche und seelische Entwicklung sind während der bestehenden Gemeinschaft seiner Eltern die gleichen wie die eines ehelichen Kindes das bei seinen Eltern lebt."
29 So auch BVerfG v. 24.3.1981 1 BvR 1516/78, 1 BvR 964/80, 1 BvR 1337/80 BVerfGE 56, 363 (382f.).
30 BVerfG v. 31.5.1978 1 BvR 683/77 BVerfGE 48, 327 (339).

selseitige Rücksichtnahme- und Beistandspflicht, die sich vor allem im Unterhaltsrecht aber auch im Zeugnisverweigerungsrecht auswirkt.

(3) Die Verwandtschaft und der Familienbegriff
Die Frage, wie weit sich die Familie i.S.d. Art. 6 Abs. 1 GG erstreckt, lässt sich in zwei verschiedene Richtungen stellen. Die Frage, über wie viele Generationen sich die Familie erstreckt (Verwandtschaft in gerader Linie), hat das Bundesverfassungsgericht zumindest in Bezug auf die Großelterngeneration offengelassen.[31] Ebenso wie die Einbeziehung der Verwandtschaft in gerader Linie kann auch die Einbeziehung der Verwandtschaft in seitlicher Linie nur davon abhängen, in welchen Maße Sorge- und Erziehungsaufgaben wahrgenommen werden.

3. Bedeutung der Familie in europarechtlichen und völkerrechtlichen Regelungen

Auch europarechtliche und völkerrechtliche Regelungen können auf den Familienbegriff einwirken, wenn sich Deutschland zur Umsetzung verpflichtet hat. Auf europarechtlicher Ebene ist die Europäische Sozialcharta (ESC)[32] und die Europäische Grundrechtscharta (GRC)[33] von Interesse. Auf völkerrechtlicher Ebene sind die Vorgaben aus der Konvention zum Schutze der Menschenrechte und Grundfreiheiten (EMRK)[34], die Allgemeine Erklärung der Menschenrechte (AEMR)[35] und der In-

---

31 BVerfG v. 6.5.1975 1 BvR 332/72 BVerfGE 39, 316 (326).
32 Europarat, Die europäische Sozialcharta. S. 3. Die europäische Sozialcharta wurde von Belgien, Dänemark, Deutschland, der ehemaligen jugoslawischen Republik Mazedonien, Finnland, Frankreich, Griechenland, Irland, Island, Italien, Kroatien, Lettland, Luxemburg, Malta, der Niederlande, Norwegen und Österreich, Polen, Portugal, Schweden, der Slowakei, Spanien, der Tschechischen Republik, der Türkei, Ungarn, dem Vereinigten Königreich und Zypern ratifiziert sowie von Lichtenstein, Rumänien, der Schweiz, Slowenien und der Ukraine unterschrieben. Siehe Die europäische Sozialcharta SEV-Nr.: 035 in *http://www.conventions.coe.int/Treaty/Commun/ChercheSig.asp?NT=035&CM =1&DF=14/06/2012&CL=GER*; Die deutsche Ratifikation umfasst nicht Art. 4 Abs. 4, Art. 7 Abs. 1, Art. 8 Abs. 2, 4 und Art. 10 Abs. 4, Siehe: BGBl 1964 II, 1261.
33 Charta der Grundrechte der Europäischen Union in der Fassung v. 26.10.2012 ABl. C 326/391.
34 V. 4.11.1950, umgesetzt durch BGBl. 1952 II S. 685.
35 V. 10.12.1948 A/RES/217 A (III).

ternationale Pakt über bürgerliche und politische Rechte (IPbürgR)[36] in die Bestimmung des Familienbegriffs nach dem deutschen Recht einzubeziehen.

a. Familie i.S.d. Art. 16 Europäische Sozialcharta

Mit der Ratifikation von Art. 16 ESC[37] haben sich die Vertragsparteien auf die Förderung und den Schutz von Familie verpflichtet. So umfassen Familienpolitik und Schutz der sozialen Bindung die „Gewährleistung eines angemessenen Lebensstandards für Familien", den „Bau familiengerechter Wohnungen" sowie „[g]eeignete Kinderbetreuungsdienste für Familien".[38] Eine Definition des Familienbegriffs findet sich in Art. 16 ESC. Die Familie wird als Grundeinheit der Gesellschaft verstanden. Darüber hinaus liegt die Deutungshoheit über den Familienbegriff im nationalen Recht.[39] In Anschluss an den letzten deutschen Bericht[40] hat der europäische Sozialrechtsausschuss Deutschland dazu aufgefordert, im nächsten Bericht den Begriff der Familie im Sinne der europäischen Sozialcharta näher zu bestimmen. Die europäische Sozialcharta gebe keine feste Begriffsbestimmung vor, jedoch müsste eine zu restriktive Handhabung ausgeschlossen werden. Die vom europäischen Sozialrechtsausschuss angenommene Begriffsbestimmung der Niederländer, die die Familie als „any group consisting of one or more adults who are responsible for looking after and bringing up one or more children"[41] beschreibt, ist sehr weit. Familie liegt vor, wenn generationenübergreifend die Erziehungs- und Fürsorgeaufgaben übernommen werden.

---

36 V. 19.12.1966, umgesetzt durch BGBl. 1976 II S. 1068.
37 Art. 16 ESC: „Um die erforderlichen Voraussetzungen für die Entfaltung der Familie als einer Grundeinheit der Gesellschaft zu schaffen, verpflichten sich die Vertragsparteien, den wirtschaftlichen, gesetzlichen und sozialen Schutz des Familienlebens zu fördern, insbesondere durch Sozial- und Familienleistungen, steuerliche Maßnahmen, Förderung des Baues familiengerechter Wohnungen, Hilfen für junge Eheleute und andere geeignete Mittel jeglicher Art."
38 Europarat, Die europäische Sozialcharta, S. 181f.
39 *Fortunato*, EUR 2008, 27 (31).
40 *Conclusions XIX-4/2011(Germany)-Art. 16.*
41 *Conclusions XIV-1 (Netherlands).*

b. Die Familie in der europäischen Grundrechtecharta

Der Begriff der Familie taucht in jeweils unterschiedlichem Gewand in Art. 7, 9 und 33 GRC auf. Art. 7 GRC[42] ist der erste Artikel der Grundrechtecharta, der auf die Familie Bezug nimmt. Nach Art. 52 Abs. 3 GRC hat Art. 7 GRC auch eine entsprechende Bedeutung und Tragweite. Familie zeichnet sich durch ein „tatsächliches" Familienleben aus, unabhängig von der rechtlichen Formalisierung der Familie oder der Ehelichkeit der Kinder.[43] Das tatsächliche Zusammenleben wird nicht vorausgesetzt. Darüber hinaus fallen auch die Beziehungen der Großeltern zu den Enkeln sowie auch zwischen den Geschwistern unter den Familienbegriff, soweit deren Beziehung eine Lebens- und Beistandsgemeinschaft widerspiegelt.[44] Art. 9 GRC[45] schützt die Eingehung einer Ehe und die Gründung einer Familie. Schon im Wortlaut von Art. 9 GRC werden die Nähe von Ehe und Familie sowie die Unabhängigkeit der beiden Begriffe deutlich. Familie im Sinne des Art. 9 GRC entspricht dem Begriff des Familienlebens nach Art. 7 GRC, sodass über die Eltern-Kind-Beziehung hinaus es auf das Zusammenleben oder einer Form der Beistandsgemeinschaft ankommt. Schließlich befasst sich auch Art. 33 GRC[46] mit dem Schutz der Familie. Die Familie im Sinne des Art. 33 GRC ist in Anbetracht von Art. 7, 8 GRC ebenfalls weit zu verstehen. Der dem Art. 33 GRC zugrunde liegende Art. 16 ESC spricht, wie bereits dargestellt, auch nicht gegen ein weites Verständnis.

---

42 Art. 7 GRC: Jede Person hat das Recht auf Achtung ihres Privat- und Familienlebens, ihrer Wohnung sowie ihrer Kommunikation.

43 Jarass-GR-Charta Art. 7 (2. Aufl.) Rn. 21, Schwarze-*Knecht* (3. Aufl.) Art. 7 Rn. 8 GRC.

44 Jarass-GR-Charta Art. 7 (2. Aufl.) Rn. 21a; Calliess/Ruffert-*Kingreen* (4. Aufl) Art. 9 GRC Rn. 6.

45 Art. 9 GRC: Das Recht, eine Ehe einzugehen, und das Recht, eine Familie zu gründen, werden nach den einzelstaatlichen Gesetzen gewährleistet, welche die Ausübung dieser Rechte regeln.

46 Art. 33 GRC: (1) Der rechtliche, wirtschaftliche und soziale Schutz der Familie wird gewährleistet. (2) Um Familie und Berufsleben miteinander in Einklang zu bringen, hat jede Person das Recht auf Schutz vor Entlassung aus einem mit der Mutterschaft zusammenhängenden Grund sowie den Anspruch auf einen bezahlten Mutterschaftsurlaub und auf einen Elternurlaub nach der Geburt oder Adoption eines Kindes.

c. Die Konvention zum Schutze der Menschenrechte und Grundfreiheiten

In Art. 8 EMRK[47] ist das Recht auf Achtung des Privat- und Familienlebens geschützt. Der Wortlaut entspricht im Wesentlichen dem von Art. 7 GRC. Auch das Verständnis des Familienbegriffs ist entsprechend. So wird die Familie im Sinne von Art. 8 EMRK weit verstanden und beschränkt sich nicht auf die Eltern-Kind-Beziehung.[48] Grundsätzlich tritt die Abstammung in den Hintergrund und wird von dem tatsächlichen Bestehen einer Fürsorge- bzw. Beistandsgemeinschaft verdrängt. Dementsprechend können auch Verwandte Familie in diesem Sinne sein, wenn eine entsprechende Bindung im konkreten Fall gegeben ist. So können auch erwachsene Kinder zu Verwandten eine Familie bilden, wenn besondere Fürsorge-und Beistandspflichten übernommen werden und ein Zusammenleben vorliegt. Darüber hinaus sollen von Familie auch die biologischen Elternteile umfasst sein, wenn sie sich um eine Beziehung zu ihrem Kind bemühen. Auch Ehepartner untereinander und Personen, die in einer nichtehelichen Lebensgemeinschaft leben, sind Familie im Sinne der europäischen Menschenrechtskonvention.[49] Weder in Art. 8 EMRK noch in Art. 12 EMRK[50], der das Recht schützt, eine Ehe zu schließen und eine Familie zu gründen, findet sich eine Definition des Familienbegriffs.

---

47 Art. 8 Abs. 1 EMRK: Jede Person hat das Recht auf Achtung ihres Privat-und Familienlebens, ihrer Wohnung und ihrer Korrespondenz.
48 *Tettinger/Geerlings*, EUR 05, 419 (434).
49 Karpenstein/Mayer-*Mayer* (2. Aufl.) Art. 8 EMRK Rn. 40f.; Grabenwarter (5. Aufl.) § 22 Rn. 16f.
50 Art. 12 EMRK: Männer und Frauen im heiratsfähigen Alter haben das Recht, nach den innerstaatlichen Gesetzen, welche die Ausübung dieses Rechts regeln, eine Ehe einzugehen und eine Familie zu gründen.

d. Allgemeine Erklärung der Menschenrechte und der Internationale Pakt über bürgerliche und politische Rechte

Art. 16 AEMR[51] widmet sich dem Schutz der Ehe und der Familie. In Art. 16 Abs. 3 AEMR wird die Familie als natürliche und grundlegende Einheit der Gesellschaft beschrieben. Diese Umschreibung des Familienbegriffs hebt den besonderen Wert von Familie hervor, ohne selbst eine Aussage über den Inhalt des Familienbegriffs zu treffen. In Art. 23 Abs. 1 IPbürgR[52] wird die Familie als natürliche Kernzelle der Gesellschaft beschrieben. Wie in der Allgemeinen Erklärung der Menschenrechte wird damit der Familie eine hohe Bedeutung in der Grundrechtsordnung zugesprochen. Die Frage, wer von der Familie in diesem Sinne umfasst ist, kann damit jedoch nicht beantwortet werden. Zumindest im Rahmen des Internationalen Pakts über bürgerliche und politische Rechte soll ausschlaggebendes Kriterium für die Anerkennung als Familie die enge Beziehung zwischen den Familienmitgliedern sein.[53] Das Merkmal der Fürsorge- und Beistandsgemeinschaft lässt sich demnach auch hier wiederfinden. Eine weite Auslegung des Familienbegriffs in völkerrechtlichen Regelungen ist schon aufgrund der möglichst breit gestreuten Geltung der Regelungen weit über die Grenzen verschiedenster Länder und Kulturen notwendig.[54]

---

51   Art. 16 AEMR: (1) Heiratsfähige Männer und Frauen haben ohne Beschränkung durch Rasse, Staatsbürgerschaft oder Religion das Recht, eine Ehe zu schließen und eine Familie zu gründen. Sie haben bei der Eheschließung, während der Ehe und bei deren Auflösung gleiche Rechte. (2) Die Ehe darf nur auf Grund der freien und vollen Willenseinigung der zukünftigen Ehegatten geschlossen werden. (3) Die Familie ist die natürliche und grundlegende Einheit der Gesellschaft und hat Anspruch auf Schutz durch Gesellschaft und Staat.

52   Art. 23 IPbürgR: (1) Die Familie ist die natürliche Kernzelle der Gesellschaft und hat Anspruch auf Schutz durch Gesellschaft und Staat. (2) Das Recht von Mann und Frau, im heiratsfähigen Alter eine Ehe einzugehen und eine Familie zu gründen, wird anerkannt. (3) Eine Ehe darf nur im freien und vollen Einverständnis der künftigen Ehegatten geschlossen werden. (4) Die Vertragsstaaten werden durch geeignete Maßnahmen sicherstellen, daß die Ehegatten gleiche Rechte und Pflichten bei der Eheschließung, während der Ehe und bei Auflösung der Ehe haben. Für den nötigen Schutz der Kinder im Falle einer Auflösung der Ehe ist Sorge zu tragen.

53   Hofmann/Boldt, Internationaler Bürgerrechtepakt, Art. 17 Rn. 2.

54   *Joseph/Schultz/Castan, The international covenant on civil and political rights. Cases, materials and commentary, p. 587.*

II. Zwischenergebnis

Nach Art. 6 Abs. 1 GG stehen Ehe und Familie als eigene Lebensformen nebeneinander. Dass Familie auch zwischen einem Elternteil und dem Kind bestehen kann, wird an der Hervorhebung des Elternrechts und des Mutterschutzes sowie des Rechts unehelicher Kinder auf gleiche Behandlung deutlich.[55] Ausschlaggebend für das Bestehen einer Familie ist die Sozialisationsfunktion, die im Erwachsenenalter teilweise von der Regenerationsfunktion verdrängt wird. Der Inhalt der in einer Familie bestehenden Fürsorgepflichten ändert sich mit dem Alter der Familienmitglieder.

Auch in der Sozialcharta und der europäischen Grundrechtecharta wird beim Verständnis des Familienbegriffes das Hauptaugenmerk auf die Sozialisationsfunktion als kleinster gemeinsamer Nenner gelegt.[56] Gleiches gilt für die Konvention zum Schutze der Menchenrechte, wobei das Kriterium der Abstammung aufgewertet wird, indem auch die rein biologischen Elternteile zur Familie zu zählen sind, soweit sie sich um eine echte Beziehung bemühen. Auf der anderen Seite wird durch die Anerkennung von Ehe- oder Lebenspartnern als eigene Familie das generationenübergreifende Merkmal abgewertet. Auch die unter bestimmten Umständen als Familie anerkannten Beziehungen zu Geschwistern und anderen Verwandten nehmen dem Kriterium der Generationendifferenz das Gewicht.

In Anbetracht der Schutzfunktion von Art. 6 Abs. 1 GG und unter Heranziehung europarechtlicher und völkerrechtlicher Regelungen muss für die Bestimmung des Familienbegriffs das Bestehen einer besonderen Fürsorge- und Beistandsgemeinschaft ausschlaggebend sein.[57] Dies wird in den meisten Fällen in einer Eltern-Kind-Beziehung vorliegen, ist aber auf eine solche nicht beschränkt. Das biologische Kriterium kann nur als Indiz herangezogen werden, ob tatsächlich eine geschützte Familie vorliegt, ist immer im Einzelfall zu entscheiden. Das Kriterium der Fürsorge- und Beistandsgemeinschaft erweitert den Familienbegriff

---

55 *Badura*, Bitburger Gespräche 2001, 87 (87).
56 So auch *Fortunato*, EUR 2008, 27 (43).
57 So auch *Kirchhof*, AöR 2004 (Bd. 129), 542 (549f.); *Classen*, DVBL 2013, 1086 (1090); *Kingreen*, JURA 1997, 401 (402); *Koschmieder*, JA 2014, 566 (569), der allerdings nicht von Fürsorge und Beistandsgemeinschaft, sondern von der Elternverantwortung spricht.

dahingehend, dass sowohl Verwandte in gerader (Eltern, Großeltern etc.) und Verwandte in horizontaler Linie (Geschwister, Tanten, Onkel etc.) eine Familie darstellen können. Selbstredend kann durch das Merkmal der Abstammung oder durch ein gemeinsames Wohnen der Begründungsaufwand für das Vorliegen einer Beistandsgemeinschaft und damit einer geschützten Familie erleichtert werden. Entsprechend verhält es sich mit dem Merkmal der Generationendifferenz. Die Generationenverschiedenheit kann zwar das Vorliegen einer Fürsorge- und Beistandsgemeinschaft untermauern, ist jedoch kein notwendiges Kriterium. Die Trennung der Begriffe Ehe und Familie kann aus Sicht des Kindes auch zu zwei Teilfamilien führen.[58]

Dem Wertewandel in der Gesellschaft kann nur durch einen offenen Familienbegriff Rechnung getragen werden.[59] Eine Begrenzung erfolgt über die Übernahme der Sozialisationsfunktion und über das Merkmal der Generationendifferenz. Grundlage dieser Arbeit ist mithin das Verständnis von Familie als eine generationendifferente Beziehung zwischen mindestens zwei Privatpersonen, in denen Fürsorgepflichten und Schutzpflichten übernommen werden.

---

58 *Classen*, DVBl 2013, 1086 (1091). Kommt es zwischen zwei Teilfamilien, die beide den Schutz des Art. 6 Abs. 1 GG unterfallen, zu widerstreitenden Rechtspositionen, kann auf Art. 3 Abs. 1 GG zurückgegriffen werden. Siehe *Kingreen*, JURA 1997, 401 (406). Auch *Schwab*, FamRZ 2007, 1 (3), der klarstellt, dass Familie vom Kind her gedacht werden muss.
59 Siehe auch *Böhm*, DVBl. 2014, 401 (403) mit Verweis auf *Degenhart*, FS Lerche 2008, 89 (99f.).

C. Das Arbeitsverhältnis

I. Allgemein

„Ein Arbeitsverhältnis ist das Rechtsverhältnis zwischen dem einzelnen Arbeitnehmer und seinem Arbeitgeber, auf Grund dessen der Arbeitnehmer dem Arbeitgeber zur Leistung von Arbeit verpflichtet ist."[60] Die persönliche Abhängigkeit und damit der Mangel, selbstständig und in eigener Verantwortung tätig zu werden, unterscheidet das Arbeitsverhältnis vom Dienstverhältnis.[61] Die wirtschaftliche Abhängigkeit und die Entgeltlichkeit der übernommenen Tätigkeit sind dagegen nur ein Indiz und für sich nicht ausreichend, um das Vorliegen eines Arbeitsverhältnisses anzunehmen.[62]

Der Arbeitsvertrag ist ein privatrechtlicher Vertrag, „durch den sich der Arbeitnehmer zur Leistung von Arbeit im Dienst des Arbeitgebers verpflichtet."[63] Auf den Arbeitsvertrag als schuldrechtlicher Vertrag finden die Regeln des BGB Anwendung. Die gegenseitig versprochenen Leistungen stehen in einem Austauschverhältnis zueinander.[64] Das Arbeitsverhältnis ist den Dienstverträgen zuzuordnen, wobei die Modalitäten der zu erbringenden versprochenen Leistung vonseiten des Arbeitgebers bestimmt werden. Dies unterscheidet den Arbeitnehmer von einem Dienstleistenden in einem unabhängigen Dienstverhältnis. Indizien für das Bestehen eines abhängigen Dienstverhältnisses und somit

---

60 *Hueck/Nipperdey* (5. Aufl.) § 13 S. 43.

61 Meisel/Sowka (4. Aufl.) § 1 Rn. 5, 18 MuSchG; Buchner/Becker (8. Aufl.) § 1 Rn. 14 MuSchG; MünchHdb Arbeitsrecht-*Richardi* (3. Aufl.) § 3 Rn. 10f., Schaub-*Vogelsang* (16. Aufl.) § 8 Rn. 3f.

62 Graue (2. Aufl.) § 1 Rn. 19 MuSchG; siehe auch BAG v. 6.7.1995 5 AZB 9/93 in NZA 1996, 33 (34); vereinzelt wird die Auffassung vertreten, dass die wirtschaftliche Abhängigkeit zur Annahme eines Arbeitsverhältnisses bereits ausreichend ist, siehe Wank, Arbeitnehmer und Selbstständige, S. 32ff.

63 *Hueck/Nipperdey* (5. Aufl.) S. 43. Nach der herrschenden Vertragstheorie ist der Arbeitsvertrag Grundlage des Arbeitsverhältnisses. Aus ihm gehen grundsätzlich die arbeitsrechtlichen Rechte und Pflichten hervor. Die Eingliederungstheorie sieht dagegen im Arbeitsvertrag einen vom Arbeitsverhältnis losgelösten schuldrechtlichen Vertrag, der Schadensersatzansprüche auslösen kann. Die tatsächliche Aufnahme der Tätigkeit soll dagegen Grundlage des Arbeitsverhältnisses sein. Siehe *Hueck/Nipperdey* (5. Aufl.) S. 44f.

64 Siehe ausführlich *Söllner,* AcP 167 (1967) 132 (132f.).

für das Vorliegen eines Arbeitsverhältnisses sind die Weisungsbefugnis des Dienstherren hinsichtlich Ort und Zeit der zu erbringenden Dienste sowie die fachliche Weisungsbefugnis, die organisatorische Eingebundenheit und die persönliche Bindung des zum Dienste Verpflichteten.[65] Die Arbeitnehmereigenschaft besteht unabhängig von einem gültigen Arbeitsvertrag, wobei die dem Arbeitsverhältnis innewohnenden gegenseitigen Pflichten vorliegen müssen.[66]

II. Besondere Formen eines Arbeitsverhältnisses

Das Normalarbeitsverhältnis, das sich durch eine Vollbeschäftigung auf eine unbestimmte Dauer mit einer existenzsichernden Vergütung und einem Bestandsschutz auszeichnet, war lange Zeit das typische Arbeitsverhältnis und entsprechend Grundlage für die arbeitsrechtlichen Bestimmungen.[67] Diese Form des Arbeitsverhältnisses ist für Berufseinsteiger und damit für „jüngere" Arbeitnehmer zu einer Ausnahme geworden. An der Tagesordnung sind vielmehr atypische Arbeitsverhältnisse wie die befristete Beschäftigung, die Teilzeitbeschäftigung oder die Leiharbeit.

Die Teilzeitbeschäftigung[68] ist im Hinblick auf die Vereinbarkeit von Familie und Beruf eine häufig wahrgenommene Möglichkeit.[69] Die der Teilzeitbeschäftigung innewohnende Verkürzung der üblichen Beschäftigungszeit steht der Annahme eines Arbeitsverhältnisses nicht entgegen. Auch eine Teilzeitbeschäftigung soll noch als ein Normalarbeitsverhältnis gelten, wenn mindestens die Hälfte der üblichen Wochenarbeitszeit bei Vollzeittätigkeit vereinbart wird.[70]

---

65 BAG v. 30.11.1994 5 AZR 704/93 in NZA 1993, 622 (622f.) m.w.N.; Ausführlich Staudinger-*Richardi/Fischinger* (September 2010) Vorbem. zu §§ 611 Rn. 227f.

66 Sogenannte faktische Arbeitsverhältnisse. Siehe *Nikisch* (3. Aufl.) S. 92f.

67 *Schubert*, NJW 2010, 2613 (2614); *Junker* (14. Aufl.) Rn. 110.

68 Eine Teilzeitbeschäftigung liegt vor, wenn jemand regelmäßig aber unter der betriebsüblichen Dauer beschäftigt wird. Siehe § 2 Abs. 1 S. 1 TzBfG.

69 Diese Möglichkeit der Vereinbarung von Familie und Beruf wirkt sich doch auch unmittelbar auf die Karrierechancen und die Vergütung aus. Siehe *Waltermann*, DJT 2010 Bd. 1 Teil B, S. 24f.

70 Waltermann, DJT 2010, Gutachten B. S. 11

Das Leiharbeitsverhältnis[71] als weitere atypische Erscheinungsform des Arbeitsverhältnisses schaltet einen Dritten ein, dem bestimmte Weisungsrechte für eine gewisse Zeit übertragen werden. Die Einschaltung einer dritten Person, die bestimmte Rechte aus dem Vertrag übernimmt, steht der Annahme eines Arbeitsverhältnisses nicht entgegen.

Die befristete Beschäftigung zeichnet sich dadurch aus, dass die Vertragsdauer von vornherein beschränkt wird[72], und ist gerade für Berufseinsteiger der häufigste Beschäftigungsvertragstyp. Ob in dem befristeten Beschäftigungsverhältnis ein Arbeitsverhältnis zu sehen ist, hängt von dem Inhalt des zugrunde liegenden Beschäftigungsverhältnisses ab. Das TzBfG hat für die Befristung von Arbeitsverhältnissen besondere Regelungen getroffen.

---

71 Ein Leiharbeitsverhältnis liegt vor, wenn der AG den AN einem Dritten zur Beschäftigung überlässt, Siehe Staudinger-*Ricardi/Fischinger* (Stand 2010) Vorbem. zu § 611 Rn. 353.
72 Siehe § 3 Abs. 1 TzBfG

D. Der staatliche Familienauftrag nach Art. 6 GG

In Art. 6 Abs. 1 GG werden Ehe und Familie unter einen „besonderen Schutz" gestellt. Die Forderung eines „besonderen" Schutzes ist im Grundgesetz einmalig. Besonders soll der Schutz insofern sein, „als er unmittelbar und mit dem Blick allein auf die Schutzobjekte Ehe und Familie gewährt würde und Notwendigkeit, Gestaltung und Effizienz dieses Schutzes sich allein nach dem BVerfG zu richten hätte, in dessen Verantwortung das Grundgesetz die Dignität von Ehe und Familie letztlich gegeben hat."[73] In Abs. 2 und 3 wird der Schutz der Eltern-Kind-Beziehung näher ausdifferenziert. Erziehungsrecht bzw. -pflicht obliegen nach Abs. 2 den Eltern, die staatliche Gemeinschaft übernimmt diesbezüglich ein Wächteramt. Nach Abs. 3 dürfen Kinder nur unter besonderen Umständen und nur aufgrund eines Gesetzes aus der Obhut der Eltern genommen werden. Die Absätze 2 und 3 konkretisieren damit die abwehrrechtliche Funktion von Art. 6 GG. Abs. 4 ist ausschließlich der Mutter gewidmet, der ein Anspruch auf Schutz und Fürsorge durch die Gemeinschaft begründet[74], wohingegen Abs. 5 das Ziel der Gleichstellung der unehelichen mit den ehelichen Kindern festschreibt.

Ehe und Familie stehen schon dem Wortlaut nach nebeneinander.[75] Im Hinblick auf die Familie bezweckt Art. 6 GG in erster Linie das Kindeswohl. Dies wirkt sich dann wiederum positiv auf die gesamte Gesellschaft aus.[76] So obliegt die Pflege und Erziehung nach Abs. 2 grundsätzlich den Eltern. Sie ist jedoch nicht nur als Recht, sondern auch als Pflicht ausgestaltet. Das Wächteramt des Staates unterstreicht diese Pflicht und stellt das Kindeswohl in den Vordergrund. Abs. 3 konkretisiert das Wächteramt und macht hinsichtlich des bezweckten Kindeswohls deutlich, dass die Familie bzw. das Leben in der Familie hierfür am förderlichsten ist. Nur in Ausnahmefällen ist an eine Trennung des Kindes von seiner Familie zum Wohl des Kindes zu denken. Die Fokus-

---

73 *Diederichsen*, FPR 2007, 221 (222).

74 Nach *Kirchhof*, AöR 129 (2004), 542 (553) ist von dem Begriff der Mutter schon eine Frau im ersten Schwangerschaftsmonat umfasst. Mit den Mutterschutzvorschriften bestehen bereits Schutzvorschriften. Der Autor befürwortet jedoch auch schon in diesem früheren Stadium eine Förderung durch Kindergeld bzw. den Steuerfreibetrag.

75 *Michael*, NJW 2010, 3537 (3538).

76 *Kirchhof*, AöR 129 (2004), 542 (545); *Gusy*, JA 1984, 183 (185).

sierung auf das zu schützende Kind setzt sich in Abs. 4 fort, der den besonderen Fürsorgeanspruch der Mutter beinhaltet. So sollen Frauen in der Sorge für ein Kind besonders unterstützt werden. Der in Abs. 5 geregelte Gleichstellungsauftrag unehelicher Kinder fügt sich in das Ziel des Kindeswohls nahtlos ein.

Der besondere Schutz durch die staatliche Ordnung bindet die drei Staatsgewalten und bezieht die Zivilrechtsordnung mit ein. Er umfasst eine Einrichtungsgarantie, ein Abwehrrecht und ein Fördergebot.[77]

I.   Einrichtungsgarantie und Abwehrrecht

Die Einrichtungsgarantie besagt, dass die Gründung, das Bestehen sowie das Zusammenleben einer Familie geschützt sind.[78] Geschützt ist der „Kern" des Ehe- und Familienrechts gegen Aufhebung oder wesentliche Umgestaltung.[79] Die Auswirkungen der Einrichtungsgarantie werden durch die Offenheit des Familienbegriffs relativiert, was aufgrund des sozialen Wandels notwendig ist.[80] Dementsprechend beziehen sie sich nur auf die wesentliche Struktur des Familienbegriffs und damit auf die familienrechtlichen Beziehungen.[81] Die Einrichtungsgarantie konkretisiert die Wesensgehaltsgarantie nach Art. 19 Abs. 2 GG und geht über sie hinaus.[82]

Aus dem Abwehrrecht geht der subjektive Schutz des Einzelnen vor Einmischung des Staates in die konkrete Ausgestaltung der Familie hervor, soweit diese nicht verfassungsrechtlich gerechtfertigt sind. Aus dem Abwehrrecht ist auch ein Schädigungs- und Benachteiligungsver-

---

77   BVerfG v. 17.1.1957 1 BvL 4/54 BVerfGE 6, 55, 76; *Kirchhof,* AöR 129 (2004), 542 (554); *Kingreen,* JURA 1997, 401 (401); *Koschmieder,* JA 2014, 566 (567).

78   BVerfG v. 17.1.1957 1 BvL 4/54 BverfGE 6, 55, 72; v. 12.5.1987 2 BvR 1226/83, 2 BvR 101/84, 2 BvR 313/84 BVerfGE 76, 1, 42; *Häberle,* Verfassungsschutz der Familie S. 30; *Seiler,* Zur Disposition gestellt? 37 (40).

79   *Gusy,* JA 1984, 183 (184); *Koschmieder,* JA 2014, 566 (567); Ausführlich siehe auch *Kirchhof,* AöR 2004 (Bd. 129), 542 (569f.).

80   Siehe auch *Kingreen,* JURA 1997, 401 (404), der die Bedeutung der Institutsgarantie primär für die institutionell vorgeprägtere Ehe sieht.

81   Siehe BVerfG v. 17.1.1957 1 BvL 4/54 BVerfGE 6, 55, 72; *Badura,* Staatsrecht. S. 192.

82   *Kirchhof,* AöR 2004 (Bd. 129), 542 (567f.).

bot abzuleiten.[83] Das Verständnis von Art. 6 Abs. 1 GG als Abwehrrecht garantiert die Gestaltungsfreiheit des familiären Zusammenlebens. Entsprechend obliegt die Entscheidung über das „Leitbild der Erziehung" den Eltern.[84] Die aus dem Abwehrrecht hervorgehende Schutzpflicht des Staates leitet über zu dem Verständnis von Art. 6 Abs. 1 GG als wertentscheidende Grundsatznorm. So umfasst sie auch die Pflicht „die Kinderbetreuung in der von den Eltern gewählten Form in ihren tatsächlichen Voraussetzungen zu ermöglichen und zu fördern. [...] Der Staat hat dementsprechend dafür Sorge zu tragen, daß es Eltern gleichermaßen möglich ist, teilweise und zeitweise auf eine eigene Erwerbstätigkeit zugunsten der persönlichen Betreuung ihrer Kinder zu verzichten, wie auch Familientätigkeit und Erwerbstätigkeit miteinander zu verbinden. Der Staat muß auch Voraussetzungen schaffen, dass die Wahrnehmung der familiären Erziehungsaufgabe nicht zu beruflichen Nachteilen führt, daß eine Rückkehr in die Berufstätigkeit ebenso wie ein Nebeneinander von Erziehung und Erwerbstätigkeit für beide Elternteile einschließlich eines beruflichen Aufstiegs während und nach Zeiten der Kindererziehung ermöglicht und daß die Angebote der institutionellen Kindererziehung verbessert werden."[85] Im Vergleich zu den Abwehransprüchen ist die Schutzpflicht unbestimmt. Ein Anspruch auf ein bestimmtes staatliches Handeln, besteht nur bei einer „evidenten Missachtung des Schutzauftrags durch Unterlassen hinreichender Regelungen und Sicherungen."[86]

---

83   BVerG v. 7.5.1957 1 BvR 289/56 BVerfGE 6, 386 (388); v. 18.4.1989 2 BvR 1169/84 BVerfGE 80, 81 (92); v. 20.5.1990 1 BvL 20/84, 1 BvL 26/84, 1 BvL 4/86 BVerGE 82, 60 (80); Münch/Kunig-*Coester-Waltjen* (6. Aufl.) Art. 6 Rn. 16; zur Benachteiligung der Familie im Sozial- und Steuerrecht siehe *Kirchhof,* AöR 2004 (Bd. 129), 542 (572f.).

84   BVerfG v. 10.11.1998 2 BvR 1057/91, 2 BvR 1226/91, 2 BvR 980/91 BVerfGE 99, 216 (231f.); so auch *Kirchhof,* AöR 2004 (Bd. 129), 542 (564f.); *Kingreen,* JURA 1997, 401 (404) mit Hinweis darauf, dass Art. 3 Bedeutung erlangt, wenn die zwei sich widerstreitenden Rechtspositionen beide durch Art. 6 Abs. 1 geschützt sind.

85   BVerfG v. 10.11.1998 2 BvR 1057/91, 2 BvR 1226/91, 2 BvR 980/91 BVerfGE 99, 216 (234) mit dem Verweis auf BVerfG v. 28.05.1993 2 BvF 2/90, 2 BvF 4/92, 2 BvF 5/92 BVerfGE 88, 203 (260).

86   Maunz-Dürig-*Badura* (Stand April 2012) Art. 6 Rn. 11 GG; siehe auch BVerfG 14.1.1981 1 BvR 612/72 BVerfGE 56, 54 (81).

II. Wertentscheidende Grundsatznorm

Das Verständnis von Art. 6 Abs. 1 GG als eine wertentscheidende Grundsatznorm fasst die Pflichten dahingehend zusammen, dass bei der Auslegung und Überprüfung des einfachen Rechts der staatlichen Pflicht störende Eingriffe zu unterlassen, Störungen abzuwehren und die Familie zu fördern Rechnung getragen werden muss.[87] In Art. 119 WRV war der staatliche Auftrag der sozialen Förderung von Familien noch ausdrücklich normiert.[88] Familienförderung bedeutet für den Staat die Pflicht, „rechtliche und tatsächliche Bedingungen zu schaffen, die einen Anreiz zur Familiengründung bieten und der Entwicklung der in ihnen geborenen Kinder förderlich sind. [...] Seine Erfüllung ist daran zu messen, ob vermehrt Familien gegründet werden."[89] In diesem Sinne besteht ein enger Zusammenhang zu Art. 20 a GG, der einen Schutzauftrag des Staates über die natürlichen Lebensgrundlagen auch zugunsten der künftigen Generationen erfasst.

Der Staat muss nicht jede Belastung ausgleichen, sondern kann beispielsweise anhand der Bedürftigkeit differenzieren. Dementsprechend steht die „staatliche Familienförderung[...] unter dem Vorbehalt des Möglichen im Sinne dessen, was der Einzelne vernünftigerweise von der Gesellschaft beanspruchen kann."[90] Es ergeben sich gleichwohl keine konkreten Förderungsansprüche. Die Entscheidung liegt beim Gesetzgeber, wie dem Förderauftrag nachgekommen werden soll.[91] Die Förderpflicht dient nicht der Persönlichkeitsentfaltung des Einzelnen, sondern legitimiert sich durch die gesellschaftsfördernde und -erhal-

---

87 BVerfG v. 17.1.1957 1 BvL 4/54 BVerfGE 6, 55 (72f.); v. 14.11.1973 1 BvR 719/69 BVerfGE 36, 146 (162).

88 BVerfG v. 17.1.1957 1 BvL 4/54 BVerfGE 6, 55 (72f.); v. 18.3.1970 1 BvR 498/66 BVerfGE 28, 104 (112f.); v. 18.06.1975 1 BvL 4/74 BVerfGE 40, 121 (132); v. 23.11.1976 BVerfGE 43, 108 (121); v. 7.7.1992 1 BvL 51/86, 1 BvL 50/87, 1 BvR 873/90, 1 BvR 761/91 BVerfGE 87, 1 (35); *Steiner*, Handbuch der Grundrechte (Bd. 4) 201, § 108 Rn. 44; *Seiler*, Zur Disposition gestellt? S. 37 (41); *Gerlach*, Familie und staatliches Handeln S. 99f.; *Kingreen*, JURA 1997, 401 (405); Münch/Kunig-*Coester-Waltjen* (6. Aufl.) Art. 6 Rn. 35.

89 *Ipsen*, Handbuch des Staatsrechts (Bd. IV) 2009 Rn. 85.

90 BVerfG v. 10.3.1998 1 BvR 178/97 BVerfGE 97, 332 (349).

91 BVerfG v. 29.5.1990 1 BvL 20/84, 1 BvL 26/84, 1 BvL 4/86 BVerfGE 82, 60, (82); v. 3.4.2001 1 BvR 1629/94 BVerfGE 103, 242 (259); *Kirchhof*, AöR (Bd. 129) 2004, 542 (579).

tende Funktion der Familie. Die Erfüllung ist entsprechend daran zu messen, ob vermehrt Kinder geboren werden.[92]

Der Schutzauftrag des Staates wirkt sich dahingehend aus, dass das generelle Diskriminierungsverbot nicht nur zwischen Bürger und Staat, sondern auch zwischen den Bürgern untereinander Wirkung entfalten soll. Dies führt zwar nicht zu einer direkten Verpflichtung von Privatpersonen untereinander,[93] allerdings wirkt sich Art. 6 Abs. 1 GG immer dort aus, wo Familie bzw. familiäre Verpflichtungen als Anknüpfungspunkt herangezogen werden können.[94] Die juristische Literatur und Judikatur des Zivilrechts haben die Aufgabe, die notwendigen Einwirkungen festzustellen und zu beachten. Im Konfliktfall geht der verfassungsrechtliche Familienauftrag vor. Können gesetzlich zulässige Maßnahmen, die sich in besonderer Weise auf Familien auswirken, abgemildert werden, sind diese Handlungsspielräume auszuschöpfen. Das einfache Recht steht mit Art. 6 Abs. 1 GG daher in einer Wechselbeziehung. Zum einem bedient sich der Staat des einfachen Rechts, um seinen Verpflichtungen nachzukommen, zum anderen ist dieses Recht dann wieder an Art. 6 Abs. 1 GG zu messen. Im Rahmen von Ermessensentscheidungen ist der mit der betreffenden Rechtsvorschrift beabsichtigte Zweck mit dem Familienauftrag aus Art. 6 Abs. 1 GG abzuwägen.

Das Arbeitsverhältnis bzw. die damit einhergehenden Rechte und Pflichten stehen in einem engen Verhältnis zu den familiären Verpflichtungen, da das Gelingen von Familie eng mit kulturellen Lebenssachverhalten wie der Gestaltung eines Arbeitsverhältnisses zusammenhängt. Die sich aus Art. 6 GG ergebenen Schutz- und Förderpflichten nehmen über Generalklauseln auf die Ausgestaltung des Arbeitsverhältnisses Einfluss.[95]

---

92 *Brosius-Gersdorf,* Demografischer Wandel und Familienförderung S. 188f.
93 Maunz-Dürig-*Badura* Art. 6 Rn. 14 (Stand April 2012); Münch/Kunig-*Coester-Waltjen* (6. Aufl.) Art. 6 Rn. 42.
94 *Wahl,* FS für Frank 2008, S. 41.
95 *Häberle,* Verfassungsschutz der Familie S. 52f.; *Kingreen,* JURA 1997, 401 (406).

III. Anspruch auf Schutz und Fürsorge der Gemeinschaft

Nach dem Wortlaut von Art. 6 Abs. 4 GG besteht ein Anspruch der Mutter auf Schutz und Fürsorge der Gemeinschaft. Dieser Anspruch ist jedoch nicht als Anspruch im herkömmlichen Sinne zu verstehen, nach dem die Mutter von der Gemeinschaft ein bestimmtes Verhalten verlangen darf. Vielmehr stellt diese Vorschrift einen Verschaffungsanspruch im Sinne eines bindenden Gesetzgebungsauftrages dar. Gleichwohl dürfen elementare Schutz- und Fürsorgegrenzen nicht unterschritten werden.[96] Art. 6 Abs. 4 GG ist eine Ausprägung des Sozialstaatsprinzips nach Art. 20 Abs. 1 GG.[97] Eine Besonderheit ist die Verpflichtung der „Gemeinschaft" in Art. 6 Abs. 4 GG. Mit der Verabschiedung des Mutterschutzgesetzes wurde dem verbürgten Anspruch entsprochen. Das Mutterschutzgesetz kann als „Herzstück" der auf Art. 6 Abs. 4 GG beruhenden Gesetzgebung bezeichnet werden. Art. 6 Abs. 4 GG hat in besonderem Maße Einfluss auf das Arbeitsrecht, da sich der Schutzgedanke über das Mutterschutzgesetz hinaus auch auf die Kündigungsschutzvorschriften auswirkt. Unabhängig davon, ob nun eine unmittelbare Drittwirkung angenommen wird oder nicht, hat Art. 6 Abs. 4 GG bereits über diese Schutzvorschriften Einfluss auf privatrechtliche Beziehungen wie den Arbeitsvertrag. Es bleibt zu untersuchen, wie sich dieser Einfluss auf die Rechtsbeziehungen auswirkt. Eine staatliche Pflicht, die Kosten für entsprechende Schutzvorschriften voll zu übernehmen, besteht indes nicht.[98]

---

96 BVerfG v. 25.1.1972 1 BvL 3/70 BVerfGE 32, 273 (277); v. 10.2.1982 1 BvL 116/78 BVerfGE 60, 68 (74) m.w.N.

97 BVerfG v. 25.1.1972 1 BvL 3/70 BVerfGE 32, 273 (279).

98 Siehe hierzu BVerfG v. 23.4.1972 1 BvL 19/73 BVerfGE 37, 121 (127); v. 18.11.2003 1 BvR 302/96 BVerfGE 109, 64 (87); Stern Staatsrecht IV/1 S. 560, Dreier-Brosius-Gersdorf (3. Aufl.) Art. 6 Rn. 214. In diesem Sinne Dreier-Gröscher (2. Aufl.) Art. 6 Rn. 145 GG nach dem ein bindender Gesetzgebungsauftrag auch dann zum Tragen kommen müsse, „wenn der rechtliche Schutz Schwangerer die tatsächliche Konsequenz haben sollte, daß die Privatwirtschaft bei der Einstellung jüngerer Frauen Zurückhaltung übt [...]." In einem solchem Fall „dürfen die gesamtwirtschaftlichen Folgen der Schwangerschaft nicht länger dem Arbeitgeber allein auferlegt werden. Art. 6 IV GG enthält insoweit den aktuellen Auftrag an den Gesetzgeber, diese Kosten besser als bisher auf die ‚Gemeinschaft' zu verteilen."

IV. Verhältnis zu Art. 3 GG

Neben dem allgemeinen Gleichbehandlungsgebot in Abs. 1 enthält Art. 3 GG in Abs. 2 ein ausdrückliches Fördergebot zur „tatsächlichen Durchsetzung der Gleichberechtigung von Frauen und Männern" und zur Hinwirkung „auf die Beseitigung bestehender Nachteile". Darüber hinaus besteht ein Benachteiligungsverbot nach Abs. 3.[99] Art. 3 GG wird immer dann von Art. 6 GG verdrängt, wenn die infrage kommende Benachteiligung ausdrücklich in Art. 6 GG geregelt ist. Art. 6 GG geht mithin dann als das speziellere Grundrecht vor, wenn eine engere sachliche Beziehung besteht.[100]

Art. 3 Abs. 1 GG als allgemeines Gleichbehandlungsgebot erlangt hinsichtlich des Familienschutzes Bedeutung, wenn die widerstreitenden Rechtspositionen beide durch Art. 6 Abs. 1 GG geschützt sind.[101] Das Gebot der Frauenförderung nach Art. 3 Abs. 2 GG stellt dagegen klar, dass „überkommene Rollenverteilungen, die zu einer höheren Belastung oder sonstigen Nachteilen von Frauen führen, [...] durch staatliche Maßnahmen nicht verfestigt werden [dürfen]."[102] Maßnahmen bzw. Gesetze, die sich aus dem Verständnis von Art. 6 Abs. 1 GG als wertentscheidende Grundsatznorm ergeben, müssen sich hieran messen lassen. Art. 3 Abs. 2 GG ergänzt damit durch sein Verbot der Geschlechterdiskriminierungen die Anforderungen an die staatliche Familienförderung. Eine Entsprechung findet sich in Art. 6 GG nicht. Auch das Benachteiligungsverbot nach Art. 3 Abs. 3 GG kann durch Abs. 2 eingeschränkt werden und auf diese Weise eine Benachteiligung aufgrund des Geschlechtes (zugunsten von Frauen) rechtfertigen.[103]

---

99 Das Benachteiligungsverbot aufgrund der Abstammung und des Geschlechts ist hier von besonderer Bedeutung.

100 BVerfG v. 24.1.1962 1 BvL 32/57 BVerfGE 13, 290 (296f.); v. 20.5.1987 1 BvR 762/85 BVerfGE 75, 348 (357).

101 *Kingreen,* JURA 1997, 401 (404).

102 BVerfG v. 28.1.1992 1 BvR 1025/82, 1 BvL 16/83, 1 BvL 10/91 BVerfGE 85, 191 (207) m.w.N. Hieraus wird unter anderem hergeleitet, dass zur Förderung gleiche Erwerbschancen für Frauen die Kinderbetreuungskosten voll abzugsfähig sein müssen. Siehe *Kokott,* FS 50 Jahre Bundesverfassungsgericht 2001, S. 127 (148f.).

103 Eine solche „Bevorzugung" von Frauen setzt aber eine fehlende Gleichstellung in dem zu beurteilenden Sachverhalt voraus. Um Abs. 2 nicht leerlaufen zu lassen, sind an den Nachweis einer fehlenden Gleichstellung nicht allzu hohe Anforderungen zu stellen. Siehe Dreier-*Heun* (3. Aufl.) Art. 3 Rn. 142 GG m.w.N.

E. Regelungen zur Kinderbetreuung in Deutschland

Die Untersuchung der Auswirkungen von Art. 6 GG auf das Arbeitsverhältnis setzt weiterhin eine Auseinandersetzung mit den Regelungen zu Kinderbetreuung voraus. Erst eine gesicherte, von dem jeweiligen Einkommen unabhängige, Kinderbetreuung ermöglicht, dass alle Sorgeberechtigten einer Arbeitsverpflichtung nachgehen können. Folglich werden etwaige Auswirkungen des Art. 6 GG auf das Arbeitsrecht erst relevant, wenn die Kinderbetreuung während der Arbeitszeit gewährleistet werden kann. Die Regelungen zur Kinderbetreuung im Sozialrecht sind damit originäre Grundlage der Forschungsfrage und kurz zu erläutern. Die rechtsvergleichende Analyse der deutschen Rechtslage setzt weiterhin eine Darstellung der englischen Rechtslage voraus.

Wie das Bundesverfassungsgericht festgestellt hat, umfasst die Schutzpflicht des Staates nach Art. 6 Abs. 1 GG auch die Verbesserung der institutionellen Kinderbetreuung, um die Vereinbarkeit von Familie und Beruf zu ermöglichen. So werden „mit der Einrichtung von Kindergärten [...] grundrechtliche Schutz- und Förderpflichten erfüllt."[104] Auch dient sie der „Gleichstellung der Frau im Arbeitsleben. [...] Gemäß Art. 3 Abs. 2 GG muß er [der Staat] dafür sorgen, daß Familientätigkeit und Erwerbstätigkeit aufeinander abgestimmt werden können und die Wahrnehmung der familiären Erziehungsaufgaben nicht zu beruflichen Nachteilen führt."[105]

Die arbeitsrechtlichen Regelungen zur Förderung der Vereinbarkeit von Familie und Beruf setzen zu einem Zeitpunkt ein, an dem bereits ein Arbeitsvertrag besteht, und versuchen, im Rahmen des bestehenden Arbeitsverhältnisses und in Anbetracht des gegenläufigen Grundrechtsschutzes der Arbeitsvertragsparteien zu einem optimalen Ergebnis hinsichtlich der Vereinbarkeit von Familie und Beruf zu kommen.

---

104 BVerfG v. 10.3.1998 1 BvR 178/97 BVerfGE 97, 332 (347).
105 BVerfG v. 10.3.1998 1 BvR 178/97 BVerfGE, 97, 332 (348); siehe Meysen/Beckmann Rn. 24.

I. Geschichtliche Entwicklung

„Die Entwicklung der institutionellen Förderung von Kindern [ist] Begleiterscheinung gesellschaftlicher Differenzierungsprozesse [...], die mit einem Wandel der Familien- und sonstigen Sozialstrukturen, mit veränderten Arbeitsmarktstrukturen und erhöhten Bildungsanforderungen einhergehen."[106]

Der Rechtsanspruch auf einen Kindergartenplatz wurde erstmalig durch Art. 5 des Schwangeren- und Familiengesetzes vom 27.7.1992[107] in das achte Sozialgesetzbuch (SGB VIII) aufgenommen. Nach § 24 Abs. 1 SGB VIII hatte demnach ein Kind mit der Vollendung des dritten Lebensjahres einen Anspruch auf einen Kindergartenplatz. Vor Vollendung des dritten Lebensjahres und im schulpflichtigen Alter sollen abhängig vom Bedarf Plätze in Tageseinrichtungen oder Tagespflegeplätze vorgehalten werden. Dieser Rechtsanspruch konnte bis zum 31.12.1995 nur nach Maßgabe des Landesrechts geltend gemacht werden und bestand bundesrechtlich erst ab dem 1.1.1996.[108] Anspruchsgegner waren nach § 24 Abs. 2 SGB VIII neben der öffentlichen Jugendhilfe auch die kreisangehörigen Gemeinden ohne Jugendamt. Dies wurde jedoch durch das erste Gesetz zur Änderung des SGB VIII vom 16.12.1993 aus § 24 gestrichen.[109] Mit dem zweiten Gesetz zur Änderung des SGB VIII vom 15.12 1995[110] wurde § 24 neu gefasst, was für sich genommen keine inhaltlichen Auswirkungen auf den Rechtsanspruch hatte. Zusätzlich wurde § 24a SGB VIII eingefügt, der den Ländern, die den Rechtsanspruch nicht bis zum 1.1.1996 erfüllen können, unter anderem die Möglichkeit einräumte, den Stichtag auf den 1.8.1996 oder unter Vorlage eines verbindlichen Ausbauplans sogar bis zum 31.12.1998 hinauszuschieben. Mit dem Tagesbetreuungsausbaugesetz vom 27.12.2004[111] wurden die §§ 22–24a SGB VIII neu gefasst. In § 24 SGB VIII wird nun umfänglich die Inanspruchnahme von Tageseinrichtungen und Kindertagespflege geregelt. Der Begriff Kindergarten wurde durch den allgemeineren Begriff der Tageseinrichtung ersetzt, und es wurden auch

---

106 *Bock-Pünder*, Rechtsanspruch auf den Besuch eines Kindergartens S. 25.
107 BGBl. I S. 1398 (1400).
108 Art. 5 Nr. 2 Schwangeren und Familiengesetz von 27.7.1992.
109 BGBl. I S. 239 (240).
110 BGBl. I S. 1775 (1775).
111 BGBl. I S. 3852.

Zugangskriterien für die Inanspruchnahme von Tageseinrichtungen und der Kindertagespflege vor der Vollendung des dritten Lebensjahres und im schulpflichtigen Alter geregelt. Ein Rechtsanspruch auf die Inanspruchnahme einer Tageseinrichtung besteht weiterhin nur für Kinder ab dem vollendeten dritten Lebensjahr. Mit dem Kinder- und Jugendhilfeweiterentwicklungsgesetz vom 8.9.2005[112] wurden weitere kleinere Veränderungen vorgenommen. Die heutige Gesetzeslage ist Ergebnis dieses Entwicklungsprozesses und auf den Erlass des Kinderförderungsgesetzes (KiföG) vom 10.12.2008[113] zurückzuführen, in der § 24 SGB VIII mit Wirkung zum 1.8.2013 zum zweiten Mal geändert wurde.

II. Aufbau

Bundesgesetzliche Regelungen zur Kinderbetreuung finden sich im dritten Abschnitt des zweiten Kapitels des achten Buches Sozialgesetzbuch (SGB VIII)[114]. In den §§ 22–26 ist die Förderung von Kindern in Tageseinrichtungen und in der Kindertagespflege geregelt. Für diese Arbeit von besonderem Interesse ist § 24 SGB VIII, der den Rechtsanspruch auf Förderung in einer Tageseinrichtung oder in Kindertagespflege formuliert. Die in § 22 niedergelegten Grundsätze und Ziele der Förderung sind in die Auslegung des Anspruches mit einzubeziehen. Nach § 90 Abs. 1 Nr. 3 SGB VIII können für die Inanspruchnahme der Förderung nach § 24 SGB VIII Kostenbeiträge erhoben werden. Soweit keine anderweitigen landesrechtlichen Vorschriften vorliegen, sollen die Kostenbeiträge nach dem Einkommen, der Anzahl der kindergeldberechtigten Kinder in der Familie und dem Umfang der in Anspruch genommenen Betreuungszeit gestaffelt werden. Zusätzlich muss es nach § 90 Abs. 3 SGB VIII eine Härtefallregelung geben, nach dem der Kostenbeitrag auf Antrag ganz oder teilweise erlassen wird.

Mit Erlass dieses Gesetzes hat der Bund von der konkurrierenden Gesetzgebung nach Art. 72 Abs. 1 Nr. 7 GG Gebrauch gemacht. Schwerpunkt

---

112 BGBl. I S. 2729 (2731).
113 BGBl. I S. 2403 (2404).
114 Das achte Buch Sozialgesetzbuch – Kinder und Jugendhilfe – in der Fassung der Bekanntmachung vom 11.9.2012, BGBl. I S. 2022.

der Förderung von Kindern in Tageseinrichtungen ist die „fürsorgende Betreuung mit dem Ziel einer Förderung sozialer Verhaltensweisen."[115] Die bisherige sehr unterschiedliche Betreuungssituation zwischen den westlichen und den östlichen Bundesländern erforderte eine bundeseinheitliche Lösung nach Art. 72 Abs. 2 GG zur Herstellung gleichwertiger Lebensverhältnisse im Bundesgebiet und zur Wahrung der Rechts- und Wirtschaftseinheit im gesamtstaatlichen Interesse. So konnten angesichts „der von Land zu Land unterschiedlichen Zugangskriterien zu den Tageseinrichtungen [...] Eltern, die eine Erwerbstätigkeit mit Pflichten in der Familie vereinbaren wollen und angesichts der Anforderungen der Wirtschaft ein hohes Maß an Mobilität aufbringen müssen, nicht darauf vertrauen, in allen Ländern ein im Wesentlichen gleiches Angebot an qualitätsorientierter Tagesbetreuung vorzufinden."[116] Die Perspektiven im Arbeitsleben sind mit den Betreuungsmöglichkeiten verknüpft. In besonderer Weise trifft dies die qualifizierten weiblichen Arbeitskräfte, deren „Mobilisierung" laut der Gesetzesbegründung im Vordergrund steht. „Erst die Schaffung einer bedarfsgerechten Tagesbetreuung ab dem ersten Lebensjahr des Kindes, die Erweiterung der Bedarfskriterien sowie die Einführung eines Rechtsanspruchs geben Frauen die faktische Möglichkeit und damit die Wahlfreiheit, Beruf und Familie miteinander zu vereinbaren. Der Rechtsanspruch auf Tagesbetreuung hat damit positive Auswirkungen auf die Gleichstellung der Frauen."[117]

Zweifel an der Bundeskompetenz zum Erlass einer solchen Regelung könnten aufgrund des mit den Förderplätzen verbundenen Bildungsauftrags auftreten. Der Begriff der Bildung leitet diesbezüglich jedoch fehl. Die Tagespflege und die Tageseinrichtungen sind den schulischen Bildungseinrichtungen vorgelagert. Ziel ist die Persönlichkeitsentwicklung des Kindes und nicht die kognitiv-intellektuelle Förderung. Der kinderpädagogischen Arbeit liegt ein ganzheitliches Konzept zugrunde.[118]

---

115 BT-Drs 16/9299 S. 11.
116 BT-Drs. 16/9299 S. 11.
117 BT-Drs. 16/9299 S. 12.
118 Siehe auch Bock Pünder, Rechtsanspruch auf den Besuch eines Kindergartens S. 178f.

Die Regelung des Anspruchs auf Förderung in einer Tageseinrichtung und in Kindertagespflege lässt sich in drei Stufen unterteilen. Den unbedingten Anspruch für Kinder ab der Vollendung des ersten Lebensjahres bis zum Schuleintritt (Abs. 2, 3), den bedingten Anspruch für Kinder bis Vollendung des ersten Lebensjahres (Abs. 1) und ein „Vorhaltegebot" für Kinder im schulpflichtigen Alter (Abs. 4). Weitergehend ist in § 24 Abs. 5 SGB VIII ein Informationsanspruch über das Platzangebot und die dort zugrunde liegenden pädagogischen Konzepte geregelt sowie die Befugnis des Landes für die Geltendmachung der Ansprüche Ankündigungsfristen zu bestimmen.

III. Das Wunsch- und Wahlrecht

Nach § 5 SGB VIII haben Leistungsberechtigte ein Wunsch- und Wahlrecht. Sie können zwischen verschiedenen Einrichtungen und Diensten wählen und Wünsche hinsichtlich der Ausgestaltung der Förderung äußern. Dieses Recht wird nach § 5 Abs. 2 S. 2 SGB VIII durch den Vorbehalt unverhältnismäßiger Kosten begrenzt. Es führt auch nicht dazu, dass ein Anspruch auf den Besuch einer bestimmten Betreuungseinrichtung besteht. Das Wunsch- und Wahlrecht entspricht dem „Erziehungsprimat der Eltern" nach Art. 6 Abs. 2 S. 1 GG.[119]

Im Sinne des § 5 SGB VIII leistungsberechtigt und hinsichtlich des Wunsch- und Wahlrechts anspruchsberechtigt ist, wer Anspruchsberechtigter der infrage kommenden Rechtsgrundlage ist. Gleichzeitig soll das Elternrecht Auslegungs- und Bewertungsmaßstab für das Wunsch- und Wahlrecht sein, wobei das Kindeswohl immer gewahrt bleiben muss.[120]

---

119 Meysen/Beckmann, Rechtsanspruch U3 Rn. 33.
120 *Mönch-Kalina*, Rechtsanspruch auf den Besuch eines Kindergartens als soziales Leistungsrecht S. 105f.

Nach dem eindeutigen Wortlaut § 5 Abs. 1 S. 1 1. HS SGB VIII besteht ein Wahlrecht nur zwischen Angeboten verschiedener Träger.[121] Kann der Leistungsträger die ihm auferlegte Verpflichtung auf verschiedene Weise erfüllen, besteht nach § 5 SGB VIII kein Recht, eine bestimmte Leistungsart desselben Leistungsträgers auszuwählen. Dies ist dann der Fall, wenn dem öffentlichen Träger der Jugendhilfe bezüglich des Anspruchs auf frühkindliche Förderung sowohl Plätze in Kindertagespflege als auch Plätze einer Tageseinrichtung zur Verfügung stehen. Das Recht soll sich nicht auf die Auswahl verschiedener Leistungsarten verschiedener Träger beziehen, sondern nur im Rahmen einer Leistungsart ausgeübt werden können. Besteht mithin nach § 5 SGB VIII nur die Wahlmöglichkeit zwischen einer Förderung in einer Tageseinrichtung des Trägers A oder des Trägers B, ist die Möglichkeit der Förderung in Kindertagespflege unter dem Träger A nicht mehr gegeben.[122] Eine grundsätzliche Einschränkung des Wunsch- und Wahlrechts auf nur eine Leistungsart findet im Wortlaut keine Stütze. Hier heißt es lediglich: „Die Leistungsberechtigten haben das Recht, zwischen Einrichtungen und Diensten verschiedener Träger zu wählen und Wünsche hinsichtlich der Gestaltung der Hilfe zu äußern."[123] Der Wortlaut „[...] zwischen Einrichtungen und Dienste" legt nahe, dass sich das Wahlrecht auch auf eine Auswahl zwischen verschiedenen Leistungsarten (gekennzeichnet durch das „und") bezieht, soweit anspruchserfüllende Plätze verfügbar sind.[124] Die Begrenzung des Wahlrechts auf verfügbare Plätze ergibt sich schon aus der Wortwahl „Wahlrecht", da eine Auswahl immer nur zwischen bestehenden Wahlmöglichkeiten vorgenommen werden kann. Das Wunschrecht bezieht sich dagegen nach § 5 Abs. 1 S. 1 2. HS SGB VIII auf die konkrete Gestaltung der Hilfe, sodass es nur im Rahmen einer Leistungsart ausgeübt werden kann. Mithilfe des

---

121 A. A. Schellhorn/Fischer/Mann/Kern-*Fischer* (4. Aufl.) § 24 Rn. 16 SGB VIII. Leider wird die Ansicht nicht begründet; VG Gelsenkirchen v. 19.8.1997 7 L 1638/97 in NVwZ-RR 1998, 437 (437), die ebenfalls vom Wahlrecht zwischen verschiedenen Einrichtungen des gleichen Trägers ausgehen und dem entgegenstehenden Wortlaut den Sinn und Zweck der Regelung entgegenhalten. Eine solche Auslegung ist jedoch aufgrund der Wortlautgrenze nicht möglich.

122 *Meyer*, DJI Impulse 2/2012, 12 (13).

123 § 5 Abs. 1 S. 1 SGB VIII.

124 Wießner/Grube/Kößler, Der Anspruch auf frühkindliche Förderung 28f.; *Mönch-Kalina* Rechtsanspruch auf den Besuch eines Kindergartens als soziales Leistungsrecht S. 39f.; Schellhorn/Fischer/Mann/Kern-*Bearbeiter* (4. Aufl.) § 5 Rn. 9 SGB VIII; Kunkel-*Schindler* (5. Aufl.) § 5 Rn. 5 SGB VIII.

Wunschrechtes kann auf die einmal getroffene Wahl der Leistungsart Einfluss genommen werden.

Um die Ausübung des Wunsch- und Wahlrechts zu ermöglichen, hat der Träger der öffentlichen Jugendhilfe nach § 5 Abs. 1 S. 2 SGB VIII die Pflicht, die Leistungsberechtigten auf ihr Wunsch- und Wahlrecht hinzuweisen und die zur Ausübung dieses Rechts notwendigen Informationen über die Leistungsangebote aller Träger zugänglich zu machen.[125] Hinsichtlich der frühkindlichen Förderung können Kriterien wie ein bestimmtes Erziehungskonzept oder die Nähe zum elterlichen Arbeitsplatz in die Auswahl der Einrichtung einfließen. Entsprechen die Gründe für die Wahl einer bestimmten Einrichtung den Förderzielen in § 22 Abs. 2 SGB VIII und entstehen keine unverhältnismäßigen Mehrkosten, ist der Auswahl nachzukommen.[126]

Der Begriff der unverhältnismäßigen Mehrkosten ist als unbestimmter Rechtsbegriff auszulegen. Mit dem Verweis auf die Mehrkosten wird deutlich gemacht, dass zunächst ein Kostenvergleich vorzunehmen ist. Die Überprüfung der Verhältnismäßigkeit beschränkt sich damit auf die Kosten, die durch die Ausübung des Wunsch- und Wahlrechts zusätzlich entstehen. Ob die Mehrkosten verhältnismäßig sind, ist im Einzelfall anhand der zu erwartenden gesteigerten Erziehungs- und Förderchancen zu prüfen.[127] Stehen unabhängig von der gewünschten Leistungsart im Rahmen der Geltendmachung des Anspruchs auf frühkindliche Förderung keine anspruchserfüllenden Angebote zur Verfügung, kann trotz „erheblicher Mehrkosten" die Leistung nicht verweigert werden.[128]

---

125 Kunkel-*Schindler* (5. Aufl.) § 5 Rn. 7 SGB VIII; *Mönch-Kalina*, Rechtsanspruch auf den Besuch eines Kindergartens als soziales Leistungsrecht S. 104.

126 Siehe OVG Lüneburg 4 ME 326/08 in NVwZ-RR 2009, 425 (426).

127 *Mönch-Kalina*, Rechtsanspruch auf den Besuch eines Kindergartens als soziales Leistungsrecht S. 107f.; Kunkel-*Schindler* (5. Aufl.) § 5 Rn. 14 SGB VIII. In der Praxis sind Mehrkosten von 20 % als verhältnismäßig angesehen worden sein. Die Obergrenze soll bei 75 % gelegen haben.

128 *Mönch-Kalina* Rechtsanspruch auf den Besuch eines Kindergartens als soziales Leistungsrecht S. 108,110; Schellhorn/Fischer/Mann/Kern-*Kern* (4. Aufl.) § 5 Rn. 27 SGB VIII.

IV. Ziele der frühkindlichen Förderung

§ 22 Abs. 2 Nr. 1–3 SGB VIII nennt die Ziele der Förderung in Tagesein-richtungen und in der Kindertagespflege. So soll die Entwicklung des Kindes zu einer eigenverantwortlichen und gemeinschaftsfähigen Persönlichkeit gefördert werden (Nr. 1), die Erziehung und Bildung in der Familie unterstützt und ergänzt werden (Nr. 2) und den Eltern dabei geholfen werden, Erwerbstätigkeit und Kindererziehung besser mitein-ander vereinbaren zu können (Nr. 3). Die Förderziele machen deutlich, dass die Förderung des Kindes in seiner Entwicklung nur unter Einbe-ziehung seiner familiären Situation gelingen kann. Grundlage soll ange-sichts der Zielvorgabe Nr. 2 die familieninterne Förderung des Kindes bleiben, die wiederum von einem Gelingen der Vereinbarkeit von Fa-milie und Beruf abhängig ist. Das Ziel der Förderung der Vereinbarkeit von Familie und Beruf hat den organisatorischen Aspekt der Förderung, die Betreuungszeiten, im Blick.[129]

Nach § 22 Abs. 3 SGB VIII soll die Förderung an die individuellen Bedürfnisse des Kindes angepasst werden. Der individualisierte Zu-schnitt der Förderung unter Einbeziehung der Fähigkeiten, Interessen und Bedürfnisse ist wesentlich „für die Ausbildung von Leistungsmo-tivation, für die Erhaltung der kindlichen Neugier und der natürlichen Lernbereitschaft."[130]

V. Der unbedingte Anspruch

Ab der Vollendung des ersten Lebensjahres bis zu ihrem Schuleintritt haben Kinder einen Anspruch auf Förderung, der an keine Vorausset-zungen geknüpft ist.[131] Die inhaltliche Ausgestaltung des Förderungs-anspruchs unterscheidet sich, sodass der Anspruch bis zur Vollendung des dritten Lebensjahres (U3) und derjenige ab Vollendung des dritten Lebensjahres bis zum Schuleintritt getrennt voneinander zu untersu-chen sind.

---

129 Schellhorn/Fischer/Mann/Kern-*Fischer* (4. Aufl.) § 22 Rn. 17 SGB VIII.
130 Kunkel-*Kaiser* (5. Aufl.) § 22 Rn. 14 SGB VIII.
131 Abgesehen von Ankündigungsfristen die nach § 24 Abs. 5 S. 2 SGB VIII durch Landesrecht bestimmt werden können.

1. Anspruch auf Förderung für Kinder ab der Vollendung des ersten Jahres bis zur Vollendung des dritten Jahres

Bei dem Anspruch auf U3-Förderung nach § 24 Abs. 2 SGB VIII handelt es sich umgangssprachlich um den Anspruch auf einen Krippenplatz. Dieser Anspruch wurde erstmalig im Gesetzesentwurf zum Kinderförderungsgesetz am 27.5.2008 eingeführt und sollte der Verbesserung der Vereinbarkeit von Familie und Erwerbsleben und dem Wohle der Kinder dienen.

a. Anspruchsvoraussetzungen

Nach § 24 Abs. 2 SGB VIII hat ein Kind ab Vollendung des ersten bis zur Vollendung des dritten Lebensjahres einen Anspruch auf Förderung in einer Tageseinrichtung oder in einer Kindertagespflege. Einzige Voraussetzung ist das Alter des Kindes. § 24 Abs. 2 SGB VIII stellt eine Gewährleistungspflicht dar, nach der jedem Kind ein Platz in einer Tageseinrichtung oder der Kindertagespflege zur Verfügung gestellt werden muss. Einen „Vorbehalt des Möglichen" gibt es nicht.[132] Es besteht ein Verschaffungsanspruch.[133]

Der Umfang der Betreuung richtet sich in analoger Anwendung des § 24 Abs. 1 S. 3 SGB VIII nach dem individuellen Bedarf. Die Inanspruchnahme einer Betreuung kann von der Einhaltung einer bestimmten Ankündigungsfrist abhängig gemacht werden. Das jeweilige Landesrecht kann eine entsprechende Frist festsetzen. Der Anspruch besteht unabhängig vom Wohnort des Kindes, wobei dem Wunsch nach einer wohnortnahen Betreuung nachzukommen ist. Als wohnortnah gelten auch solche Einrichtungen, die auf „kurzem und sicherem" Weg mit den öf-

---

132 *Mayer*, VerwArch 2013, 344 (351).
133 *Rixen*, NJW 2012, 2839 (2840f.); *Meyer*, DJI Impulse 2/2012, 12 (13); *Schübel-Pfister*, NVwZ 2013, 385 (387); *Bock-Pünder*, Rechtsanspruch auf den Besuch eines Kindergartens S. 354: „Ein Verschaffungsanspruch ist erfüllt, wenn das Kind in einem konkreten Kindergarten angemeldet ist, ihm ein Platz vorgehalten wir und also seinem Besuch nichts mehr im Wege steht." Das Gleiche muss auch für den Rechtsanspruch auf Förderung ab dem ersten Lebensjahr gelten.

fentlichen Verkehrsmitteln zu erreichen sind.[134] Der Anspruch ist gegenüber dem örtlichen Träger der Jugendhilfe nach § 3 Abs. 2 S. 2 SGB VIII geltend zu machen.

b. Anspruchsberechtigung

Nach dem eindeutigen Wortlaut „Das Kind [...] hat[...] Anspruch[...]" ist das Kind anspruchsberechtigt. Fraglich ist, ob die Eltern, die auch ein eigenes Interesse an der Betreuung ihres Kindes haben, ebenfalls anspruchsberechtigt sind. Das OVG Rheinland-Pfalz hat in seiner Entscheidung vom 25.10.2012[135] eine eigenständige Anspruchsberechtigung der Eltern angenommen. Diese ergebe sich aus der unmittelbaren, nicht nur „reflexartigen" Begünstigung der Eltern durch den Zweck der Betreuung, dem Informationsanspruch der Eltern über das Platzangebot und die pädagogische Ausrichtung der Einrichtungen sowie der Anforderungen bei der Planung entsprechender Einrichtungen. Nach § 80 Abs. 2 Nr. 4 SGB VIII ist die Vereinbarkeit von Beruf und Familie zu ermöglichen. So wäre es „lebensfremd [...] anzunehmen, der Rechtsanspruch auf einen Kindergartenplatz diene nicht zuletzt auch der beruflichen Entfaltung der Eltern und der Vereinbarkeit von beruflicher Betätigung mit der Wahrnehmung der Elternverantwortung in der Familie."[136] In einem anderen Fall hat auch das Bundesverwaltungsgericht eine zusätzliche Anspruchsberechtigung der Eltern angenommen. Ausschlaggebend war hier die Betroffenheit des elterlichen Erziehungsrechts.[137]

Der Annahme einer eigenständigen Anspruchsberechtigung der Eltern wird der klare Wortlaut entgegengehalten. In § 24 Abs. 2 SGB VIII sei die frühkindliche Förderung als einziger Anspruchsinhalt benannt, der

---

134 Meysen/Beckmann, Rechtsanspruch U3 Rn. 306f.; Wiesner/Grube/Kößler, Der Rechtsanspruch auf frühkindliche Förderung S. 30; *Mönch-Kalina*, Der Rechtsanspruch auf den Besuch eines Kindergartens als soziales Leistungsrecht S. 85f, hier wird explizit darauf hingewiesen, dass die Lage des Kindergartens keine Frage des Wunsch- und Wahlrechts ist, sondern schon dem Rechtsanspruch selbst zuzuordnen ist; Bock-Pünder, Rechtsanspruch auf den Besuch eines Kindergartens S. 358f.

135 OVG Rheinland-Pfalz v. 25.10.2012 A 10671/12.

136 OVG Rheinland-Pfalz v. 25.10.2012 A 10671/12 (juris) Rn. 41.

137 Siehe BVerwG v. 25.8.1987 5 B 50/87 in NVwZ-RR 1989, 252 (253).

„naturgemäß nur dem Kind selbst gelten und zugutekommen" kann.[138] Die elterlichen Interessen seien von der objektivrechtlichen Berücksichtigungspflicht umfasst, da das Kindeswohl, das Wohl der Eltern und damit auch das der Familie Teil eines einheitlichen Lebenssachverhalts seien. Dies würde auch in den Förderzielen nach § 22 SGB VIII und durch den elterlichen Informationsanspruch verdeutlicht.[139]

Durch die Einbeziehung der elterlichen Interessen in die Planung von Einrichtungen und in Anbetracht des konkreten Informationsanspruches wird dem Ziel der Vereinbarkeit von Familie und Beruf und dem Erziehungsrecht nach Art. 6 Abs. 2 GG Rechnung getragen. Dies muss jedoch nicht zugleich zu einer eigenständigen Anspruchsberechtigung der Eltern führen. Der klare Wortlaut des § 24 Abs. 2 SGB VIII sowie die Ausgestaltung des Anspruchs als ein Anspruch auf Förderung und eben nicht auf Betreuung sprechen für die alleinige Anspruchsberechtigung des Kindes.

c. Bezugspunkt des Alternativanspruchs

Zu klären ist, worauf der Anspruch aus § 24 Abs. 2 SGB VIII gerichtet ist. Wer ist also berechtigt, die Wahl zwischen Förderung in der Kindertagespflege oder Förderung in einer Tageseinrichtung zu treffen? Der Wortlaut ist nicht eindeutig. „Ein Kind [...] hat [...] einen Anspruch auf frühkindliche Förderung in einer Tageseinrichtung oder in Kindertagespflege." Zwei Sachen können hieraus gefolgert werden. Entweder hat das Kind (bzw. dessen Eltern) die Wahl der Leistungsart, oder der öffentliche Träger kann dem Förderanspruch mit der Leistungsart seiner Wahl nachkommen.

Beide Formen der Betreuung sind gleichwertig und stehen nebeneinander. Daraus wird gefolgert, dass der Gesetzestext einen echten Alternativanspruch beinhalte und dem Anspruchsberechtigten die Wahl über die Art der Förderung zusteht.[140] Der öffentliche Träger würde demnach nicht von der Pflicht gegenüber dem Leistungsberechtigten befreit, in-

---

138 *Schübel-Pfister*, NVwZ 2013, 385 (386), Meysen/Beckmann, Rechtsanspruch U3 Rn. 374.
139 *Schübel-Pfister*, NVwZ 2013, 385 (386).
140 *Mayer*, VerwArch 2013, 344 (350); *Rixen*, NJW 2012, 2839 (2839).

dem er ihm beispielsweise einen Platz in der Tagespflege vermittelt, dieser aber einen Platz in einer Kindertageseinrichtung beansprucht. Für die Annahme eines echten Alternativanspruchs wird auch ein Plenarprotokoll des Bundestages angeführt, indem im Hinblick auf § 24 Abs. 2 SGB VIII von einer „echten Wahlfreiheit" gesprochen wird.[141] Eltern soll nicht vorgeschrieben werden „wo und wie sie ihre Kinder betreuen und fördern." Es soll in ihrem Ermessen liegen, ob ihr Kind in einer Tagespflege oder einer Tageseinrichtung betreut wird.[142]

Nach anderer Ansicht wird die Verpflichtung unabhängig von dem Wunsch des Berechtigten entweder durch einen Platz in einer Kindertageseinrichtung oder in der Tagespflege erfüllt. Hierfür sollen die Grenzen des Wahlrechts nach § 5 SGB VIII sprechen, das auch nur im Rahmen der vorhandenen Möglichkeiten wahrgenommen werden könne.[143] Die Anerkennung der Förderung in Kindertagespflege sowie in Kindertageseinrichtungen als „gleichwertige, gleichrangige und gleichgeeignete Betreuungsformen" im U3 Bereich, werden auch zur Begründung herangezogen.[144]

Die Anerkennung der Gleichwertigkeit beider Förderformen sollte zumindest dann zu einer Konkretisierung auf eine Förderart führen, wenn der Verschaffungsanspruch auf andere Weise nicht erfüllt werden kann. Dem öffentlichen Träger ist die Verwehrung einer alternativen, aber gleichwertigen und gleichrangigen Erfüllung des Verschaffungsanspruchs nicht zumutbar, zumal diese Alternative ausdrücklich im Gesetz steht. Im Ergebnis muss aus der Sicht des Anspruchsberechtigten der Verschaffungsanspruch erfüllt werden. Anspruchsberechtigt ist das Kind, und nicht die Eltern sind es. Da beide Leistungsarten den Förderzielen gerecht werden können, kann es unter dem Gesichtspunkt Kindeswohl nicht darauf ankommen, welche Alternative zur Erfüllung des Verschaffungsanspruchs gewählt wird. Den ebenfalls geschützten elterlichen Interessen wird mit dem Wahlrecht und der konkreten Ausübung der Förderung[145] Rechnung getragen. Die nach dem Plenarprotokoll bezweckte vollumfängliche Freiheit bei der Auswahl der Förder-

---

141 *Richter*, NJW 2013, 2650 (2650f.).

142 Dt. Bundestag Plenarprotokoll 16/180 S. 19236.

143 *Meyer*, DJI Impulse 2/2012, 12 (13); *Schübel-Pfister*, NVwZ 2013, 385 (388).

144 *Schübel-Pfister*, NVwZ 2013, 385 (389).

145 Siehe folgende Ausführungen zum Umfang der Betreuung.

art hat zum einen keine zwingenden Auswirkungen auf die Auslegung des später erlassenen Gesetzes, zum anderen kann sie auch als zukünftiges Ziel für den Ausbau der Kinderbetreuung angesehen werden. Kann der Anspruch nach § 24 Abs. 2 SGB VIII nicht durch die Förderung in einer Kindertageseinrichtung erfüllt werden und bietet der öffentliche Träger dem Anspruchsberechtigten die Förderung in Kindertagespflege an, ist er seinem Verschaffungsanspruch nachgekommen.[146] Anspruchserfüllend sind jedoch nur solche Förderplätze, bei denen eine altersgerechte Förderung und die Förderung der Vereinbarkeit von Familie und Beruf möglich sind.

d. Der Umfang der Betreuung

Der Umfang der Betreuung ist gesetzlich nicht vorgegeben, sondern soll sich in entsprechender Anwendung von § 24 Abs. 1 S. 3 SGB VIII nach dem individuellen Bedarf richten. In Anbetracht der Regelung der Betreuung zwischen dem dritten Lebensjahr und dem Schuleintritt gemäß § 24 Abs. 3 SGB VIII, nach dem nur ein bedarfsgerechtes Angebot an Ganztagsplätzen zur Verfügung gestellt werden soll, kann davon ausgegangen werden, dass dies erst recht für die U3-Betreuung gilt. Hieraus wird gefolgert, dass der Anspruch mindestens einen Halbtagesplatz umfasst.[147]

In der Gesetzesbegründung wird ausgeführt, dass der Betreuungsumfang am individuellen Bedarf zu messen ist. So sollen „alle Eltern, insbesondere auch in zeitlicher Hinsicht, ein Förderangebot für ihr Kind erhalten, das ihren individuellen Betreuungswünschen entspricht."[148] Hinsichtlich des Betreuungsumfangs werden somit nur die elterlichen Interessen zur Begründung herangezogen. Die Einbeziehung der elterlichen Interessen findet sich nicht im Gesetzeswortlaut. Vielmehr ist nach dem Wortlaut nur das Kind anspruchsberechtigt, und die Eltern bzw. elterlichen Interessen tauchen mit keinem Wort in der Regelung auf. Daraus könnte geschlossen werden, dass sich der individuelle Bedarf wie der gesamte Anspruch auf das Kind bezieht. Dem individu-

---

146 Siehe Meysen/Beckmann, Rechtsanspruch U3 Rn. 331, die darlegen, dass ein Platz dann nicht mehr geeignet ist, wenn durch den Wechsel in der Gruppe ein älteres Kind nur noch mit ganz kleinen Kindern betreut wird.
147 *Schübel-Pfister,* NVwZ 2013, 385 (389). Siehe Ausführungen zu 2.
148 BT-Drs. 16/9299 S. 15.

ellen Bedarf des Kindes nach frühkindlicher Förderung müsste durch den Umfang der Betreuung entsprochen werden.

Es schließt sich sodann die Frage an, woran der individuelle Bedarf, als unbestimmter Rechtsbegriff, zu messen ist. Zur Bestimmung des unbestimmten Rechtsbegriffs muss auf die Förderziele nach § 22 Abs. 2 SGB VIII und das Kindeswohl zurückgegriffen werden.[149]

Ziele der Förderung von Kindern in Kindertageseinrichtungen oder einer Tagespflege sind die Entwicklung des Kindes zu einer eigenverantwortlichen und gemeinschaftsfähigen Persönlichkeit, Unterstützung von Erziehung und Bildung in der Familie sowie die Unterstützung der Vereinbarkeit von Familie und Beruf.[150] Die Förderung der Vereinbarkeit von Familie und Beruf wird ausdrücklich in § 22 Abs. 2 SGB VIII benannt und kommt insbesondere bei dem organisatorischen Aspekt der Lage und Dauer der Betreuungszeiten zum Tragen.[151] Das Kindeswohl bzw. die Förderung der Entwicklung des Kindes muss jedoch gewahrt bleiben. So dürfen die „Interessen und Bedürfnisse der Kinder nicht den Anforderungen [...] der Arbeitswelt ‚geopfert' werden."[152] Zur Erreichung der Förderziele ist von einer Mindeststundenanzahl auszugehen. Es wird angenommen, dass „bei einer Vormittags- oder Nachmittagsbetreuung [...] die Betreuungsdauer in der Einrichtung oder in Tagespflege unter der Berücksichtigung der Arbeits-, An- und Abfahrtszeiten der Eltern jeweils mindestens sechs Stunden betragen, bei einer Ganztagsbetreuung mindestens zwischen acht und neun Stunden, bei langen An- und Abfahrtszeiten auch bis zu zehn Stunden."[153] Gehen die Erziehungsberechtigten keiner Erwerbstätigkeit nach, wirkt sich das auf den individuellen Bedarf des Kindes aus. In diesem Fall wird eine tägliche Betreuungszeit von drei bis vier Stunden als ausreichend angesehen.[154]

---

149 Wiesner/Grube/Kößler, Der Rechtsanspruch auf frühkindliche Förderung S. 25; so auch *Bock-Pünder,* Rechtsanspruch auf den Besuch eines Kindergartens S. 325.

150 § 22 Abs. 2 SGB VIII.

151 Schellhorn/Fischer/Mann/Kern-*Fischer* (4. Aufl.) § 22 Rn. 17 SGB VIII.

152 Wiesner-*Struck* (5. Aufl.) § 22 Rn. 15 SGB VIII.

153 *Mayer,* VerwArch 2013, 344 (354f.); wohl auch *Rixen,* NJW 2012, 2839 (2840).

154 *Mönch-Kalina,* Der Rechtsanspruch auf den Besuch eines Kindergartens als soziales Leistungsrecht S. 80.

Der Pauschalisierung einer wöchentlichen Mindestförderungsdauer zur Erreichung der Förderziele nach § 22 SGB VIII muss entgegengehalten werden, dass jedes Kind verschiedene Bedürfnisse hat, an denen eine entsprechende Mindestförderungszeit zu messen ist.[155] Der Anspruch aus § 24 Abs. 2 SGB VIII ist eben kein Anspruch auf Betreuung, sondern ein Anspruch des Kindes auf Förderung. Eine sogenannte „Mindestbuchungszeit" ist folglich nicht zulässig. Der Anspruch auf mindestens einen Halbtagesplatz beinhaltet auch nicht gleichzeitig die Pflicht, den gewährten Anspruch auf Förderung in vollen Umfang wahrzunehmen. Die Erreichung der Förderziele muss jedoch in jedem Fall gewahrt bleiben.[156]

Es ist festzuhalten, dass sich der individuelle Bedarf auf das Kind als Anspruchsberechtigten bezieht. Der individuelle Bedarf bestimmt sich nach dem Kindeswohl und dem aufgrund der Erwerbstätigkeit der Eltern bestehenden Betreuungsbedarf und Förderbedarf.[157] Die Erwerbstätigkeit der Eltern beeinflusst den Umfang des Anspruchs.

2. Anspruch auf Förderung bis zum Schuleintritt
Der Rechtsanspruch auf Förderung in einer Kindertageseinrichtung ab der Vollendung des dritten Lebensjahres bis zum Schuleintritt nach § 24 Abs. 3 SGB VIII ist seit 1996 in Kraft. Er wurde am 27.7.1992 im Schwangeren- und Familienhilfegesetz verabschiedet[158] und folgte der Vorgabe des Bundesverfassungsgerichts, Regelungen zu schaffen, welche die Vereinbarung von Erwerbs- und Familienarbeit ohne berufliche Nachteile ermöglichen.[159]

§ 24 Abs. 3 S. 1 SGB VIII gewährt dem Kind als Anspruchsberechtigtem einen unbedingten Anspruch auf Förderung in einer Kindertageseinrichtung. Einzige Voraussetzung ist die Erreichung des vollendeten dritten Lebensjahres. Nach § 24 Abs. 3 S. 2 SGB VIII hat der Träger der

---

155 Meysen/Beckmann, Rechtsanspruch U3 Rn. 108, 131f.
156 Meysen/Beckmann, Rechtsanspruch U3 Rn. 133.
157 Ausführlich zu unter den Erwerbstätigkeitbegriff fallende Tätigkeiten, Meysen/Beckmann, Rechtsanspruch U3 Rn. 152f., 196f; Mönch Kalina, Der Rechtsanspruch auf den Besuch eines Kindergartens als soziales Leistungsrecht S. 81.
158 BGBl.I S. 1398.
159 Münder/Wiesner-*Schmid*, Kinder- und Jugendhilferecht S. 232.

öffentlichen Jugendhilfe ein bedarfsgerechtes Angebot an Ganztagsplätzen zur Verfügung zu stellen. Bedarfsgerecht soll ein Angebot immer nur dann sein, „wenn sich die Betreuungsmodalitäten, insbesondere der Umfang der täglichen Betreuungszeit, an den Interessen des Kindes und seiner Familie orientiert und die Vereinbarkeit von Erwerbstätigkeiten und Kindererziehung" ermöglicht wird.[160] Dies muss jedoch nicht nur für Ganztagesplätze, sondern auch für Halbtagesplätze gelten.[161] Der Rechtsanspruch ist erst dann erfüllt, wenn der individuelle Betreuungs- und Erziehungsbedarf tatsächlich gedeckt ist.[162] Im Ergebnis muss entsprechend dem Anspruch auf frühkindliche Förderung nach § 24 Abs. 2 SGB VIII der Umfang der Betreuung von der Erreichung der in § 22 Abs. 2, 3 SGB VIII niedergelegten Förderziele abhängen.

Bei besonderem Bedarf oder ergänzend zur Förderung in Tageseinrichtungen besteht die Möglichkeit der Förderung in Kindertagespflege. Ein subjektives Recht auf Förderung in Kindertagespflege besteht nicht.[163] Anspruchsgegner ist der öffentliche Träger der Jugendhilfe. Der Anspruch erlischt mit dem Schuleintritt.

3. Durchsetzung des Anspruchs

Die Ansprüche auf frühkindliche Förderung ab Vollendung des ersten bis Vollendung des dritten Lebensjahres nach § 24 Abs. 2 SGB VIII und auf Förderung in einer Tageseinrichtung ab Vollendung des dritten Lebensjahres bis zum Schuleintritt stehen als unbedingte Ansprüche hinsichtlich der Durchsetzung vor den gleichen Problemen. Die Beschreibung als „verwaltungsrechtliches Fixgeschäft"[164], beschreibt treffend die Herausforderungen bei der jeweiligen Umsetzung. Fällt das betreffende Kind aus dem anspruchsbegründenden Alter heraus, erledigt sich auch der Anspruch.

---

160 Münder/Wiesner-*Schmid*, Kinder- und Jugendhilferecht S. 236.
161 *Mayer*, VerwArch 2013, 344 (361); Münder/Wiesner-*Schmid*, Kinder- und Jugendhilferecht S. 235; *Georgii*, NJW 1996, 686 (688); Schellhorn/Fischer/Mann/ Kern-*Fischer* (4. Aufl.) § 24 Rn. 12 SGB VIII.
162 *Mönch-Kalina*, Der Rechtsanspruch auf den Besuch eines Kindergartens als soziales Leistungsrecht S. 79.
163 Münder/Wiesner-*Schmid*, Kinder- und Jugendhilferecht S. 235.
164 *Rixen*, NJW 2012, 2839 (2841).

a. Durchsetzung des Anspruchs auf Zuweisung eines Förderplatzes

Nur das Kind als Anspruchsberechtigter kann, vertreten durch seine Erziehungsberechtigten, auf Zuweisung des ihm zustehenden Förderplatzes klagen. Hierzu muss zunächst Widerspruch gegen den Ablehnungsbescheid eingelegt werden. Abhängig davon, ob der öffentliche Träger der Jugendhilfe selbst oder ein anderer Träger Tageseinrichtungen oder Tagespflegeplätze unterhält, muss, um die Zuweisung eines Förderplatzes zu erzwingen, eine Verpflichtungsklage[165] oder eine allgemeine Leistungsklage[166] erhoben werden. Hat der Träger der öffentlichen Jugendhilfe bei der Verteilung zur Verfügung stehender Plätze in einer ihm unterstehenden Kinderbetreuungseinrichtung nicht den individuellen Bedarf der Anspruchsberechtigten beachtet, kommt auch eine Konkurrentenklage in Betracht.[167] Wegen des fixgeschäftlichen Charakters des unbedingten Anspruchs kann die Durchsetzung des Anspruchs auch im Wege einer einstweiligen Anordnung nach § 123 VwGO erlangt werden.[168]

---

165 Ziel ist der Erlass eines Verwaltungsakts bzw. unmittelbare positive Zuweisung eines anspruchserfüllenden Förderplatzes.

166 Ziel ist die Verschaffung eines anspruchserfüllenden Förderplatzes unter fremder Trägerschaft.

167 Wiesner/Grube/Kößler, Der Anspruch auf frühkindliche Förderung S. 34; Meysen/Beckmann, Rechtsanspruch U3 Rn. 376f. Doch auch der Nachweis eines zu Unrecht vergebenen Betreuungsplatzes ist aufgrund der Unbedingtheit des Rechtsanspruches und in Anbetracht dessen schwierig, dass aus dem Gesetz die Gründe für die gewünschte frühkindliche Förderung nicht in einem Rangverhältnis zueinander stehen.

168 Der Anordnungsanspruch besteht, wenn nach einer summarischen Prüfung mit überwiegender Wahrscheinlichkeit ein Anspruch gegeben ist. Ein Anordnungsgrund setzt weiter voraus, dass zu einem späteren Zeitpunkt der effektive Rechtsschutz gemäß Art. 19 Abs. 4 GG nicht mehr gewährleistet werden kann. Der Anordnungsanspruch liegt als unbedingter Verschaffungsanspruch mit Erreichung der Altersgrenze vor, der Anordnungsgrund liegt in der automatischen Erledigung mit Zeitablauf. Hierzu ausführlich Meysen/Beckmann, Rechtsanspruch U3 Rn. 380f.; siehe *Bock-Pünder*, Rechtsanspruch auf den Besuch eines Kindergartens S. 367, 379f.; *Schmitt/Wohlrab*, KommJur 2013, 18 (20); *Georgii*, NJW 1996, 686 (689).

b. Schadensersatzanspruch

Wurde der Anspruch auf Zuweisung eines Förderplatzes nicht erfüllt und haben Eltern selbstständig einen Betreuungsplatz gefunden, stellt sich die Frage, ob Ersatz der entstandenen Kosten verlangt werden kann.

Im Schrifttum werden verschiedene Rechtsgrundlagen zur Erstattung entsprechender Kosten herangezogen. Diskutiert werden der Folgenbeseitigungsanspruch, der Kostenbeseitigungsanspruch in analoger Anwendung des § 36a Abs. 3 SGB VIII, der sozialrechtliche Herstellungsanspruch, der Amtshaftungsanspruch nach § 839 Abs. 3 BGB i.V.m. Art. 34 GG, der Aufwendungsersatzanspruch gemäß §§ 670, 677, 683 BGB und auf das verwaltungsrechtliche Schuldverhältnis aufbauende Schadenersatzansprüche des allgemeinen Schuldrechts.

(1) Die Ersatzfähigkeit des Schadens

Zunächst ist die Frage zu klären, ob Kosten für die selbstständig organisierte Kinderbetreuung ersatzfähig sind. Grundsätzlich wird gegen die Erstattung entsprechender Kosten eingewandt, dass der Schaden immer durch etwaige Kompensationshandlungen der Eltern entstehe, diese aber nicht anspruchsberechtigt seien.[169] Der Wortlaut des § 24 Abs. 2, 3 SGB VIII „Ein Kind, [...]" spricht für diese Annahme. Der Erlass der Vorschriften zur Kinder- und Jugendhilfe insbesondere die Regelung in § 22 SGB VIII ist der „öffentlichen Fürsorge" zuzuordnen.[170] Der Bund hat hierfür Gesetzgebungskompetenz. Die Förderung der Vereinbarkeit von Familie und Beruf ist dagegen nicht Aufgabe der öffentlichen Fürsorge. Hieraus wird gefolgert, dass sich aufgrund der in Anspruch genommen Gesetzeskompetenz die Einbeziehung der elterlichen Interessen im Rahmen des § 24 Abs. 2, 3 SGB VIII verbiete.[171]

Die unter den Begriff der „öffentlichen Fürsorge" fallende Förderung der Entwicklung des Kindes zu einer eigenverantwortlichen und gemeinschaftsfähigen Persönlichkeit kann jedoch nur unter Berücksichtigung der familiären Situation des Kindes gelingen. Die Förderung der Vereinbarkeit von Familie und Beruf dient auch der finanziellen Absi-

---

169 *Pauly/Beutel,* DÖV 2013, 445 (445f.).
170 BT-Drs. 16/9299 S. 11.
171 *Pauly/Beutel,* DÖV 2013, 445 (446), ausführlich zu den einzelnen Ansprüchen S. 447f.

cherung der Familie und steht damit mittelbar auch im Interesse des Kindes. Entsprechend beziehen sich zwei der drei Förderziele in § 22 Abs. 2 SGB VIII auf die familiäre Situation des Kindes.[172]

Wurde der Anspruch auf frühkindliche Förderung nicht erfüllt, werden Eltern bei ihrer selbstständigen Suche nach einem Betreuungsplatz im Interesse des Kindes tätig, da ein funktionierendes Familienleben allen Familienmitgliedern dient. Für die Kosten der ergriffenen Maßnahmen ist damit auch das Kind anspruchsberechtigt. Es ist nicht ersichtlich, warum entsprechende Maßnahmen zur Förderung der Vereinbarkeit von Familie und Beruf nicht unter die „öffentliche Fürsorge" fallen. Den Eltern kann nicht zum Nachteil gereichen, dass sie Aufgaben übernehmen, zu der ein öffentlicher Träger verpflichtet wurde. In § 24 Abs. 2, 3 SGB VIII wurde dem Kind gerade ein unbedingter Rechtsanspruch gewährt. Das damit verfolgte Ziel der frühkindlichen Förderung kann nur von den sorgeberechtigten Eltern verfolgt werden. Die Verquickung der Interessen des Kindes mit denen der Eltern wird auch in dem Informationsanspruch und den Anforderungen an die Planung von Kinderbetreuungseinrichtungen ersichtlich.[173] Würde die Vertretung der Kinder durch die Eltern einer Geltendmachung des Anspruches entgegenstehen, wäre seine Durchsetzung nicht möglich. Gerade für Kinder in dem betreffenden Altersabschnitt (maximal bis zum Schuleintritt) treten zur Vornahme rechtlich relevanter Handlungen immer die Erziehungsberechtigten auf. Entstandene Kosten müssen ersatzfähig sein. Die starke Ausgestaltung des Förderanspruches würde sonst ausgehöhlt.[174]

(2) Der Folgenbeseitigungsanspruch
Der Folgenbeseitigungsanspruch wird aus der Bindung der vollziehenden Gewalt an Gesetz und Recht nach Art. 20 Abs. 3 GG hergeleitet. Er ist „allein auf die Beseitigung der rechtswidrigen Folgen eines Tuns oder Unterlassens der vollziehenden Gewalt gerichtet." So soll der Zustand hergestellt werden, „der bestünde, wenn sie [die vollziehende Gewalt] die rechtswidrigen Folgen nicht herbeigeführt hätte."[175] Vom Folgenbe-

---

172 So auch *Mayer*, VerwArch 2013, 344 (347); Schellhorn/Fischer/Mann-*Fischer* (4. Aufl.) § 22 Rn. 17f. SGB VIII.
173 So auch OVG Rheinland-Pfalz v. 25.10.2012 A 10671/12 (juris) Rn. 41.
174 So auch BGH v. 20.10.2016 III ZR 278/15 (u. a.) (juris/Pressemitteilung).
175 BVerwG v. 19.7.1984 3 C 81/82 NJW 1985, 817 (818f.). Hier auch ausführliche Herleitung des Folgenbeseitigungsanspruchs m.w.N.

seitigungsanspruch sind nur die Folgen umfasst, die sich unmittelbar aus der Amtshandlung ergeben. Folgen, die zumindest auch auf einer Eigenentscheidung des Geschädigten beruhen, sind mittelbar.[176] Durch diese Einschränkung soll der Folgenbeseitigungsanspruch zu den verschuldensabhängigen Schadensersatzansprüchen abgegrenzt werden.[177] Ist die Wiederherstellung des rechtmäßigen Zustandes aus tatsächlichen oder rechtlichen Gründen nicht möglich, tritt an die Stelle des Folgenbeseitigungsanspruchs der Folgenentschädigungsanspruch.[178]

Haben die Eltern erfolglos den Anspruch ihres Kindes nach § 24 Abs. 2, 3 SGB VIII und landesgesetzlichen Regelungen geltend gemacht und daraufhin auf eigene Initiative und Kosten einen entsprechenden Förderplatz gesucht und gefunden, sind die Kosten durch ihre Entscheidung entstanden, einen Platz zu suchen. Das Kind ist berechtigt, einen Anspruch zum Ersatz der Kosten geltend zu machen, da die Eltern zum Wohle des Kindes tätig waren. Die Kosten bleiben jedoch mittelbar, sodass der Folgenbeseitigungsanspruch hieran scheitert.[179]

(3) § 36 a Abs. 3 SGB VIII
In § 36 a Abs. 3 SGB VIII wird ein Aufwendungsersatzanspruch des Leistungsberechtigten für den Fall geregelt, dass der Leistungsberechtigte sich nach diesem Gesetz zustehende Hilfen nach § 36 a Abs. 1, 2 SGB VIII selbst verschafft hat. Diese Hilfen muss er zuvor beantragt haben, und die Hilfe muss so dringlich gewesen sein, dass kein zeitlicher Aufschub geduldet werden konnte. § 36 a Abs. 3 SGB VIII bezieht sich auf Leistungen, die im vierten Abschnitt des SGB VIII geregelt sind. Thematisch handelt sich es dabei um Hilfe zur Erziehung, Eingliede-

---

176 BVerwG v. 19.7.1984 C 81/82 NJW 1985, 817 (819).
177 BVerwG v. 19.7. 1984 C 81/82 NJW 1985, 817 (819).
178 Siehe BVerwG v. 14.4.1989 4 C 34/88 NJW 1989, 2484 (2484f.).
179 Ohne die Mittelbarkeit der Kosten zu thematisieren, wird ein Folgenbeseitigungsanspruch dem Grunde nach angenommen. Die Unmöglichkeit der Beseitigung der Folgen des rechtswidrig versagten Betreuungsanspruchs führt zur Anwendung des Folgenentschädigungsanspruche. Siehe OVG Rheinland-Pfalz v. 25.10.2012 7 A 10671/12 (juris) Rn. 26, *Schmitt/Wohlrab*, KommJur 2013, 18 (19). Entgegen VG Mainz v. 10.5.2012 1 K 981/11 Mz (juris) Rn. 22; *Rixen*, NJW 2012, 2839 (2842), die die Mittelbarkeit der entstandenen Kosten nicht problematisieren.

rungshilfe für seelisch behinderte Kinder und Jugendliche und Hilfe für junge Volljährige.

Da § 24 Abs. 2, 3 SGB VIII unter den dritten Abschnitt Förderung von Kindern in Tageseinrichtungen und in Kindertagespflege fällt, ist eine direkte Anwendung ausgeschlossen. In Betracht kommt eine analoge Anwendung. Diese setzt eine vergleichbare Interessenlage und eine planwidrige Regelungslücke voraus. Eine vergleichbare Interessenlage kann darin gesehen werden, dass eine analoge Anwendung dem unbedingten gesetzlichen Rechtsanspruch und der darin zum Ausdruck kommenden Risikoübernahme entspricht.[180] Während sich allerdings die in § 36 a Abs. 3 SGB VIII genannten Fälle erst durch Vorliegen der dort niedergelegten Voraussetzungen zu einem unbedingten Anspruch wandeln, beinhaltet § 24 Abs. 2, 3 SGB VIII einen solchen bereits unmittelbar. Da sich der Anspruch mit Zeitablauf erledigt, liegt auch Dringlichkeit vor.

Die Frage der vergleichbaren Interessenlage kann offengelassen werden, bis das Vorliegen einer planwidrigen Regelungslücke festgestellt wurde. Nach dem Gesetzeszweck zu § 36 a SGB VIII sollte die Einführung des Aufwendungsersatzanspruches zu einer Einschränkung des ansonsten gültigen sozialrechtlichen Herstellungsanspruchs führen und diente somit nicht einer Förderung oder Unterstützung der Selbstbeschaffung. Sie war vielmehr ihrer Eindämmung geschuldet.[181] Der durch § 36 a SGB VIII eingeschränkte sozialrechtliche Herstellungsanspruch stünde der Annahme einer Regelungslücke entgegen. Eine analoge Anwendung käme dann nicht in Betracht.[182] Der Annahme einer planungswidrigen Regelungslücke stünde auch die Möglichkeit entgegen, einen

---

180 *Mayer*, VerwArch 2013, 344 (372); Schellhorn/Fischer/Mann/Kern-*Fischer* (4. Aufl.) § 24 Rn. 28 SGB VIII.

181 Siehe BT-Drs. 15/3676 S. 36.

182 Anders *Meyer*, DJI Impulse 2/2012, 12 (13). Hiernach soll das darin zum Ausdruck kommende richterrechtlich entwickelte Haftungsinstitut zu einer analogen Anwendung des § 36 a SGB VIII kommen. Gemeint ist wohl der sozialrechtlichen Herstellungsanspruch, von dem § 36 a SGB VIII gerade eine Ausnahme machen will und eine „strengere" Haftungsregelung vorsieht. Der sozialrechtliche Herstellungsanspruch besteht für die Fälle, in denen keine gesetzliche Regelung vorliegt fort, sodass es keiner analogen Anwendung des § 36 a SGB VIII bedarf.

Amtshaftungsanspruch geltend zu machen. Ist mithin ein sozialrecht-
licher Herstellungsanspruch oder ein Amtshaftungsanspruch gegeben,
bleibt für eine Analogie kein Raum.

(4) Sozialrechtlicher Herstellungsanspruch

Der sozialrechtliche Herstellungsanspruch ist ein richterrechtlich ent-
wickelter Anspruch und hat zum Ziel, den Zustand wieder herzustel-
len, der bestünde, „wenn der zuständige Sozialleistungsträger die ihm
aus dem Sozialrechtsverhältnis erwachsenden Pflichten ordnungsge-
mäß erfüllt hätte."[183]

(a) Abgrenzung des sozialrechtlichen Herstellungsanspruch zum Schadensersatzanspruch

Der sozialrechtliche Herstellungsanspruch ist vom Schadensersatzanspruch abzugrenzen. „Im Wege des Herstellungsanspruchs [kann] nur
eine Amtshandlung begehrt werden [...], die nicht nur nach ihrer Bezeichnung, sondern auch nach ihrer wesentlichen Struktur im Gesetz
vorgesehen ist."[184] Der Herstellungsanspruch solle keine „verkappte
Verurteilung zum Schadensersatz in Geld" ermöglichen.[185] Hieraus lässt
sich nicht ableiten, dass der sozialrechtliche Herstellungsanspruch nur
auf eine Amtshandlung gerichtet werden kann.[186] Auch der sozialrechtliche Herstellungsanspruch kann auf die Erstattung von Kosten gerichtet sein, wenn die die Leistungspflicht eine Geldleistung ist. Der Schaden muss durch die Nichterfüllung des „originären sozialrechtlichen
Hauptanspruchs" entstanden sein.[187] Werden solche originären Pflichten durch den Leistungsträger nicht erfüllt und infolgedessen von einem anderen übernommen, hat sich der originäre Anspruch nicht erledigt, sondern der Leistungsträger muss nachträglich der Verpflichtung
nachgekommen. Entsprechend müssen die Kosten der durchgeführten
Maßnahmen übernommen werden. Im Sinne der Naturalrestitution

---

183 BVerwG v. 30.6.2011 3 C 36/10 NJW 2012, 168 (169); *Mönch-Kalina* prüft unter dem Begriff Selbstbeschaffung dieselben Voraussetzungen für einen Erstattungsanspruch der angefallener Kosten bei einem selbstbeschafften Kindergartenplatz, *Mönch-Kalina,* Der Rechtsanspruch auf den Besuch eines
Kindergartens als soziales Leistungsrecht S. 113f.

184 BSG v. 18.8.1983 11 RA 60/82 (juris) Rn. 18.

185 BSG v. 18.8.1983 11 RA 60/82 (juris) Rn. 18.

186 So aber *Rixen,* NJW 2012, 2839 (2843).

187 LSG Berlin v. 5.3.1997 L 15 Kr 9/95 (juris) Rn. 40.

soll es nicht zu einer Besserstellung kommen, sodass die von dem Leistungsempfänger ursprünglich eigenständig zu tragenden Kosten auch weiterhin von ihm zu tragen sind.[188] Die Erstattung der Kosten für die selbstbeschaffte Leistung ist von dem Vorliegen der Voraussetzungen der primären Verpflichtung abhängig. So setzt sich die Primärverantwortung sekundär „in der Verantwortung für die Übernahme der Kosten fort, wenn die geschuldete Leistung anderweitig beschafft werden musste."[189]

(b) Ausschluss durch Gesetz
Es wird eingewandt, dass die Anwendung des sozialrechtlichen Herstellungsanspruchs zur Erstattung von Selbstbeschaffungskosten bei der Kinder- und Jugendförderung durch die Einführung des § 36 a SGB VIII grundsätzlich ausgeschlossen werden sollte. Zur Begründung wird auf die Gesetzesmaterialien zu § 36 a SGB VIII verwiesen.[190]

Unbestritten findet der sozialrechtliche Herstellungsanspruch dann keine Anwendung mehr, wenn der Gesetzgeber tätig geworden ist und für den betreffenden Bereich eine gesetzliche Regelung für die Erstattung der Selbstbeschaffungskosten erlassen hat.[191] Im Rahmen der Verhandlungen zum Tagesbetreuungsausbaugesetz[192] wurde die Problematik angesprochen, dass „Eltern [versuchen] durch unmittelbare Kontaktaufnahme mit Leistungserbringern die Entscheidungszuständigkeit der Jugendämter zu unterlaufen und sie zu bloßen Kostenträgern zu reduzieren."[193] In besonderer Weise solle dies für die Hilfen nach § 36 a SGB VIII gelten. Die auf den sozialrechtlichen Herstellungsanspruch beruhende Rechtsprechung sollte mit der Einführung des Tagesbetreuungsausbaugesetzes „im Interesse der Rechtssicherheit und der Rechtsklarheit eine positiv-rechtliche Grundlage erfahren."[194] So wurde § 36 a SGB VIII mit der Begründung eingeführt, dass der Leistungsträger „die Kosten grundsätzlich nur dann trägt, wenn er selbst vorab auf der

---

188 BVerwG v. 25.8.1987 5 B 50/87 NVwZ-RR 1989, 252 (253).
189 OVG Rheinland-Pfalz v. 25.10.2012 7 A 10671/12 (juris) Rn. 25.
190 *Schmitt/Wohlrab,* KommJur 2013, 18 (19).
191 Siehe BVerwG v. 18.4.1997 8 C 38/95 NJW 1997, 2966 (2967) m.w.N.; Maunz/Dürig-*Papier* (Stand Januar 2009) Art. 34 GG Rn. 69.
192 V. 27.12.2004 BGBl. I 2004 S. 3852.
193 BR-Drs. 586/04 S. 45.
194 BR-Drs. 586/04 S. 45.

Grundlage des SGB VIII und dem dort vorgesehenen Verfahren über die Eignung und Notwendigkeit der Hilfe entschieden hat."[195] Nach den Gesetzesmaterialien soll der sozialrechtliche Herstellungsanspruch eingeschränkt werden, es wird jedoch kein Anhaltspunkt gefunden, dass dies über den Bereich der Eingliederungshilfe für seelisch behinderte Kinder und Jugendliche hinaus geregelt werden sollte. Nach der Gesetzesbegründung sollte durch die Einführung des Gesetzes die Entscheidungsposition der Jugendämter gestärkt werden, indem der Erstattungsanspruch an enge Voraussetzungen geknüpft ist. Im Rahmen des § 24 Abs. 2, 3 SGB VIII hat der öffentliche Träger aber keinen Entscheidungsspielraum darüber, ob die Hilfe gewährt werden soll. Es besteht gerade ein unbedingter Anspruch auf eine frühkindliche Förderung. § 36a SGB VIII kann somit nicht für solche Ansprüche auf Erstattung der Selbstbeschaffungskosten herangezogen werden, noch kann aus der Beschränkung des § 36a SGB VIII der Schluss gezogen werden, dass er der Anwendung des sozialrechtlichen Herstellungsanspruchs auch bezüglich anderer Ansprüche aus dem Bereich der Kinder- und Jugendhilfe entgegenstehen soll.[196]

(c) Voraussetzungen

Der sozialrechtliche Herstellungsanspruch setzt voraus, dass „der Sozialleistungsträger eine ihm aufgrund Gesetz oder bestehenden Sozialverhältnisses obliegende Pflicht [...] verletzt hat" und „zwischen der Pflichtverletzung des Sozialleistungsträgers und dem Nachteil des Betroffenen ein ursächlicher Zusammenhang" besteht.[197] Hat der öffentliche Träger der Jugendhilfe dem Anspruchsberechtigten zum betreffenden Zeitpunkt keinen anspruchserfüllenden Förderplatz zugewiesen, hat er eine ihm aufgrund § 24 Abs. 2, 3 SGB VIII obliegende Verpflichtung verletzt. Haben die Erziehungsberechtigten in Vertretung des anspruchsberechtigten Kindes eigenständig einen entsprechenden Förderplatz gefunden, stehen die damit verbunden Kosten mit der Pflichtverletzung des öffentlichen Trägers der Jugendhilfe in ursächlichen Zusammenhang.

---

195 BT-Drs. 15/3676 S. 36.

196 Siehe Meysen/Beckmann, Rechtsanspruch U3 Rn. 412; so wohl aber *Schmitt/ Wohlrab*, KommJur 2013, 18 (19).

197 BSG v. 25.1.1994 7 Rar 50/93 (juris) Rn. 18 (m.w.N.).

Schließlich muss der Anspruchsberechtigte, soweit zumutbar, versucht haben, die Verletzung durch Geltendmachung von Primärrechtschutz abzuwenden. Auf die Geltendmachung von Primäransprüchen zur Verhinderung der Verletzung kann abgesehen werden, wenn eine Abhilfe dadurch nicht mehr erwartet werden kann.[198] Hat der öffentlichen Träger auf die Beanspruchung des Förderplatzes erwidert, dass keine Plätze zur Verfügung stehen, ist die Verweisung auf die Geltendmachung von Primärrechtschutz unzumutbar.

Der richterrechtlich entwickelte sozialrechtliche Herstellungsanspruch kann grundsätzlich angewendet werden. Es bedarf ihm allerdings nur dann, wenn kein Amtshaftungsanspruch geltend gemacht werden kann.[199]

(5) Amtshaftungsanspruch Art. 34 GG i.V.m. § 839 BGB

Der Amtshaftungsanspruch nach § 839 BGB kann geltend gemacht werden, wenn jemand in Ausführung eines ihm anvertrauten Amtes die einem Dritten gegenüber obliegende Amtspflicht schuldhaft verletzt hat, und der Verletzte im Wege des Primärrechtschutzes vorher versucht hat, die Verletzung abzuwenden. Er ist auf die Erstattung derjenigen Kosten gerichtet, die durch die Verletzung der Amtspflicht entstanden sind.

Wird dem Anspruch auf Förderung nicht entsprochen und kein Platz zu Verfügung gestellt und entsteht dadurch ein Schaden, kann dieser durch einen Schadensersatzanspruch aus Amtshaftung nach § 839 i.V.m. Art. 34 GG geltend gemacht werden. Die mit der Förderung verwirklichte, verfassungsrechtlich gebotene Unterstützung der Eltern bei der Vereinbarkeit von Familie und Beruf, solle auch die Eltern zu einem entsprechenden Amtshaftungsanspruch berechtigen.[200] Führt jedoch das Ziel der Förderung der Vereinbarkeit von Erwerbstätigkeit und Familie aufgrund des eindeutigen Wortlauts in der Anspruchsgrundlage nicht zu einer eigenständigen Anspruchsberechtigung der Erziehungsberechtigten, muss das Gleiche auch auf sekundärrechtlicher Ebene gel-

---

198 Siehe Meysen/Beckmann, Rechtsanspruch U3 Rn. 444.
199 Meysen/Beckmann, Rechtsanspruch U3 Rn. 426; *Schmitt/Wohlrab*, KommJur 2013, 18 (19).
200 *Georgii*, NJW 1996, 686 (690); wohl auch *Bock-Pünder*, Rechtsanspruch auf den Besuch eines Kindergartens S. 388.

ten. Entsprechend kann nur das betroffene Kind, vertreten durch seine Erziehungsberechtigten, den Anspruch, geltend machen.

(a) Handeln in Ausführung eines anvertrauten Amtes

Hat der öffentliche Träger der Jugendhilfe bzw. der dafür zuständige Sachbearbeiter über einen Antrag auf Zuweisung eines Förderplatzes entsprechend dem individuellen Bedarf entschieden, hat er in Ausführung eines ihm anvertrauten Amtes gehandelt.

(b) Schuldhafte Verletzung einer drittbezogenen Pflicht

Jeder Amtsträger hat gemäß dem Prinzip der Gesetzmäßigkeit der Verwaltung nach Art. 20 Abs. 3 GG die Pflicht sich bei Ausübung seines Amtes innerhalb der Grenzen von Recht und Gesetz zu halten. Weiterhin liegt eine Drittbezogenheit vor, wenn die Pflicht nicht nur der Allgemeinheit, sondern dem Geschädigten gegenüber besteht.[201] Die Nichterfüllung des Verschaffungsanspruchs ist eine Pflichtverletzung gegenüber dem betroffenen Kind.

Es wird vertreten, auch die Erziehungsberechtigten seien in diesem Sinne „Dritte", da der Verschaffungsanspruch die Vereinbarkeit von Familie und Beruf erleichtert. Die Beurteilung der Drittbezogenheit der Amtspflicht sei unabhängig von der Inhaberschaft subjektiver Rechte.[202] Zwar soll die Förderung nach § 22 Abs. 2 Nr. 3 SGB VIII den Eltern auch helfen, die Kindererziehung und die Erwerbstätigkeit zu verbinden, jedoch ist dieses Ziel nach dem klaren Gesetzeswortlaut der Förderung untergeordnet. Die Erfüllung des Verschaffungsanspruchs ist somit eine dem Kind obliegende Amtspflicht.

Weiterhin müsste der Amtsträger die Pflichtverletzung schuldhaft im Sinne des § 276 BGB, also vorsätzlich oder fahrlässig, begangen haben.

---

201 *Rixen*, NJW 2012, 2839 (2843); Meysen/Beckmann, Rechtsanspruch U3 Rn. 451; *Bock-Pünder*, Rechtsanspruch auf den Besuch eines Kindergartens S. 389.
202 Meysen/Beckmann, Rechtsanspruch U3 Rn. 453; Bock-Pünder S. 389f.

Die Ausgestaltung als unbedingter Rechtsanspruch führt bei Nichterfüllung der Pflicht immer zu einem positiven Verschulden.[203]

(c) Schaden

Unter den Schaden sind alle die Kosten zu fassen, die aufgrund der
Nichterfüllung der Verpflichtung angefallen sind. Kosten, die auch bei
Erfüllung der Verpflichtung angefallen wären, wie beispielsweise die El-
ternbeiträge zur Betreuung, sind kein Teil des Schadens. Es besteht die
Pflicht zum wirtschaftlichen Handeln.[204]

Anders als bei den zuvor vorgestellten Anspruchsgrundlagen ist jedoch
auch der Verdienstausfall ersatzfähig. Haben die Eltern aufgrund der
nicht rechtzeitigen Bereithaltung eines anspruchserfüllenden Platzes einen Verdienstausfall erlitten, ist dieser Schaden wegen der Verletzung
der ihrem Kind obliegenden Amtspflicht entstanden. Der Verdienstausfall ist nachzuweisen.[205] Der Schaden beinhaltet auch die Kosten von
Vorsorgemaßnahmen, wenn den Erziehungsberechtigten nachweislich
von dem öffentlichen Träger bestätigt wurde, dass ihnen kein anspruch-
serfüllender Platz zur Verfügung gestellt werden kann, und sie daraufhin tätig geworden sind. Wenn doch noch ein Platz zur Verfügung gestellt wird, bleiben die Kosten der Vorsorgemaßnahme ersatzfähig.[206]

---

203 *Rixen*, NJW 2012, 2839 (2843); Meysen/Beckmann, Rechtsanspruch U3
Rn. 456f., die Verfasser gehen jedoch davon aus, (Rn. 472) dass ein Fachkräftemangel exkulpierend wirken soll. Zwar können die öffentlichen Träger der
Jugendhilfe nicht unmittelbar auf den Ausgleich eines Fachkräftemangels einwirken, dies ändert jedoch nichts daran dass das Gesetz einen unbedingten
Rechtsanspruch gewährt und damit dem öffentlichen Träger dieses Risiko auf-
bürdet.
204 *Rixen*, NJW 2012, 2839 (2844); Meysen/Beckmann, Rechtsanspruch U3
Rn. 474f.
205 *Rixen*, NJW 2012, 2839 (2844); *Meyer*, DJI Impulse 2/2012, 12 (15); Wiesner/
Grube/Kößler, Der Anspruch auf frühkindliche Förderung S. 44f.; ohne Begründung ebenfalls zustimmend Meysen/Beckmann, Rechtsanspruch U3
Rn. 514f. A. A. *Mayer*, VerwArch 2013, 344 (379f.).
206 Meysen/Beckmann, Rechtsanspruch U3 Rn. 506f.

VI. Der bedingte Anspruch

Kindern, die das erste Lebensjahr noch nicht vollendet haben, kann nach § 24 Abs. 1 SGB VIII auch ein Förderplatz in einer Tageseinrichtung oder in Kindertagespflege zustehen. Ein Anspruch auf einen entsprechenden Förderplatz kann auf kindbezogenen Gründen oder solche, die in der Sphäre der Eltern bzw. Erziehungsberechtigten liegen, beruhen.[207] Der Umfang der täglichen Förderung richtet sich nach dem individuellen Bedarf. Ausschlaggebend ist der Bedarf des Kindes, entsprechend der Ausführung zu § 24 Abs. 2. SGB VIII.

1. Kindbezogene Gründe

Ist die Förderleistung für die Entwicklung des Kindes zu einer eigenverantwortlichen und gemeinschaftsfähigen Persönlichkeit geboten, besteht nach § 24 Abs. 1 Nr. 1 SGB VIII ein Anspruch auf einen Förderplatz. Kann das Kind in seinem familiären und sozialen Umfeld nicht altersgerecht gefördert werden, ist ihm ein Förderplatz zur Verfügung zu stellen.

2. Elternbezogene Gründe

Es besteht nach § 24 Abs. 1 Nr. 2 SGB VIII auch ein Anspruch auf einen Förderplatz, wenn die Erziehungsberechtigten einer Erwerbstätigkeit nachgehen, sich in einer beruflichen Bildungsmaßnahme in der Schulausbildung oder Hochschulausbildung befinden. In § 24 Abs. 1 S. 2 SGB VIII wird klargestellt, dass sich diese Bedingungen auf die Erziehungsberechtigten beziehen. Es reicht für einen Anspruch auf einen Förderplatz nicht aus, dass von zweien nur ein Erziehungsberechtigter einer Erwerbstätigkeit im weiteren Sinne nachgeht. Auf der anderen Seite

---

207 Siehe Ausführungen zu den Bedarfskriterien VG Bremen v. 4.6.2009 5 K 3468/07 (juris) Rn. 30f., 36f. Eine Promotion wird hiernach nur unter den Begriff Erwerbstätigkeit im weiteren Sinne subsumiert, wenn diese zur Aufnahme der Berufstätigkeit notwendig ist. In gleicher Weise dürften jedoch auch berufliche Weiterbildungsmaßnahmen, die das Berufsbild selbst nicht unmittelbar ändern, nicht von dem Erwerbstätigkeitsbegriff umfasst sein. Wenn die Förderung der Vereinbarkeit von Familie und Beruf bereits zum Zeitpunkt der Ausbildung anfängt, erscheint die Ausklammerung der Promotionstätigkeit willkürlich.

reicht das Vorliegen einer Erwerbstätigkeit aus, die Erforderlichkeit dieser Erwerbstätigkeit wird nicht zur Voraussetzung gemacht.[208]

3. Durchsetzung des Anspruchs

Es gelten die Ausführungen zum bedingten Anspruch auf einen Förderplatz nach § 24 Abs. 2, 3 SGB VIII.

VII. Das Vorhaltegebot

Für Kinder im schulpflichtigen Alter[209] soll der öffentliche Träger der Jugendhilfe nach § 24 Abs. 4 SGB VIII ein bedarfsgerechtes Förderangebot in Tageseinrichtungen vorhalten. In entsprechender Anwendung des § 24 Abs. 1 S. 3 und des Abs. 3 S. 3 SGB VIII richtet sich die tägliche Förderung nach dem individuellen Bedarf. Bei besonderem Bedarf kann das Förderangebot in einer Tageseinrichtung durch Kindertagespflege ergänzt werden.

Aus dem Vorhaltegebot ergibt sich kein subjektives Recht des einzelnen Kindes.[210] Das objektiv-rechtliche Gebot ist im Zusammenhang mit der Regelung der Jugendhilfeplanung nach § 80 SGB VIII zu sehen, nach dem gemäß § 80 Abs. 1 Nr. 2 SGB VIII der „Bedarf, unter Berücksichtigung der Wünsche, Bedürfnisse und Interessen der jungen Menschen und der Personensorgeberechtigten für einen mittelfristigen Zeitraum zu ermitteln ist." Aus einem solchen rechtlichen Gebot kann ein Anspruch abgeleitet werden, wenn in ausreichender Anzahl Betreuungs-

---

208 Siehe auch Schellhorn/Fischer/Mann/Kern-*Fischer* (4. Aufl.) § 24 Rn. 41 SGB VIII.

209 Hinsichtlich Rechtsanspruchs auf einen Förderplatz in einer Tageseinrichtung nach § 24 Abs. 3 SGB VIII wird auf den Schuleintritt abgestellt. Die Verwendung des Begriffs schulpflichtiges Alter im Rahmen des Vorhaltegebots stellt zwar eine Ungereimtheit dar, hat jedoch keine Auswirkungen. Hat ein Kind das schulpflichtige Alter vor seinem Schuleintritt erreicht, besteht der Anspruch nach § 24 Abs. 3 SGB VIII fort, und die objektive Verpflichtung läuft diesbezüglich leer.

210 OVG Hamburg v. 5.9.1995 Bs IV 126/95 in juris Rn. 10; Schellhorn/Fischer/ Mann/Kern-*Fischer* (4. Aufl.) § 24 Rn. 37 SGB VIII; Kunkel-*Kaiser* (5. Aufl.) § 24 Rn. 42 SGB VIII.

plätze vorhanden sind.[211] Hinsichtlich der vorhandenen Plätze besteht der Anspruch auf ermessensfehlerfreie Entscheidung.[212]

VIII. Zwischenfazit

Die Ausgestaltung der Ansprüche eines Kindes auf Förderung soll auch die Erziehungsberechtigten bei der Ausübung ihres Erziehungsrechts unterstützen. Dies wird vor allem an dem durch die Eltern ausgeübten Wunsch- und Wahlrecht nach § 5 SGB VIII deutlich. Die Förderung und Betreuung des eigenen Kindes sowie die Entscheidung darüber, eine Erwerbstätigkeit aufzunehmen und das Kind „in fremde Hände" zu geben, obliegt nach Art. 6 Abs. 2 GG dem Entscheidungs- und Handlungsspielraum der Eltern.[213] Das Bundesarbeitsgericht hat dies in seinem Beschluss vom 23.6.2010[214] umgesetzt und einem Betriebsratsmitglied Erstattung der Kosten für die Kinderbetreuung zugesprochen, die ausschließlich aufgrund der Betriebsratstätigkeit nach § 40 Abs. 1 BetrVG angefallen sind. Die Verpflichtung des Staates, die aus der Pflichtenkollision zwischen den Betriebsratsaufgaben und Elternpflichten entstandenen finanziellen Mehraufwendungen als Aufwendungen im Sinne des § 40 BetrVG anzuerkennen, ergibt sich aus der Schutzpflicht nach Art. 6 Abs. 2 GG.[215]

Eine grundsätzliche Kritik an der finanziellen staatlichen Unterstützung der Kinderförderung wird in einer ökonomischen Analyse der Kinderbetreuung in der Forschungsarbeit von *Bünnagel*[216] vorgebracht. Sie hebt die Privatheit der Entscheidung für ein Leben mit Kindern und/oder für die Aufnahme und Ausübung einer Erwerbstätigkeit hervor und kommt zu dem Ergebnis, dass eine finanzielle staatliche Un-

---

211 *Mayer,* VerwArch 2013, 344 (361).
212 Siehe OVG Hamburg v. 5.9.1995 Bs IV 126/95 in juris Rn. 11; Schellhorn/Fischer/Mann/Kern-*Fischer* (4. Aufl.) § 24 Rn. 37 SGB VIII.
213 Siehe BVerfG v. 10.11.1998 2 BvR 1057/91, 2 BvR 1226/91, 2 BvR 980/91 in NJW 1999, 557 (558); *Mönch-Kalina* S. 55f.
214 BAG v. 23.6.2010 7 ABR 103/08 in NZA 2010, 1298.
215 Einwendung in Anm. zu BAG Beschluss v. 23.6.2010 – 7 ABR 103/08 in NJW-Spezial 2011 19 (20).
216 *Bünnagel, Vera.* Die Rolle des Staates bei der Kinderbetreuung. (Diss.) In: Schriften zur Wirtschaftspolitik an der Universität zu Köln, Köln 2013

terstützung nicht zu rechtfertigen sei. „Eine flächendeckende Subvention von Familien oder einer bestimmten Betreuungsform zur Erhöhung der nachgefragten Menge bzw. Qualität an (früh-) kindlicher Bildung und Sozialisation [verspricht] keine unmittelbaren Vorteile für andere Gesellschaftsmitglieder."[217] Auch wenn diese These zutreffend ist, ist der Staat schon wegen der aus Art. 6 Abs. 1 und 2 GG resultierenden Schutzpflicht zur Unterstützung verpflichtet. Im Hinblick auf die schon jetzt bestehende Schieflage in den Sozialsystemen aufgrund des demografischen Wandels kommt die Förderung der Vereinbarkeit von Familie und Beruf und damit die Förderung der Familiengründung zwar nicht unmittelbar, aber mittelbar allen Gesellschaftsmitgliedern zugute.

Anspruchsberechtigter der Förderung sind nicht die Erziehungsberechtigten, sondern ist das Kind.[218] Der Gesetzgeber hat damit den Förderaspekt in den Vordergrund gerückt. In der Debatte um den Ausbau der Tagesbetreuung geht es jedoch weniger um den Förderungsaspekt als vielmehr um gleichstellungs- und beschäftigungspolitische Gesichtspunkte.[219] Dies spiegelt sich sowohl in der vom Bundesministerium für Familie, Senioren, Frauen und Jugend in Auftrag gegeben Studie wider, die sich mit dem Einfluss des Rechtsanspruchs auf Förderung auf die Erwerbstätigkeit befasst,[220] als auch in der Ausgestaltung der Regelungen. Angefangen damit, dass nur die Erziehungsberechtigten den Anspruch geltend machen können, hängt auch die Ausgestaltung des Anspruchs (Auswahl der Tagespflegeperson oder der Tageseinrichtung, Umfang der Förderung, usw.) maßgeblich von ihnen ab. Ausgenommen bekannter und vorliegender Kindeswohlgefährdung besteht keine Pflicht, ein entsprechendes Förderangebot für das Kind in Anspruch zu nehmen.

Bis zum Schuleintritt der Kinder ermöglicht die Ausgestaltung der Förderregelungen die Aufnahme bzw. Ausübung einer Erwerbstätigkeit.

---

217 *Bünnagel* S. 1 06, 253f.
218 *Mönch-Kalina* untersucht in diesem Rahmen einen Eingriff in Art. 6 Abs. 2 GG. Ein Eingriff ist hiernach nur anzunehmen, wenn der Staat zugunsten des Kindeswohls die Entscheidung übernimmt. Gleichwohl ist dieser dann gerechtfertigt. *Mönch-Kalina* S. 128f.
219 Münder/Wiesner/Schmid S. 232.
220 BMFSFJ, Vereinbarkeit von Familie und Beruf mit Schulkindern. Stand Mai 2011. 1. Aufl.

Mit dem Schuleintritt wird dem öffentlichen Träger der Jugendhilfe nur noch ein Vorhaltegebot auferlegt. Da jedoch das Förderbedürfnis des Kindes gleichzeitig nicht abnimmt, unter Umständen aufgrund der neuen Anforderungen der Schule noch gesteigert wird, muss diese Betreuungslücke in den Familien aufgefangen werden. Die Ausübung der Erwerbstätigkeit muss damit entsprechend angepasst werden. Die durch den Anspruch auf Förderung bis dahin ermöglichte freie Wahl, ob eine Erwerbstätigkeit ausgeführt wird, ist dann wieder eingeschränkt. Diese drohende Betreuungslücke wirkt sich über den tatsächlich betroffenen Zeitraum hinaus aus, da es zur Aufnahme und Ausübung einer Erwerbstätigkeit auf das „Betreuungskontinuum" ankommt.[221] Unabhängig vom Arbeitnehmer mit Familie muss sich auch ein potenzieller Arbeitgeber auf den Einsatz und die Präsenz des Arbeitnehmers verlassen können.

---

221 Siehe *Sell*, FPR 2009, 101 (104).

F. Rechtslage in England

I. Regelungen zur Förderung der Familien in der ersten Lebensphase des Kindes

Im englischen Recht findet sich ein dem deutschen Recht vergleichbares Arbeitsschutzrecht, das auf die werdende und stillende Mutter zugeschnitten ist. Da die Regelungen in der deutschen wie auch in der englischen Rechtsordnung durch die Vorgaben der sogenannten Mutterschutzrichtlinie 92/85/EWG geprägt sind, ähneln sie sich in ihrer Ausgestaltung. Im englischen Recht wird zwischen den Vorschriften zur *Suspension on maternity grounds* und *Maternity leave* unterschieden.

1. Suspension maternity grounds

Die *Suspension on maternity grounds* ist in *sec. 66-70* des *Employment Rights Act 1996 (ERA)* geregelt.

Nach *sec. 66 (1) ERA* gilt ein Arbeitnehmer dann als mutterschaftsbedingt freigestellt, wenn sie aufgrund gesetzlicher Anordnungen oder Regelungen von ihrem Arbeitgeber wegen Schwangerschaft, Geburt oder Stillzeit freigestellt wird. So wird in *The Management of Health and Safety at Work (Amendment) Regulations 1994* die Pflicht des Arbeitgebers zur Erstellung von umfangreichen Gefahrenberichten geregelt. Auf die von der Arbeit oder den Arbeitsbedingungen ausgehenden Gefahren für Leben und Gesundheit von Mutter und Kind muss ausdrücklich aufmerksam gemacht und sie müssen abgebaut werden. Lassen sich die Arbeitsbedingungen nicht verändern, muss der betroffene Arbeitnehmer von der Arbeitspflicht freigestellt werden.[222] Die mutterschaftsbedingte Freistellung setzt nach *sec. 66 (3) ERA* voraus, dass das Arbeitsverhältnis noch besteht und der Arbeitnehmer seiner Arbeitspflicht nicht mehr nachkommt. Nach *sec. 67 ERA* hat der Arbeitnehmer das Recht, vom Arbeitgeber eine andere zulässige und zumutbare Arbeit angeboten zu bekommen. Sind die Arbeitsbedingungen mit den im Arbeitsvertrag vereinbarten Arbeitsbedingungen vergleichbar, ist er nach *sec. 68 ERA* verpflichtet, das Angebot anzunehmen, wenn

---

222 *Sec. 2 The Management of Health and Safety at Work (Amendment) Regulations 1994.*

der Anspruch auf Lohnfortzahlung erhalten bleiben soll. Der Arbeitgeber muss nach *sec. 68 ERA* den Arbeitslohn während der Zeit der Freistellung weiter gewähren.

Etwaige Beschwerden im Rahmen der *Suspension on maternity grounds*
sind an die *employment tribunals* zu richten. Beschwerdebefugt ist ein
Arbeitnehmer, welchem der Arbeitslohn nach *sec. 68* ganz oder teilweise nicht gewährt wurde, oder dem entgegen *sec. 67* kein Arbeitsangebot
unterbreitet wurde. Die Beschwerdefrist ist, soweit das *employment tribunal* nicht etwas anderes bestimmt, grundsätzlich drei Monate. Ist die
Beschwerde begründet, hat der Arbeitgeber entweder den ausstehenden Arbeitslohn zu gewähren oder im Falle eines unterlassenen Ange-
bots nach *sec. 67* eine Kompensation zu zahlen. Die Kompensation ist
davon abhängig, wie stark der Arbeitnehmer in seinem Recht verletzt
wurde und wie hoch der dem Fehlverhalten des Arbeitgebers zurechen-
bare erlittene Verlust ist.[223]

2. Maternity leave

Die Freistellung von der Arbeitsverpflichtung ist im englischen Recht in
verschiedenen Formen möglich. Es gibt zwei verschiedene Formen der
maternity leave, die *ordinary maternity leave* und die *additional maternity leave.* Sie stehen nebeneinander und haben die Befreiung des Arbeitnehmers von seiner Arbeitspflicht zur Folge.

Die *ordinary maternity leave* ist in *sec. 71 ERA* geregelt. Der Arbeitnehmer hat nach *sec. 71 (1) ERA* das Recht, während der Zeit der *ordinary
maternity leave* von der Arbeit fernzubleiben. Das Gleiche gilt für die in
sec. 73 ERA geregelte *additional maternity leave period.* Beide Formen
der *maternity leave* finden ihre genaue Ausgestaltung in den *regulations,*
die von dem *Secretary of State* erlassen werden. Eine Besonderheit im
Rahmen der *ordinary maternity leave* ist die *compulsory maternity leave*
nach *sec. 72 ERA.* Die *compulsory maternity leave* ist ein Zeitabschnitt
innerhalb der *ordinary maternity leave,* in der jedes Tätigwerden für
den Arbeitgeber untersagt ist.[224] Die *compulsory maternity leave* setzt ei-

---

223 *Sec. 70 (1)-(7) ERA.*
224 *Sec. 72 (1) ERA.*

nen Anspruch auf *ordinary maternity leave* voraus und umfasst die ersten zwei Wochen nach der Entbindung.[225]

a. Anspruchsvoraussetzungen

Die Voraussetzungen für einen Anspruch auf *ordinary* und/oder *additional maternity leave* sind in den *Regulations* des *Secretary of State* geregelt. Die unterschiedlichen Anspruchsvoraussetzungen der beiden Formen des *maternity leave* wurden in den verschiedenen *Regulations226* immer weiter angeglichen.

Ein Arbeitnehmer hat grundsätzlich einen Anspruch auf *ordinary maternity leave* sowie auf *additional maternity leave*. Er ist verpflichtet, seinen Arbeitgeber über die Schwangerschaft, den voraussichtlichen Geburtstermin sowie über den Beginn der *ordinary maternity leave* zu informieren. Diese Information hat er dem Arbeitgeber spätestens bis zur fünften Woche vor dem Geburtstermin mitzuteilen. Erlangt er zu einem späteren Zeitpunkt Kenntnis über die Schwangerschaft, hat er es dem Arbeitgeber unmittelbar mitzuteilen. Der Arbeitgeber kann eine ärztliche Bestätigung über den Geburtstermin und die Schriftform der Mitteilung verlangen. Der Beginn der *ordinary maternity leave* ist ab der elften Woche vor Geburtstermin frei wählbar. Ab der fünften Woche vor dem Geburtstermin ist dem Arbeitgeber jede mit der Schwangerschaft in Verbindung stehende Krankheit mitzuteilen. Für den Beginn der *ordinary maternity leave* wird in diesem Fall der erste Fehltag angenommen.[227]

Ordinary und *additional maternity leave* bestehen beide grundsätzlich für eine Dauer von 26 Wochen, wobei die *ordinary maternity leave* mindestens bis zum Ende der *compulsory maternity leave* genommen wer-

225 *Reg. 8 The Maternity and Parental Leave etc. Regulations 1999, No. 3312.*

226 *The Maternity and the Parental Leave etc. Regulations (S.I. 1999 No. 3312); The Maternity and the Parental Leave (Amendment) Regulations (S.I. 2001 No. 4010); The Maternity and the Parental Leave (Amendment) Regulations (S.I. 2002 No. 2789); The Maternity and the Parental Leave etc. and the Paternity and the Adoption Leave (Amendment) Regulations (S.I. 2006 No. 2014); The Maternity and the Parental Leave etc. and the Paternity and Adoption Leave (Amendment) Regulations (S.I. 2008 No. 1966).*

227 *Reg. 4 S.I. 1999 No. 3012* (mit den Veränderungen durch *S.I. 2002 No. 2789*).

den muss. Die *additional maternity leave* besteht für 26 Wochen ab dem Tag nach der Entbindung.[228] Der Arbeitnehmer muss dem Arbeitgeber mitteilen, wann seine Auszeit endet.[229]

b. Rechte und Pflichten

Während der *maternity leave* bleibt der Arbeitsvertrag und die sich aus ihm ergebenen Rechte und Pflichten im Grundsatz bestehen. Die Arbeitspflicht ist vorübergehend aufgehoben, und die Pflicht zur Entrichtung des vertraglichen Arbeitslohns wird durch die gesetzlichen Regelungen zum Mutterschutzlohn verdrängt.[230]

Der Arbeitnehmer hat während der Zeit der *maternity leave* gegenüber dem Arbeitgeber einen Anspruch auf *maternity pay* in den ersten 26 Wochen *maternity leave*. In den ersten sechs Wochen besteht der Anspruch in Höhe von 90 Prozent ihres vertraglich vereinbarten Wochenlohns. Danach ist der *maternity pay* gesetzlich geregelt. Der *statutory maternity pay* besteht im Moment in Höhe von £ 138,18.[231] Dieser gilt auch für die ersten sechs Wochen als Mindestsatz.[232] Der Arbeitgeber kann den Mutterschutzlohn von der Steuer abziehen. Kleineren Unternehmen wird eine zusätzliche Kompensation gewährt.[233]

Nach der *ordinary maternity leave* und der *additional maternity leave* hat der Arbeitnehmer grundsätzlich das Recht, an seine Arbeitsstelle zurückzukehren. Es besteht kein Anspruch darauf, einen anderen Arbeitsplatz oder eine andere Arbeitszeit angeboten zu bekommen. Der ursprünglich abgeschlossene Arbeitsvertrag bleibt Grundlage des Arbeitsverhältnisses.[234] Bei einer Rückkehr aus der *additional maternity leave* hat der Arbeitgeber das Recht, dem Arbeitnehmer eine mit der bisherigen Tätigkeit vergleichbare und in Anbetracht der Umstände an-

---

228 *Reg. 7 S.I. 1999 No. 3012 (mit den Veränderungen durch S.I. 2002 No. 2789).*
229 *Reg. 7 S.I. 1999 No. 3012 (mit den Veränderungen durch S.I. 2006 No. 2014).*
230 *Sec. 71 ERA S.I. 1996 c.18; Lewis in IRJ 2000, 130 (132).*
231 *The Statutory Maternity Pay (General) Regulations 1986 No. 1960 erweitert durch Art. 4 The Welfare Benefits Up-rating Order 2014 No. 147.*
232 *Part XII Social Security Contributions and Benefits Act 2002 (S.I. 2002 c.4), erweitert durch sec. 18f Employment Act 2002 (S.I. 2002 c.22).*
233 *S.I. 1999 No .363.*
234 *Sergeant/Lewis, Employment Law p. 313.*

gemessene Tätigkeit anzubieten, falls die Rückkehr auf den bisherigen Arbeitsplatz dem Arbeitgeber nicht zumutbar ist.[235] Eine weitere Ausnahme zur arbeitgeberseitigen Pflicht der Arbeitsplatzerhaltung ist gegeben, wenn der Arbeitgeber Arbeitskräfte reduzieren muss und es ihm nicht mehr möglich ist, den bestehenden Arbeitsvertrag zu erfüllen. Hat der Arbeitgeber eine andere mit den ursprünglichen Arbeitsvertragsbedingungen vergleichbare freie Stelle, ist er verpflichtet, diese unter einem neuen Arbeitsvertrag dem Arbeitnehmer anzubieten.[236]

Will der Arbeitnehmer frühzeitig aus der *additional maternity leave* an seine Arbeitsstelle zurückkehren, muss er den Arbeitgeber mindestens acht Wochen vor der geplanten Rückkehr darüber informieren. Der Arbeitgeber ist frei, darin eine frühzeitige Rückkehr zu akzeptieren. An das ursprünglich vereinbarte Ende der Auszeit ist er gebunden.[237] Stimmt der Arbeitgeber der frühzeitigen Rückkehr zu, besteht ein Anspruch darauf, die arbeitsvertraglich vereinbarte Tätigkeit wieder aufzunehmen.[238]

Schließlich besteht die Möglichkeit, während der mutterschutzbedingten Auszeit insgesamt bis zu zehn Tage für den Arbeitgeber tätig zu werden (die Zeit während der *compulsory maternity leave* ausgenommen). Jedoch haben weder der Arbeitgeber noch der Arbeitnehmer einen Anspruch darauf.[239]

3. Parental leave
Beide Elternteile oder derjenige, der anstelle eines Elternteils die rechtliche Verantwortung für das Kind übernommen hat, haben einen Anspruch nach *sec. 76 ERA* und *reg. 13 The Maternity and the Parental Leave etc. Regulations 1999 240* auf *parental leave*, wenn sie seit mehr als einem Jahr beim Arbeitgeber beschäftigt sind. Für jedes Kind besteht

---

235 *Reg. 18 S.I. 1999 No. 3012* (mit den Veränderungen durch *S.I. 2002 No. 2789*).
236 *Reg. 10 S.I. 1999 No. 3012.*
237 *Reg. 11 S.I. 1999 No. 3012* (mit den Veränderungen durch *S.I. 2006 No. 2014*). Das Recht, auch frühzeitig aus der *ordinary maternity leave* zurückzukehren, wurde mit *S.I. 2006 No. 2014* gestrichen.
238 *Mair in The Modern Law Review (Vol. 63) 2000, 877 (884).*
239 *Reg. 12A S.I. 1999 No. 3012* (mit den Veränderungen durch *S.I. 2006 No. 2014*).
240 *S.I. 1999 No. 3312.*

ein Anspruch auf 18 Wochen *parental leave241* bis zum fünften Lebensjahr, bei behinderten Kindern bis zum 18. Lebensjahr.[242] Sie kann nicht weniger als für eine Woche und nicht länger als vier Wochen am Stück im Jahr genommen werden.[243]

a. Voraussetzungen

Mindestens 21 Tage vor dem gewünschten Beginn der *parental leave* soll der Arbeitgeber über die genauen Daten der Auszeit schriftlich informiert (*notice condition244*) werden. Auf Anfrage müssen die Voraussetzungen der *paternity leave* nachgewiesen werden. Entsprechend sind die Geburtsurkunde, der Nachweis über die rechtliche Verantwortung und ein Nachweis über die Behinderung des Kindes vorzulegen (*evidence condition245*). Soll mit dem Tag der Geburt die *parental leave* beginnen, ist der Nachweis über den berechneten Geburtstermin vorzulegen.[246]

Würde die Wahrnehmung der *parental leave* in dem gewünschten Zeitraum den Geschäftsbetrieb übermäßig stören, kann der Arbeitgeber den Zeitraum um maximal sechs Monate verschieben (*post-ponement condition247*). An den gewünschten Umfang bleibt er jedoch gebunden. Der Arbeitgeber muss den Arbeitnehmer spätestens sieben Tage nach Eingang des Antrags über die Verschiebung schriftlich informieren und ihm den Grund für die Verschiebung und die neuen Daten der *parental leave* nennen. Die Möglichkeit der Verschiebung hat der Arbeitgeber nicht, wenn anlässlich der Geburt die *parental leave* genommen wird.[248]

---

241 *Reg. 14 (1) S.I. 1999 No. 3312,* erweitert durch *No. 3 The Parental Leave (EU Direktive) Regulations 2013 No. 283.*
242 *Reg. 15 S.I. 1999 No. 3312* erweitert durch *S.I. 2001 No. 4010.*
243 *No. 7, 8 Schedule 2 S.I. 1999 No. 3312.*
244 *Sergeant/Lewis, Employment Law (4th Edt) p. 313.*
245 *Sergeant/Lewis, Employment Law (4th Edt) p. 313.*
246 *No. 1, 2, 3 Schedule 2 MPL 1999.*
247 *Sergeant/Lewis, Employment Law (4th Edt) p. 313.*
248 *No. 6 Schedule 2 S.I. 1999 No. 3312.*

b. Rechte und Pflichten

Während der *parental leave* bleiben die Rechten und Pflichten aus dem Arbeitsvertrag bestehen. Die Vertragsparteien werden nur von den gegenseitigen Hauptleistungspflichten befreit. Der Arbeitnehmer hat das Recht, nach *reg. 18 SI 1999 No. 3312* nach Beendigung der *parental leave* an seinem Arbeitsplatz zurückzukehren. Es gelten die gleichen Regeln wie bei der Rückkehr aus der *maternity leave*.[249]

4. Shared Parental Leave

Nach den *The Shared Parental Leave Regulations 2014*[250] kann für Kinder, die ab dem 5.4.2015 geboren werden, *shared parental leave* beansprucht werden.[251] Die *shared parental leave* kann innerhalb des ersten Lebensjahres des Kindes genommen werden und umfasst einen Zeitraum von insgesamt 53 Wochen abzüglich der Wochen, in der *maternity leave*, *maternity pay* oder *maternity allowance* in Anspruch genommen werden. Sie steht der Mutter, dem Vater bzw. dem Partner der Mutter zu, wenn sie die rechtliche Verantwortung für das Kind tragen und erwerbstätig sind.[252] *Shared parental leave* muss für mindestens eine Woche genommen werden. Sie kann am Stück genommen oder auf verschiedene Zeitabschnitte verteilt werden.[253] Während der *shared parental leave* kann der Anspruchssteller für maximal 20 Tage arbeiten, es besteht jedoch kein Beschäftigungsanspruch gegenüber dem Arbeitgeber.[254]

a. Voraussetzungen

Grundsätzlich setzt die Inanspruchnahme von *shared parental leave* voraus, dass der Anspruchsteller für mindestens 26 Wochen bis zur 14. Woche vor dem Geburtstermin beschäftigt war und mindestens bis zum Beginn der *shared parental leave* beschäftigt bleibt. Weiterhin ist ein Mindestverdienst vorausgesetzt.[255] Das Recht auf *shared parental leave* setzt eine wirksame Benachrichtigung des Arbeitgebers und gege-

---

249 *Sergeant/Lewis, Employment Law (4th Edt.) p. 314.*
250 *S.I. 2014 No. 3050 (in Kraft ab 1.12.2014).*
251 *Reg. 2 (1), (2) S.I., 2014 No. 3050.*
252 *Reg. 6, 7 S.I. 2014 No. 3050.*
253 *Reg. 7 (3) S.I. 2014 No. 3050.*
254 *Reg. 37 S.I. 2014 No. 3050.*
255 *Reg. 35 S.I. 2014 No. 3050.*

benenfalls die Einigung mit dem Arbeitgeber über die verschiedenen Zeitabschnitte voraus. Kann mit dem Arbeitgeber innerhalb von zwei Wochen nach Benachrichtigung keine Einigung über die Verteilung erzielt werden, hat der Anspruchsteller das Recht, die *shared parental leave* am Stück zu nehmen.[256]

Eine wirksame Benachrichtigung des Arbeitgebers muss nach *reg. 8* und *reg. 9 S.I. 2014 No. 3050* mindestens acht Wochen vor der erstmaligen Inanspruchnahme der *shared parental leave* erfolgen. Die Benachrichtigung soll neben dem Namen der Eltern eine Mitteilung über die beabsichtigte oder bereits genommene *maternity leave* bzw. *maternity pay oder allowance* sowie den Umfang der beanspruchten *shared parental leave* enthalten. Dem Arbeitgeber sind das Geburtsdatum des Kindes sowie die Aufteilung und genaue Ausgestaltung der *shared parental leave* von Mutter und Vater mitzuteilen. Schließlich müssen die Eltern ihre Anspruchsberechtigung und den Inhalt der Mitteilung durch Unterschrift bestätigen. Der Arbeitgeber kann innerhalb von 14 Tagen eine Bestätigung des Geburtstermins sowie Name und Adresse des Arbeitgebers des anderen anspruchsberechtigten Partners verlangen, auf die innerhalb weiterer vierzehn Tage zu antworten ist.[257]

b. Rechte und Pflichten

Während der *shared parental leave* bleibt der Arbeitsvertrag bestehen. Die Inanspruchnahme darf keine Folgen auf das Arbeitsverhältnis haben.[258] Es besteht ein Rückkehrrecht. Bestand die Auszeit nicht länger als 26 Wochen, hat der Arbeitnehmer das Recht, auf seinen bisherigen Arbeitsplatz zurückzukehren. Ging die Auszeit darüber hinaus oder war sie eine von mehreren Auszeiten, die anlässlich der Geburt des Kindes genommen wurden, kann der Arbeitgeber dem Arbeitnehmer einen anderen vergleichbaren Arbeitsplatz zuweisen.[259]

Die Berechtigten haben einen Anspruch auf finanzielle Unterstützung in der Zeit der *shared parental leave*. Das *statutory shared parental pay*

---

256 *Reg. 13, 14 S.I. 2014 No. 3050.*
257 *Reg. 10 S.I. 2014 No. 3050.*
258 Siehe beispielsweise *Reg. 38 S.I. 2014 No. 3050.*
259 *Reg. 40 (1) (2) S.I. 2014 No. 3050.*

entspricht 90 Prozent des durchschnittlichen Wochenverdienstes. Es ist auf einen maximalen Fixbetrag begrenzt.[260] *Parental pay* kann nur beansprucht werden, wenn die Voraussetzungen für die Inanspruchnahme von *shared parental leave* gegeben sind, auf eine gleichzeitige Erwerbstätigkeit verzichtet und die Auszeit ausdrücklich dem Kind gewidmet ist.[261] Die Unterstützung ist beim Arbeitgeber wenigstens acht Wochen vor Beginn der Auszahlungsperiode zu beantragen. In *reg. 6, 7 S.I. 2014 No. 3051* werden genaue Angaben zum Inhalt des Antrags gemacht. Grundsätzlich besteht nur ein Anspruch auf 39 Wochen *statutory shared parental pay*, abzüglich der Wochen, für die andere Mutterschaftsleistungen wie *statutory maternity pay* oder *allowance* bezogen wurden.[262] *Statutory shared parental pay* wird erst nach der *maternity pay period* ausgezahlt und kann wie die Auszeit selbst nur im ersten Lebensjahr des Kindes beansprucht werden.[263]

5. Paternity leave

Durch den *Children and Families Act 2014*[264] und durch die Einführung der *shared parental leave* kommt es zu einschneidenden Änderungen in den Regelungen zur *paternity leave*. Bisher konnten Väter sowohl *ordinary paternity leave* als auch *additional paternity leave* in Anspruch nehmen.[265] Die *shared parental leave* ersetzen nun die *additional paternity leave*[266]. Sie wird in *sec. 125 Children and Families Act 2014* zurückgenommen. Die Regelungen zur (*ordinary*[267]) *paternity leave* nach *sec. 80A ERA* bleiben bestehen. Der Arbeitnehmer hat einen Anspruch auf *paternity leave* von ein oder zwei Wochen, wenn er nicht auch einen Anspruch auf *shared parental leave* geltend machen will. *Paternity* und

---

260 Fixbetrag derzeit £ 138,18 *Reg. 40 The Statutory Shared Parental Pay (General) Regulations 2014 No. 3051.*
261 Siehe *Reg. 4, 5 S.I. 2014 No. 3051.*
262 *Reg. 10 S.I. 2014 No. 3051.*
263 *Reg. 11 S.I. 2014 No. 3051.*
264 *2014 c.6.*
265 Siehe *The Paternity and Adoption Leave Regulations 2002 No. 2788, The Additional Paternity Leave Regulations 2010 No. 1050.*
266 Die *additional paternity leave* umfasste einen Zeitraum von 26 Wochen und konnte ab der 20. Wochen nach Geburtstermin bis zum Ende des ersten Lebensjahres des Kindes genommen werden. *Reg. 5 S.I. 2010 No. 1055.*
267 Im Zuge der Neuregelungen wurde auch der Begriff *ordinary* gestrichen. Siehe *sec. 32 Children and Families Act 2014.*

shared parental leave schließen sich gegenseitig aus.[268] Die *paternity leave* kann zwischen der Geburt des Kindes und den darauffolgenden 56 Tagen genommen werden.[269]

a. Voraussetzungen

Paternity leave kann beansprucht werden, wenn der Arbeitnehmer bis zur 14. Woche vor dem voraussichtlichen Geburtstermin für mindestens 26 Wochen bei dem Arbeitgeber ununterbrochen beschäftigt war. Weiterhin muss er der Vater des Kindes oder der Partner bzw. Ehemann der Mutter sein und voraussichtlich die rechtliche Verantwortung für das Kind tragen.[270] Der Arbeitgeber muss über die Inanspruchnahme der *parental leave* informiert werden. Diese Benachrichtigung soll den voraussichtlichen Geburtstermin, die Länge der gewünschten Auszeit (d. h. entweder ein oder zwei Wochen) sowie die Angabe, wann diese Auszeit genommen werden soll, beinhalten. Grundsätzlich ist dies dem Arbeitgeber bis zur 15. Woche vor dem voraussichtlichen Geburtstermin mitzuteilen, außer die Einhaltung der Frist ist dem Arbeitnehmer nicht zumutbar. Es besteht die Möglichkeit, nachträglich die beantragte *paternity leave* anzupassen.[271]

b. Rechte und Pflichten

Während der *paternity leave* bestehen weiterhin die Rechte und Pflichten aus dem Arbeitsvertrag. Der Arbeitnehmer soll in Hinblick auf die Änderung von Arbeitsbedingungen so behandelt werden, als hätte er keine Auszeit genommen.[272] Es besteht grundsätzlich das Recht, auf den vorherigen Arbeitsplatz zurückzukehren.[273] Während der *paternity lea-*

---

268 *Reg. 1, 4 (1A), 5 The paternity and adoption Leave Regulations 2002 No. 2788* mit den Änderungen der *The paternity and adoption leave (Amendment) Regulation 2014 No. 2112.*

269 *Reg. 5 (2) S.I. 2002 No. 2788.*

270 *Reg. 4 (2) S.I. 2002 No. 2788.* Hinsichtlich der vorausgesetzten Beschäftigungsdauer besteht eine Ausnahmeregelung, wenn das Kind vor dem errechneten Geburtstermin zur Welt kommt.

271 *Reg. 6 S.I. 2002 No. 2788.*

272 *Reg. 12, 14 S.I. 2002 No. 2788.*

273 *Reg. 13 S.I. 2002 No. 2788.* Das Rückkehrrecht entspricht dem zur *shared parental leave.*

ve besteht ein Anspruch auf *statutory paternity pay* in Höhe von 90 Prozent des durchschnittlichen Wochenlohns begrenzt durch einen maximalen Fixbetrag.[274] Der Arbeitgeber soll über den Anspruch bis zur 15. Woche vor dem errechneten Geburtstermin informiert werden.[275]

II. Statutory Right To Request Contract Variation

Im Abschnitt 8A des *Employment Rights Act 1996 (ERA)* ist die Kernvorschrift zum Thema *Flexible Working* geregelt. Das *Statutory Right to Request Contract Variation* nach *sec. 80F ERA.*[276]

Nach dem *Statutory Right to Request Contract Variation* kann ein Arbeitnehmer die Änderung der Konditionen seines Arbeitsverhältnisses bei seinem Arbeitgeber beantragen, soweit die Änderung sich auf den zeitlichen Arbeitsumfang, die Lage der Arbeitszeit oder den Arbeitsort bezieht.[277]

1. Anspruchsberechtigte
Eine Vertragsänderung zugunsten der Pflege und Erziehung eines Kindes setzt voraus, dass der Antragsteller bei dem Arbeitgeber für mindestens 26 Wochen ununterbrochen beschäftigt war.[278] Des Weiteren muss der Antragsteller entweder Elternteil, Adoptierender, Erziehungsberechtigter, Pflegeelternteil, Verwandter des Kindes oder deren Ehe-

---

274 Fixbetrag derzeit £ 138,18 *Reg. 4 The Statutory Paternity Pay and Statutory Adoption Pay (General) Regulations 2002 No. 2822; Reg. 2 (a) The Statutory Paternity Pay and Statutory Adoption Pay (Weekly Rates) Regulations 2002 No. 2818* geändert durch *The Welfare Benefits Up-rating Order 2010 No. 147.*
275 *Reg. 5A S.I. 2002 No. 2822* geändert durch *The Statutory Paternity Pay and Statutory Adoption Pay (General) (Amendment) Regulations 2014 No. 2862.*
276 In dieser Form grundsätzlich in England, Wales und Schottland gültig.
277 *Sec. 80F (1) (a) ERA* Die zusätzliche Voraussetzung, dass ein Änderungswunsch nur statthaft ist, wenn der Arbeitnehmer die Erziehung bzw. Pflege für ein Kind ermöglichen will, wurde durch den *Children and Families Act 2014 c.6* aufgehoben.
278 *Reg. 3 The Flexible Working (Eligibility, Complaints and Remedies) (Amendment) Regulations 2002 No. 3236.*

gatte bzw. Lebensgefährte und für die Erziehung des Kindes rechtlich verantwortlich sein.[279]

2. Antragsstellung

Der Schriftsatz zu *sec. 80F ERA* muss als Antrag bezeichnet sein, und es sind die gewünschten Vertragsänderungen einschließlich des Änderungszeitpunktes zu benennen. Eine Besonderheit im Rahmen der Antragsvoraussetzungen ist, dass der Arbeitnehmer im Antragsschreiben die zu erwartenden betrieblichen Auswirkungen zu erörtern und Lösungsvorschläge vorzubringen hat.[280] In formaler Hinsicht muss ein Antrag schriftlich erfolgen und datiert sein.[281] Ob und wann ein Antrag nach *sec. 80F ERA* bereits gestellt wurde, ist ebenfalls im Antragsschreiben zu vermerken.[282] Falls bereits ein solcher Antrag gestellt wurde, kann ein weiterer erst nach Ablauf von zwölf Monaten gestellt werden.[283]

3. Die Verpflichtungen des Arbeitgebers

Wird ein Antrag auf Vertragsänderung nach *sec. 80F ERA* bei dem Arbeitgeber eingereicht, ist dieser verpflichtet, innerhalb von drei Monaten darüber zu entschieden. Zwischen dem Arbeitnehmer und dem Arbeitgeber kann auch ein längerer Zeitraum vereinbart werden.[284] Innerhalb von 28 Tagen ist ein Treffen mit dem Arbeitnehmer zu arrangieren, um die Details zu besprechen. Von einem solchen Treffen kann abgesehen werden, wenn der Arbeitgeber dem Antrag nachkommt. Eine entsprechende schriftliche Zusage ist dem Arbeitnehmer unter Benennung und Datierung der vorzunehmenden Vertragsänderung zuzusen-

---

279 S.I. *2002 No. 3236; The Flexible Working (Eligibility, Complaints and Remedies) (Amendment) Regulations 2006 No. 3314; The Flexible Working (Eligibility, Complaints and Remedies) (Amendment) Regulations 2007 No. 1184; The Flexible Working (Eligibility, Complaints and Remedies) (Amendment) Regulations 2007 No. 2286.*

280 *Sec. 80F (2) ERA.*

281 *Reg. 4 S.I. 2002 No. 3236.*

282 *Reg. 4 S.I. 2002 No. 3236.*

283 *Sec. 80F (4) ERA.*

284 *Sec. 80G (1) (a), (1B), (1C) ERA* mit den Änderungen durch den *Sec. 132 Children and Families Act 2014 c.6.*

den.[285] Wenn ein Treffen zur Diskussion des Antrags zwischen Arbeitgeber und Arbeitnehmer stattfindet, ist dem Arbeitnehmer spätestens 14 Tage danach die Entscheidung in schriftlicher Form mitzuteilen. Will der Arbeitgeber den Antrag ablehnen, ist er auf die in *sec. 80G (1) (b) ERA* genannten Ablehnungsgründe beschränkt.

Anerkannte Ablehnungsgründe sind zusätzliche Kosten, negativer Einfluss auf die Kundenbetreuung, fehlende Ersatzmöglichkeit, negativer Einfluss auf Qualität oder Arbeitsleistung, Mangel an benötigter Arbeitskraft in dem vom Arbeitnehmer gewünschten Zeitfenster oder die grundsätzliche Planung struktureller Veränderungen.[286] Will der Arbeitgeber den Antrag ablehnen, muss er sich inhaltlich mit ihm befassen. Allgemeine Ausführungen sind nicht ausreichend.[287]

Gegen die Ablehnung des Arbeitgebers kann innerhalb von 14 Tagen nach Bekanntgabe der Entscheidung in schriftlicher Form eine Beschwerde mit Begründung eingelegt werden. Der Arbeitgeber hat daraufhin innerhalb von 14 Tagen nach Eingang der Beschwerde ein weiteres Treffen zu arrangieren, in dem die Beschwerdegründe diskutiert werden. Nach weiteren 14 Tagen ist dem Antragsteller die endgültige Entscheidung bekanntzugeben.[288]

4. Rechte und Pflichten

Der Antrag gilt vom Arbeitnehmer als aufgehoben, wenn der Arbeitnehmer unbegründet zu dem vereinbarten Treffen mit dem Arbeitgeber nicht erscheint, und der Arbeitgeber dem Arbeitnehmer daraufhin die Rechtsfolgen seines Fehlens mitgeteilt hat.[289]

Klage vor einem Arbeitsgericht kann eingereicht werden, wenn der Arbeitgeber sich nicht an das zuvor beschriebene und in *sec. 80G (1) ERA*

---

285 *Reg. 3 The Flexible Working (Procedural Requirements) Regulations 2002 No. 3207 (No. 3).*

286 *Sec. 80G (1) (b) (i-viii) ERA.*

287 *Commotion Ltd. v. Rutty [2006] I.C.R. 290. (p. 7).*

288 *The Flexible Working (Procedural Requirements) Regulations 2002 No. 3207 (No. 6–11).*

289 *Sec. 80 G (1D) ERA* mit den Änderungen durch den *Sec. 132 Children and Families Act 2014 c.6.*

niedergelegte Prozedere gehalten hat, die Ablehnungsentscheidung auf falschen Tatsachen beruht oder der Arbeitgeber den Antrag des Arbeitnehmers als aufgehoben erklärt hat, ohne dass die Voraussetzungen dafür vorlagen.[290] Die Klage muss drei Monate nach der endgültigen Entscheidung des Arbeitgebers erhoben werden. Diese Frist kann vonseiten des Gerichts bei Vorliegen begründender Umstände verlängert werden.[291] Stellt sich eine Klage vor dem Arbeitsgericht als begründet heraus, ist vonseiten des Arbeitgebers eine Kompensation zu leisten, die nicht mehr als zwei Wochenlöhne betragen soll und zugleich auf einen Höchstbetrag pro Woche beschränkt ist.[292]

III. Finanzielle Absicherung der Familie durch kündigungsschutzrechtliche Regelungen

Der englische Kündigungsschutz kennt grundsätzlich zwei verschiedene Wege, um gerichtlich gegen eine Kündigung durch den Arbeitgeber vorzugehen. Unterschieden wird, ob die Beendigung des Arbeitsverhältnisses als *wrongful dismissal* oder als *unfair dismissal* einzuordnen ist. Während die *wrongful dismissal* dem *common law* entspringt, ist das Recht zur *unfair dismissal* kodifiziertes Recht. Beide Klagemöglichkeiten stehen nebeneinander und schließen sich nicht gegenseitig aus.[293]

1. Wrongful dismissal

Eine *wrongful dismissal* liegt vor, wenn der Arbeitgeber grundlos das Arbeitsverhältnis für beendet erklärt, ohne die einzelvertraglich vereinbarte bzw. gesetzlich vorgeschriebene Kündigungsfrist einzuhalten. Anstatt die Kündigungsfrist abzuwarten, kann der Arbeitgeber eine Ausgleichszahlung vornehmen. Die Ausgleichszahlung bemisst sich an dem Gehalt, das der Arbeitnehmer innerhalb der Kündigungsfrist noch erhalten hätte.[294]

---

290 *Sec. 80H (1) ERA* mit den Änderungen durch den *Sec. 133 Children and Families Act 2014 c.6.; James in ILJ 2006 (Vol. 35) p. 277.*

291 *Sec. 80H (5),(6) ERA.*

292 Derzeit £ 400. *Reg. 15 (3) S.I. 2002 No. 3207; sec. 227 (1) ERA.*

293 *Blackstone's Employment Law Practice, paras. 30.06.*

294 *Blackstone's Employment Law Practice, paras. 30.01.f.*

Will ein Angestellter sich gegen eine *wrongful dismissal* wehren, kann er sich innerhalb von drei Wochen an den jeweiligen *County Court,* den *High Court* oder an das *Employment Tribunal* wenden.[295] Bei einer erfolgreichen Klage gegen eine *wrongful dismissal* wird der Arbeitgeber zur Zahlung eines Geldbetrages verurteilt. Die Höhe des Betrages entspricht der freiwilligen Ausgleichzahlung und richtete sich entsprechend nach den Lohnkosten, die der Arbeitnehmer bei Einhaltung der Kündigungsfrist erhalten hätte.[296]

Hat sich der Angestellte an das *Employment Tribunal* gewandt, ist die Höhe des Betrages auf insgesamt £ 25. 000 begrenzt, in der gleichen Sache kann dann auch kein anderes Gericht mehr angerufen werden.[297]

2. Unfair dismissal

Neben dem aus dem *common law* stammenden Recht eines jeden Angestellten, sich gegen eine *wrongful dismissal* zu wehren, bestehen in *Part X ERA* Regelungen zur *unfair dismissal.* Eine *unfair dismissal* liegt vor, wenn der Kündigungsgrund nicht unter die im Gesetz genannten zulässigen Kündigungsgründe fällt.[298] Geschützt sind nur diejenigen Arbeitnehmer, die seit mehr als einem bzw. zwei Jahren beschäftigt sind.[299] Die Qualifizierungsperiode ist auch Voraussetzung für das Recht des Arbeitnehmers, nach *sec. 92 ERA* von seinem Arbeitgeber eine schriftliche Mitteilung der Kündigungsgründe zu verlangen. Der Arbeitgeber hat eine entsprechende Anfrage innerhalb von 14 Tagen zu beantworten.

Zulässige Kündigungsgründe sind beispielsweise die Beendigung des Arbeitsverhältnisses wegen Fehlverhaltens, fehlender physischer und

---

295 *Reg. 7 The Industrial Tribunals Extension of Jurisdiction (England and Wales) Order 1994 No. 1623.*

296 *Blackstone's Employment Law Practice, paras. 30.01.f.*

297 Siehe *Fraser v HLMAD Ltd. [2006] I.C.R. 1395; Harper v Virgin Net Ltd. [2005] I.C.R. 921; Blackstone's Employment Law Practice, paras. 30.01–30.06.*

298 *Sec. 98 (1) ERA; Blackstone's Employment Law Practice, paras. 10.16, 30.67;* mit einer Aufzählung anerkannter *substantial reasons Taylor/Emir, Employment Law, p. 284–285.*

299 *Sec. 108 (1) ERA* mit der Besonderheit, dass für Arbeitsverhältnisse ab dem 6.4.2012 eine zweijährige Qualifizierungsperiode vorgesehen ist. *Siehe Reg. 3 The Unfair dismissal and Statement of Reasons for Dismissal (variation of Qualifying Period) Order 2012 (S.I. 2012 No 989); Blackstone's Employment Law Practice, paras. 30.09.*

mentaler Fähigkeiten oder Unmöglichkeit der Weiterbeschäftigung *(redundancy)*.[300] Kann das Arbeitsverhältnis wegen fehlender Beschäftigungsmöglichkeit in zulässiger Weise aufgelöst werden[301], hat ein Arbeitnehmer, der mindestens zwei Jahre ununterbrochen beschäftigt war, einen Anspruch auf eine Entschädigungszahlung, das *redundancy payment*.[302] Die Höhe des *redundancy payment* bemisst sich nach den Beschäftigungsjahren.[303]

Ausschlaggebend für die Bewertung der *fairness* der Kündigung ist die Frage, ob eine Kündigung aus dem vorliegenden Grund nachvollziehbar und vernünftig ist. Es geht nicht darum, ob der Arbeitgeber aus Sicht des Gerichtes die beste Entscheidung getroffen hat. So Lord Denning M. R.: *„The correct test is: Was it reasonable for the employers to dismiss him? If no reasonable employer would have dismissed him, then the dismissal was unfair. But if a reasonable employer might reasonably have dismissed him, then the dismissal was fair."*[304] Der *test of reasonable responses* beurteilt mithin den der Kündigung zugrunde liegenden Sachverhalt aus einer objektiven Perspektive heraus, er unterscheidet sich darin von einer subjektiven Verhältnismäßigkeitsprüfung.[305]

Im Rahmen des *test of reasonable responses* findet auch der *ACAS Code on Disciplinary and Grievance Procedures* Beachtung, dem vor allem bei verhaltensbedingten Kündigungen gefolgt werden soll.[306] Dieser sogenannte *Code of Practice* sieht vor, dass bei Vorliegen eines Kündigungs-

---

300 *Sec. 98 (2) ERA.*
301 Siehe genaue Beschreibung, wann von einer *Dismissal by reason of redundancy* auszugehen ist, *in sec. 139 ERA.*
302 *Sec. 155 ERA.*
303 *Sec. 162, 227 ERA.*
304 *British Leyland U.K. Ltd. v. Swift [1981] I.R.L.R. 91 p. 93*; siehe auch folgende Gerichtsentscheidungen mit weiteren Verweisen zur Rechtsprechung *The Post Office v. John Folley , HSBC Bank Plc v John Madden 2000 WL 1084434 p. 52, 77; Masterfoods v Wilson [2007] I.C.R. 370 p. 42.*
305 In *Turner v East Midlands Trains Ltd [2013] I.C.R. 525* wurde der Rüge, dass der *test of reasonable responses* nicht Art. 8 *(Right to respect for private an d family life) Human Rights Act 1998 (C42) Sch.1 Pt.1* genüge, abgelehnt.
306 Siehe *http://www.acas.org.uk/index.aspx?articleid=4255* (Zugriff 17.09.2004), das ab dem 1. April die durch *sec. 2 Employment Act 2008 c.24* aufgehobene *sec. 98A ERA* ersetzt. *Blackstone's Employment Law Practice, paras 30.70; Taylor/ Emir, Employment Law, p. 273.*

grundes umgehend zu handeln ist und alle Arbeitnehmer gleich zu behandeln sind.[307] Es sind alle notwendigen Untersuchungen anzustellen, und der betroffene Arbeitnehmer soll schriftlich über den Kündigungsgrund informiert werden, um ihm eine Möglichkeit der Erwiderung zu geben. Schließlich soll der Arbeitnehmer, auf Wunsch auch mit Begleitung, zu einem Treffen mit dem Arbeitgeber bzw. dem Verantwortlichen geladen werden. Eine Entscheidung des Arbeitgebers ist dem betroffenen Arbeitnehmer schriftlich mitzuteilen, und ihm muss die Möglichkeit gegeben werden, dagegen eine Beschwerde einzureichen.[308] Wurden Verfahrensfehler gemacht bzw. weicht der Arbeitgeber von dem anerkannten *Code of Practice* ab, führt dies nicht dazu, dass die Kündigung automatisch als *unfair* behandelt wird. Vielmehr wird dies bei der Frage, ob der Arbeitgeber *reasonable* gehandelt hat, einbezogen.[309]

a. Klageweg und Rechtsfolgen einer unfair dismissal

Der Vorwurf der *unfair dismissal* ist beim *employment tribunal* innerhalb von drei Monaten nach Beendigung des Arbeitsverhältnisses einzulegen. Wenn dies dem Arbeitnehmer nicht zumutbar ist, kann eine Ausnahme von dieser Frist gemacht werden.[310] Wird der Beschwerde vor dem *employment tribunal* stattgegeben, hat der Arbeitgeber an den Arbeitnehmer eine Kompensation zu zahlen. Sie besteht aus einem *basic award* und einem *compensatory award*.[311] Der *basic award* bemisst sich wie das *redundancy payment* an den bis zur Beendigung des Arbeitsverhältnisses bestehenden ununterbrochenen Beschäftigungsjahren.[312] In besonderen Fällen, beispielsweise wenn der Arbeitnehmer eine ihm zumutbare Weiterbeschäftigung abgelehnt hat, kann der *basic award* gekürzt werden.[313] Der *compensatory award* soll nicht unmittelbar die Auflösung des Arbeitsverhältnisses kompensieren, sondern den Arbeitnehmer in der Zeit der neuen Arbeitssuche unterstützen. Hierzu gehören auch die Prozessführungskosten, die vom Arbeitnehmer auf-

---

307 *Taylor/Emir, Employment Law p. 272.*
308 *ACAS, Disciplinary and Grievance Procedures p. 3f.*
309 *Taylor/Emir, Employment Law p. 271.*
310 *Sec. 111 (1), (2) ERA.*
311 *Sec. 118 ERA.*
312 Der Maximalbetrag des anzurechnenden Wochenlohns beträgt £ 400. Siehe *sec. 227 ERA; sec. 119 ERA.*
313 *Sec. 122 ERA.*

gewendet werden müssen, um eine Beschwerde vor das *employment tribunal* zu bringen.[314]

Auf ausdrücklichen Wunsch des Arbeitnehmers kann der Arbeitgeber auch zur Weiterbeschäftigung des Arbeitnehmers verpflichtet werden.[315] Hinsichtlich des Weiterbeschäftigungsanspruchs wird zwischen zwei Fällen unterschieden: dem *order of reinstatement* nach *sec. 114. ERA*, einer Weiterbeschäftigung zu den früheren Arbeitsbedingungen, und dem *order for re-engagement* nach *sec. 115 ERA*, der auf die Wiedereinstellung gerichtet ist. Das Weiterbeschäftigungsverlangen nach *sec. 114 ERA* soll den Arbeitnehmer in die Lage versetzen, die bestehen würde, wenn es keine Kündigung gegeben hätte. Er tritt somit in seinen „alten" Arbeitsvertrag wieder ein, inklusive des noch ausstehenden Arbeitslohnes, etwaiger Pensionsrechte etc. Das Wiedereinstellungsverlangen nach *sec. 115 ERA* hat dagegen nicht zur Folge, dass der frühere Arbeitsvertrag wieder in Kraft tritt. Der Arbeitnehmer soll vielmehr eine vergleichbare Arbeitsstelle angeboten bekommen. Die genauen Bedingungen des „neuen" Arbeitsvertrags inklusive der Identität des Arbeitgebers, der Art der Beschäftigung, die Vergütung, Extrazahlung der durch die *unfair dismissal* entgangenen Vorteile, Wiederherstellung von Pensionsrechten etc. kann das *employment tribunal* festlegen.[316]

b. Familienbedingte Auszeiten und Kündigungsschutz

Eine Kündigung ist immer *unfair*, wenn der ausschlaggebende Grund in der Schwangerschaft, Geburt oder Mutterschaft oder der Inanspruchnahme des Rechts auf eine familienbedingte Auszeit (*ordinary, compulsary* oder *additional maternity leave, ordinary* oder *additional adoption leave, parental leave, shared parental leave* oder *paternity leave*) liegt.[317] Die Beendigung des Arbeitsverhältnisses darf auch nicht auf

---

314 *Sec. 123 ERA.*
315 *Sec. 112 ERA.*
316 *Sec. 115 ERA.*
317 *Sec. 99 ERA* mit den Änderungen durch *sec. 39 Children and Families Act 2014 c.6.*

das Recht der Beantragung von *Flexible Working* nach *sec. 80 F ERA* zurückzuführen sein.[318]

Dieser besondere Kündigungsschutz ist von einer bestimmten Beschäftigungsdauer unabhängig und besteht daher bereits am ersten Tag der Beschäftigung. Auch hat der Arbeitgeber nach dem ersten bzw. zweiten vollendeten Beschäftigungsjahr (abhängig davon, in welchen Jahr das Arbeitsverhältnis abgeschlossen wurde) einem Arbeitnehmer auch ohne Antrag schriftlich den Kündigungsgrund mitzuteilen, wenn eine Schwangerschaft besteht oder mit der Beendigung des Arbeitsverhältnisses auch die *ordinary* oder *additional maternity leave* beendet wird.[319] In dem davor liegenden Zeitraum muss der Arbeitgeber glaubhaft machen, dass die Kündigung nicht gegen familienschützende Vorschriften verstößt.[320] Hält der Arbeitnehmer einen anderen als den vom Arbeitgeber angegebenen Grund für die Beendigung des Arbeitsverhältnisses für ausschlaggebend, hat er dies nachzuweisen.[321]

Schließlich ist die Kündigung nur als eine *unfair dismissal* zu bewerten, wenn zwischen dem unzulässigen Kündigungsgrund und der tatsächlich ausgesprochenen Kündigung ein unmittelbarer Kausalzusammenhang nachgewiesen bzw. dem Gericht glaubhaft gemacht werden kann. Nur weil beispielsweise im Zeitpunkt der Kündigung eine familienbedingte Auszeit besteht, führt dies nicht automatisch dazu, dass die Kündigung als eine *unfair dismissal* zu bewerten ist.[322] Es kommt also gerade darauf an, dass wegen der Inanspruchnahme oder dem Interesse an einer familienschützenden Regelung das Arbeitsverhältnis gekündigt wurde. Behauptet der Arbeitgeber, er habe von der Schwangerschaft des Arbeitnehmers nicht gewusst, liegt es mithin am Arbeitnehmer, das Gegenteil nachzuweisen.[323]

---

318 *Sec. 104c ERA.* Darüber hinaus führen auch andere, nicht mit der Familie des Arbeitnehmers in Zusammenhang stehende Gründe zu einer unfair dismissal. Siehe *sec. 100–104F ERA.*

319 *Sec. 108 (3) ERA.* Siehe *sec. 108 (3) (b), (gl)* die auf die familienschützenden Regelungen bzw. die entsprechende Arbeitszeitregulierungsregelung verweisen.

320 *Lewis in IRJ 31:2 p. 130 (137).*

321 *Blackstone's Employment Law Practice, paras.30.25.*

322 Siehe *Atkins v Coyle Personnel Plc (Appeal No UKEAT/0206/07/DA) p.33f, 37.*

323 *Del Monte Foods v Mundon [1980] I.R.L.R. 224 (eat).*

Auch wenn ein genereller Beschäftigungsüberhang vorliegt und der Arbeitgeber zulässigerweise aufgrund von *redundancy* kündigen kann, ist die daraufhin getroffene Auswahlentscheidung an den besonderen Kündigungsschutzregelungen zu messen. Wird einem entsprechend privilegierten Arbeitnehmer zulässig wegen *redundancy* gekündigt, hat er den Anspruch, eine andere passende und freie Arbeitsstelle vom Arbeitgeber angeboten zu bekommen. Setzt dies den Abschluss eines neuen Arbeitsvertrags voraus, darf dieser im Vergleich zu dem ursprünglichen keine wesentlich schlechteren Bedingungen enthalten. Die Kündigung wird automatisch als *unfair* behandelt, wenn der Arbeitgeber es unterlässt, dem Arbeitnehmer eine mögliche Weiterbeschäftigung anzubieten.[324]

---

324 *Sec. 105 ERA, Reg. 10 The maternity and parental leave etc. Regulation 1999 No. 3312, Reg. 39 Shared Parental leave Regulations 2014 No. 3050.*

2 Schutz und Förderung der Familie in der Familiengründungsphase

Die Gesetze zum Schutz der erwerbstätigen Mutter (MuSchG)[325] und zum Elterngeld und zur Elternzeit (BEEG)[326] sind Teil des aus Art. 6 GG resultierenden staatlichen Schutz- und Förderauftrags.

A. Das Mutterschutzrecht

Das Gesetz zum Schutz der erwerbstätigen Mutter ist dem Arbeitsschutzrecht zuzuordnen.[327] Durch das Arbeitsschutzrecht werden dem Arbeitgeber Pflichten zum Schutze des Arbeitnehmers auferlegt. Der Arbeitnehmer hat das Recht, die Erfüllung dieser Pflichten einzufordern.[328]

I. Geschichte des Mutterschutzes

Der Mutterschutz wurde in der Novelle zur Gewerbeordnung vom 17.7.1878 eingeführt.[329] Hierin wurde ein dreiwöchiges Beschäftigungsverbot nach der Geburt erlassen. Allerdings führte erst die Einführung eines Wochengeldes für den betreffenden Zeitraum im Krankenversicherungsgesetz vom 15.6.1883[330] zu einer steigenden tatsächlichen Um-

---

325 Neufassung vom 20.6.2002 BGBl. 2002, 2318.
326 V. 5.12.2006 BGBl. I S. 2748.
327 Das Arbeitsschutzrecht im engeren Sinne umfasst nur diejenigen Rechtsnormen, deren Umsetzung durch Aufsichtsbehörden überwacht, und mit verwaltungsrechtlichen Mitteln durchgesetzt werden können. Es lässt sich in drei Kategorien einteilen: Technischer Arbeitsschutz, medizinischer Arbeitsschutz und sozialer Arbeitsschutz. Siehe Schaub, Arbeitsrechtshandbuch §152 Rn. 1f., *Wlotzke*, FS Hilger/Stumpf, 1983, 723 (724).
328 *Wlotzke*, FS Hilger Stumpf, 1983, 723 (727).
329 RGBl. S. 199.
330 RGBl. S. 73.

setzung des Beschäftigungsverbots.[331] Zumindest Versicherte der Orts-krankenkassen waren damit für die Zeit der Inanspruchnahme des Beschäftigungsverbots finanziell abgesichert.[332] Das Beschäftigungsver-bot nach der Geburt wurde in der Novelle zur Gewerbeordnung (GewO) vom 1.6.1891[333] auf vier Wochen verlängert, die dann auch durch die No-velle des Krankenversicherungsgesetzes vom 10.4.1892[334] dann finanzi-ell abgesichert wurden. Der nächste Schritt in der Entwicklung des Mut-terschutzes war 1908 die Einführung des Beschäftigungsverbots vor der Entbindung nach § 137 Abs. 6 GewO.[335] Mit der Einführung des Mutter-schutzgesetzes vom 16.7.1927[336] wurden die bestehenden Beschäftigungs-verbote an die Forderungen des Washingtoner Abkommens angepasst. Neben der Überarbeitung der bereits bestehenden Beschäftigungsver-bote wurde ein arbeitsrechtliches Kündigungsverbot eingeführt.[337] Die kriegsbedingt ansteigende Frauenerwerbstätigkeit führte zur Überar-beitung der bestehenden Beschäftigungsverbote und zum Erlass eines neuen Mutterschutzgesetzes vom 17.5.1942[338]. Ziel war es, eingebettet in die nationalsozialistische Ideologie, die „Mutterschaftsleistung" zu wür-digen. Es wurden Beschäftigungsverbote eingeführt und das Wochen-geld auf den Durchschnittsverdienst der letzten 13 Wochen angehoben. Darüber hinaus wurden Arbeitnehmer ohne Krankenversicherung fi-nanziell abgesichert. Das Arbeitsentgelt für nicht krankenversicherte Arbeiterinnen musste vom Arbeitgeber weiterhin erbracht werden. In den Geltungsbereich waren alle in den Verwaltungen und Betrieben be-schäftigten Frauen einbezogen. Der Reicharbeitsminister erhielt weiter-hin die Ermächtigung, Bestimmungen zum Mutterschutz auch für die

---

331 *Nebe* S. 28.
332 Zmarzlik/Zipperer/Viethen/Vieß (9. Aufl.) Einf. Rn. 5; *Nebe* S. 28.
333 RGBl. S. 261.
334 RGBl. S. 417.
335 Novelle v. 28.12.1908 RGBl. S. 667.
336 RGBl. II S. 497.
337 Bulla, Entwicklung und Maximen des gesetzlichen Mutterschutzes in Deutsch-land In: Das Arbeitsrecht der Gegenwart Bd. 1 (1964) S. 42 (44), Buchner/Be-cker (8. Aufl.) EinfMuSchG Rn. 14f.; *Nebe* S. 29.
338 RGBl. I S. 321.

in Heimarbeit, Hauswirtschaft und Landwirtschaft beschäftigten Frauen zu erlassen.[339]

Mit dem Kriegsende 1945 wurden die Zahlungen aufgrund des Mutterschutzgesetzes von 1942 eingestellt.[340] Art. 6 Abs. 4 des am 23.5.1949 ausgefertigten Grundgesetzes unterstreicht jedoch weiterhin die Notwendigkeit eines besonderen Mutterschutzes. Das Mutterschutzgesetz vom 24.1.1952[341] lehnte sich an das Mutterschutzgesetz von 1942 an, ging aber in vielen Teilen darüber hinaus. So wurde der Geltungsbereich auf alle Arbeitnehmer ausgedehnt und die generellen Beschäftigungsverbote dahingehend verändert, dass sie von dem Arbeitnehmer nicht mehr einzufordern waren. Es wurde auch das Generalaufsichtsamt zur Überprüfung der Pflichten des Arbeitgebers aus dem MuSchG eingeschaltet.[342] Die finanzielle Absicherung wurde übernommen. Wie aus Art. 6 Abs. 4 GG hervorgeht, sollen die (werdende) Mutter und das (ungeborene) Kind geschützt werden.[343] Auch wurde schon früh das Dilemma erkannt, dass eine Stärkung des Mutterschutzes zur Minderung der Chancen am Arbeitsmarkt führen kann.[344] Die bis zu diesem Zeitpunkt getroffenen Regelungen zum Mutterschutz setzt den arbeitsrechtlichen Grundgedanken „Ohne Arbeit kein Lohn" außer Kraft. Mit dem Gesetz zur Änderung des Mutterschutzgesetzes und der Reichsversicherungsordnung vom 24.8.1965[345] wurde der gesetzliche Mutterschutz erweitert. So regelt § 2 MuSchG die Gestaltung des Arbeitsplatzes und fördert damit die Erwerbstätigkeit der schwangeren oder stillenden Frau. Die weitere Entwicklung des Mutterschutzes wurde vom Gemeinschaftsrecht geprägt. Entsprechend hatte die Mutterschutzrichtlinie 92/85/EWG sowohl eine Verbesserung in der finanziellen Absicherung, die Ausweitung des persönlichen Geltungsbereichs des MuSchG auf die im Haushalt beschäftig-

---

339 Bulla, Entwicklung und Maximen des gesetzlichen Mutterschutzes in Deutschland In: Das Arbeitsrecht der Gegenwart Bd. 1 (1964) S. 42 (44f.); Buchner/Becker (8. Aufl.) EinfMuSchG Rn. 16f.; Zmarzlik/Zipperer/Viethen/Vieß (9. Aufl.) Einf. Rn. 13f.; *Nebe* S. 30.
340 Zmarzlik/Zipperer/Viethen/Vieß (9. Aufl.) Einf. Rn. 19.
341 BGBl. I S. 68.
342 *Nebe* S. 32.
343 BonKom-*Seiler* (Stand April 2009) Art. 6 Abs. 4 Rn. 13 GG.
344 Bulla, Entwicklung und Maximen des gesetzlichen Mutterschutzes in Deutschland. In: Das Arbeitsrecht der Gegenwart Bd. 1 (1964) S. 42 (50).
345 BGBl. I S. 912; Neubekanntmachung des MuSchG vom 18.4.1968 § 2 MuSchG BGBl. I S. 315.

ten Frauen als auch die Einführung einer einheitlichen Mutterschutzfrist von mindestens 14 Wochen zur Folge. Durch das zweite Gesetz zur Änderung des Mutterschutzrechtes vom 16.6.2002[346] wurden diese Bestimmungen auch in das deutsche Recht übernommen.[347]

2016 hat der Gesetzgeber die Neuregelung des Mutterschutzgesetzes auf den Weg gebracht.[348] Die Mutterschutzarbeitsverordnung soll unter dem Abschnitt „Betrieblicher Mutterschutz" in das neue Mutterschutzgesetz aufgenommen werden. Im Gesetzesentwurf wurden die bisher bestehenden Regelungen neu formuliert und gegliedert, jedoch grundsätzlich inhaltlich übernommen. Erweitert wurde der persönliche Anwendungsbereich auf Schülerinnen, Studentinnen und Praktikantinnen. Das Verbot der Nacht-, Sonn- und Feiertagsarbeit wurde ausdifferenziert, und es soll ein Mutterschutzausschuss eingerichtet werden, der die bessere Umsetzung des Mutterschutzes in der Praxis fördern soll.[349]

II. Sinn und Zweck des MuSchG

Der Sinn und Zweck dieses Regelwerkes besteht darin, die durch Schwangerschaft, Entbindung und durch die neuen Herausforderungen eines Familienlebens gesunkene Belastbarkeit von Arbeitnehmern auszugleichen. Dem Ausgleich des Widerstreits zwischen den Aufgaben als Mutter und denen als Arbeitnehmer wird das Ziel der „Gesunderhaltung von Mutter und Kind"[350] übergeordnet. So können Maßnahmen im Interesse der Gesundheit von Mutter und Kind auch dem Wunsch der Mutter nach Fortsetzung der Erwerbsarbeit vorgehen.[351] Das Mutterschutzgesetz soll die Gründung von Familien fördern, indem der Arbeitnehmer einen besonderen Schutz in der Zeit der Schwangerschaft und in der Zeit nach der Entbindung erfährt. Der Arbeitnehmer „soll durch das Arbeitsverhältnis nicht davon abgehalten werden, Mutter zu

---

346 BGBl. I S. 1812.
347 Buchner/Becker (8. Aufl.) Einf.MuSchG Rn. 3; *Graue*, AiB 2002, 589; *Nebe* S. 40.
348 BT-Drs.18/8963 v. 28.6.2016.
349 BT-Drs.18/8963 v. 28.6.2016 S. 1.
350 BVerfG v. 23.4.1974 1 Bvl 19/73 in NJW 1974, 1461 (1461); siehe auch BAG v. 19.10.1960 1 AZR 373/58 in NJW 1962, 478 (479); BAG v. 9.8.1963 1 AZR 497/62 in NJW 1964, 467 (469).
351 Siehe auch Buchner/Becker (8. Aufl.) Einf.MuSchG Rn. 5; Zmarzlik/Zipperer/Viethen/Vieß (9. Aufl.) Einf.MuSchG Rn. 1.

werden und ihre Pflichten als Mutter zu erfüllen".[352] Die werdende oder stillende Mutter soll vor jeglichen wirtschaftlichen Nachteilen geschützt werden, damit sie nicht zu Lasten ihrer Gesundheit und der des Kindes die Tätigkeit wider besseres Wissen fortsetzt.[353]

III. Anwendungsbereich

Nach § 1 MuSchG erstreckt sich der Geltungsbereich auf alle Frauen, die in der Schwangerschaft, nach der Geburt und in der Stillzeit in einem Arbeitsverhältnis stehen, sowie auf alle Heimarbeitsbeschäftigte und ihnen Gleichgestellte, soweit sie am Stück arbeiten. Unerheblich sind der Familienstand, das Lebensalter und die Staatsangehörigkeit.[354] Bei der Auslegung der Vorschriften des Mutterschutzgesetzes muss das Gebot der staatlichen Fürsorge für Mütter nach Art. 6 Abs. 4 GG beachtet werden.[355]

1. Arbeitnehmer

Die Stellung als Arbeitnehmer setzt ein Arbeitsverhältnis voraus. Es ist dabei nicht relevant, wie genau das Arbeitsverhältnis ausgestaltet ist. Auch bei atypischen Arbeitsverhältnissen wie befristeten Arbeitsverträgen, Leiharbeit oder mittelbaren Arbeitsverhältnissen gilt das Mutterschutzgesetz im vollen Umfang,[356] wobei im Rahmen der Umsetzung

---

352 Zmarzlik/Zipperer/Viethen/Vieß (9. Aufl.) Einführung Rn. 1. Ausdrücklich geregelt im neuen Gesetzesentwurf zum Mutterschutzgesetz (BT-Drs.18/8963 v. 28.6.2016, im Folgenden MuSchG-Neu).

353 St. Rspr. siehe BAG v. 28.11.1984 5 AZR 243/83 in NZA 1985, 564; v. 6.3.1985 5 AZR 523/83 in BAGE 48, 173; v. 5.7.1995 5 AZR 135/94 in NZA 1996, 137; v. 11.10.2000 5 AZR 240/99 in NZA 2001, 445; Meisel/Sowka (4. Aufl.) Vor § 3 MuSchG Rn. 1; Rancke-*Pepping* (4. Aufl.) Vor § 3–8 MuSchG Rn. 1; Zmarzlik/ Zipperer/Viethen/Vieß (9. Aufl.) Vor § 3 MuSchG Rn. 1.

354 Buchner/Becker (8. Aufl.) § 1 MuSchG Rn. 1f.; Meisel/Sowka (4. Aufl.) § 1 MuSchG Rn. 1f.; Graue (2. Aufl.) § 1 MuSchG Rn. 2f. Der Anwendungsbereich wird im MuSchG-Neu auf Schülerinnen, Studentinnen, und Praktikantinnen erweitert, § 1 Abs. 1 MuSchG-Neu.

355 BAG v. 20.8.2002 9 AZR 353/01 in NZA 2003, 333 (335); Erf/Kom-*Schlachter* (16. Aufl.) § 1 Rn. 1 MuSchG.

356 Graue (2. Aufl.) § 1 Rn. 5 MuSchG; Meisel/Sowka (4. Aufl.) § 1 Rn. 13f. MuSchG.

auf die Besonderheiten der Ausgestaltung des jeweiligen Arbeitsverhältnisses Rücksicht zu nehmen ist.

2. In Heimarbeit Beschäftigte

In Heimarbeit Beschäftigte sind nach § 1 Abs. 1 Heimarbeitsgesetz (HAG) sowohl Heimarbeiter als auch Hausgewerbetreibende. Der Heimarbeiter kann nach § 2 Abs. 1 S. 1 HAG die Arbeitsstätte und den Arbeitsablauf selbst wählen. Die Arbeitsergebnisse werden jedoch dem auftraggebenden Zwischenmeister oder Gewerbetreibenden überlassen. Der Hausgewerbetreibende nach § 2 Abs. 2 S. 1 ist ein Heimarbeiter, der mit maximal zwei Hilfskräften oder Heimarbeitern wesentlich am Stück mitarbeitet. Die Schutzbedürftigkeit der Heimarbeiter im Falle der Schwangerschaft entspricht der der Arbeitnehmer.

3. Weitere in den Schutzbereich des MuSchG einbezogene Personen

Aufgrund eines Gesetzesverweises fallen neben Arbeitnehmern auch andere Personen unter das Mutterschutzgesetz. Entsprechend privilegiert sind Beschäftigte im Rahmen des Jugendfreiwilligendienstes[357] und Entwicklungshelfer.[358] Beschäftigte in Einrichtungen der beruflichen Rehabilitation sind zwar keine Arbeitnehmer, genießen nach § 36 S. 3 Sozialgesetzbuch IX (SGB IX)[359] aber den gesetzlichen Arbeitsschutz und sind so auch vom persönlichen Schutzbereich des MuSchG umfasst. Das Gleiche gilt für Teilnehmer im Eingangsverfahren und Berufsbildungsbereich in Behindertenwerkstätten.[360] Für Auszubildende findet nach § 10 Abs. 2 Berufsbildungsgesetz (BBiG[361]) auch das Mutterschutzgesetz Anwendung. Das Gleiche gilt für andere Vertrags-

---

357 Nach § 13 Gesetz zur Förderung von Jugendfreiwilligendiensten (JFDG vom 16.5.2008 BGBl.I S. 842) sind auf entsprechend Beschäftigte alle arbeitsrechtlichen und arbeitsschutzrechtlichen Bestimmungen anwendbar.

358 So hat der Träger des Entwicklungsdienstes in dem Entwicklungsdienstvertrags nach § 4 Abs. 1 Nr. 4 Entwicklungshelfer-Gesetz (EhfG vom 18.6.1969 BGBl. I S. 549) die Pflichten des Arbeitgebers aus dem MuSchG zu übernehmen.

359 Vom 9.6.2001 BGBl. I S. 1046.

360 § 138 Abs. 4 i.V.m. § 36 SGB IX.

361 Berufsgesetz vom 23.3.2005 BGBl. I S. 931. Hiernach sind auf Ausbildungsverträge, soweit es nicht Sinn und Zweck des BBiG entgegensteht, alle arbeitsrechtlichen Rechtsvorschriften und Rechtsgrundsätze anzuwenden.

verhältnisse wie beispielsweise Praktika, die im weiteren Sinne mit der Berufsausbildung zusammenhängen.[362] Für Auszubildende im Bereich der Krankenpflege und Geburtshilfe gilt auch das Mutterschutzgesetz.[363]

4. Nicht in den Schutzbereich einbezogene Personen

Nicht in den Schutzbereich des Mutterschutzgesetzes einbezogen sind arbeitnehmerähnliche Personen, Beamte und Selbstständige. Frauen, die sich in gemeinnütziger, ehrenamtlicher, religiöser, karikativer Arbeit engagieren, fallen wie Frauen nicht darunter, die im Rahmen des Strafvollzugs und der Jugendfürsorge tätig sind. Die arbeitnehmerähnlichen Personen unterscheiden sich von Arbeitnehmern durch eine fehlende persönliche Abhängigkeit. Eine ausgeprägte wirtschaftliche Abhängigkeit führt nicht zu einer Einbeziehung in den Schutzbereich.[364] Wie sinnvoll diese Unterscheidung in Anbetracht des Schutzauftrags von Art. 6 Abs. 4 GG und unter Berücksichtigung der stetig steigenden Anzahl von Ausgliederungen von Arbeitnehmern in die Selbstständigkeit ist, muss im Rahmen dieser Arbeit unbearbeitet bleiben.[365]

Organmitgliedern und Geschäftsführerinnen wird grundsätzlich wegen ihrer leitenden Position die Arbeitnehmereigenschaft abgesprochen. Sie fallen folglich auch nicht unter den Schutz des Mutterschutzgesetzes.[366] Etwas anderes gilt, wenn ihr Anstellungsverhältnis ein Arbeitsverhältnis im arbeitsrechtlichen Sinne ist. Im Rahmen einer Einzelfallbetrachtung muss auf die konkrete arbeitsrechtliche Situation abgestellt werden, wobei dem Umfang der Weisungsabhängigkeit eine tragende Rolle zukommt.[367]

---

362 § 26 i.V.m. § 10 Abs. 2 BBiG.
363 So auch Buchner/Becker (8. Aufl.) § 1 Rn. 51 MuSchG; Meisel/Sowka (4. Aufl.) § 1 Rn. 27, Zmarzlik/Zipperer/Viethen/Vieß § 1 Rn. 6 MuSchG.
364 Meisel/Sowka (4. Aufl.) § 1 Rn. 21 MuSchG; Buchner/Becker (8. Aufl.) § 1 Rn. 90 MuSchG; Erf/Kom-*Schlachter* 16. Aufl. § 1 Rn. 3 MuSchG.
365 Siehe *Reiserer,* BB 1998, 1258 (1258f.); *Hromadka,* NZA 1997, 569 (569f.); BAG vom. 16.7.1997 5 AZB 29/96 in NZA 1997, 1126 (1127f.); BAG 11.3.1998 5 AZR 522/96 in NZA 1998, 705 (706f.); ArbG Passau v. 13.3.1998 4e Ca 906/97 in BB 1998, 1266 (1266f.).
366 Siehe BGHZ 79, 291f; Schaub-*Vogelsang* I. Buch (16. Aufl.) § 14 Rn. 2 (m.w.N.).
367 BSG v. 16.2.2005 B 1 KR 13/03 R in NZA-RR 2005, 542 (542f.); BAG v. 26.5.1999 AZR 664/98 in NZA 1999, 987 (987f.); *Köhl,* DB 1996, S. 2597f. (Fn. 64 mit weiteren Nachweisen).

5. Räumlicher Anwendungsbereich

Der räumliche Geltungsbereich erstreckt sich grundsätzlich auf das Inland.[368] Ausschlaggebend ist hier nach dem Territorialitätsprinzip der Betriebssitz, wobei der Ort der tatsächlichen Verrichtung der Arbeitsleistung unter Heranziehung des Art. 8 Abs. 2 Rom I-VO maßgebend ist. Vorübergehende Entsendungen ins Ausland sind nicht hinderlich.[369]

IV. Gestaltung des Arbeitsplatzes gem. § 2 MuSchG

In § 2 Abs. 1 MuSchG[370] ist die generelle Pflicht des Arbeitgebers normiert, den Arbeitsplatz einer werdenden oder stillenden Mutter so einzurichten und zu unterhalten, dass ihr und ihrem Kind keine Gefahr für Leib und Leben drohen.[371] In Abs. 2 und 3 wird die generelle Verpflichtung für Arbeitsplätze, bei denen ständig gestanden oder gegangen wird, konkretisiert. Die Bundesregierung ist nach Abs. 4 ermächtigt, Rechtsverordnungen zu erlassen, in denen die generelle Verpflichtung des Arbeitgebers in Einzelfällen konkretisieren wird. Eine entsprechende Verordnung ist die Verordnung zum Schutze der Mütter am Arbeitsplatz.[372]

---

368 Nach Art. 8 Abs. 1 der Verordnung über vertragliche Schuldverhältnisse (Rom I-VO) besteht zwar im Rahmen von Individualarbeitsverträgen grundsätzlich eine Wahlfreiheit über die geltende Rechtsordnung, allerdings muss mindestens der Schutz gewährleistet sein, der im Falle der Nichtwahrnehmung der Wahlmöglichkeit gewährleistet würde. Wird von der Wahlmöglichkeit nicht Gebrauch gemacht, ist nach Art. 8 Abs. 2-4 Rom I-VO die Rechtsordnung einschlägig, in dessen Geltungsbereich die vereinbarte Arbeit verrichtet wird. Lässt sich damit noch keine Rechtsordnung eindeutig zuordnen, soll der Betriebssitz ausschlaggebend sein. Etwas anderes kann gelten, soweit eine besonders enge Bindung zu einer anderen staatlichen Ordnung besteht. Für die öffentlich-rechtlichen Vorschriften des MuSchG ergibt sich die „Inlandgültigkeit" aus dem Umstand, dass Kontrolle und Zwangsmittel nur im Inland hinreichend vollzogen werden können.

369 Buchner/Becker (8. Aufl.) § 1 Rn. 129f. MuSchG; Zmarzlik/Zipperer/Viethen/Vieß (9. Aufl.) § 1 Rn. 23f. MuSchG; Graue (2. Aufl.) § 1 Rn. 27 MuSchG; Meisel/Sowka (4. Aufl.) § 1 Rn. 42 MuSchG.

370 § 8 MuSchG-Neu.

371 BVerfG v. 22.6.1997 1 BvL 2/74 in NJW 1978, 207 (208); Buchner/Becker (8. Aufl.) § 2 Rn. 9 MuSchG; Graue (2. Aufl.) § 2 Rn. 6 MuSchG entsprechend.

372 BGBl. v. 15.4.1997 I S. 782.

Durch diese Verordnung wird die Gestaltungspflicht für den Fall vorgegeben, dass die Arbeitspflicht Tätigkeiten umfasst, von denen Gefahren durch chemische Gefahrstoffe, biologische Arbeitsstoffe und physikalische Schadfaktoren ausgehen. Schließlich kann nach § 2 Abs. 5 MuSchG die Aufsichtsbehörde anordnen, wie in Einzelfällen die Gestaltungspflicht des Arbeitgebers nach Abs. 1 auszufüllen ist.

Der Arbeitgeber hat die generelle Gestaltungspflicht nach § 2 Abs. 1 MuSchG nur gegenüber werdenden und stillenden Müttern, sodass die Gestaltungspflicht mit der Schwangerschaft des Arbeitnehmers beginnt und nach der Entbindung oder dem Abstillen wieder erlischt. Der Umfang wird beschränkt durch die Verhältnismäßigkeit der zu treffenden Maßnahmen und Vorkehrungen. Der Begriff des Arbeitsplatzes ist weit zu verstehen und umfasst alle die Orte, die mit der ausgeführten Tätigkeit in Zusammenhang stehen. Ein solches weites Verständnis ergibt sich schon aufgrund des Schutzzwecks der Regelung.[373] Erforderlich sind alle diejenigen Maßnahmen und Vorkehrungen, die im konkreten Fall geboten sind, um Gefahren für die werdende oder stillende Mutter und das betroffene Kind auszuschließen. Richtschnur ist der aktuelle Stand der Technik und der Arbeitsmedizin.[374]

1. Umfang der Gestaltungspflicht

Problematisch ist die Frage, aus welcher Perspektive die Gefahren zu bewerten sind. Bezieht sich der konkrete Fall primär auf die Besonderheiten des Arbeitsplatzes oder sind auch die individuellen Bedürfnisse der werdenden bzw. stillenden Mutter in die Gefahrenanalyse mit einzubeziehen? Für beide Alternativen finden sich ohne nähere Begründung im Schrifttum Befürworter.[375]

---

373 So auch Graue (2. Aufl.) § 2 Rn. 8 MuSchG; Rancke-*Pepping* (4. Aufl.) § 2 Rn. 14 MuSchG.
374 ErfKom-*Schlachter* (16. Aufl.) § 2 Rn. 2 MuSchG; Rancke-*Pepping* (4. Aufl.) § 2 Rn. 18 MuSchG; Meisel/Sowka (4. Aufl.) § 2 Rn .9 MuSchG
375 Ablehnend Rancke-*Pepping* (4. Aufl.) § 2 Rn. 15 MuSchG; Buchner/Becker (8. Aufl.) § 2 Rn. 12 MuSchG; Meisel/Sowka (4. Aufl.) § 2 Rn. 9 MuSchG; Bejahend bzw. differenzierend Graue (2. Aufl.) § 2 Rn. 9 MuSchG; Zmarzlik/Zipperer/Viethen/Vieß (9. Aufl.) § 2 Rn. 10 MuSchG.

Ausgehend vom Schutzweck, dem Schutz der werdenden oder stillenden Mutter und dem entsprechenden Kind, würde eine rein objektive Betrachtung fehlgehen. Die Bedürfnisse werdender oder stillender
Frauen sind so vielseitig wie die Personen selbst. Es ist mithin davon
auszugehen, dass ein individualisierter Gefährdungsschutz und eine
darauf gerichtete Gestaltungspflicht des Arbeitgebers dem Schutzweck
mehr entspricht als ein objektivierter.[376] Durch eine objektivierte Betrachtungsweise würden die Möglichkeiten für Frauen verringert, trotz
Schwangerschaft weiter zu arbeiten. Dies widerspräche dem Normziel,
werdende und stillende Mütter in Arbeit zu halten. In Bezug auf die
Gefahrenanalyse und -elimination technischer Einrichtungen und Ar-
beitsmittel ist hingegen eine objektive Betrachtungsweise notwendig,
da sich solche festen Größen nur mit großem Aufwand auf die individuellen Bedürfnisse einer werdenden und stillenden Mutter anpassen
lassen. Der Gestaltung des jeweiligen Arbeitsplatzes oder der Ausgestaltung der Beschäftigung stehen solche Bedenken nicht entgegen. Sie
können auf die individuellen Bedürfnisse angepasst werden. Eine solche individualisierte und flexibilisierte Gestaltungspflicht des Arbeitgebers, setzt allerdings die Mitwirkung des betreffenden Arbeitnehmers
voraus. Fehlt es daran, reduziert sich die Gestaltungspflicht hinsichtlich
der Gestaltung des Arbeitsplatzes und der Ausgestaltung der Beschäftigung auf das objektivierte Maß.

Der Umfang der Gestaltungspflicht des Arbeitgebers kann im konkreten Fall nach § 2 Abs. 5 MuSchG durch Einzelfallanordnung von der zuständigen Aufsichtsbehörde bestimmt werden. Das Verhältnismäßig-
keitsprinzip ist dabei zu beachten.[377]

Auch der Betriebs- oder Personalrat kann auf die Gestaltungspflicht
einwirken. Es besteht die allgemeine Verpflichtung nach § 89 Abs. 1 S. 1
Betriebsverfassungsgesetz (BetrVG)[378] und § 81 Abs. 1 2. HS Bundesper-
sonalvertretungsgesetz (BPersVG)[379], sich für die Umsetzung der Vorschriften zum Arbeitsschutz einzusetzen. Diese Förderpflicht umfasst
auch die Gestaltungspflicht nach § 2 MuSchG als Ausprägung des Ar-

---

376 So aber Rancke-*Pepping* (4. Aufl.) § 2 Rn. 15 MuSchG.
377 Rancke-*Pepping* (4. Aufl.) § 2 Rn. 32 MuSchG.
378 v. 25.9.2001 BGBl. I S. 2518.
379 v. 15.3.1974 BGBl. I S. 693.

beitsschutzes. Weiterhin ist der Betriebsrat nach § 88 Nr. 1 BetrVG dazu ermächtigt, zusätzliche Maßnahmen zum Schutz vor Gesundheitsschädigungen in Betriebsvereinbarungen zu regeln. Der Personalrat ist nach § 75 Abs. 3 Nr. 16 BPersG ausdrücklich dazu ermächtigt, die Gestaltung der Arbeitsplätze über die gesetzlichen Anforderungen hinaus durch Dienstvereinbarungen zu regeln.

2. Unmöglichkeit oder Unverhältnismäßigkeit der erforderlichen Maßnahmen

Können die Gefahren nicht beseitigt werden oder sind die erforderlichen Maßnahmen unzumutbar, wird entsprechend des § 3 Abs. 2, 3 MuSchArbV in zwei Schritten vorgegangen. Zunächst muss die werdende/stillende Mutter auf einen anderen, gefahrlosen Arbeitsplatz umgesetzt werden. Ist dies nicht möglich, muss sie von der Arbeit ganz freigestellt werden.[380] Diese Stufenregelung ist nicht ausdrücklich geregelt, entspricht aber dem Ziel des § 2 MuSchG, der werdenden und stillenden Mutter die Arbeitsmöglichkeit zu erhalten. Außerdem besteht, falls für die werdende und stillende Mutter ein gefahrloser Arbeitsplatz nicht geschaffen werden kann, ein Beschäftigungsverbot nach § 3 Abs. 1, 4 oder § 6 Abs. 3 MuSchG. Die werdende und stillende Mutter ist verpflichtet, den vom Arbeitgeber zur Verfügung gestellten Arbeitsplatz anzunehmen, soweit dieser unter Abwägung der beiderseitigen Interessen zumutbar ist. Dieses erweiterte Weisungsrecht des Arbeitgebers liegt immer dann vor, wenn der Arbeitnehmer auf seinem bisherigen Arbeitsplatz aufgrund eines mutterschutzrechtlichen Verbots nicht mehr beschäftigt werden kann.[381]

3. Die Verordnung zum Schutze der Mütter am Arbeitsplatz

Die MuSchArbV[382] wurde auf Grundlage des § 2 Abs. 4 Nr. 2 MuSchG erlassen und dient der Umsetzung der Art. 4 bis 6 der Mutterschutzrichtlinie 92/85/EWG. Sie konkretisiert die Pflichten des Arbeitgebers,

---

380 Rancke-*Pepping* (4. Aufl.) § 2 Rn. 21 MuSchG; Graue (2. Aufl.) § 2 Rn. 10 MuSchG; Buchner/Becker (8. Aufl.) § 2 Rn. 12 MuSchG; Zmarzlik/Zipperer/Viethen/Vieß (9. Aufl.) § 2 Rn. 23 MuSchG. §17 MuSchG-Neu.
381 BAG v. 21.4.1999 5 AZR 174/98 in BB 1999, 1979–1981; Zmarzlik/Zipperer/Viethen/Vieß (9. Aufl.) § 2 Rn. 23 MuSchG.
382 V. 15.4.1997 BGBl. I S. 782. §§10f. MuSchG-Neu.

soweit werdende/stillende Mütter im Rahmen ihrer Beschäftigung Gefahren durch chemische Gefahrstoffe, biologische Arbeitsstoffe, physikalische Schadfaktoren oder durch bestimmte Arbeitsbedingungen ausgesetzt sind. Nach § 1 MuSchArbV ist die konkrete Gefährdungslage zu beurteilen. Folge dieser Beurteilung ist zum einen die Unterrichtung der Arbeitnehmer sowie des Betriebs- oder Personalrats[383] und das Treffen erforderlicher Maßnahmen, um die Gefahren zu beseitigen. Können die Gefahren nicht oder nur durch einen unzumutbaren Aufwand beseitigt werden, muss dem Arbeitnehmer ein anderer Arbeitsplatz zugewiesen werden. Ist ein solcher Arbeitsplatzwechsel wiederum unmöglich oder nicht zumutbar, muss die Beschäftigung gänzlich ausgesetzt werden.[384] Die ausdrücklich geregelte Folgenregelung entspricht der Stufenregelung, die auch im Rahmen der Gestaltungspflicht des Arbeitgebers nach § 2 MuSchG Anwendung findet.

4. Andere Verordnungen

Eine unabhängig von § 2 Abs. 4 Nr. 1 MuSchG entstandene, aber inhaltlich entsprechende Regelung befindet sich in der novellierten Verordnung über Arbeitsstätten (ArbStättV)[385]. Nach § 6 Abs. 3 S. 4 ArbStättV ist der Arbeitgeber verpflichtet, werdenden und stillenden Müttern während der Pausen oder der Arbeitszeit die Möglichkeit zu geben, sich unter geeigneten Bedingungen hinlegen und ausruhen zu können. Dafür muss zwar kein gesonderter Raum eingerichtet werden, jedoch muss der Raum auch in seiner Funktion als Liegeraum benutzt werden können und darf während er in dieser Funktion benutzt wird, nicht für andere Zwecke benutzt werden.[386] Diese Verpflichtung gilt nach § 6 Abs. 3 S. 1 ArbStättV nur bei einem Betrieb mit mehr als zehn Beschäftigten.

5. Beteiligung der Betroffenen an der Umsetzung der Gestaltungspflicht

Im Arbeitsschutzrecht ist keine gesetzliche Grundlage zur Einbeziehung des betroffenen Arbeitnehmers in die Gestaltungspflicht des Ar-

---

383 § 2 S. 1 MuSchV.
384 § 3 MuSchV.
385 V. 12.8.2004 BGBl. I 2179.
386 Kollmer (3. Aufl.) § 6 Abs. 3 S. 4 Rn. 29 ArbStättV.

beitgebers ersichtlich. Gegebenenfalls ließe sich aus der gegenseitigen Treupflicht gem. § 242 BGB zumindest ein Anspruch auf Anhörung oder Mitwirkung herleiten. Besteht allerdings ein Betriebsrat oder ein Personalrat, ist eine Möglichkeit der Beteiligung der Betroffenen im BetrVG bzw. BPersVG geregelt.

a. Beteiligungsmöglichkeit mithilfe des Betriebsrates

Nach § 82 Abs. 1 BetrVG kann sich der Arbeitnehmer an den Betriebsrat wenden, um Vorschläge für die Gestaltung des Arbeitsplatzes und des Arbeitsablaufs zu machen. Aufgrund der allgemeinen Aufgabe des Betriebsrats nach § 80 Abs. 1 Nr. 2b BetrVG, die Vereinbarkeit von Familie und Erwerbstätigkeit zu fördern, sollten Vorschläge des Arbeitnehmers, die die Gestaltungspflicht des Arbeitsgebers nach § 2 Abs. 1 MuSchG betreffen, in besonderer Weise Beachtung finden.

b. Beteiligungsmöglichkeiten mithilfe des Personalrates

Der Personalrat ist nach § 68 Abs. 1 Nr. 3 BPersVG verpflichtet, auf Vorbringen von Anregungen und Beschwerden der Beschäftigten mit dem Leiter der Dienststelle auf ihre Erledigung hinzuwirken. Zur Lösung von Streitigkeiten ist nach § 66 BPersVG ausdrücklich eine konstruktive Auseinandersetzung zwischen der Personalvertretung und dem Leiter der Dienststelle vorgeschrieben. Nach § 66 Abs. 3 BPersG dürfen erst externe Stellen hinzugezogen werden, wenn keine Einigung erzielt werden kann.

6. Entgeltschutz bei Ausübung der Gestaltungspflicht

Die Gestaltungspflicht des Arbeitgebers nach § 2 MuSchG kann die Umgestaltung des Arbeitsplatzes, die Umsetzung, aber auch die Freistellung als *ultima ratio* zur Folge haben. Im Falle der Freistellung bleibt der Lohnanspruch bestehen, sodass sich keine Frage des Entgeltschutzes stellt.

a. Umgestaltung

Können der bisherige Arbeitsplatz und der dazugehörige Tätigkeitsbereich der Gefährdungslage entsprechend angepasst werden, stellt sich die Frage des Entgeltschutzes nicht. Der bisherige Lohnanspruch bleibt unverändert bestehen.

Dasselbe gilt, wenn der Arbeitnehmerin nach § 2 Abs. 2, 3 MuSchG eine Sitzgelegenheit bereitzustellen ist oder sie die Möglichkeit bekommt, ihre Arbeit immer wieder kurz zu unterbrechen. Eine ausdrückliche Entgeltschutzregelung entsprechend den § 7 Abs. 2 MuSchG[387] findet sich im MuSchG nicht. Auch die Arbeitsentgeltfortzahlungspflicht nach § 11 Abs. 1 MuSchG umfasst nicht die Folgen der Gestaltungspflicht nach § 2 MuSchG.[388] Der Entgeltschutz lässt sich jedoch aus § 616 S. 1 BGB herleiten. Nach § 616 S. 1 BGB bleibt der Lohnanspruch in voller Höhe bestehen, wenn der Arbeitnehmer für eine verhältnismäßig nicht erhebliche Zeit durch einen in seiner Person liegenden Grund ohne sein Verschulden an der Dienstleistung verhindert wird. Die aufgrund von § 2 Abs. 2, 3 MuSchG zu gewährenden Unterbrechungen sind eine verhältnismäßig nicht erhebliche Zeit nach § 616 S. 1 BGB und somit zu entlohnen.[389]

b. Umsetzung

Lässt sich der bisherige Arbeitsplatz nicht umgestalten, muss der Arbeitnehmer umgesetzt werden. Es stellt sich sodann die Frage, woraus der Entgeltschutz herzuleiten ist.[390]

Im Schrifttum findet die Herleitung des Entgeltschutzes im Fall der Umsetzung kaum Beachtung, obwohl von dem Bestehen eines Entgelt-

---

387 In dem ausdrücklich geregelt wird, dass durch die Gewährung der Stillzeit ein Verdienstausfall nicht eintreten darf. Auch wenn die Gestaltungspflicht gegenüber stillenden Arbeitnehmern wahrgenommen wird, findet § 7 Abs. 2 MuSchG keine Anwendung, weil der Entgeltschutz ausdrücklich nur für Stillzeit gewährt wird. Die Gestaltungspflicht hat jedoch nicht das Ziel, Stillzeiten zu gewährleisten, sondern soll Gefährdungen für Mutter und Kind vermeiden und führt daher aus einem anderen Grund zu Unterbrechungen der Arbeitszeit.

388 Umfassende Regelung in § 17 MuSchG-Neu.

389 Siehe auch Buchner/Becker (8. Aufl.) § 2 Rn. 46 MuSchG; Rancke-*Pepping* (4. Aufl.) § 2 Rn. 35 MuSchG; Meisel/Sowka (4. Aufl.) § 2 Rn. 16 MuSchG (mit jeweils weiteren Nachweisen).

390 Umfassende Regelung in § 17 MuSchG-Neu.

schutzes ausgegangen wird.[391] Aus § 11 Abs. 1 MuSchG kann ein Entgeltschutz nur hergeleitet werden, wenn ein mutterschutzrechtliches Beschäftigungsverbot beispielsweise gem. § 3 Abs. 1 MuSchG vorliegen würde.[392] Auch in der MuSchArbV finden sich keine Regelungen zum Entgeltschutz. Allerdings setzt die durch die MuSchArbV umgesetzte Mutterschutzrichtlinie 92/85/EWG in Art. 11 Nr. 1 voraus, dass die Fortsetzung eines Arbeitsentgelts gewährleistet wird.[393]. Es stellt sich mithin die Frage, ob § 11 Abs. 1 S. 1, 2 MuSchG richtlinienkonform ausgelegt werden muss.[394]

Eine solche richtlinienkonforme Rechtsfortbildung setzt eine planwidrige Unvollständigkeit des Gesetzes voraus. Begrenzt wird sie durch einen entgegenstehenden Gesetzeswortlaut oder Zweck.[395] Der Wortlaut des § 11 MuSchG schließt eine Entgeltfortzahlungspflicht für den Fall der Umsetzung auf einen anderen Arbeitsplatz nicht aus. Der Zweck des Gesetzes dient zudem der Umsetzung der Richtlinie. Grundsätzlich steht einer richtlinienkonformen Rechtsfortbildung des § 11 MuSchG daher nichts entgegen. Allerdings müsste auch die Notwendigkeit für eine richtlinienkonforme Rechtsfortbildung des § 11 MuSchG bestehen. Ist die Pflicht zur Fortzahlung des bisherigen Entgelts im Falle einer Umsetzung auch anderweitig herzuleiten, bedarf es keiner europarechtskonforme Rechtsfortbildung von § 11 MuSchG.

---

391 Siehe Buchner/Becker (8. Aufl.) § 2 Rn. 46 MuSchG (m.w.N.); Rancke-*Pepping* (4. Aufl.) § 2 Rn. 35 MuSchG (m.w.N.); Meisel/Sowka (4. Aufl.) § 2 Rn. 16 MuSchG (Hier wird der Fall der Umsetzung zwar ausdrücklich angesprochen, jedoch der Entgeltschutz im Zusammenschluss mit dem regelmäßigen Vorliegen von Beschäftigungsverboten nach § 3 Abs. 1 MuSchG aus 11 MuSchG hergeleitet.)

392 Bezeichnend für das Beschäftigungsverbot nach § 3 Abs. 1 MuSchG ist, dass ein Arzt die Gefährdung des Lebens oder der Gesundheit von Mutter und Kind feststellen muss. Das Vorliegen eines entsprechenden ärztlichen Zeugnisses wird regelmäßig der Fall sein.

393 Das Gesetz zur Änderung des Mutterschutzrechts vom 20.12.1996 BGBl. I S. 2110 dient der Umsetzung der betreffenden Richtlinie und hat zu einigen Änderungen im MuSchG geführt. Im Bereich der Entgeltfortzahlungspflicht wurden jedoch primär kleinere formale Änderungen vorgenommen. Siehe auch Plenarprotokoll 13/139 v. 15.11.1996 S. 12557.

394 So *Nebe*, Zesar 2011, 16 (16).

395 Gebauer/Wiedmann, Zivilrecht unter europäischem Einfluss, S. 115.

Allgemein anerkannt ist, dass eine Entgeltfortzahlungspflicht nach § 11 MuSchG für Umsetzungen besteht, sofern sie sich aus anderen mutterschutzrechtlichen Verboten ergeben.[396]

Eine Umsetzung im Rahmen der Ausübung der Gestaltungspflicht nach dem MuschG entspricht der Ausübung eines erweiterten Weisungsrechts. Das Weisungsrecht des Arbeitgebers ist aus dem Arbeitsverhältnis selbst herzuleiten[397] und ermöglicht die Ausgestaltung der Leistungspflicht des Arbeitnehmers hinsichtlich Ort, Zeit und Art.[398] Es wird begrenzt durch die gesetzlichen Vorschriften sowie kollektivrechtlich und individuell vereinbarte Regelungen. Schließlich muss das Weisungsrecht nach billigem Ermessen gem. § 106 GewO ausgeübt werden.[399] Der Arbeitgeber kann dem Arbeitnehmer keine geringwertigere Tätigkeit zuweisen. Ausschlaggebend für die Bewertung der Tätigkeit ist dabei weniger die Vergütung als das vorherrschende Sozialbild. In betrieblichen Ausnahmesituationen wird auch von einem erweiterten Weisungsrecht ausgegangen. Der Arbeitgeber kann den Arbeitnehmer dann auf eine geringwertigere oder nicht vom Arbeitsvertrag umfasste Tätigkeit verweisen, wenn das Unternehmen ansonsten Schaden nehmen würde. Die Rechtfertigung für das erweiterte Weisungsrecht ergibt sich aus der Schadensminderungspflicht des Arbeitnehmers.[400]

Der Arbeitgeber hat bei Vorliegen schwangerschaftsbedingter Beschäftigungsverbote die Möglichkeit, dem Arbeitnehmer eine andere Tätigkeit zuzuweisen. So kann der Arbeitgeber die Belastungen durch mutterschutzrechtliche Beschäftigungsverbote abmildern. Besteht eine

---

396 BAG v. 28.3.1969 3 AZR 300/68 BAGE 21, 37; BAG v. 8.2.1984 5 AZR 182/82 in juris; BAG 5 AZR 174/98 in NZA 1999, 1040; *Weber/Ehrich*, BB 1996, 2246 (2249).

397 Der Arbeitnehmer zeichnet sich gerade dadurch aus, dass er sich zu weisungsgebundener Arbeit verpflichtet.

398 *Weber/Ehrich*, BB 1996, 2246; Landmann/Rohmer-*Neumann* (Stand Juni 2015) § 106 GewO Rn. 15f.; Tettinger/Wank/Ennuschat-*Wank* (8. Aufl.) § 106 GewO Rn. 8f.; BAG v. 13.6.2007 5 AZR 564/06 in NZA 2007, 974; *Preis/Geneger*, NZA 2008, 969 (973); *Junker* (14. Aufl.) Rn. 205f.; *Wollenschläger* (3. Aufl.) Rn. 102.

399 Erf/Kom-*Preis* (16. Aufl.) § 106 Rn. 4f. GewO; *Weber/Ehrich*, BB 1996, 2246 (2247); *Hromadka/Schmitt-Rolfes*, NJW 2007, 1777 (1777f.).

400 *Weber/Ehrich*, BB 1996, 2246f.; Münchener Hd. Arbeitsrecht-*Reichold* (3. Aufl.) § 36 Rn. 23; BAG v. 7.2.2007 5 AZR 422/06 in NJW 2007, 2062 (2062f.); Landmann/Rohmer-*Neumann* (Stand Juni 2015) § 106 GewO 61. Aufl. Rn. 8.

zumutbare Umsetzungsmöglichkeit, muss der Arbeitnehmer die Umsetzung akzeptieren. Dies entspricht seiner Schadensminderungspflicht. Anknüpfungspunkt für die Frage der Zumutbarkeit ist die vertraglich vereinbarte Leistungspflicht sowie die Lage der Arbeitszeit. Das Weisungsrecht erstreckt sich jedoch nicht auf die Hauptleistungspflicht des Arbeitgebers, die Pflicht zur vertragsgemäßen Entlohnung. Die zugewiesene Tätigkeit spielt für die Entlohnung grundsätzlich keine Rolle mehr, sondern ist nur noch für die Frage der Zumutbarkeit der zugewiesenen Tätigkeit relevant.[401] Die ursprünglich vereinbarte Vergütung bleibt bestehen. Entsprechend bedarf es bei der Umsetzung keines gesondert geregelten Entgeltschutzes und damit keiner europarechtskonformen Rechtsfortbildung von § 11 MuSchG.

Ist die Entlohnung im Arbeitsvertrag nicht ausdrücklich geregelt, sondern an die Erbringung bestimmter Arbeitsleistungen gekoppelt, könnte sich eine Veränderung der Arbeitspflicht kraft Weisungsrechts mittelbar auf die Vergütung auswirken. Allerdings führt die Rücksichtnahme bzw. Schadensminderungspflicht des Arbeitnehmers nicht dazu, dass er eine geringere Entlohnung für die zugewiesene Arbeit akzeptieren muss. Es ist davon auszugehen, dass in einem solchen Fall die Zumutbarkeitsgrenze überschritten wäre.

7. Rechtsfolgen bei Pflichtverletzungen des Arbeitgebers

a. Öffentlich-rechtliche Rechtsfolgen
Hat die Aufsichtsbehörde nach § 2 Abs. 5 MuSchG konkrete Anordnungen zur Umsetzung des Abs. 1 erlassen, und ist der Arbeitgeber diesen nicht nachgekommen, hat dies nach § 21 Abs. 2, 3 MuSchG entweder eine Geldstrafe oder eine Freiheitsstrafe zur Folge.

b. Privat-rechtliche Rechtsfolgen
Ist der Arbeitgeber seiner Verpflichtung aus § 2 MuSchG nicht nachgekommen und tritt daraufhin ein Schaden ein, hat der Arbeitnehmer

---

401 Die Vergütungspflicht ist nicht vom Weisungsrecht umfasst, siehe BAG v. 12.12.1984 7 AZR 509/83 in NZA 1985, 321; *Hromadka*, RdA 1992, 234 (236).

sowohl gem. § 280 Abs. 1 BGB einen vertraglichen als auch gem. § 823 Abs. 1 und Abs. 2 BGB einen deliktischen Schadensersatzanspruch.

Vor Eintritt eines Schadensfalles kommt ein Leistungsverweigerungsrecht nach § 273 BGB in Betracht. Der Arbeitnehmer kann die Arbeitsleistung verweigern, soweit der Arbeitgeber seinen Pflichten aus § 2 MuSchG nicht nachgekommen ist.[402] Hinsichtlich zukünftiger Arbeitsleistungen kann der Anspruch auf ordnungsgemäße Beschäftigung nach § 259 ZPO geltend gemacht werden. Der Anspruch wird durch den Grundsatz der Verhältnismäßigkeit begrenzt.[403]

V. Die Beschäftigungsverbote im MuSchG

Die Beschäftigungsverbote für werdende und stillende Mütter sind in §§ 3, 4, 6, 8 MuSchG geregelt.[404] Es wird zwischen den generellen und den individuellen Beschäftigungsverboten unterschieden. Generelle Beschäftigungsverbote bestehen unabhängig von der ausgeführten Tätigkeit und dem konkreten Gesundheitszustand des Arbeitnehmers. Ein individuelles Beschäftigungsverbot liegt vor, wenn der konkrete Gesundheitszustand die Erbringung der vertraglich geschuldeten Leistungspflicht nicht mehr zulässt.[405]

Die Beschäftigungsverbote wirken sich nicht auf das zugrunde liegende Arbeitsverhältnis aus. Dieses bleibt mit dem gleichen Inhalt beste-

---

402 Siehe Buchner/Becker (8. Aufl.) § 2 Rn. 48f. MuSchG; Zmarzlik/Zipperer/Viethen/Vieß (9. Aufl.) § 2 MuSchG Rn. 37f.; Meisel/Sowka (4. Aufl.) § 2 MuSchG Rn. 17; Rancke-*Pepping* (4. Aufl.) § 2 Rn. 42 MuSchG; Graue (2. Aufl.) § 2 MuSchG Rn. 30.

403 Siehe BAG v. 19.8.1976 3 AZR 173/75 in NJW 1977, 215 (215); BAG v. 27.2.1985 GS 1/84 in NZA 1985, 702 (703f.); Münch. Hd. Arbeitsrecht-*Reichold* (3. Aufl.) Bd. 1 § 84 Rn. 7f.; Meisel/Sowka (4. Aufl.) § 2 MuSchG Rn. 17.

404 § 3, § 15 MuSchG-Neu.

405 Zmarzlik/Zipperer/Viethen/Vieß (9. Aufl.) vor § 3 MuSchG Rn. 2; Meisel/Sowka (4. Aufl.) Vor § 3 MuSchG Rn. 3; Buchner/Becker (8. Aufl.) Vor §§ 3–8 MuSchG Rn. 10f.; Rancke-*Pepping* (4. Aufl.) Vor §§ 3–8 Rn. 2 MuSchG; Schaub-*Linck* (16. Aufl.) § 168 Rn. 5f.

hen.[406] Der Schutz von Leben und Gesundheit von Mutter und Kind wird durch den vollumfänglichen Entgeltschutz abgesichert. Nach § 11 MuSchG muss der Arbeitgeber bei Eingreifen von Beschäftigungsverboten auch weiterhin das durchschnittliche Arbeitsentgelt entrichten. Hat der Arbeitnehmer einen Anspruch auf Mutterschaftsgeld, muss der Arbeitgeber nach § 14 MuSchG nur noch einen Zuschuss zum Mutterschaftsgeld bis zur Höhe ihres Durchschnittsverdiensts leisten.[407] Der Arbeitgeber hat sich an das Beschäftigungsverbot zu halten. Es entspricht seiner Fürsorgepflicht gegenüber dem Arbeitnehmer.[408] Neben dem Leistungsverweigerungsrecht nach § 273 BGB können Zuwiderhandlungen des Arbeitgebers auf privatrechtlicher Seite sowohl vertragliche als auch deliktische Schadensersatzansprüche[409] zur Folge haben. Beweispflichtig für das Vorliegen eines Beschäftigungsverbots bzw. für die Unzumutbarkeit der zugewiesenen Ersatztätigkeit ist der Arbeitnehmer. In öffentlich-rechtlicher Hinsicht können Zuwiderhandlungen des Arbeitgebers nach § 21 MuSchG Ordnungswidrigkeiten oder Straftaten darstellen.[410]

1. Individuelle Beschäftigungsverbote

Der konkrete Tätigkeitsbereich und Gesundheitszustand des Arbeitnehmers können zu individuellen Beschäftigungsverboten führen. Wer-

---

406 Ob das ursprüngliche Arbeitsverhältnis bestehen bleibt, muss von der Frage nach dem Vorliegen eines ruhenden Arbeitsverhältnisses getrennt werden. Je nachdem, in welchen Zusammenhang der Begriff des ruhenden Arbeitsverhältnisses gebraucht wird, ist zu entscheiden ob ein entsprechendes während der Mutterschutzfristen vorliegt. Siehe auch BAG v. 10.5.1989 6 AZR 660/84 BAGE 62, 35 (45), in dem nicht vom Vorliegen eines ruhenden Arbeitsverhältnisses ausgegangen wird.

407 Nach BAG v. 11.10.2000 5 AZR 240/99 wird die arbeitgeberseitige Pflicht der Bezuschussung des Mutterschaftsgeldes als ein rechtlicher Entgeltfortzahlungsanspruch charakterisiert, der für den betreffenden Zeitraum das aus dem Arbeitsverhältnis geschuldete Arbeitsentgelt ersetzt. NZA 2001, 445 (447). So auch schon *Graue*, AiB 1999, 271 (277).

408 Meisel/Sowka (4. Aufl.) Vor § 3 Rn. 8 f. MuSchG; Zmarzlik/Zipperer/Viethen/Vieß (9. Aufl.) Vor § 3 Rn. 4 f. MuSchG.

409 § 280 Abs. 1 BGB, § 823 Abs. 1, 2 BGB.

410 Rancke-*Pepping* (4. Aufl.) Vor § 3–8 Rn. 53f. MuSchG; Meisel/Sowka (4. Aufl.) Vor § 3 MuSchG Rn. 18f, 32.

dende Mütter dürfen nach § 3 Abs. 1 MuSchG[411] nicht beschäftigt werden, wenn nach ärztlichen Zeugnis Leben und Gesundheit von Mutter und/oder Kind gefährdet sind. Auch die Aufsichtsbehörde kann nach § 4 Abs. 5 MuSchG bestimmte grundsätzlich nicht verbotene Tätigkeiten verbieten. Schließlich dürfen Mütter nach der Entbindung in den ersten Monaten nicht für Arbeiten herangezogen werden, die ihre Leistungsfähigkeit nach ärztlichem Zeugnis übersteigen.

2. Generelle Beschäftigungsverbote

Die generellen Beschäftigungsverbote gelten für alle Arbeitnehmer unabhängig von dem jeweiligen Gesundheitszustand. Sie lassen sich in absolute und relative Beschäftigungsverbote unterteilen. Im Gegensatz zu den absoluten Beschäftigungsverboten bestehen bei relativen Beschäftigungsverboten Ausnahmeregelungen.

Die absoluten Beschäftigungsverbote gelten grundsätzlich für bestimmte Tätigkeiten. Nur die Schutzfristen vor[412] und nach der Entbindung[413] sind unabhängig von der ausgeführten Tätigkeit.[414] In beiden Fällen besteht eine Ausnahmeregelung. Nach § 3 Abs. 2 MuSchG kann sich die werdende Mutter ausdrücklich zur weiteren Erbringung der Arbeitsleistung in den letzten sechs Wochen vor der Entbindung bereit erklären. Diese Erklärung ist jederzeit widerruflich. Auch die Schutzfrist von acht Wochen nach der Entbindung[415] kann gemäß § 6 Abs. 1 S. 3 MuSchG nach Inanspruchnahme der ersten zwei Wochen durch ausdrückliches Verlangen der Mutter beim Tod des Kindes verkürzt werden. Durch ärztliches Zeugnis muss aber die Unbedenklichkeit der Verkürzung der Schutzfrist nachgewiesen werden. Auch hier ist die Erklärung jederzeit widerruflich.[416]

---

411 § 15 MuSchG-Neu.
412 § 3 Abs. 2 MuSchG.
413 § 6 Abs. 1 MuSchG.
414 § 3 MuSchG-Neu.
415 Bei Früh- und Mehrlingsgeburten bis zum Ablauf von zwölf Wochen, siehe § 6 Abs. 1 S. 1 MuSchG.
416 Rancke-*Pepping* (4. Aufl.) § 6 Rn. 24 MuSchG.

Die in § 4 Abs. 1, 2, 4 MuSchG in Verbindung mit speziellen Verordnungen[417] geregelten absoluten Beschäftigungsverbote beziehen sich auf die konkret ausgeführte Tätigkeit und die besonderen Gefahren, die sich für Mutter und Kind daraus ergeben können.[418] Die Untersagung der Beschäftigung werdender und stillender Mütter in Akkord- oder Fließarbeit mit vorgeschriebenen Tempo nach § 4 Abs. 3 MuSchG kann von der Aufsichtsbehörde relativiert werden, wenn im konkreten Tätigkeitsbereich der Gesundheit von Mutter und Kind keine Gefahr drohen. Für das in § 8 Abs. 1 MuSchG geregelte Verbot der Mehr-, Nacht- und Sonntagsarbeit bestehen für spezielle Betriebe bzw. Tätigkeitsbereiche wie die Gastronomie oder die Landwirtschaft Ausnahmeregelungen. Das Verbot der Mehrarbeit ist zwar von den gesetzlich geregelten Ausnahmen nicht erfasst, fällt aber unter die Ermächtigung der Aufsichtsbehörde, nach § 8 Abs. 6 MuSchG in begründeten Einzelfällen Ausnahmen von den bestehenden Verboten zuzulassen.

3. Weiterbeschäftigung innerhalb der Schutzfrist

Die Inanspruchnahme der Mutterschutzfrist nach § 3 Abs. 2 MuSchG erfolgt in Eigenverantwortung. Will der Arbeitnehmer weiter beschäftigt werden und hat er dieses Verlangen dem Arbeitgeber gegenüber erklärt, stellt sich die Frage, ob der Arbeitgeber dem Verlangen nachkommen muss.

Eine Verweigerung der Weiterbeschäftigung des Arbeitnehmers soll grundsätzlich möglich sein, wenn sie sich am Schutzzweck der Norm ausrichtet und nicht treuwidrig ist.[419] Die Erklärung des Arbeitnehmers, in der Schutzfrist weiter beschäftigt werden zu wollen, stelle eine Willenserklärung dar, der „eine korrespondierende Willenserklärung"

---

417 Wie etwa die Verordnung zum Schutze der Mütter am Arbeitsplatz (MuSchArbV) v. 15.4.1997 BGBl. I S. 789, die Verordnung über den Schutz vor Schäden durch Röntgenstrahlen (RöV) in der Fassung v. 30.4.2003 BGBl. I S. 604 oder die Verordnung über den Schutz vor Schäden durch ionisierende Strahlen (StrSchV) v. 20.7.2001 BGBl. I S. 1714. §10 MuSchG-Neu.

418 Nach § 6 Abs. 3 MuSchG gelten die gleichen Regelungen für stillende Mütter. § 11 MuSchG-Neu.

419 Erf/Kom-*Schlachter* (16. Aufl.) § 3 MuSchG Rn. 12; Buchner/Becker (8. Aufl.) § 3 MuSchG Rn. 53; Zmarzlik/Zipperer/Viethen/Vieß (9. Aufl.) § 3 MuSchG Rn. 38.

gegenüberstehen muss.[420] Es sei zudem zu beachten, dass die Weiterbeschäftigung des Arbeitnehmers in der Schutzfrist diesem nur die Möglichkeit geben soll, sich „durch die gewohnte Arbeit abzulenken."[421]

Warum dem Verlangen der Weiterbeschäftigung eine korrespondierende Willenserklärung gegenüberstehen muss, wird nicht erläutert. Folgt man gleichwohl dieser Ansicht, würde ein Verlangen auf Weiterbeschäftigung einem Angebot zum Abschluss eines Beschäftigungsvertrags entsprechen. Der ursprüngliche besteht jedoch wie gezeigt noch fort.[422] Auch das nicht näher belegte Argument, die Weiterbeschäftigungsmöglichkeit solle nur eine Ablenkungsmöglichkeit schaffen, spricht nicht für eine Versagung des Weiterbeschäftigungsanspruchs, sondern vielmehr für seine Annahme. Andere wollen die Ablehnung des Weiterbeschäftigungsbegehrens vom Vorliegen sachlicher Gründe wie geringer Arbeitsleistung des Arbeitnehmers oder Arbeitsmangel im Betrieb abhängig machen.[423] Die uneingeschränkte Widerrufbarkeit des Weiterbeschäftigungsverlangens würde ansonsten die betriebliche Organisation mangels Planbarkeit der vorhandenen Arbeitskräfte zu stark beeinträchtigen.[424]

Im Wortlaut § 3 Abs. 2 MuSchG ist die Weiterbeschäftigung an keine sachlichen Gründe geknüpft. Eine Einschränkung durch betriebliche Gründe ist auch nicht mit dem Schutzzweck des MuSchG zu vereinen, der die Gesundheit von Mutter und Kind zum Inhalt hat. Auch das Abstellen auf eine verringerte Leistungsfähigkeit des Arbeitnehmers kurz vor der Entbindung würde den Weiterbeschäftigungsanspruch aushöhlen und letztlich von dem guten Willen des Arbeitgebers abhängig machen. Die Leistungsfähigkeit einer schwangeren Frau wird mit dem Fortschreiten der Schwangerschaft immer stärker eingeschränkt. Diese normalen, mit der Schwangerschaft verbundenen, Einschränkungen der Leistungsfähigkeit haben gerade dazu geführt, dass Mutterschutzfristen unabhängig von der individuellen körperlichen Verfassung eingeführt wurden. Eine Schwangerschaft soll sowohl nach dem Sinn und

---

420 Buchner/Becker (8. Aufl.) § 3 MuSchG Rn. 53.
421 Zmarzlik/Zipperer/Viethen/Vieß (9. Aufl.) § 3 MuSchG Rn. 38.
422 Siehe S. 84, FN 397.
423 Meisel/Sowka (4. Aufl.) § 3 MuSchG Rn. 36; Rancke-Pepping (4. Aufl.) § 3 MuSchG Rn. 61.
424 Rancke-Pepping (4. Aufl.) § 3 MuSchG Rn. 61.

Zweck des Mutterschutzes, aber auch nach der Mutterschutzrichtlinie[425] nicht einer Erwerbstätigkeit entgegenstehen.

Die Nichtbeschäftigung kommt nur als *ultima ratio*, zum Wohle des Lebens und der Gesundheit von Mutter und Kind, in Betracht.[426] Nach dem Wortlaut des § 3 Abs. 2 MuSchG soll die Mutter über eine Weiterbeschäftigung entscheiden. Nur sie kann in dem fortgeschrittenen Stadium der Schwangerschaft einschätzen, ob die Weiterbeschäftigung zuträglich oder abträglich ist. Da die Mutterschutzfrist unabhängig von dem Gesundheitszustand ist und hinter spezielleren Beschäftigungsverboten zurücktritt, widerspricht eine alleinige Disposition der Mutter auch nicht dem Sinn und Zweck des MuSchG. Es besteht somit ein Beschäftigungsanspruch, wenn sich die werdende Mutter ausdrücklich zur Weiterarbeit bereit erklärt.[427] Die daraus resultierende starke Belastung des Arbeitgebers kann nicht dazu führen, dass dem Arbeitgeber die Entscheidung über die Weiterbeschäftigung überlassen wird.

Auch die Regelung des generellen Beschäftigungsverbots nach der Entbindung gemäß § 6 Abs. 1 S. 3 MuSchG kann zur Lösung der Streitfrage fruchtbar gemacht werden. Nach § 6 Abs. 1 S. 3 MuSchG kann schon vor Ablauf der Mutterschutzfrist die Beschäftigung wieder aufgenommen werden, wenn das Kind verstorben ist, ein ärztliches Zeugnis über die Unbedenklichkeit der Beschäftigung ausgestellt wurde und die Mutter dies ausdrücklich verlangt. Das ausdrückliche Verlangen ist entsprechend dem § 3 Abs. 2 MuSchG jederzeit widerruflich. An das Beschäftigungsverlangen ist der Arbeitgeber nach unbestrittener Ansicht nicht gebunden.[428] Dafür spricht zum einen, dass die Weiterbeschäftigung nicht allein von der Mutter abhängig ist, sondern noch eines ärztlichen Zeugnisses bedarf, zum anderen spricht § 6 Abs. 1 S. 3 MuSchG ausdrücklich davon, dass die betroffene Frau weiterbeschäftigt werden „kann." § 3 Abs. 2 MuSchG macht dagegen die Weiterbeschäf-

---

425 Art. 5 RL 92/85/EWG.
426 *Nebe*, AuR 2007, 140 (141).
427 LAG Schleswig Holstein v. 15.12.2005 2 Ta 210/05 in NZA-RR 2006, 178 (179); zustimmend auch *Nebe*, AuR 2007, 140 (141), Graue (2. Aufl.) § 3 Rn. 32 MuSchG.
428 Buchner/Becker (8. Aufl.) § 6 Rn. 20 MuSchG; Zmarzlik/Zipperer/Viethen/Vieß (9. Aufl.) § 6 Rn. 34 MuSchG; Erf/Kom-*Schlachter* (16. Aufl.) § 6 Rn. 3 MuSchG

tigung nach dem Wortlaut allein von dem ausdrücklichen Verlangen der betroffenen Frau abhängig. „Werdende Mütter dürfen [...] nicht beschäftigt werden, es sei denn, dass sie sich zur Arbeitsleistung ausdrücklich bereit erklären." Dies spricht ebenfalls für einen Beschäftigungsanspruch nach § 3 Abs. 2 MuSchG.

4. Beschäftigungsverbot versus Arbeitsunfähigkeit

Sind Leben und Gesundheit von (werdender) Mutter und Kind gefährdet, kann sowohl ein Beschäftigungsverbot als auch eine krankheitsbedingte Arbeitsunfähigkeit vorliegen. In beiden Fällen wird die betroffene Frau von der Arbeitspflicht freigestellt. Hinsichtlich der Entgeltabsicherung bestehen Unterschiede.

Liegt ein Beschäftigungsverbot im Sinne des § 11 MuSchG vor, muss der Arbeitgeber weiterhin das durchschnittliche Arbeitsentgelt gewähren. Bei einer krankheitsbedingten Arbeitsunfähigkeit besteht nach § 3 Abs. 1 S. 1, 4 EFZG[429] nach vierwöchiger ununterbrochener Dauer des Arbeitsverhältnisses ein Entgeltfortzahlungsanspruch, der auf sechs Wochen begrenzt ist. Im Anschluss an den Entgeltfortzahlungsanspruch aus § 3 Abs. 1 EFZG besteht ein Anspruch auf Krankengeld nach § 44f. SGB V[430].

Nach ständiger Rechtsprechung ist § 11 MuSchG nur dann für die Lohnfortzahlung begründend, wenn „allein das mutterschutzrechtliche Beschäftigungsverbot dazu führt, dass die Schwangere mit der Beschäftigung aussetzt." Führt ein krankheitsbedingter Zustand zur Arbeitsunfähigkeit, soll unabhängig vom Bestehen einer Schwangerschaft § 3 EFZG einschlägig sein.[431] Entsteht die Arbeitsunfähigkeit erst durch die Kombination der Schwangerschaft und des krankheitsbedingten Zustands, besteht ein Anspruch auf Entgeltfortzahlung aus § 11 MuSchG.[432]

---

429 Gesetz über die Zahlung des Arbeitsentgelts an Feiertagen und im Krankheitsfall (EFZG) v. 26.5.1994 BGBl. I S. 1014.
430 Sozialgesetzbuch V. 20.12.1988 BGBl. I S. 2477.
431 BAG 9.10.2002 5 AZR 443/01 in NZA 2004, 257 (259) (m.w.N.); BAG 12.3.1997 5 AZR 766/95 in NZA 1997, 882 (883).
432 BAG 12.12.2001 5 AZR 255/00 in NZA 2002, 734 (740); *Schliemann/König*, NZA 1998, 1030 (1031f.).

Entscheidend für die Rechtsgrundlage und damit für den Umfang des Entgeltfortzahlungsanspruchs ist damit die Frage, worauf die Arbeitsunfähigkeit, insbesondere die Gefährdung der Gesundheit und des Lebens von Mutter und Kind, beruht. Geht die Arbeitsunfähigkeit auf den krankheitsbedingten Zustand in Kombination mit der Schwangerschaft zurück, wäre ein nicht schwangerer Arbeitnehmer weiterhin arbeitsfähig. Führt die Schwangerschaft dazu, dass der Arbeitnehmer nicht mehr auf seinem ursprünglichen Arbeitsplatz beschäftigt werden kann, und tritt zudem ein krankheitsbedingter Zustand auf, der zu einer Arbeitsunfähigkeit führt, liegt eine krankheitsbedingte Arbeitsunfähigkeit vor.[433] Dagegen wird eingewandt, dass eine kranke Schwangere nicht schlechter stehen dürfe als eine gesunde Schwangere, und demzufolge bei Vorliegen einer Schwangerschaft immer § 11 MuSchG einschlägig sei.[434] Eine Schlechterstellung kann jedoch nur dann angenommen werden, wenn man davon ausgeht, dass auf das Beschäftigungsverbot die Freistellung von der Arbeit folgt. Nimmt man allerdings den Anspruch des MuSchG ernst, werdende Mütter in Arbeit zu halten und nur bei fehlender Umsetzungsmöglichkeit von der Arbeit freizustellen, liegt bei einer kranken Schwangeren keine schlechtere, sondern eine andere Situation vor.[435] Im Zweifel sollte aber wegen des umfassenden Schutzanspruchs des MuSchG von einer schwangerschaftsbedingten Arbeitsunfähigkeit ausgegangen werden.[436]

VI. Zwischenergebnis

Regelungen zur Förderung der Vereinbarkeit von Familie und Beruf finden sich im Mutterschutzgesetz in Form einer Gestaltungspflicht des Arbeitgebers und in den Ausnahmeregelungen zum generellen Beschäftigungsverbot.

Die sich aus § 2 MuSchG ergebende Gestaltungspflicht des Arbeitgebers verpflichtet den Arbeitgeber zu einer an den Bedürfnissen der werden-

---

433 So auch *Glatzel,* AR-Blattei ES 1220 Nr. 104 S. 5.
434 *Gamillscheg,* RdA 1968, 117 (118), *Weyand,* BB 1994, 1852 (1856).
435 Zustimmend auch *Gutzeit,* NZA 2003, 81 (84); Buchner/Becker (8. Aufl.) § 11 MuSchG Rn. 51 *Buchner,* Anm. zu BAG 5.7.1995 in AR-Blattei ES 1220 Nr. 108; Rancke-*Pepping* (4. Aufl.) § 3 MuSchG Rn. 20.
436 *Graue,* AiB 1999, 271 (276).

den oder stillenden Mutter gerichteten Umgestaltung des Arbeitsplatzes. Der Arbeitnehmer soll aufgrund seiner Leistungspflicht nicht der Gefahr an Leben und Gesundheit ausgesetzt werden. Ist eine Umgestaltung des Arbeitsplatzes nicht möglich bzw. kann durch sie Mutter und Kind nicht ausreichend geschützt werden, muss der Arbeitnehmer auf einen anderen Arbeitsplatz umgesetzt werden. Durch die Umsetzung kann der Arbeitnehmer in Arbeit gehalten werden und die Auswirkungen auf sein späteres Arbeitsleben bzw. seine Karriere werden gering gehalten. Erst als *ultima ratio* muss der Arbeitnehmer vollständig von der Arbeit befreit werden.

Die gerichtliche Durchsetzung der Gestaltungspflicht des Arbeitgebers nach § 2 MuSchG ist jedoch schwierig. Der Arbeitnehmer trägt die Beweislast für das Vorliegen des ordnungswidrigen Zustandes an ihrem Arbeitsplatz und für das Vorliegen einer möglichen ordnungsgemäßen Umgestaltung oder Versetzung. Die Darlegung des ordnungswidrigen Zustandes ist dabei noch eine verhältnismäßig kleine Hürde, da der Arbeitnehmer mit seinem eigenen Arbeitsplatz vertraut ist. Er kann entsprechend auch Möglichkeiten der Umgestaltung aufzeigen. Ist eine Umgestaltung aber unmöglich und möchte der Arbeitnehmer auf einen anderen Arbeitsplatz umgesetzt werden, muss er sich einen Überblick über den gesamten Betrieb verschaffen, um die Möglichkeit einer ordnungsgemäßen Beschäftigung darlegen zu können. Dies wird dem betroffenen Arbeitnehmer in den meisten Fällen nicht möglich sein.

Die Beschäftigungsverbote fördern grundsätzlich nicht die Vereinbarkeit von Familie und Beruf. Beschäftigungsverbote sind die *ultima ratio*. Sie stellen sicher, dass die Erwerbstätigkeit nicht zulasten der Gesundheit von Mutter und Kind geht. Während bei den individuellen Beschäftigungsverboten eine konkrete Gefährdung von Leib und Leben von Mutter und Kind vorliegen muss, stellen die generellen Beschäftigungsverbote auf eine abstrakte Gefährdungslage ab. Entsprechend kommen hier auch Ausnahmen in Betracht. Eine die Vereinbarkeit von Familie und Beruf fördernde Ausnahmeregelung ist die Möglichkeit des Arbeitnehmers, in den letzten sechs Wochen vor dem Geburtstermin beschäftigt zu werden. Problematisch ist, dass dies aufgrund der jederzeitigen Widerruflichkeit der Entscheidung den Arbeitgeber vor erhebliche Planungsschwierigkeiten stellt. Mit diesem Problem wird der Arbeitgeber alleingelassen. Um die Planungssicherheit zu erhalten, wird mithin der

Arbeitgeber einem Weiterbeschäftigungsverlangen nicht wohlwollend gegenüberstehen. Doch ist es gerade für die Vereinbarkeit von Familie und Beruf unumgänglich, dass Arbeitgeber und Arbeitnehmer eine individuell zugeschnittene Lösung finden.

Die Regelungen der generellen Beschäftigungsverbote im englischen Recht unterscheiden sich stark. Das englische Recht kennt nur ein zweiwöchiges absolutes Beschäftigungsverbot, die sogenannte *compulsory leave*. Nur in dieser Zeit darf der Arbeitnehmer nicht beschäftigt werden. Die ihm darüber hinaus zustehenden Mutterschutzfristen von bis zu 52 Wochen kann er hinsichtlich ihrer Lage und ihrer Länge frei wählen. Die notwendige betriebliche Planbarkeit wird durch eine Verpflichtung zur frühzeitigen Information des Arbeitgebers erreicht. Die Mutterschutzfrist beginnt unabhängig vom eigentlichen Wunschtermin, falls der Arbeitnehmer in den letzten vier Wochen vor der Geburt auch aus Gründen der Schwangerschaft fehlt. Diese Regelung ermöglicht es dem Arbeitgeber, auf die Situation zu reagieren. Eine dem englischen Recht entsprechende Regelung, die den Widerruf fingiert, kommt dem Bedürfnis des Arbeitgebers nach Planbarkeit entgegen und würde durch die Einbeziehung der berechtigten Interessen des Arbeitgebers der Förderung der Vereinbarkeit von Familie und Beruf dienen.

B. Das Gesetz zum Elterngeld und zur Elternzeit

Das Gesetz zum Elterngeld und zur Elternzeit (BEEG)[437] schließt unmittelbar an die Regelungen des Mutterschutzes an. Mit der Anwendung des BEEG beginnt für männliche Arbeitnehmer der soziale Arbeitsschutz.

I. Sinn und Zweck

Durch das BEEG soll eine „passgenaue und nachhaltige Absicherung von Eltern und Kindern in der Frühphase der Familie"[438] erreicht werden. Weiterhin heißt es in der Gesetzesbegründung, dass auch die Vereinbarkeit von Berufs- und Familienleben gefördert werden soll.[439] Daran anschließend wird auf die negativen Folgen für die Einzelperson sowie für die Gesellschaft hingewiesen, die mit einem Rückzug aus der Erwerbstätigkeit verbunden sind. So heißt es: „Auf die Gesellschaft bezogen bedeutet jeder Rückzug aus dem Erwerbsleben, dass ausgebildete berufliche Potenziale und Fähigkeiten dem Arbeitsmarkt verloren gehen."[440]

Schließlich muss das BEEG auch die Mindestvereinbarungen der EU-Elternurlaub-Richtlinie erfüllen (RL 2010/18/EU)[441].

II. Aufbau

Das BEEG gliedert sich in drei Abschnitte. Im ersten Abschnitt (§§ 1–14) wird das Elterngeld geregelt. Die Regelungen zur Elternzeit finden sich im zweiten Abschnitt (§§ 15–21). Im dritten Abschnitt (§§ 22–27) sind grundsätzliche Regelungen zur Bundesstatistik und zum Anwendungsbereich des BEEG erlassen. Während die Regelungen zur Elternzeit bis auf formale Änderungen aus dem Bundeserziehungsgeldgesetz

---

437 Bundeselterngeld- und Elternzeitgesetz (BEEG) v. 5.12.2006 BGBl. I S. 2748.
438 RegE BT-Drs. 16/1889 S. 1.
439 RegE BT-Drs. 16/1889 S. 1, 15.
440 RegE BT-Drs. 16/1889 S. 14.
441 v. 8.3.2010 (Abl. Nr. L 68 S. 13). RL 2010/18/EU hat die vorherige EG-Elternurlaub-Richtlinie 96/34/EG aufgehoben und ersetzt.

(BErzGG)[442] übernommen wurden, ersetzen die Regelungen zum Elterngeld von Grund auf die Regelungen zum ehemaligen Erziehungsgeld. Das BEEG verbindet mit den Regelungen zum Elterngeld und zur Elternzeit ein sozialrechtliches Instrument und ein arbeitsrechtliches Instrument.

III. Elterngeld

1. Anspruchsvoraussetzungen

Anspruch auf Elterngeld hat nach § 1 Abs. 1 BEEG grundsätzlich jede Person, die in Deutschland lebt oder den gewöhnlichen Aufenthalt in Deutschland hat[443], mit dem eigenen Kind[444] in einem Haushalt lebt, es selbst betreut und erzieht und zumindest keine volle Erwerbstätigkeit[445] ausübt. Bei Mehrlingsgeburten besteht ausdrücklich nur ein Anspruch auf Elterngeld, § 1 Abs. 1 S. 2. Ab einem nach § 2 Abs. 5 Einkommensteuergesetz zu versteuernden Jahreseinkommen von 250.000 € ist ein Anspruch auf Elterngeld nach § 1 Abs. 8 BEEG ausgeschlossen. Ein Anspruch des anderen Berechtigten ist ebenfalls ausgeschlossen, wenn die Summe des zu versteuernden Einkommens beider Berechtigten 500.000 € übersteigt.

a. Die Berechtigten

Berechtigte nach § 1 Abs. 1 Nr. 2, 3 BEEG sind grundsätzlich die Eltern, die mit „ihrem" Kind in einem Haushalt leben, und es selbst betreuen und erziehen.

---

442 Gesetz zum Erziehungsgeld und zur Elternzeit (BErzGG) v. 7.12.2001 BGBl. I S. 3358.

443 Ausnahmen hierzu sind in § 1 Abs. 2 BEEG geregelt.

444 Von der Voraussetzung des „eigenen Kindes" kann nach Maßgabe des § 1 Abs. 3 BEEG abgesehen werden, wenn Kinder zu Adoptionspflege angenommen wurden; bei Stiefeltern oder beim nichtehelichen Vater, soweit die Anerkennung, der Vaterschaft beantragt aber noch nicht wirksam ist. Können die Eltern ihr Kind wegen schwerer Krankheit und anderer besonderer Umstände nach § 1 Abs. 3 BEEG nicht betreuen, wird von der Voraussetzung des „eigenen Kindes" für Verwandte bis zum dritten Grad Ausnahmen zugelassen.

445 Nicht voll erwerbstätig ist nach § 1 Abs. 6 BEEG, wer nicht mehr als 30 Stunden in der Woche arbeitet, einer Berufsbildung nachgeht oder nicht mehr als fünf Kinder in der Tagespflege betreut.

Der Elternschaft wurde somit ein starkes Gewicht verliehen.[446] Nach § 1 Abs. 3 BEEG kann davon bei Adoptionspflege, Stiefelternschaft oder unehelicher Vaterschaft mit beantragter Vaterschaftsanerkennung abgesehen werden. Auf das Kriterium der Elternschaft kann nach § 1 Abs. 3 BEEG verzichtet werden, wenn die Eltern ihr Kind aufgrund von schwerer Krankheit oder einer Schwerbehinderung nicht mehr betreuen können. An die Stelle der Eltern können dann Verwandte bis zum dritten Grade und ihre Partner treten.

Berechtigt sind also diejenigen, die die Betreuungs- und Erziehungsleistung erbringen. Dies ist kongruent mit dem Familienbegriff nach Art. 6 GG. Die Abstammung und das gemeinsame Wohnen sind nur starke Indizien.

b. Erwerbstätigkeit
Ein Anspruch auf Elterngeld besteht nach § 1 Abs. 1 Nr. 4 BEEG nur, wenn die Erwerbstätigkeit nicht mehr als 30 Stunden in der Woche umfasst. Die Ausübung von Erwerbstätigkeit von maximal dreißig Stunden in der Woche meint, dass tatsächlich Tätigkeiten verrichtet werden, die auf einen wirtschaftlichen Erfolg gerichtet sind. Die geleistete Arbeitszeit ist ausschlaggebend.[447] Geht die Erwerbstätigkeit über 30 Stunden in der Woche hinaus, ist der Anspruch auf Elterngeld verwirkt.

2. Berechnung des Elterngeldes
Das Elterngeld richtet sich, abgesehen von dem gewährten Sockelbetrag, nach dem vor der Geburt erzielten Einkommen. Die Höhe des Elterngeldes entspricht nach § 2 BEEG grundsätzlich 67 Prozent des Einkommens aus der vorgeburtlichen Erwerbstätigkeit.[448] Berechnungsgrundlage sind gemäß § 2b Abs. 1 Nr. 1–4 BEEG bei nichtselbstständiger Arbeit das durchschnittliche Einkommen in den zwölf Kalendermona-

---

446 Die rechtliche Elternschaft ist in den meisten Fällen mit der biologischen gleichzusetzen. Wird ein Kind aber in eine bestehende Ehe hineingeboren, wird der Ehemann unabhängig von der tatsächlichen Abstammung rechtlich zum Vater des Kindes, § 1592 Nr. 1 BGB.
447 BSG v. 29.8.2012 B 10 EG 7/11 R in juris.
448 Maßgeblich sind die zwölf Kalendermonate vor der Geburt des Kindes gemäß § 2b Abs. 1 BEEG.

ten vor dem ersten Monat vor der Geburt des Kindes. Wurde in dieser Zeit Elterngeld für ein anderes Kind bezogen oder gab es für den Arbeitnehmer ein Beschäftigungsverbot, bleibt die betreffende Zeit unberücksichtigt. Der Bemessungszeitraum verlängert sich entsprechend. Das gleiche gilt, wenn aufgrund einer maßgeblich schwangerschaftsbedingten Krankheit und Zivil- oder Wehrdienst ein geringeres Einkommen aus der Erwerbstätigkeit erzielt wurde.

Das Bundeserziehungsgeldgesetz kannte eine solche Verknüpfung noch nicht. Erhalten blieb die Gewährung eines Sockelbetrages, der unabhängig von einer früheren Erwerbstätigkeit gewährt wird.[449]

Das Elterngeld beträgt grundsätzlich zwischen 300 € (Untergrenze) und 1800 € (Obergrenze). Bei besonders niedrigen Einkommen erhöht sich der Prozentsatz, sodass das Elterngeld bis zu 100 Prozent des bisher erwirtschafteten Einkommens umfassen kann. Bei hohem Einkommen sinkt der Prozentsatz auf bis zu 65 Prozent.[450] Durch das Elterngeld soll erreicht werden, dass neben der Betreuung des Kindes möglichst wenig finanzielle Sorgen bestehen. Wird neben dem Anspruch auf Elterngeld aus einer zulässigen Erwerbstätigkeit Einkommen bezogen, ist die Berechnungsgrundlage für das Elterngeld der Unterschiedsbetrag zwischen dem durchschnittlichen Einkommen vor der Geburt und dem nach der Geburt, aufgrund zulässiger Erwerbsarbeit erwirtschafteten, durchschnittlichen Einkommen.[451]

Besondere Berücksichtigung finden nach § 2a Abs. 1 BEEG Geschwisterkinder. Die Betreuung eines anderen Kindes soll nicht zulasten des später geborenen Kindes gehen. Es gibt einen Geschwisterbonus, wenn ein Abstand von maximal 24 Monaten zwischen den Geschwisterkindern liegt oder wenn drei oder mehr Geschwisterkinder unter sechs

---

449 So auch *Brosius-Gersdorf,* FPR 2007, 334 (335); *Brosius-Gersdorf,* NJW 2007, 177 (178).

450 Die Grenze für ein hohes bzw. niedriges Einkommen liegt bei 1.000 € Einkommen im Monat. Liegt das Einkommen darunter, steigt der Prozentsatz um jeweils 0,1 Prozentpunkte für jeweils 2 €. Liegt das Einkommen über 1.000 €, sinkt der Prozentsatz um jeweils 0,1 Prozentpunkte für jeweils 2 €. Unabhängig von der Höhe des jeweiligen Einkommens bleiben die Obergrenze von 1.800 € und die Untergrenze von 300 € bestehen.

451 § 2 Abs. 3 BEEG.

Jahren in dem Haushalt wohnen. Das Elterngeld wird dann gemäß § 2a Abs. 1 BEEG um zehn Prozent (mindestens jedoch 75 €) erhöht. Die einkommensbedingten Einbußen beim Elterngeld werden somit abgemildert, wenn innerhalb von höchstens zwei Jahren Kinder geboren werden. Besteht ein größerer Abstand zwischen den Geschwisterkindern, bleiben die Auswirkungen der zuvor geborenen Kinder auf das erzielte Einkommen und damit für die Berechnung des Elterngeldes unberücksichtigt. Auch die für Geschwisterkinder beanspruchte Elternzeit findet in der Berechnung des Elterngeldes keine Berücksichtigung. Die Reduzierung der Erwerbstätigkeit, die zumeist mit der Erziehung von Kindern bei zumindest einem Elternteil einhergeht, wirkt sich negativ auf den Anspruch auf Elterngeld aus. Hierin könnte eine mittelbare Diskriminierung und damit ein Eingriff in Art. 6 Abs. 1 GG liegen.[452] Dieser Eingriff erwächst jedoch erst aus der durch das Elterngeld wahrgenommenen Förderpflicht des Staates. In der Art und Weise, wie der Staat seine Förderpflicht wahrnimmt, ist er frei, solange es nicht zu eklatanten Missverhältnissen führt. Durch das Bestehen des Geschwisterbonus ist ein solches eklatantes Missverhältnis nicht anzunehmen. Durch die bestehenden Regelungen wird jedoch nicht erreicht, dass sich die Eltern bei jedem Kind unabhängig von finanziellen Gründen auf Sorge und Pflege des neugeborenen Geschwisterkindes konzentrieren können. Wird das Geschwisterkind nicht in dem von § 2a Abs. 1 BEEG engen Zeitrahmen geboren und hat der betreffende Elternteil seine Erwerbstätigkeit aufgrund des zuerst geborenen Kindes reduziert oder im Rahmen der Elternzeit ganz ausgesetzt, sinkt automatisch der Anspruch auf Elterngeld.

Neben dem sogenannten Geschwisterbonus besteht bei Mehrlingsgeburten ein Anspruch auf einen Mehrlingszuschlag von 300 € für das zweite Kind zu. Dieser steigert sich um jeweils 300 € für jedes weitere Kind.[453] Der Mehrlingszuschlag knüpft allein an die Höhe des Elterngeldzuschlages an. Nach § 1 Abs. 1 S. 1 BEEG steht dieser Zuschlag den Elterngeldberechtigten nur einmal und nicht für jedes Kind zu.

Wird einer zulässigen Beschäftigung nachgegangen, errechnet sich die Höhe des Elterngeldanspruchs anhand der Differenz des Einkommens

---

452 So *Salaw-Hanslmaier*, ZRP 2008, 140 (143).
453 § 2 Abs. 4 BEEG.

vor der Geburt des Kindes und nach der Geburt des Kindes. Hinsichtlich des Einkommens vor der Geburt des Kindes kann maximal ein Betrag i.H.v. 2770 € angerechnet werden. Ansonsten bleibt es grundsätzlich bei der genannten Berechnung des Elterngeldes. Etwas anderes ergibt sich nur, wenn ein Elterngeldplusanspruch geltend gemacht wird. Mit der Einführung des Elterngeldplusanspruchs durch die Neufassung des Bundeselterngeld- und Elternzeitgesetztes vom 27.1.2015[454] wurde das Ziel verfolgt eine flexiblere Verteilung der Anforderungen von Familie und Beruf zu erleichtern.[455] Elterngeldberechtigte haben nach § 4 Abs. 3 S. 1 BEEG die Möglichkeit, statt eines Elterngeldmonates zwei Elterngeldplusmonate zu beanspruchen. Entsprechend halbieren sich für die Berechnung des Elterngeldplusanspruchs der Mindestbetrag für das Elterngeld i.H.v. 300 €, der Mindestgeschwisterbonus nach § 2a Abs. 1 S. 1 BEEG und der Mehrlingszuschlag nach § 2a Abs. 4 BEEG.

3. Bezugsdauer des Elterngeldes

Nach § 4 Abs. 1, 2 BEEG können beide Elternteile insgesamt bis zur Vollendung des 14. Lebensmonats des Kindes Elterngeld beziehen. Dies setzt voraus, dass ein Elternteil mindestens zwei Monate Elterngeld bezieht (sogenannte Partnermonate im Volksmund auch „Vätermonate" genannt), ansonsten reduziert sich die Bezugsdauer auf die ersten zwölf Lebensmonate. Auch Alleinerziehenden wird Elterngeld für 14 Monate nach § 4 Abs. 3 BEEG gewährt. Das Elterngeld ersetzt dabei nie das vollständige Einkommen, sodass die Wahlfreiheit des Familienmodells nicht von dem Anspruch auf Elterngeld beeinflusst wird.[456]

Nach § 6 BEEG wird das Elterngeld grundsätzlich in dem Monat voll ausgezahlt, für den es bestimmt ist. Elterngeld ist nach § 7 BEEG unter Angabe der Monate, für die es in Anspruch genommen werden soll, zu beantragen.

Mit der Einführung des Elterngeld Plus wurde ein Partnerschaftsbonus in Form von vier weiteren Monatsbeiträgen für jeden berechtigten Elternteil nach § 4 Abs. 4 BEEG neu eingeführt. Voraussetzung ist, dass

---

454 BGBl. I S. 33.
455 BT-Drs. 18/2583 S. 13.
456 So auch *Seiler,* NVwZ 2007, 129 (132f.); *Müller-Terpitz,* JZ 2006, 991 (994).

beide Elternteile im Sinne des § 1 Abs. 1 BEEG berechtigt und zwischen 25 und 30 Stunden in der Woche in vier aufeinanderfolgenden Lebensmonaten des Kindes gemeinsam erwerbstätig waren.[457] Diese Beschränkung entspricht dem mit dem Elterngeld Plus verfolgten Ziel, den Berufseinstieg zu erleichtern.[458]

Für das Elterngeld Plus gelten dieselben Regelungen wie für das Elterngeld. Die Antragstellung des Elterngeldes und des Elterngeldes Plus setzt zwar eine Angabe der Monate voraus, für die Elterngeld oder Elterngeld Plus verlangt wird, jedoch kann eine einmal getroffene Entscheidung für einen Elterngeld Plus Monat in einen Elterngeld Monat geändert werden, wenn bereits für diesen Monat Elterngeld Plus bezogen wurde.[459] Diese rückwirkende Änderung ermöglicht einen flexiblen Einstieg in das Erwerbsleben.[460] Dieser Partnerschaftsbonus kann jedoch nicht in Ansprüche auf Elterngeld umgewandelt werden, da die Umwandlung voraussetzt, dass grundsätzlich ein Elterngeldanspruch besteht. Die Einführung des Partnerschaftsbonus hat an den Voraussetzungen des Anspruchs auf Elterngeld nichts geändert.

IV. Elternzeit

In der Elternzeit werden wie in der Vorgängerregelung zum Erziehungsurlaub die gegenseitigen Hauptleistungspflichten des Arbeitsvertrags aufgehoben. Nimmt folglich ein Arbeitnehmer Elternzeit in Anspruch, wird er grundsätzlich von der Arbeitspflicht befreit.[461] Spiegelbildlich entfällt auch die Pflicht des Arbeitgebers, den vereinbarten Arbeitslohn zu zahlen. In der Elternzeit ruht das Arbeitsverhältnis.[462] Durch das Ru-

---

457 Es besteht auch eine Ausnahmeregelung für Alleinerziehende. BT-Drs. 18/2583 S. 6.
458 BT-Drs. 18/2583 S. 22.
459 § 7 BEEG.
460 BT-Drs. 18/2583 S. 28.
461 Eine Ausnahme zu diesem Grundsatz ist die zulässige Erwerbstätigkeit während der Elternzeit.
462 BAG v. 22.6.1988 5 AZR 526/87 in NZA 1989, 13 (13); BAG v. 15.2.1994 3 AZR 708/93 in NZA 1994, 794 (795); *Sowka* S. 63; *Bruns* S. 32f. Das Arbeitsverhältnis ruht nur, soweit keine Teilzeitarbeit während der Elternzeit wahrgenommen wird.

hen des Arbeitsverhältnisses werden die arbeitsvertraglichen Nebenpflichten nicht aufgehoben. Sie haben grundsätzlich weiterhin Bestand und sind nur eingeschränkt, soweit sie auf Ausführung der arbeitsvertraglichen Beschäftigungspflicht beruhen.[463] Die Regelungen zur Elternzeit werden nicht durch Aufsichtsbehörden überwacht.

1. Anspruch auf Elternzeit

a. Anspruchsvoraussetzungen
Der Anspruch auf Elternzeit ist in § 15 Abs. 1 BEEG geregelt. Jeder Arbeitnehmer hat einen Anspruch auf Elternzeit, der mit seinem Kind in einem Haushalt lebt und es betreut und erzieht.

Ein Anspruch auf Elternzeit besteht auch mit Zustimmung des anderen sorgeberechtigten Elternteils für ein Adoptiv- oder Pflegekind nach § 33 SGB VIII. Das Gleiche gilt für Stiefkinder oder Kinder, deren Anerkennung beantragt, jedoch noch nicht wirksam ist. Weitergehend kann von der Anspruchsvoraussetzung des eigenen Kindes abgesehen werden, wenn die Eltern tot sind oder aus gesundheitlichen Gründen ihr Kind nicht mehr betreuen können. Soweit Verwandte bis zum dritten Grad sowie ihre Ehe- und Lebenspartner diese Aufgabe übernommen und die Voraussetzungen des § 1 Abs. 1, 4 BEEG vorliegen, können sie Elternzeit beanspruchen.

Auch Großeltern haben nach § 15 Abs. 1a BEEG einen Anspruch auf Elternzeit, wenn sie mit ihrem Enkelkind in einem Haushalt leben, es betreuen und erziehen. Bedingung für einen Anspruch auf Elternzeit ist, dass die Eltern des Kindes minderjährig sind oder sich im letzten oder vorletzten Jahr ihrer Ausbildung befinden. Die Eltern des Kindes dürfen selbst keine Elternzeit beanspruchen.[464]

---

463 Ausführlich zu den Nebenpflichten der Arbeitsvertragsparteien während der Elternzeit siehe *Horstmann* S. 23f.
464 Referentenentwurf des Bundesministeriums für Familie, Senioren Frauen und Jugend vom 6.9.2012. Entwurf eines Gesetzes zur Erweiterung der Großelternzeit und zur Modernisierung der Elternzeit. Großeltern sollten nach dem Entwurf auch einen Anspruch auf Elternzeit haben, wenn sie die Enkelkinder betreuen und erziehen und der Arbeitgeber in der Regel mehr als 15 Arbeitnehmer beschäftigt. Auch sollten Eltern und Großeltern unabhängig voneinander, d.h. auch gemeinsam Elternzeit beantragen können.

b. Umfang der Elternzeit

Der Anspruch auf Elternzeit besteht nach § 15 Abs. 2 BEEG grundsätzlich bis zur Vollendung des dritten Lebensjahres des Kindes.[465] Bei angenommenen Kindern oder solchen in Adoptions- oder Vollzeitpflege kann nach § 15 Abs. 2 S. 5 BEEG ab der Aufnahme des Kindes bis zur Vollendung des achten Lebensjahres des Kindes Elternzeit genommen werden. Maximal besteht ein Anspruch für 36 Monate Elternzeit. Jeder Elternzeitberechtigte kann gemäß § 15 Abs. 3 BEEG unabhängig von der Inanspruchnahme eines anderen Elternzeitberechtigten die Elternzeit wahrnehmen. So können auch beide Elternteile gemeinsam Elternzeit in Anspruch nehmen. Die Elternzeit muss nicht zusammenhängend genommen werden. Nach § 15 Abs. 2 S. 2 BEEG können bis zu 24 Monate zwischen dem dritten und dem vollendeten achten Lebensjahr des Kindes in Anspruch genommen werden. Nach § 16 Abs. 1 S. 6 BEEG können Elternzeitberechtigte ihre Elternzeit zustimmungsfrei auf drei Zeitabschnitte verteilen. Für eine Verteilung auf weitere Zeitabschnitte bedarf es der Zustimmung des Arbeitgebers.

c. Antragsstellung

Nach § 16 Abs. 1 Nr. 1 BEEG muss die Elternzeit bis zum dritten Lebensjahr des Kindes mit einem Mindestvolumen von sieben Wochen vor ihrem Beginn schriftlich beim Arbeitgeber verlangt werden. In dem schriftlichen Verlangen ist auch die gewünschte Verteilung der Elternzeit in den nächsten zwei Jahren festzulegen. Die Frist von sieben Wochen kann bei dringenden Gründen entsprechend verkürzt werden. Der Arbeitgeber hat nach § 16 Abs. 1 S. 8 BEEG Elternzeit zu bescheinigen, wenn das Elternzeitverlangen form- und fristgerecht eingegangen

---

465 In § 15 Abs. 2 S. 2 BEEG wird klargestellt, dass die Mutterschutzfrist nach § 6 Abs. 1 MuSchG auf die Elternzeit angerechnet wird. Aufgrund der Begrenzung der Elternzeit auf das dritte Lebensjahr des Kindes, hätte es dieser Klarstellung nicht bedurft. Gegen diese Regelung werden verfassungsrechtliche Bedenken vorgebracht, da Väter sich „ihren Erholungsurlaub, den sie anlässlich ihrer Geburt erhalten nicht anrechnen lassen müssen" und damit bessergestellt wären als die Mütter. (*Bruns*, FamRZ 2007, 251 (252)) Die Elternzeit besteht jedoch für beide Antragsberechtigten nach § 15 Abs. 2 S. 1 BEEG bis zur Vollendung des dritten Lebensjahres, sodass sich auch der anlässlich der Geburt genommene Erholungsurlaub auf den Umfang der Elternzeit auswirkt. Den verfassungsrechtlichen Bedenken kann nicht gefolgt werden.

ist. Ergeben sich Änderungen in der Anspruchsberechtigung, sind diese gemäß § 16 Abs. 5 BEEG dem Arbeitgeber unverzüglich mitzuteilen.

Für die Beantragung der Elternzeit ab dem dritten bis zum vollendeten achten Lebensjahr gilt nach § 16 Abs. 1 Nr. 2 BEEG eine Beantragungsfrist von 13 Wochen.

Das Recht auf Elternzeit entspricht damit nicht einen Anspruch entsprechend der Legaldefinition in § 194 Abs. 1 BGB, sondern einem einseitigen Gestaltungsrecht. Mit dem form- und fristgerechten Elternzeitverlangen wird die beantragte Elternzeit wirksam. Der Mitwirkung des Arbeitgebers bedarf es hierzu nicht.[466]

Hat sich der Anspruchsberechtigte auf die Verteilung der Elternzeit in den nächsten zwei Jahren festgelegt, ist er auch daran gebunden. Dies gewährt dem Arbeitgeber ein Mindestmaß an Planungssicherheit.[467] Die Pflicht einer Festlegung für die nächsten zwei Jahre betrifft nur den Zeitraum bis zur Vollendung des dritten Lebensjahres.[468]

d. Verlängerung und vorzeitige Beendigung der Elternzeit
Die Elternzeit kann gemäß § 16 Abs. 3 S. 1 BEEG mit Zustimmung des Arbeitgebers verlängert oder vorzeitig beendet werden. Das Zustimmungserfordernis und die damit einhergehende Ablehnungsmöglichkeit des Arbeitgebers sind grundsätzlich an keine weiteren Anforderungen geknüpft. Die Entscheidung des Arbeitgebers muss jedoch den Grundsätzen des billigen Ermessens nach § 315 BGB entsprechen.[469] Dies gebietet auch die Fürsorgepflicht des Arbeitgebers gegenüber seinem Arbeitnehmer.

---

466 BAG v. 19.4.2005 9 AZR 233/04 in NZA 2005, 1354 (1356); Joussen in NZA 2005, 336 (337); Erf/Kom-*Gallner* (16. Aufl.) § 15 Rn. 2, § 16 Rn. 2 BEEG.
467 BAG v. 18.10.2011 9 AZR 315/10 in NZA 2012, 262 (264).
468 RegE BT-Drs. 18/2583 S. 9, 32.
469 LAG Rheinland-Pfalz v. 22.11.2011 AZ 3 SA 458/11 (juris) Rn. 115; *Lindemann/Simon,* NZA 2001, 258 (259); BAG v. 21.4.2009 9 AZR 391/08 in NZA 2010, 155 (159); BAG v. 18.10.2011 9 AZR 315/10 in NZA 2012, 262 (264).

(1) Vorzeitige Beendigung

Das Zustimmungserfordernis zur vorzeitigen Beendigung der Elternzeit wird durch § 16 Abs. 3 S. 2, 3 BEEG wieder eingeschränkt. So kann der Arbeitgeber den Wunsch nach vorzeitiger Beendigung der Elternzeit aufgrund der Geburt eines Kindes oder in Fällen besonderer Härte[470] nur innerhalb von vier Wochen und aus dringenden betrieblichen Gründen schriftlich ablehnen. Die vorzeitige Beendigung steht im Ermessen des Arbeitnehmers, dem ein durch Form und Frist beschränktes Ablehnungsrecht des Arbeitgebers gegenübersteht.[471]

Überschneidet sich die ursprünglich genommene Elternzeit mit den absoluten generellen Beschäftigungsverboten nach §§ 3 Abs. 2, 6 Abs. 1 MuSchG, bedarf es zur vorzeitigen Beendigung keiner Zustimmung des Arbeitgebers. Der Arbeitnehmer hat den Arbeitgeber jedoch hiervon rechtzeitig zu unterrichten.[472] So soll dem Arbeitgeber die Möglichkeit gegeben werden, sich auf die neue Situation einzustellen und entsprechend Vorkehrungen zu treffen.

Die Elternzeit endet nach § 16 Abs. 4 BEEG drei Wochen nach dem Tod des Kindes.

---

470 Im Gesetz ausdrücklich genannte Fälle: Eintritt einer schweren Krankheit, Schwerbehinderung oder Tod eines Elternteils oder eines Kindes der berechtigten Person oder bei erhebliche gefährdeter wirtschaftlicher Existenz der Eltern nach Inanspruchnahme der Elternzeit. Der Wortlaut von § 16 Abs. 3 S. 2 BEEG „insbesondere" verdeutlicht, dass die vorgenommene Aufzählung nicht abschließend ist.

471 BAG v. 21.4.2009 9 AZR 391/08 in NZA 2010, 155 (157).

472 In der älteren Literatur wird noch vom Gegenteil ausgegangen. So soll die vorzeitige Beendigung grundsätzlich ausgeschlossen sein, wenn stattdessen Schutzfristen nach dem MuSchG in Anspruch genommen werden sollen. Dies entspricht allerdings der Gesetzeslage vor dem 10.9.2012. Siehe beispielsweise Erf/Kom-*Gallner* (13. Aufl.) § 16 Rn. 9 BEEG (m.w.N.) Mit der Gesetzesänderung zum 10.9.2012 BGBl. I S. 1878 (S. 1882) wurde die vorzeitige Beendigung der Elternzeit aufgrund der Inanspruchnahme genereller absoluter Beschäftigungsverbote aus dem MuSchG ausdrücklich und ohne Zustimmungserfordernis oder Ablehnungsrecht des Arbeitgebers zugelassen. Die neue Regelung gilt für alle Kinder, die nach dem 1.1.2013 geboren wurden.

(2) Verlängerung

Eine Verlängerung der Elternzeit setzt voraus, dass sich der betreffende Berechtigte in Elternzeit befindet. Weiterhin darf der Anspruch auf Elternzeit nicht ausgeschöpft sein. Das Kind darf somit das achte Lebensjahr nach § 15 Abs. 2 S. 2 BEEG noch nicht erreicht haben.

Für eine Verlängerung ist keine Zustimmung nach § 16 Abs. 3 S. 4 BEEG erforderlich, wenn ein vorgesehener Wechsel der Anspruchsberechtigten aus einem wichtigen Grund nicht erfolgen kann. Diese Ausnahmeregelung ermöglicht es den Anspruchsberechtigten, flexibel auf ihre Lebenssituationen zu reagieren. Ein wichtiger Grund liegt entsprechend des Zwecks des Gesetzes immer dann vor, wenn die Betreuung und die Erziehung des Kindes nicht mehr gewährleistet sind.[473]

(3) Die Abgrenzung der Verlängerung von der erneuten Inanspruchnahme der Elternzeit

Hat sich der Berechtigte für die ersten zwei Jahre auf die Inanspruchnahme von Elternzeit festgelegt, stellt sich die Frage, wie der Wunsch des Berechtigten zu bewerten ist, im Anschluss an die bereits genommenen zwei Jahre den Rest der Elternzeit in Anspruch zu nehmen.

Das Begehren des Berechtigten könnte so verstanden werden, dass die einmal genommene Elternzeit erweitert wird. Es handelt sich demnach um denselben Zeitabschnitt wie die bereits beanspruchte Elternzeit. Das Begehren kann aber auch so verstanden werden, dass eine juristische Sekunde nach Beendigung des ersten Zeitabschnittes ein anderer Zeitabschnitt der Elternzeit beginnen soll.

(a) Zusammenhängender Zeitabschnitt

Geht man von dem Bestehen eines gemeinsamen Elternzeitabschnittes aus, bedeutet dies eine Verlängerung der Elternzeit, die grundsätzlich zustimmungsbedürftig ist. Für diese Betrachtungsweise wird § 16 Abs. 3 S. 1 BEEG heran gezogen.[474] „Die Elternzeit kann [...] im Rahmen des § 15 Absatz 2 verlängert werden, wenn der Arbeitgeber zustimmt." Dieses Verweises bedürfe es nicht, wenn nur im Rahmen des festgelegten

---

473 Buchner/Becker (8. Aufl.) § 16 Rn. 31 BEEG; LAG Berlin v. 7.6.2001 10 Sa 2770/00 in NZA-RR 2001, 625 (625).

474 *Niklas*, BB 2013, 951 (953); so wohl auch Erf/Kom-*Gallner* (16. Aufl.) §16 Rn. 4 BEEG; *Lindemann/Simon*, NJW 2001, 258 (259).

Zweijahresabschnittes eine Verlängerung infrage kommen würde. Eine Verlängerung sei demnach anzunehmen, wenn nach dem erstmaligen Elternzeitbegehren weiterhin Elternzeit gewünscht wird. Auch die Gesetzesbegründung zur Vorgängervorschrift aus dem BErzGG[475] wird zur Untermauerung herangezogen. Hiernach hätte der Gesetzgeber einen über den Zweijahresabschnitt hinausgehenden Spielraum zur freien Disposition des Antragsberechtigten dem Arbeitgeber nicht zumuten wollen. Weiterhin soll § 16 Abs. 3 S. 1 BEEG lex specialis gegenüber § 16 Abs. 1 S. 1 BEEG sein.[476]

(b) Unterschiedliche Zeitabschnitte

Die Annahme von zwei unterschiedlichen Zeitabschnitten im beschriebenen Fall setzt voraus, dass sich der Antragsberechtigte nur auf die Inanspruchnahme eines Zeitabschnittes für zwei Jahre festgelegt hat, die Elternzeit demnach innerhalb des Zweijahreszeitraums am Stück genommen wurde. Entschließt sich der Antragsberechtigte, noch die verbleibende Elternzeit zu nehmen, kann er den zweiten Elternzeitabschnitt in Anspruch nehmen. Nach § 16 Abs. 1 S. 6 BEEG kann der Antragsberechtigte die Elternzeit ohne Zustimmung des Arbeitgebers auf drei Zeitabschnitte verteilen. Für diese Betrachtungsweise wird angeführt, dass mit der Festlegung auf den Zweijahresabschnitt bei der ersten Inanspruchnahme der Elternzeit nach § 16 Abs. 1 S. 1 BEEG ein Kompromiss zwischen den Interessen des Arbeitgebers und des antragsberechtigten Arbeitnehmers erzielt werden sollte. Zum einen würde dem Bedürfnis nach Planungssicherheit des Arbeitgebers Rechnung getragen, da der antragsberechtigte Arbeitnehmer an die getroffene Festlegung gebunden sei und nur mit Zustimmung des Arbeitgebers die Elternzeit abgeändert werden könne. Zum anderen solle dem antragsberechtigten Arbeitnehmer eine flexible Gestaltung der Elternzeit ermöglicht werden. Dies diene dem Ziel der besseren Vereinbarkeit von Familie und Beruf. Die Elternzeit wird nach § 15 Abs. 2 S. 1 BEEG bis zur Vollendung des dritten Jahres gewährt, dieser Zeitrahmen soll voll ausgenutzt werden können und nicht von der Zustimmung des Arbeitge-

---

475 BT-Drs. 14/3553 S. 22.
476 *Niklas*, BB 2013, 951 (953); so wohl auch ErfKom-*Gallner* (16. Aufl.) §16 Rn. 4 BEEG; *Lindemann/Simon*, NJW 2001, 258 (259). Die letztgenannten Vertreter begründen ihre Ansicht kaum.

bers abhängen. Nur so würde der Wille der Flexibilisierung der Elternzeit nicht leerlaufen.[477]

(c) Wertung

Die erste Betrachtungsweise stützt sich auf § 16 Abs. 3 S. 1 BEEG und
schließt aus dem Verweis auf § 15 Abs. 2 BEEG, dass das Verlangen nach
Elternzeit im Anschluss an den festgelegten Zweijahresabschnitt immer
eine Verlängerung der Elternzeit darstelle und demnach von der Zustimmung des Arbeitgebers abhängig sei. Dem Argument, sonst läge
eine Verlängerung immer nur innerhalb des Zweijahresabschnitts vor
und der Verweis auf § 15 Abs. 2 BEEG würde leerlaufen, kann nicht gefolgt werden.

Die erstmalige Inanspruchnahme der Elternzeit und die damit einhergehende Festlegung auf den ersten Zweijahresabschnitt der Elternzeit
nach § 16 Abs. 1 S. 1 BEEG ist ein Gestaltungsrecht und damit bindend.
Sie dient dem Interessenausgleich zwischen den antragsberechtigten
Arbeitnehmer, eine flexible Gestaltung der Elternzeit zu ermöglichen,
und dem Interesse des Arbeitgebers nach Planungssicherheit. Das Interesse des Arbeitgebers nach Planungssicherheit wird zudem gestützt
durch die Ankündigungsfrist von spätestens sieben Wochen. Das Interesse des Arbeitnehmers wird dadurch aufrechterhalten, dass er sich nur
für die ersten zwei Jahre festlegen muss und die dann noch ausstehende
Elternzeit nach seinen Wünschen im Rahmen des dritten Lebensjahres
des Kindes in Anspruch nehmen kann. Der Arbeitnehmer kann sich jedoch freiwillig über den Zweijahresabschnitt hinaus festlegen. Der von
§ 15 Abs. 1 S. 1 BEEG vorgegebene festzulegende Zeitrahmen von zwei
Jahren ist nur als Untergrenze zu verstehen.[478] Hat sich der Arbeitnehmer dementsprechend auf einen längeren Zeitraum festgelegt und will
er die zuvor festgelegte Elternzeit länger in Anspruch nehmen, handelt
es sich um eine zustimmungsbedürftige Verlängerung nach § 16 Abs. 1
BEEG. So kann auch im dritten Jahr der Elternzeit, je nachdem, wie sich
der Arbeitnehmer bei der ersten Inanspruchnahme festgelegt hat, eine

---

477 *Sowka*, NZA 2000, 1185 (1188); *Sowka* S. 17; LAG Sachsen v. 17.5.2011 7 Sa
137/10 (juris) Rn. 54; LAG Düsseldorf v. 24.1.2011 14 Sa 1399/10 (juris) Rn. 18f.;
LAG Niedersachsen v. 13.11.2006 5 Sa 402/06 (juris) Rn. 38; LAG Rheinland-
Pfalz v. 4.11.2004 4 Sa 606/04 (juris) Rn. 33; AG Frankfurt v. 24.4.2010 20 Ga
78/10 in NZA-RR 2010, 487 (487).
478 So auch LAG Sachsen v. 17.5.2011 7 Sa 137/10 (juris) Rn. 55.

Verlängerung infrage kommen.[479] Der Verweis in § 16 Abs. 3 S. 1 BEEG auf § 15 Abs. 2 BEEG stellt darüber hinaus klar, dass auch bei Einigung von Arbeitgeber und Arbeitnehmer die Elternzeit sich nie über den gesetzlich vorgegebenen Rahmen von drei Jahren erstrecken darf.[480]

Auch die Gesetzesbegründung spricht nicht von einer Begrenzung der Flexibilisierung der Elternzeit auf die ersten zwei Jahre. In der Gesetzesbegründung[481] werden die Planungsschwierigkeiten des Arbeitgebers thematisiert. Allerdings soll durch Verlängerung der Anmeldefrist und die Festlegung des Arbeitnehmers auf einen Zweijahresabschnitt die Planungsgrundlage verbessert werden. Würde man die Möglichkeit der Flexibilisierung der Elternzeit auf die festzulegenden ersten zwei Jahre begrenzen, wäre es gerade nicht mehr möglich, flexibel auf den tatsächlichen Bedarf in der neuen Lebenssituation zu reagieren. Die Planungssicherheit des Arbeitgebers wird auch bei der erneuten Inanspruchnahme der Elternzeit gewahrt, da mangels eigenständiger gesetzlicher Regelung die Ankündigungsfrist von sieben Wochen nach § 16 Abs. 1 Nr. 1 BEEG einzuhalten ist.[482]

Weiterhin spricht gegen die erste Betrachtungsweise die Regelung in § 16 Abs. 1 S. 6 BEEG, nach der Elternzeit zustimmungsfrei auf drei Zeitabschnitte verteilt werden kann. Folgt man der ersten Betrachtungsweise, hätten diejenigen Arbeitnehmer kein solches Recht mehr, die sich auf zwei Elternzeitabschnitte innerhalb der zwei Jahre festgelegt haben und im Anschluss daran auch noch den Rest der Elternzeit beanspruchen wollten.

---

479 *Sowka* geht davon aus, dass die Festlegung grundsätzlich nur für zwei Jahre bindet und darüber hinaus kein wirksames Verlangen vorläge (*Sowka*, NZA 2000, 1185 (1188)). Die Begrenzung des festzulegenden Zeitraumes von zwei Jahren soll dem Arbeitnehmer die Flexibilisierung der Elternzeit ermöglichen. Verzichtet er durch eine darüber hinausgehende Festlegung freiwillig, ist nicht ersichtlich, warum er an seine Erklärung nicht gebunden werden soll. Der Arbeitgeber muss sich auf die Erklärung des Arbeitnehmers verlassen können. Dies gebietet auch die arbeitsvertragliche Treuepflicht.
480 Siehe LAG Düsseldorf v. 24.1.2011 14 Sa 1399/10 (juris) Rn. 19.
481 BT-Drs. 14/3553 S. 22
482 So auch LAG Sachsen v. 17.5.2011 7 Sa 137/10 in (juris) Rn. 53.

Folglich ist das Verlangen eines Arbeitnehmers, im Anschluss an den festgelegten Zweijahresabschnitt weiterhin Elternzeit zu nehmen, nicht zustimmungsbedürftig, wenn sich die Elternzeit nur auf insgesamt drei durch eine juristische Sekunde getrennte Zeitabschnitte verteilt.[483]

e. Inanspruchnahme der Elternzeit nach dem dritten Lebensjahr des Kindes

Elternzeitberechtigte können auch nach dem dritten Lebensjahr eines Kindes Elternzeit in Anspruch nehmen, wenn sie nicht bereits die vollen ersten drei Lebensjahre des Kindes Elternzeit in Anspruch genommen haben. Die in dieser Zeit nicht genommene Elternzeit kann zu einem späteren Zeitpunkt nachgeholt werden. Die Übertragung nicht genommener Elternzeit (maximal 24 Monate) ist nach § 15 Abs. 2 S. 2 BEEG auf die Vollendung des achten Lebensjahres begrenzt. Die Möglichkeit der Übertragung der Elternzeit stellt eine weitere Maßnahme zur Flexibilisierung der Elternzeit dar.[484]

Die Möglichkeit der Übertragung der Elternzeit setzt voraus, dass noch ein Anspruch auf Elternzeit besteht. Nach § 16 Abs. 1 Nr. 2 BEEG muss die Inanspruchnahme von Elternzeit zwischen dem dritten und dem achten Lebensjahr spätestens 13 Wochen vor dem gewünschten Beginn beantragt werden.

In der Vorgängerregelung (§ 15 Abs. 2 S. 4 BEEG a.F) war die Möglichkeit der Übertragung der Elternzeit auf den Zeitraum bis zum vollendeten achten Lebensjahr des Kindes von der Zustimmung des Arbeitgebers abhängig. Durch den Verzicht auf das Zustimmungserfordernis wurde die Gefahr eines Verlustes noch nicht genommener Elternzeit aufgrund eines Arbeitgeberwechsels ausgeräumt.

---

483 Die Verteilung der Elternzeit auf mehr Zeitabschnitte ist nach § 16 Abs. 1 S. 5 2. HS BEEG zustimmungsbedürftig, sodass es aufgrund der gleichen Voraussetzungen dann nicht mehr auf die Unterscheidung zwischen einer erneuten Inanspruchnahme und der Verlängerung der Elternzeit ankommt.

484 BT-Drs. 14/3553 S. 21.

2. Rechte und Pflichten in der Elternzeit

Die arbeitsvertraglichen Nebenpflichten bleiben in der Elternzeit grundsätzlich bestehen und können nur eingeschränkt werden, soweit sie sich auf die tatsächliche Beschäftigung des Arbeitnehmers beziehen.[485] Fraglich ist, ob der Arbeitnehmer in Elternzeit das Recht oder die Pflicht hat, an beruflichen Fortbildungsmaßnahmen teilzunehmen und/oder während der Elternzeit einer Erwerbstätigkeit nachzugehen.

a. Erwerbstätigkeit in der Elternzeit

Entsprechend dem Ziel der Flexibilität der Elternzeit und der Förderung der Vereinbarkeit von Familie und Beruf[486] besteht die Möglichkeit, während der Elternzeit in beschränkten Umfang erwerbstätig zu sein. Nach § 15 Abs. 4 S. 1 BEEG ist eine Wochenarbeitszeit von bis zu 30 Stunden durchschnittlich im Monat zulässig.[487] Ist der Arbeitnehmer vor der Elternzeit einer hiernach zulässigen Teilzeitarbeit nachgegangen, hat er das Recht, diese auch in der Elternzeit fortzusetzen.[488] Die Zulässigkeit der Erwerbstätigkeit bei einem anderen Arbeitgeber oder als Selbstständiger bedarf der Zustimmung des Arbeitgebers. Diese kann nur mit einer Frist von vier Wochen und aus dringenden be-

---

485 *Horstmann* S. 22f.; MünchHdbArbR-*Heenen* Bd. II (3. Aufl.) § 308 Rn. 1.

486 Vor allem für Väter sollte ein Anreiz geschaffen werden, Elternzeit wahrzunehmen. BT-Drs. 14/3553 S. 22.

487 Eine wöchentliche Arbeitszeit von mehr als 30 Stunden ist nur zulässig, wenn es sich bei der betreffenden Person um eine nach § 23 SGB VIII geeignete Tagespflegeperson handelt, die maximal fünf Kinder in Betreuung hat. § 15 Abs. 4 S. 2 BEEG.

488 § 15 Abs. 5 S. 4 1. HS BEEG. Dies gilt nur, soweit er sein Interesse, der Teilzeitarbeit während der Elternzeit nachzugehen, bei Inanspruchnahme der Elternzeit geltend gemacht hat. Hat er bei Inanspruchnahme der Elternzeit die vollständige Befreiung von der Arbeitspflicht verlangt, muss er die Aufnahme der Erwerbstätigkeit gem. § 15 Abs. 4–7 BEEG neu beantragen. Durch die erstmalige Festlegung auf Freistellung von der Arbeitspflicht bei Inanspruchnahme der Elternzeit für die ersten zwei Jahre, wird der in Teilzeit arbeitende Arbeitnehmer genauso gebunden wie der in Vollzeit arbeitende Arbeitnehmer. In Anbetracht der Planungssicherheit ist der Arbeitgeber in diesem Fall schutzwürdiger. Siehe Buchner/Becker (8. Aufl.) § 15 Rn. 46 BEEG.

trieblichen Gründen schriftlich abgelehnt werden.[489] Der Gesetzgeber hat dem antragsberechtigten Arbeitnehmer die Wahl überlassen, ob er während der Elternzeit einer Erwerbstätigkeit nachgehen möchte. Die Möglichkeit der Erwerbstätigkeit während der Elternzeit stellt eine gesetzliche Ausnahme zu dem Grundsatz des ruhenden Arbeitsverhältnisses in der Elternzeit dar.[490] Entsprechend ist in § 15 Abs. 5 S. 1 BEEG formuliert: „Der Arbeitnehmer oder die Arbeitnehmerin kann eine Verringerung der Arbeitszeit und ihrer Ausgestaltung beantragen." Es besteht daher das Recht, aber keine Pflicht des Arbeitnehmers, während der Elternzeit einer Erwerbstätigkeit nachzugehen.

(1) Antrag auf Elternteilzeitarbeit
Nach § 15 Abs. 5 S. 1 BEEG kann der Arbeitnehmer die Verringerung seiner Arbeitszeit und ihre Ausgestaltung beim Arbeitgeber beantragen. Hierüber sollen sich beide Vertragsparteien innerhalb von vier Wochen einigen. In einem ersten Schritt wird zur Umsetzung der Erwerbstätigkeit in der Elternzeit auf eine konsensuelle Lösung gesetzt, die an keine Voraussetzungen geknüpft ist. In der Elternteilzeit leben die ruhenden Pflichten aus dem Arbeitsverhältnis entsprechend dem wirksamen Elternteilzeitantrag wieder auf.

(2) Anspruch auf Elternteilzeitarbeit
In einem zweiten Schritt kann der Arbeitnehmer nach gescheiterter Einigung unter bestimmten Voraussetzungen die Verringerung seiner Arbeitszeit beanspruchen. Der Arbeitnehmer kann zweimal während der Elternzeit diesen Anspruch geltend machen.[491]

Nach § 15 Abs. 7 BEEG setzt ein solcher Anspruch voraus, dass der Arbeitgeber in der Regel mehr als 15 Angestellte beschäftigt, das Arbeitsverhältnis seit mehr als sechs Monaten besteht, die vertraglich vereinbarte Arbeitszeit für mindestens zwei Monate auf einen Umfang zwischen

---

489   § 15 Abs. 4 S. 3, 4 BEEG. Das Gesetz gibt den Arbeitgeber das Recht, das Verlangen innerhalb der Frist abzulehnen. Wird er in dieser Zeit nicht tätig, wird eine Zustimmung fingiert. Entsprechend ist von einer Präklusion auszugehen. Dringende betriebliche Gründe, die zur Ablehnung des Antrags nicht vorgebracht wurden, dürfe auch in einem etwaigen gerichtlichen Verfahren nicht mehr vorgebracht werden. Barth in BB 2007, 2567 (2567f.)
490   MünchHdbArbR-*Heenen* Bd. II (3. Aufl.) § 308 Rn. 1 (m.w.N.).
491   § 15 Abs. 6 BEEG.

15 und 30 Wochenstunden im Durchschnitt vermindert wird („Sollvorschrift"), dem Anspruch keine dringenden betrieblichen Gründe entgegenstehen und der Anspruch in den ersten drei Lebensjahren des Kindes dem Arbeitgeber mindestens sieben Wochen vor Aufnahme der
angestrebten Erwerbstätigkeit schriftlich mitgeteilt wird. Zwischen dem
dritten und achten Lebensjahr des Kindes muss ein Anspruch auf Erwerbstätigkeit während der Elternzeit mindestens 13 Wochen vor dem
gewünschten Beginn mitgeteilt werden. Der Antrag muss den Beginn
und das Ende des Elternteilzeitwunsches enthalten. Die Angabe der gewünschten Verteilung der Arbeitszeit wird empfohlen, aber nicht verlangt.[492]

Der Arbeitgeber kann innerhalb von vier Wochen den Antrag auf Verringerung der Arbeitszeit mit schriftlicher Begründung ablehnen, falls
er die Anspruchsvoraussetzungen als nicht erfüllt ansieht.[493] Die Zustimmung zur Erwerbstätigkeit und zur gewünschten Verteilung der
Arbeitszeit gilt nach § 15 Abs. 7 S. 5, 6 BEEG als erteilt, wenn der Arbeitgeber den Antrag vier (bzgl. des Anspruchs innerhalb der ersten drei
Lebensjahre des Kindes) bzw. acht Wochen (bzgl. des Anspruch ab dem
vollendeten dritten Lebensjahr bis zum vollendeten achten Lebensjahr
des Kindes) nach dessen Zugang nicht schriftlich abgelehnt hat. Erst
mit der Zustimmung des Arbeitgebers lässt sich der Anspruch durchsetzen. Die Durchsetzung des Elternteilzeitverlangens ist von dem zulässigen Verlangen des Arbeitnehmers einerseits und der Zustimmung
des Arbeitgebers andererseits abhängig. Das Recht auf Elternteilzeit ist
mithin kein Gestaltungsrecht des Arbeitnehmers, sondern stellt einen
Anspruch auf eine befristete Vertragsänderung dar.[494]

(a) Dringende betriebliche Gründe
Die der Elternteilzeit entgegenstehenden dringenden betrieblichen
Gründe müssen „zwingende Hindernisse für die beantragte Verkür-
zung der Arbeitszeit darstellen."[495] Es kommt auf die Frage der Unteil-

---

492 § 15 Abs. 7 S. 2, 3 BEEG; Klarstellend BAG v. 15.12.2009 9 AZR 72/09 in NZA
   2010, 447 (449). Wird keine bestimmte Verteilung der Arbeitszeit angegeben,
   unterliegt die Verteilung der Arbeitszeit dem Weisungsrecht des Arbeitgebers
   nach § 106 GewO, *Sowka* S. 37.
493 § 15 Abs. 7 S. 4 BEEG.
494 BAG v. 15.4.2008 9 AZR 380/07 in NZA 2008, 998 (1000).
495 BAG v. 5.6.2007 9 AZR 82/07 in NZA 2007, 1352 (1355).

barkeit des Arbeitsplatzes an.[496] Die dringenden betrieblichen Gründe müssen zum Zeitpunkt der Ablehnung der Zustimmung zum Elternteilzeitverlangen vorliegen. Dem Arbeitgeber obliegt die Darlegungs- und Beweispflicht. Dringende betriebliche Gründe kann der Arbeitgeber beispielsweise anführen, wenn er den Arbeitnehmer im gewünschten Zeitraum nicht sinnvoll beschäftigen kann. Der Arbeitnehmer in Elternzeit kann zwar nicht verlangen, dass er gegenüber anderen bereits beschäftigten Arbeitnehmern bevorzugt wird, jedoch muss er im Fall einer Neubesetzung von neuen Stellen berücksichtigt werden. Dringende betriebliche Gründe sind nur dann anzunehmen, wenn trotz erheblicher Anstrengungen des Arbeitgebers keine Beschäftigungsmöglichkeit gefunden werden kann.[497]

Hat der Arbeitnehmer bereits vor der Geburt in Teilzeit gearbeitet und bei Inanspruchnahme der Elternzeit deutlich gemacht, dass er weiterhin beschäftigt werden wolle, wird der Arbeitgeber dagegen keine dringenden betrieblichen Gründe einwenden können. Der Arbeitgeber muss in diesem Fall gerade nicht vor dem Wiederaufleben der Beschäftigungspflicht und damit vor einer Überbelegung geschützt werden, da die Beschäftigungspflicht erst gar nicht erloschen ist.

(b) Verringerungs- und Verteilungsanspruch
Fraglich ist, ob der Arbeitgeber an die gewünschte Verteilung der Arbeitszeit gebunden ist. Nach § 15 Abs. 7 S. 3 BEEG soll die gewünschte Verteilung zwar im Antrag angegeben werden. Nur die Ablehnung der beantragten Verringerung ist jedoch an ein Entgegenstehen dringender betrieblicher Gründe geknüpft.[498] Eine Ablehnung der gewünsch-

---

496 *Peters-Lang/Rolfs*, NZA 2000, 686 (687); *Horstmann* S. 19.
497 BAG v. 5.6.2007 9 AZR 82/07 in NZA 2007, 1352 (1356); BAG v. 15.12.2009 9 AZR 72/09 in NZA 2010, 447 (449f.). Zur Überprüfung des Vorliegens dringender betrieblicher Gründe wird auf das Prüfungsschema zu § 8 TzBfG verwiesen. So auch *Bruns* S. 64f. Nach *Gaul/Wisskirchen*, BB 2000, 2466 (2468) muss der Arbeitgeber dem Arbeitnehmer auch andere gleichwertige oder geringwertigere Tätigkeiten anbieten, um dem Wunsch nach Elternteilzeit gerecht zu werden. Auf der anderen Seite soll nach dem BAG v. 15.4.2008 9 AZR 380/07 in NZA 2008, 998 (1001) der Arbeitgeber nicht verpflichtet sein, einem anderen Arbeitnehmer zu kündigen oder ohne entsprechende Anhaltspunkte andere Arbeitnehmer nach dem Wunsch der Verringerung der Arbeitszeit zu befragen, um den Elternteilzeitwunsch zu ermöglichen.
498 Siehe § 15 Abs. 7 S. 1 BEEG.

ten Verteilung unterliegt keinen gesetzlichen Voraussetzungen. Folglich kann der Arbeitgeber dem Anspruch auf Verringerung zustimmen, den Verteilungswunsch jedoch ablehnen. Die Arbeitszeitverteilung obliegt damit weiterhin, als Teil des Weisungsrechtes, dem Arbeitgeber.[499] Ist das Elternteilzeitverlangen dahingehend auszulegen, dass nur Elternteilzeit in Verbindung mit der gewünschten Verteilung beantragt werden soll, kann der Arbeitgeber auch nur beides einheitlich annehmen bzw. ablehnen.[500] Die Ablehnung ist jedoch dann auch nicht mehr an das Entgegenstehen dringender betrieblicher Gründe geknüpft.

Die Förderpflicht gegenüber dem Arbeitnehmer beschränkt den Arbeitgeber in der Ausübung seines Weisungsrechts. Er muss die gegenläufigen Interessen nach billigem Ermessen gemäß § 315 BGB abwägen. Die Förderung der Vereinbarkeit von Familie und Beruf spricht dafür, dass dem Verteilungswunsch im Rahmen des Elternteilzeitanspruchs immer dann nachzukommen ist, wenn die Verteilung aufgrund der familiären Situation erfolgt. Dies wird in den meisten Fällen der Fall sein. Um den Erziehungsaufgaben und den beruflichen Aufgaben gerecht zu werden, kommt es gerade auf die Verteilung der Arbeitszeit an.

Will der Arbeitnehmer weiterhin an seiner Teilzeittätigkeit festhalten und nur die Verteilung der Arbeitszeit an die neuen familiären Verpflichtungen anpassen, fehlt hierfür im BEEG eine Anspruchsgrundlage.

(c) Elternzeit- und Elternteilzeitverlangen

Das Gesetz gibt keinen Zeitabschnitt vor, in dem die Elternteilzeitarbeit beantragt werden kann. Aus Gründen der Planungssicherheit wird vertreten, dass sich die zweijährige Bindungswirkung des erstmaligen Verlangens nach Elternzeit gemäß § 16 Abs. 1 S. 1 BEEG auch auf die konkrete Ausgestaltung und damit auf die etwaige Inanspruchnahme der Elternteilzeit beziehen soll.[501] Im Wortlaut finden sich für eine entsprechende Ausweitung der Bindungswirkung keine Anhaltspunkte. Weitergehend wird die Planungssicherheit des Arbeitgebers dadurch

---

499 Buchner/Becker (8. Aufl.) § 15 Rn. 56 BEEG, *Rudolf/Rudolf, NZA* 2002, 602 (604); *Gaul/Wisskirchen,* BB 2000, 2466 (2466).
500 *Sowka* S. 37.
501 *Sowka* S. 40.

gewahrt, dass der Arbeitnehmer nur zweimal während der Elternzeit den Anspruch auf Verringerung der Arbeitszeit hat und der Arbeitgeber einem Elternteilzeitverlangen entgegenhalten kann, dass er keine Beschäftigungsmöglichkeit für den Arbeitnehmer hat oder andere dringende betriebliche Gründe gegen die Verringerung sprechen. Dem Ziel der Vereinbarkeit von Familie und Beruf wird durch die Flexibilisierung der Elternzeit und der Elternteilzeit Rechnung getragen. Die Annahme einer Bindungswirkung würde diesem Ziel entgegenlaufen. Die Bindungswirkung für die Inanspruchnahme der Elternzeit umfasst nicht den Anspruch auf Elternteilzeit.[502]

Aus der Gesetzessystematik ergibt sich nur, dass der Antrag der Elternteilzeitarbeit von dem Bestehen der Elternzeit abhängig ist. Der Arbeitnehmer ist bei der Wahl des Antragszeitpunkts frei, solange für die betreffende Zeit auch Elternzeit beansprucht wird oder wurde.[503]

(d) Veränderung der Elternteilzeit
Fraglich ist, ob der Arbeitnehmer mit wirksamer Antragsstellung an die Ausgestaltung der ersten Inanspruchnahme der Elternteilzeit gebunden und somit während der Inanspruchnahme der Elternteilzeit nicht erneut eine Verringerung der Arbeitszeit verlangen kann. Für eine entsprechende Bindungswirkung spräche, dass der Arbeitnehmer sich nach § 15 Abs. 7 Nr. 3 BEEG auf einen Mindestzeitraum von zwei Monaten festlegen soll. Dies erleichtert die betriebliche Planung des Arbeitgebers. Gleiches gilt für die Festlegung der individuellen Ausgestaltung der Elternzeit auf die ersten zwei Jahre nach § 16 Abs. 1 S. 1 BEEG. Trotzdem kann in diesem Zeitraum die Ausgestaltung der Elternzeit durch vorzeitige Beendigung, Verlängerung oder die Inanspruchnahme von Elternzeit verändert werden. Will der Arbeitnehmer in Elternteilzeit erneut eine Verringerung der Arbeitszeit verlangen, kann der Arbeitgeber dies aufgrund dringender betrieblicher Gründe ablehnen. Weiterhin muss der Antrag auf die erneute Verringerung der Arbeitszeit nach § 15 Abs. 7 Nr. 5 BEEG mindestens sieben bzw. 13 Wochen vor dem angestrebten Beginn bei dem Arbeitgeber gestellt werden. Die erneute Inan-

---

502 Siehe BAG v. 9.5.2006 9 AZR 278/05 in NZA 2006, 1413 (1415); BAG v. 19.4.2005 9 AZR 233/04 in NZA 2005, 1354 (1356f.).
503 Siehe BAG v. 5.6.2007 9 AZR 82/07 in NZA 2007, 1352 (1352, 1354); ausführlich zu dem bisherigen Streitstand Joussen in NZA 2005, 336 (338) (m.w.N.).

spruchnahme der Elternteilzeit unterliegt damit den gleichen Voraussetzungen wie die erste Inanspruchnahme. Durch die Frist von sieben Wochen bleibt der gewünschte zweimonatige Mindestzeitraum der Elternteilzeit in jedem Fall gewahrt. Es sind keine Gründe ersichtlich, die für eine Bindungswirkung bei der erneuten Inanspruchnahme der Elternzeit sprechen. Da keine Bindung an die Inanspruchnahme der Elternteilzeit besteht, kann innerhalb einer juristischen Sekunde auf die Elternteilzeit in der bisherigen Form verzichtet und erneut Elternzeit beantragt werden. Die Elternzeitberechtigten können somit flexibel den Betreuungsaufwand des Kindes an den Umfang der Erwerbstätigkeit anpassen.

Hat ein Arbeitnehmer in der Elternzeit bereits einmal den Anspruch auf Verringerung der Arbeitszeit durchgesetzt, hat er nach § 15 Abs. 6 2. HS BEEG ein weiteres Mal den Anspruch auf Verringerung „seiner" Arbeitszeit. Fraglich ist, ob der „Bezugspunkt" der erneuten Verringerung der Arbeitszeit die bereits verringerte Arbeitszeit oder aber die ursprünglich vereinbarte Arbeitszeit ist.[504] Nur die Bezugnahme auf die ursprüngliche Arbeitszeit erlaubt den Antragsberechtigten jedoch, die einmal verringerte Arbeitszeit wieder aufzustocken, um schrittweise die Herausforderungen von Familie und Beruf aufeinander abzustimmen.

Möchte der Arbeitnehmer erst nach Ablauf des bei der ersten Inanspruchnahme festgelegten Zeitraumes eine weitere Verringerung der Arbeitszeit in Anspruch nehmen, ergeben sich keine Probleme. Zu diesem Zeitpunkt ist die einzige wirksame Vereinbarung über die Arbeitszeit die ursprünglich (also vor Beantragung der Elternzeit) vertraglich vereinbarte Arbeitszeit. Die ursprünglich vereinbarte Arbeitszeit ist damit „Bezugspunkt" für den Verringerungsanspruch.

Macht der Arbeitnehmer jedoch während der Elternteilzeit erneut einen Anspruch auf Verringerung der Arbeitszeit geltend, könnte sich der Verringerungsanspruch auf die bereits verringerte Arbeitszeit oder aber auf die ursprünglich vereinbarte Arbeitszeit beziehen. Die zu diesem

---

504 So auch *Sowka* S. 40; *Bruns* S. 49, Rancke-*Rancke* (4. Aufl.) § 15 Rn. 65 BEEG. Hier wird grundsätzlich davon ausgegangen, dass der Bezugspunkt des Anspruchs auf Verringerung der Arbeitszeit die ursprünglich (vor der Elternzeit) vereinbarte Arbeitszeit war. Es wird nicht der Zeitpunkt der erneuten Antragsstellung problematisiert.

Zeitpunkt wirksame Arbeitszeitvereinbarung ist die der befristeten Vertragsänderung zugrunde liegende verringerte Arbeitszeitvereinbarung. Die ursprünglich vereinbarte Arbeitszeit besteht jedoch weiterhin und lebt nach Ablauf der Frist wieder auf. Der Wortlaut hilft insofern nicht weiter, da er nur von „seiner" Arbeitszeit spricht und sich sowohl auf die eine wie auf die andere Arbeitszeitvereinbarung beziehen könnte. Das Ziel des Gesetzes, die Vereinbarkeit von Familie und Beruf zu fördern, spricht für eine Bezugnahme auf die ursprünglich vereinbarte Arbeitszeit. Hierdurch werden auch nicht die Rechte des Arbeitgebers beschränkt. Dieser hat weiterhin das Recht, das Beschäftigungsverlangen des Arbeitnehmers aufgrund dringender betrieblicher Gründe abzulehnen, wenn er keine Beschäftigungsmöglichkeit für ihn hat. Folglich ist auch bei der erneuten Inanspruchnahme der Verringerung der Arbeitszeit der „Bezugspunkt" die ursprünglich vereinbarte Arbeitszeit.[505]

b. Fortbildung in der Elternzeit

Nach § 1 Abs. 4 Berufsbildungsgesetz (BBiG)[506] soll die berufliche Fortbildung ermöglichen, die berufliche Qualifikation zu erhalten oder zu erweitern und beruflich aufzusteigen. Gerade bei längerer oder maximaler Inanspruchnahme der Elternzeit ermöglicht die berufliche Fortbildung, dass der Arbeitnehmer seine berufliche Qualifikation aufrechterhalten und verbessern kann, um nach der Elternzeit komplikationslos wieder in die Berufstätigkeit einsteigen zu können. Ein möglichst problemfreier Wiedereinstieg in die Erwerbstätigkeit nach der Elternzeit dient den arbeitnehmerseitigen Interessen, indem er die Vereinbarkeit von Familie und Beruf fördert, und den arbeitgeberseitigen Interessen, da so sichergestellt ist, dass es nach der Elternzeit keiner zusätzlichen Einarbeitungszeit bedarf.

Gesetzliche Regelungen, die die Aufnahme und Durchführung von Fortbildungsmaßnahmen während der Elternzeit regeln, finden sich im BEEG nicht. Auch die § 53ff. BBiG beschränkt sich auf Regelungen zur Vereinheitlichung und Anerkennung der erlangten Qualifika-

---

505 Hierfür spricht auch die Einführung des Elterngeldes Plus, das eine schrittweise Steigerung der Erwerbstätigkeit durch Neuberechnung des Einkommenssatzes fördert.
506 V. 23.3.2005 BGBl. I S. 931.

tionen und Prüfungen. Fortbildungsmaßnahmen werden individualvertraglich geregelt. Entsprechende Fortbildungsverträge unterliegen
den allgemeinen Bestimmungen des Arbeitsrechts.[507] Der Arbeitgeber soll den Arbeitnehmer auch zur Teilnahme an einer betrieblichen
Schulung kraft seines Weisungsrechts verpflichten können, soweit diese nicht den Rahmen der im Arbeitsvertrag vereinbarten Hauptleistungspflicht sprengt und eine vertragsgemäße Erfüllung der Hauptleistungspflicht nur mithilfe einer betrieblichen Schulung erbracht werden
kann.[508] Eine Verpflichtung zur Teilnahme an einer Fortbildungsmaßnahme kraft des Weisungsrechts kommt in der Elternzeit nur bei Inanspruchnahme der Elternteilzeit infrage. Wird keine Elternteilzeit wahrgenommen ruhen die Hauptleistungspflichten und das Weisungsrecht
des Arbeitgebers. Der Arbeitgeber kann den Arbeitnehmer in Elternzeit damit nicht verpflichten, an einer beruflichen Fortbildungsmaßnahme teilzunehmen. Fortbildungsverträge, die vor der Elternzeit abgeschlossen wurden, sind gemäß § 15 Abs. 2 S. 6 BEEG nicht wirksam,
da sie den Anspruch auf Elternzeit beschränken würden.[509] Fraglich
ist, ob der Arbeitnehmer in Elternzeit die Unterstützung des Arbeitgebers an einer beruflichen Fortbildungsmaßnahme verlangen kann.
Im Schrifttum wird diese Frage nicht diskutiert. In Betracht kommt
die Herleitung einer entsprechenden Verpflichtung aus der Fürsorgepflicht des Arbeitgebers. Dafür könnte § 102 Abs. 3 Nr. 4 BetrVG sprechen, wonach „[d]er Betriebsrat […] der ordentlichen Kündigung widersprechen [kann], wenn die Weiterbeschäftigung des Arbeitnehmers
nach zumutbaren Umschulungs- und Fortbildungsmaßnahmen möglich ist […].“ Die Fürsorgepflicht des Arbeitgebers führt auch in diesem
Fall dazu, dass der Arbeitnehmer in Arbeit gehalten werden soll. Der
Wunsch des Arbeitnehmers, in Elternzeit eine berufliche Fortbildung
wahrzunehmen, greift nur unwesentlich in die Dispositionsfreiheit des
Arbeitgebers ein und müsste damit erst recht von der Fürsorgepflicht
umfasst sein. Fehlende Stellungnahmen hierzu im Schrifttum sind damit zu erklären, dass die Verpflichtung des Arbeitgebers, dem Wunsch
des Arbeitnehmers in Elternzeit nach einer beruflichen Fortbildung
nachzukommen, eher ein theoretisches Problem ist. Wie bereits darge-

---

507 Erf/Kom-*Schlachter* (14. Aufl.) § 57 Rn. 1 BBiG; Schaub-*Bearbeiter* (16. Aufl.)
§ 176 Rn. 1.
508 *Sandmann*, NZA-Beil. 2008, 17 (17); a. A. *Birk*, FS für Kissel 1994, 51 (69).
509 Ausführlich hierzu *Horstmann* S. 39f.

legt, kommt eine berufliche Fortbildung in der Elternzeit auch dem Arbeitgeber zugute, sodass dieser wohl einem solchen Wunsch auch ohne Verpflichtung entsprechen wird.

V. Zwischenergebnis

Der Anspruch auf Erwerbstätigkeit in der Elternzeit gibt dem Arbeitnehmer in Elternzeit grundsätzlich schon früh die Möglichkeit, die familiären Verpflichtungen mit den beruflichen Herausforderungen zu vereinbaren. Der zweimalige Anspruch auf Verringerung der Arbeitszeit gibt dem Arbeitnehmer die Möglichkeit, flexibel auf die Herausforderungen von Familie und Beruf zu reagieren, und bereitet so auf die Erwerbstätigkeit nach der Elternzeit vor. Der Arbeitgeber wird nur im Falle einer Überbelegung geschützt, ansonsten ist er verpflichtet, dem Wunsch des Arbeitnehmers zu entsprechen. Dies stellt einen Eingriff in Art. 12 GG dar, der durch die Fürsorgepflicht des Arbeitgebers und die Familienförderungspflicht des Staates aus Art. 6 Abs. 1 GG gerechtfertigt ist. Für den Arbeitgeber zahlen sich jedoch Maßnahmen für die Vereinbarkeit von Familie und Beruf auch aus. Sie steigern die Attraktivität des Arbeitgebers, der so Arbeitnehmer an sich binden kann. Auch auf eine Einarbeitungszeit nach der Elternzeit kann verzichtet werden. Schließlich ist davon auszugehen, dass der Arbeitnehmer, der in der Elternzeit schon einer Erwerbstätigkeit nachgegangen ist, seine Leistungsfähigkeit im Beruf bei der Doppelbelastung von Familie und Beruf besser einschätzen kann.

Allerdings ist zur Vereinbarkeit von Familie und Beruf neben der Möglichkeit der Verkürzung der Arbeitszeit auch die Verteilung der Arbeitszeit bedeutsam. Will der Arbeitnehmer Elternteilzeit wahrnehmen, kann er die Verringerung seiner Arbeitszeit mit einer bestimmten Verteilung der Arbeitszeit verknüpfen. Hinsichtlich der Lage der Arbeitszeit besteht zwar kein rechtlicher Anspruch, jedoch müssen die familiären Belange im Rahmen des arbeitgeberseitigen Weisungsrechts Beachtung finden. Der Arbeitnehmer kann seine Tätigkeit in der Elternzeit davon abhängig machen, ob gleichzeitig auch seinem Verteilungswunsch nachgekommen werden kann. Will der Arbeitnehmer seine Teilzeittätigkeit fortsetzen, ist dies zulässig. Wie bei dem Anspruch auf Elternteilzeit besteht jedoch kein Anspruch auf eine bestimmte Verteilung der Arbeitszeit. Die Lage der Arbeitszeit obliegt dem arbeitgeberseitigen Weisungsrecht. Die familiären Belange sollten immer im Rahmen des arbeitgeberseitigen Weisungsrechts als Konsequenz der Fürsorgepflicht besonders berücksichtigt werden.

Der Anspruch auf Elterngeld unterstützt die Berechtigten finanziell. Die Verlängerung der Bezugsdauer durch die Partnermonate und die damit einhergehende Bevorzugung von Doppelverdienerfamilien und Alleinerziehenden verstößt nicht gegen die Neutralitätspflicht des Staates. Alleinerziehende sind besonders bedürftig und deswegen auch besonders zu fördern. Die Doppelverdienerfamilien werden zwar ebenfalls durch die Partnermonateregelung begünstigt, da bei der Erwerbstätigkeit von beiden Elternteilen auch ein höheres Elterngeld erzielt wird. Durch den Sockelbetrag können aber auch Einzelverdienerfamilien von den Partnermonaten profitieren. Durch die Partnermonate wird ein Anreiz geschaffen, dass beide Elterngeldberechtigte Erziehungs- und Betreuungsaufgabe übernehmen.

Durch die Einführung des Elterngeldes Plus mit Partnerschaftsbonus und einer flexibleren Elternzeit im Bundeselterngeld- und Elternzeitgesetz wurde der Anspruch auf Elternzeit im Hinblick auf die Förderung der Vereinbarkeit von Familie und Beruf ausgebaut.

England und Deutschland haben auf Basis der RL 2010/18/EU und dem Ziel, Eltern die Vereinbarkeit von Familie und Beruf zu erleichtern und die frühkindliche Erziehung zu fördern, verschiedene Wege eingeschlagen. Während in Deutschland ab der Geburt des Kindes und bis zum dritten Lebensjahr ein Anspruch auf Elternzeit besteht und sich dieser grundsätzlich einheitliche Anspruch auf einen Zeitraum bis zum vollendeten achten Lebensjahr des Kindes übertragen lässt, haben Eltern in England drei bzw. vier verschiedene unabhängig voneinander bestehende Ansprüche an der Hand. Die Mutter hat nach dem *statutory maternity leave* (26 Wochen ab der elften Woche vor Geburtstermin) einen Anspruch auf *additional maternity leave* (26 Wochen) und auf *parental leave* (18 Wochen bis zum fünften Lebensjahr des Kindes). Der Vater hat einen Anspruch auf *paternity leave* (ein oder zwei Wochen ab der Geburt des Kindes) und *parental leave*. Für Kinder, die ab dem 5.4.2015 geboren werden, besteht ein Anspruch auf *shared parental leave* innerhalb des ersten Lebensjahres. Dieser löst den Anspruch auf *additional paternity leave* ab. Der Anspruch auf *shared parental leave* steht nicht allein dem Vater, sondern auch der Mutter zu. Zudem ist er nicht von einer gleichzeitigen Erwerbstätigkeit des jeweils anderen Berechtigten abhängig.

Die unterschiedliche Ausgestaltung der familienbedingten Auszeiten im deutschen und englischen Recht hat zur Folge, dass das englische Recht im Hinblick auf Streitigkeiten wie zur zulässigen Verlängerung, frühzeitigen Beendigung oder der Durchsetzung eines Elternteilzeitverlangens nicht herangezogen werden kann. Sie spielen in den englischen Regelungen schon aus dem Grund keine Rolle, da diese, für sich genommen und auch in ihrer Gesamtheit, einen sehr viel kleineren Zeitabschnitt umfassen. Die finanzielle Unterstützung ist an den Verzicht auf jegliche Beschäftigung geknüpft. Die gleichzeitige Beschränkung einer Lohnersatzleistung auf einzelne familienbedingte Auszeiten kann aber auch ein Anreiz sein, möglichst zeitnah in die Erwerbstätigkeit zurückzukehren.

3 Familiengerechte Arbeitszeitverteilungen nach der Elternzeit

Die Bedürfnisse eines Kindes nach elterlicher Fürsorge enden nicht mit dem Auslaufen der Elternzeit. Sie bestehen fort, auch wenn sie sich im Laufe des Heranwachsens verändern. Die Erziehungsberechtigten sind nach § 1626 Abs. 1 BGB zur elterlichen Sorge verpflichtet. Diese Pflicht bezieht sich auf das minderjährige Kind und endet entsprechend mit dem Eintritt der Volljährigkeit nach § 2 BGB, das heißt mit der Vollendung des 18. Lebensjahres.

A. Regelungen im BEEG

Fraglich ist, ob auch nach der Elternzeit gesetzliche Regelungen zur Förderung der Vereinbarkeit von Familie und Beruf bestehen.

Nach § 15 Abs. 5 S. 4 HS. 2 BEEG besteht das Recht, nach der Elternzeit die ursprünglich vereinbarte Beschäftigung wieder aufzunehmen. Der Wortlaut darf allerdings nicht dahingehend verstanden werden, dass sich der Elternzeitberechtigte frei entscheiden kann, ob er zur ursprünglich vereinbarten Arbeitszeit zurückkehren will. Vielmehr leben mit dem Ende der Elternzeit die Hauptpflichten aus dem bis dahin ruhenden Arbeitsverhältnis wieder auf, und der Arbeitnehmer ist verpflichtet, die Beschäftigung mit den vereinbarten Arbeitszeiten wieder aufzunehmen.[510] Die Regelung in § 15 Abs. 5 S. 4 2. HS BEEG soll verdeutlichen, dass die Elternteilzeit mit der Elternzeit verknüpft ist und nach der Elternzeit wieder die allgemeinen Regeln gelten.

---

510 *Bruns* S. 79; *Horstmann* S. 188f.; Buchner/Becker (8. Aufl.) § 15 Rn. 36 BEEG; Erf/Kom-*Gallner* (16. Aufl.) § 15 Rn. 25 BEEG; Rancke-*Rancke* (4. Aufl.) § 15 Rn. 50 BEEG.

B. Regelungen im TzBfG

I. Die Geschichte der Teilzeitarbeit

Die Teilzeitarbeit als beschäftigungspolitisches Instrument hat Tradition. Schon bevor es eine gesetzliche Ausgestaltung der Teilzeitarbeit gab, bewog der Arbeitskräftemangel viele Betriebe in den Sechzigerjahren, Beschäftigungen in Form von Teilzeit anzubieten. Vor allem schwangere und nicht berufstätige Frauen mit Familie sollten dazu bewogen werden, in die Berufstätigkeit zurückzukehren bzw. weiterhin berufstätig zu bleiben. [511] Die Teilzeitarbeit wurde mithin als Mittel zur Vereinbarkeit von Familie und Beruf beworben.

Die Einführung der ersten gesetzlichen Regelungen zur Teilzeitarbeit im Beschäftigungsförderungsgesetz (BeschFG)[512] hatte auch beschäftigungspolitische Gründe, nämlich die relativ hohe Arbeitslosigkeit. Der Ausbau des arbeitsrechtlichen Schutzes sollte vollzeittätige Arbeitnehmer, die grundsätzlich ein Interesse an einer Teilzeittätigkeit haben, dazu ermuntern, von Vollzeit in Teilzeit zu wechseln. So sollten Arbeitsplätze geschaffen werden.[513] Das BeschFG regelte die Zulässigkeit befristeter Arbeitsverträge (§ 1) und die Rechte und Pflichten in der Teilzeitarbeit (§§ 2–6). Der arbeitsrechtliche Schutz von Arbeitnehmern in Teilzeitarbeit wurde ausgebaut. Das Gesetz umfasste ein Verbot der unterschiedlichen Behandlung von Teil- und Vollzeitbeschäftigten,[514] eine Regelung zur Veränderung der Arbeitszeit,[515] Regelungen zur Anpassung der Arbeitszeit an den Arbeitsanfall[516] und zur Arbeitsplatzteilung.[517]

Während die Betriebe in den Sechzigerjahren noch mit der Möglichkeit der Vereinbarkeit von Familie und Beruf für die Teilzeittätigkeit offensiv warben, um offene Arbeitsplätze besetzen zu können und beschäf-

---

511 *v. Oertzen* S. 84f.
512 Gesetz über arbeitsrechtliche Vorschriften zur Beschäftigtenförderung vom 26.4.1985 BGBl. I S. 710 gültig bis 31.12.2000; zuletzt geändert durch Gesetz vom 25.9.1996 BGBl. S. 1476.
513 BT-Drs. 10/2102 S. 1 (14).
514 § 2 Abs. 1 BeschFG.
515 § 3 BeschFG.
516 § 4 BeschFG.
517 § 5 BeschFG.

tigte Frauen trotz Familiengründung zur Weiterarbeit zu motivieren, tritt dieses Ziel heute in den Hintergrund. Im Fokus stand die Schaffung von zusätzlichen Arbeitsplätzen. Der Schwerpunkt der Regelungen lag auf dem arbeitsrechtlichen Schutz von Arbeitnehmern in Teilzeitarbeit. Hatte ein Arbeitnehmer Interesse an einer Änderung seiner Arbeitszeit, konnte er dies bei seinem Arbeitgeber anzeigen. Der Arbeitgeber wurde verpflichtet, dem Arbeitnehmer über entsprechende frei werdende Plätze zu informieren.[518] Aus einer Verletzung dieser Unterrichtungspflicht konnten sich Schadensersatzansprüche ergeben.[519] Nichtsdestotrotz wurde die Belastung des Arbeitgebers möglichst klein gehalten. Der Arbeitgeber war nicht verpflichtet, dem Wunsch des Arbeitnehmers zu entsprechen. Eine betriebsbezogene Unterrichtungspflicht aus § 3 BeschFG trat erst dann ein, wenn der Arbeitgeber eine entsprechende Stelle frei hatte. Die bestehenden Regelungen dienten nicht der Vereinbarkeit von Familie und Beruf, für die eine Anpassung der Arbeitszeit hilfreich ist.[520] Das TzBfG ersetzte das am 31.12.2000 auslaufende BeschFG. Das beschäftigungspolitische Ziel wurde durch das gleichstellungspolitische Ziel ergänzt.

II. Sinn und Zweck

„Der Ausbau der Teilzeitarbeit fördert [...] nicht nur die Chancengleichheit zwischen Männern und Frauen und die bessere Vereinbarkeit von Familie und Beruf, sondern berücksichtigt auch die unterschiedlichen Lebensentwürfe der Arbeitnehmer."[521]

Die Teilzeitarbeit wird allgemein im Gesetz über Teilzeitarbeit und befristete Arbeitsverträge (TzBfG)[522] geregelt. Ziel des TzBfG ist es, Ar-

---

518 § 3 BeschFG.
519 Halbach S. 45.
520 Allerdings nahmen sich der Förderung der Vereinbarkeit von Familie und Beruf viele Tarifvertragsparteien an. Es kam von Absichtserklärungen bis hin zu Ansprüchen zu verschiedenen Regelungen in den Tarifverträgen. Siehe beispielsweise § 15b Abs. 1 BAT (gültig ab 1.5.1994). Ausführlich dazu: *Langmaack, Teilzeitarbeit und Arbeitszeitflexibilisierung* S. 64f.
521 BT-Drs. 14/4374 (S. 11).
522 V. 21.12.2000 BGBl. I S. 1966. Mit dem TzBfG wurden die Teilzeitarbeitsrichtlinie 1997/81 EG und die Befristungsrichtlinie 1999/70/EG umgesetzt.

beitsplätze zu schaffen und zu sichern. Daneben steht die Durchsetzung einer diskriminierungsfreien Teilzeitarbeit, die mit der Gleichstellung von Männern und Frauen verknüpft ist.[523] Unter der gleichstellungspolitischen Zielsetzung ist nach den Ausführungen in der Gesetzesbegründung auch die Förderung der Vereinbarkeit von Familie und Beruf zu verstehen, da vor allem Frauen zur Vereinbarung der beruflichen und familiären Pflichten eine Teilzeittätigkeit wahrnehmen. Der Arbeitgeber soll durch motivierte und effizient arbeitende Arbeitnehmer von den neuen Regelungen profitieren.[524]

III. Aufbau des TzBfG

Das TzBfG gliedert sich in vier Abschnitte. Im ersten Abschnitt sind die allgemeinen Vorschriften geregelt. § 1 TzBfG schreibt die Zielsetzung des TzBfG fest. An erster Stelle wird die Förderung der Teilzeitarbeit genannt, gefolgt von der Festlegung der Zulässigkeitsvoraussetzungen von befristeten Arbeitsverträgen und des Diskriminierungsverbots befristet- oder teilzeitbeschäftigter Arbeitnehmer. Anders als die Zulässigkeitsvoraussetzungen der Befristung und das Diskriminierungsverbot wird die Förderung der Teilzeitarbeit nicht ausdrücklich im TzBfG geregelt. Die Förderung der Teilzeitarbeit ist im Rahmen der teleologischen Auslegung zu beachten, sodass im Zweifel immer die teilzeitfreundlichere Regelung zu wählen ist.[525] In § 2 und § 3 TzBfG wird der Begriff der Teilzeitbeschäftigung und der Befristung definiert. Abschließend ist in § 4 und § 5 TzBfG ein Diskriminierungs- und Benachteiligungsverbot geregelt. Der zweite Abschnitt regelt die Teilzeitarbeit. An die Regelungen zur Teilzeitarbeit schließen sich im dritten Abschnitt die Vorschriften zu den befristeten Arbeitsverträgen an. Der vierte Abschnitt befasst sich mit den gemeinsamen Vorschriften. So kann gemäß § 22 Abs. 1 TzBfG von den Vorschriften des TzBfG bis auf die genannten Ausnahmen nicht zuungunsten des Arbeitnehmers abgewichen werden.

---

523 Gesetzesentwurf der Bundesregierung zum TzBfG BT-Drs. 14/4374 (S. 1).
524 BT-Drs. 14/4374 (S. 11).
525 Boecken/Joussen-*Joussen* (3. Aufl.) § 1 Rn. 10 TzBfG; Meinel/Heyn/Herms (5. Aufl.) § 1 Rn. 18 TzBfG; Annuß/Thüsing-*Annuß* (3. Aufl.) § 1 Rn. 1 TzBfG (m.w.N.).

Abschließend wird in § 23 TzBfG festgehalten, dass andere gesetzliche Vorschriften zur Teilzeitarbeit und zur Befristung unberührt bleiben.[526]

IV. Die Teilzeitarbeit §§ 6–13 TzBfG

1. Der Grundsatz der Förderung der Teilzeitarbeit

Der Arbeitgeber wird nach § 6 TzBfG dazu verpflichtet, die Teilzeitarbeit nach den Regeln dieses Gesetzes unabhängig von der Position des Arbeitnehmers zu ermöglichen. Ausdrücklich wird hervorgehoben, dass auch Arbeitnehmern in leitenden Positionen eine Teilzeittätigkeit ermöglicht werden soll. So wird klargestellt, dass das TzBfG für Arbeitnehmer auf allen Unternehmensebenen gilt.[527]

2. Ausschreibungs- und Informationspflichten des Arbeitgebers

Gemäß § 7 TzBfG wird der Arbeitgeber verpflichtet, geeignete Arbeitsplätze auch als Teilzeitplätze auszuschreiben. Er hat einem Arbeitnehmer, der Interesse an einer Änderung der Arbeitszeit angezeigt hat, über entsprechende frei werdende, neu gestaltete oder umgestaltete Arbeitsplätze zu informieren sowie die Arbeitnehmervertretungen über den Status quo und die angestrebten Entwicklungen bezüglich der Teilzeittätigkeit im Betrieb zu informieren.

a. Die Ausschreibungspflicht

§ 7 Abs. 1 TzBfG regelt die Pflicht des Arbeitgebers, geeignete Arbeitsplätze auch als Teilzeitarbeitsplätze auszuschreiben. Es ist nicht geregelt, wann ein Arbeitsplatz geeignet ist, in Teilzeit ausgeführt zu werden. Nach dem Regierungsentwurf zum TzBfG sollten alle Arbeitsplätze als Teilzeitarbeitsplätze organisiert werden können, soweit nicht dringende betriebliche Gründe entgegenstehen.[528] Diese Forderung wurde nicht umgesetzt. Die Geeignetheit ist danach zu bestimmen, ob der Arbeitsplatz „im Rahmen der betrieblichen Möglichkeiten" als Teilzeitstelle ausgestaltet werden kann.[529] Es bleibt das Problem zu bestimmen, wel-

---

526 Eine andere gesetzliche Regelung zur Teilzeitarbeit sind die bereits behandelten Vorschriften zur Elternteilzeit nach § 15 BEEG.
527 BT-Drs. 14/4374 S. 16.
528 BT-Drs. 14/4374 S. 16.
529 BT-Drs. 14/4625 S. 20.

che Arbeitsplätze für den Arbeitgeber zumutbar als Teilzeitarbeitsplätze organisiert werden können. Da die Forderung im Regierungsentwurf nicht umgesetzt wurde, bleibt es dem Arbeitgeber überlassen zu bestimmen, welche Arbeitsplätze als Teilzeitarbeitsplätze ausgeschrieben werden. Die grundsätzlich freie Entscheidung des Arbeitgebers soll nur daraufhin überprüft werden, ob sie offenkundig unsachlich, unvernünftig oder willkürlich ist.[530] Dafür spricht die positive Gesetzesformulierung „Der Arbeitgeber hat einen Arbeitsplatz [...] auch als Teilzeitarbeitsplatz auszuschreiben, wenn sich der Arbeitsplatz dafür eignet." Es wurde gerade keine negative Formulierung wie etwa „soweit betriebliche Gründe nicht entgegenstehen"[531] gewählt, die eine automatische Überprüfung indizieren würde. Aufgrund der positiven Gesetzesformulierung und der fehlenden Androhung einer Sanktion für eine Verletzung der Ausschreibungspflicht ist von einer freien Entscheidung des Arbeitgebers auszugehen, die nur hinsichtlich offenkundiger Fehler zu überprüfen ist.

Die Förderung der Teilzeitarbeit kann nur gelingen, wenn auch der Arbeitgeber von ihrem Nutzen überzeugt wird. § 7 Abs. 1 TzBfG verpflichtet den Arbeitgeber, einen Arbeitsplatz möglichst auch als Teilzeitarbeitsplatz auszuschreiben.

Die Verletzung der Ausschreibungspflicht ist sanktionslos, allerdings kann der Betriebsrat die Zustimmung zu einer Einstellung nach § 99 Abs. 2 Nr. 1 BetrVG verweigern, wenn der Arbeitgeber gegen die Ausschreibungspflicht verstoßen hat. Ein solcher Verstoß wurde angenommen, als ein Arbeitgeber eine zuvor als Teilzeitarbeitsplatz ausgeschriebene Stelle bei einer erneuten Ausschreibung nur noch als Vollzeitstelle

---

530 *Kliemt*, NZA 2001, 63 (68); *Lakies*, DZWIR 2001, 1 (3); *Ehler*, BB 2001, 1146 (1146); *Junker*, NZA-Beil. 2012, 27 (27). Ebenfalls wird vertreten, dass diese Stelle in der Gesetzesbegründung darauf verweisen würde, dass eine Stelle nur dann nicht als Teilzeitstelle ausgeschrieben werden dürfe, wenn betriebliche Gründe dagegen sprächen. *Lindemann/Simon*, BB 2001, 146 (147). So auch *Däubler*, ZIP 2000, 1961 (1962). Dies würde dazu führen, dass bei der Prüfung der Eignung die Regeln des § 8 Abs. 4 TzBfG heranzuziehen sind. Der unterschiedliche Wortlaut in den beiden Vorschriften würde damit übergangen werden.

531 Vergleiche § 8 Abs. 4 S. 1 TzBfG.

ausschrieb, obwohl keine organisatorischen Änderungen vorgenommen wurden.[532]

b. Die Informationspflichten

Die in § 7 Abs. 2 TzBfG geregelte Informationspflicht des Arbeitgebers besteht, wenn der Arbeitnehmer dem Arbeitgeber den Wunsch nach Veränderung der Arbeitszeit angezeigt hat.[533] Nur der Wunsch nach einer verringerten Arbeitszeit hat die Informationspflicht zur Folge.[534] Es bestehen keine besonderen Regelungen hinsichtlich der Form der Anzeige oder der darauf bezogenen Information. Sie kann formlos erfolgen. Nach dem BeschFG kam der Arbeitgeber seiner Informationspflicht gegenüber dem Arbeitnehmer bereits durch das Anbringen eines Aushangs nach. Eine vergleichbare Erleichterung der Informationspflicht findet sich im TzBfG nicht. Aus dem Wortlaut von § 7 Abs. 2 TzBfG „Der Arbeitgeber hat einen Arbeitnehmer [...] über entsprechende Arbeitsplätze zu informieren [...]" geht hervor, dass die Informationspflicht eine persönliche ist. Der Arbeitgeber ist demnach nicht lediglich verpflichtet, dem Arbeitnehmer die Erlangung der Information zu ermöglichen. Er muss den Arbeitnehmer gerade persönlich informieren. Ob die Individualisierung auch durch einen Aushang erfolgen kann, ist

---

532 LAG Baden-Württemberg v. 19.7.2004 14TaBV 4/03 (juris) Rn. 69; siehe auch ArbG Hannover v. 13.1.2005 10 BV 7/04 in DB 2005, 896 (896f.); vergleichbarer Fall BAG v. 14.11.1989 1 ABR 88/88 in NZA 1990, 368 (368f.). Grundsätzlich gegen ein Widerspruchsrecht des Betriebsrats *Ehler,* BB 2001, 1146 (1147); HK-*Boecken* (3. Aufl.) § 7 Rn. 7f. TzBfG. Strittig ist auch, ob dem Betriebsrat auch ein Zustimmungsverweigerungsgrund nach § 99 Abs. 2 Nr. 5 BetrVG zustehen kann. Siehe hierzu *Rolfs,* RdA 2001, 129 (141), *Däubler,* ZIP 2001, 217 (218); *Junker,* NZA-Beil. 2012, 27 (27f.); *Schloßer,* BB 2001, 411 (411f.); *Ehler,* BB 2001, 1146f.; *Hanau,* NZA 2001, 1168 (1168f.); HK-*Boecken* (3. Aufl.) §7 Rn. 8 TzBfG; TZA-*Buschmann* (2. Aufl.) § 7 Rn. 5 TzBfG.

533 Eine dem § 7 Abs. 2 TzBfG entsprechende Informationspflicht befand sich bereits in § 3 BeschFG. Sie unterschied sich allerdings von § 7 Abs. 2 dahingehend, dass sich die Unterrichtungspflicht des Arbeitgebers im BeschFG nur auf betriebsbezogene Ausschreibungen bezog und nicht auf Stellen im gesamten Unternehmen. Hinsichtlich des Veränderungswunsches waren Dauer und Lage der Arbeitszeit noch nicht miteinander verknüpft.

534 Siehe *Hanau,* NZA 2001, 1168 (1168), Erf/Kom-*Preis* (16. Aufl.) § 7 Rn. 6 TzBfG; a. A. *Lakies,* DZWIR 2001, 1 (3).

fraglich.[535] Der aus der Informationspflicht hervorgehende Anspruch muss dazu führen, dass der Arbeitnehmer „mehr" erwarten kann, als er unter sonstigen Umständen erwarten könnte.[536] Dieses „mehr" ist in der Individualisierung der Information zu sehen. Es ist davon auszugehen, dass frei werdende oder neu zu besetzende Stellen im Betrieb oder Unternehmen immer auch durch Aushang öffentlich gemacht werden, da der Arbeitgeber ein Interesse hat, bewährte Arbeitnehmer einzusetzen. Ein öffentlicher Aushang ist aber gerade nicht individualisiert und damit zur Erfüllung der Informationspflicht nicht ausreichend.

Im Gesetz werden keine Angaben zu einer zeitlichen Begrenzung der Informationspflicht gemacht. Die Informationspflicht entsteht, wenn der Arbeitnehmer einen Veränderungswunsch von Dauer und Lage der Arbeitszeit angezeigt hat und eine entsprechende Stelle im Betrieb oder Unternehmen besetzt werden soll. Wenn in naher Zukunft eine Stelle neu zu besetzen ist, muss der Arbeitgeber den Arbeitnehmer darüber informieren. Ist keine entsprechende Stelle in naher Zukunft zu besetzen, muss der Arbeitnehmer einen weiter bestehenden Änderungswunsch beim Arbeitgeber erneut anzeigen. Dem Arbeitgeber kann eine dauernde Informationspflicht aufgrund des administrativen Aufwands nicht zugemutet werden.[537]

Der Arbeitgeber hat die Arbeitnehmervertretung nach § 7 Abs. 3 TzBfG über vorhandene und geplante Teilzeitstellen zu informieren. Die Information umfasst auch die Arbeitsplatzbeschreibung sowie die Umwandlung von Vollzeit- in Teilzeitstellen und umgekehrt. Auf Anfrage sind auch die betreffenden Unterlagen auszuhändigen. § 7 Abs. 3 TzBfG

---

535 Ablehnend *Lakies*, DZWIR 2001, 1 (3); *Rolfs*, RdA 2001, 129 (141); HK-*Boecken* (3. Aufl) § 7 Rn. 16 TzBfG; Meinel/Heyn/Herms (5. Aufl.) § 7 Rn. 24 TzBfG; a. A. *Kliemt*, NZA 2001, 63 (68); Annuß/Thüsing-*Mengel* (3. Aufl.) § 7 Rn. 15 TzBfG.

536 § 7 Abs. 2 TzBfG soll die Regelung § 5 Nr. 3c der Rahmenvereinbarung über Teilzeitarbeit umsetzen (BT-Drs. 14/4374 S. 16), nach der die Informationspflicht der Erleichterung des Wechsels von einem Vollzeit- in ein Teilzeitarbeitsverhältnis dienen soll und umgekehrt (RL 97/81/EG Abl. L 14/14 v. 20.1.1998). Die Forderung nach einer Erleichterung impliziert eine Besserstellung zu der gewöhnlichen Informationslage.

537 So auch *Hanau*, NZA 2001, 1168 (1168); *Hromadka*, NJW 2001, 400 (401); Meinel/Heyn/Herms (5. Aufl.) § 7 Rn. 25 TzBfG; ErfKom-*Preis* (16. Aufl.) § 7 Rn. 7 TzBfG.

setzt die Vorgaben aus der RL 97/81/EG um.[538] Durch diese umfassende Informationsverpflichtung werden Arbeitnehmervertretungen in die Lage versetzt, sich ein betriebsübergreifendes Bild von der Personalplanung zu machen.

3. Der Anspruch auf Verringerung der Arbeitszeit

§ 8 TzBfG regelt einen allgemeinen Anspruch auf Verringerung der Arbeitszeit und geht damit über die Forderungen aus der umgesetzten RL 97/81/EG weit hinaus. In der Richtlinie wurde gemäß § 5 Nr. 3a lediglich verlangt, dass der Arbeitgeber Anträge eines Vollzeitbeschäftigten auf den Wechsel in eine Teilzeitbeschäftigung, soweit dies möglich sei, berücksichtigen soll.

Die Geltendmachung des Anspruchs auf Verringerung der Arbeitszeit folgt einem dreistufigen Verfahren, nämlich Antragstellung (§ 8 Abs. 1, 2, 6, 7 TzBfG), Verhandlung (§ 8 Abs. 3 TzBfG) und Entscheidung (§ 8 Abs. 4, 5 TzBfG).

a. Antragsstellung

Hat ein Arbeitgeber mehr als 15 Beschäftigte[539] kann jeder seiner Arbeitnehmer, dessen Arbeitsverhältnis nach § 8 Abs. 1 TzBfG länger als sechs Monate bestanden hat, eine Verringerung seiner Arbeitszeit verlangen. Hat der Arbeitnehmer während des bestehenden Arbeitsverhältnisses bereits einen Antrag auf Verringerung der Arbeitszeit geltend gemacht, kann er gemäß § 8 Abs. 6 TzBfG erst nach einer Wartefrist von zwei Jahren einen erneuten Antrag stellen.[540] Die Verringerung ist ge-

---

538 § 5 Nr. 3e der Rahmenvereinbarung zur Teilzeitarbeit RL 97/81/EG Abl. L 14/14 v. 20.1.1998.

539 § 8 Abs. 7 TzBfG wird als „Kleinunternehmerklausel" verstanden. Die Bezugnahme des Gesetzestextes auf den „Arbeitgeber" steht für die Unternehmensbezogenheit. Siehe AG Mönchengladbach v. 30.5.2001 5 Ca 1157/01 in NZA 2001, 970 (971); *Lindemann/Simon*, BB 2001, 146 (148); *Kliemt*, NZA 2001, 63 (64); Staudacher/Hellmann/Hartmann/Wenk Rn. 410; Meinel/Heyn/Herms (5. Aufl.) § 8 Rn. 111 TzBfG; Annuß/Thüsing-*Mengel* (3. Aufl.) § 8 Rn. 4f. TzBfG; TZA-*Buschmann* (2. Aufl.) § 8 Rn. 7 TzBfG (der in Anbetracht des Gleichheitsgrundsatzes auf die verfassungsrechtliche Bedenklichkeit der Kleinunternehmerklausel hinweist).

540 Der Arbeitnehmer ist somit zwei Jahre an seinen Teilzeitanspruch gebunden.

mäß § 8 Abs. 2 S. 1 TzBfG spätestens drei Monate vor dem gewünschten Beginn beim Arbeitgeber geltend zu machen.[541] Der Antrag muss keiner bestimmten Form entsprechen,[542] er soll aber die gewünschte Arbeitszeitverteilung enthalten.

(1) Persönliche Antragsberechtigung

Die Anspruchsberechtigung besteht unabhängig von Dauer und Lage der vereinbarten Arbeitszeit.[543] Die längere Wartefrist bei einem erneuten Teilzeitgesuch kann mit einem erhöhten Organisationsaufwand begründet werden. Der Gesetzeswortlaut „Ein Arbeitnehmer, dessen Arbeitsverhältnis länger als sechs Monate bestanden hat" verdeutlicht, dass es auf den rechtlichen Bestand des Arbeitsverhältnisses und nicht auf die tatsächlich geleistete Arbeit ankommt. Die Wartezeit kann damit auch durch ein ruhendes Arbeitsverhältnis, wie es beispielsweise in Mutterschutz und Elternzeit vorliegt, erfüllt werden.[544] Das Arbeitsverhältnis muss grundsätzlich ununterbrochen bestanden haben.[545] Dies geht zwar nicht unmittelbar aus dem Gesetzeswortlaut hervor, aller-

---

541 Strittig ist, ob die Wartefrist eine materielle Wirksamkeitsvoraussetzung des Teilzeitanspruches ist. Geht man davon aus, würde die Nichteinhaltung der Wartezeit zur Ungültigkeit des gesamten Antrags führen. Dieser könnte aber jederzeit wiederholt werden. (*Preis/Gotthardt,* DB 2001, 145 (146); *Straub,* NZA 2001, 919 (921) Nach ständiger Rechtsprechung ist der Teilzeitanspruchs dahingehend auszulegen, dass der Anspruch hilfsweise immer auf den Zeitpunkt gerichtet ist, an den er nach den gesetzlichen Regeln verlangt werden kann. Geht der Arbeitgeber vorbehaltlos auf den Teilzeitanspruch ein, hat er konkludent auf die Einhaltung der Dreimonatsfrist verzichtet. Es gilt dann die verkürzte Frist. BAG v. 20.7.2004 9 AZR 626/03 in NZA 2004, 1090 (1092); v. 16.12.2008 9 AZR 893/07 in NZA 2009, 565 (568); *Feldhoff,* ZTR 2006, 58 (58); *Rolfs,* RdA 2001, 129 (134); *Hunold,* NZA-RR 2004, 225 (226), der die Schaffung einer eindeutigen Rechtslage fordert.

542 Kritisch hinsichtlich der Fiktionswirkung bei fehlender schriftlicher Ablehnung nach § 8 Abs. 5 S. 2, 3 TzBfG. *Preis/Gotthardt,* DB 2001 145, (145); ebenfalls kritisch *Straub,* NZA 2001, 919 (921).

543 Auszubildende sind nicht antragsberechtigt, da der Ausbildungsabschluss in der vorgegebenen Zeit einer Tätigkeit in Teilzeit widerspricht. § 10 Abs. 2 i.V.m. § 8 Abs. 1 BBiG. Siehe auch *Gehring,* Das Recht auf Teilzeitarbeit S. 43; Staudacher/Hellmann/Hartmann/Wenk Rn. 396; Meinel/Heyn/Herms (5.Aufl.) § 8 Rn. 17 TzBfG (m.w.N.).

544 *Rudolf/Rudolf,* NZA 2002, 602 (605); *Preis/Gotthardt,* DB 2001, 145 (149); *Rolfs,* RdA 2001, 129 (133).

545 *Preis/Gotthardt,* DB 2001 145 (149); *Rolfs,* RdA 2001, 129 (133), Schaub-*Link* (16. Aufl.) § 43 Rn. 62; Meinel/Heyn/Herms (5.Aufl.) § 8 Rn. 21 TzBfG (m.w.N.).

dings entspricht es dem Sinn und Zweck der Wartefrist. Erst durch die Unternehmenstreue ist ein solcher Mehraufwand zu rechtfertigen.[546]

Hinsichtlich des einheitlichen Gesetzesverständnisses ist das Vorliegen des Arbeitsverhältnisses wie die sog. „Kleinunternehmerklausel" in § 8 Abs. 7 TzBfG an der Unternehmensbezogenheit zu messen.[547] Ein einheitliches Arbeitsverhältnis liegt damit auch bei einem Betriebswechsel innerhalb eines Unternehmens vor.

War der Arbeitnehmer in einem vorherigen Arbeitsverhältnis bereits bei demselben Arbeitgeber beschäftigt und stehen die beiden Arbeitsverhältnisse in einem engen sachlichen Zusammenhang, soll das frühere Arbeitsverhältnis entsprechend der Rechtsprechung des Bundesarbeitsgerichts[548] auf die Wartezeit angerechnet werden.[549] Ausschlaggebend für die Beurteilung des engen sachlichen Zusammenhangs ist auch die Dauer der Unterbrechung zwischen den Arbeitsverhältnissen.[550] Liegt ein enger sachlicher Zusammenhang zwischen zwei aufeinander folgenden Arbeitsverhältnissen vor, kann durch die darin verkörperte Unternehmenstreue dem Arbeitgeber ein organisatorischer Mehraufwand abverlangt werden. Die Ausnahmeregelung entspricht damit dem Gesetzeszweck.

---

546 Einem entsprechenden Schutzzweck unterliegt unter anderem auch das Kündigungsschutzrecht. Sozial ungerechtfertigte Kündigungen können bei Bestehen eines ununterbrochenen Arbeitsverhältnisses von mindestens sechs Monaten für unwirksam erklärt werden (§ 1 Abs. 1 KSchG). MünchHdb Arbr.-*Schüren* § 46 Rn. 46. Dieser Gleichlauf der beiden Vorschriften hat den (wohl auch vom Gesetzgeber bezweckten, siehe HK-*Boecken* 3. Aufl. § 8 Rn. 17 TzBfG) Nebeneffekt, das Benachteiligungsverbot nach § 5 TzBfG durch die Kündigungsschutzvorschriften zu unterstützen. Ein Arbeitnehmer der einen Teilzeitanspruch geltend macht ist, damit doppelt geschützt.

547 Siehe auch *Lindemann/Simon*, BB 2001, 146 (148).

548 Siehe BAG v. 20.08.1998 2 AZR 83/98 in NZA 1999, 314 und v. 9.2.2000 7 AZR 730/98 NZA 2000, 721.

549 *Rolfs*, RdA 2001, 129 (134); Meinel/Heyn/Herms (5. Aufl.) § 8 Rn. 22 TzBfG; Staudacher/Hellmann/Hartmann/Wenk Rn. 399; Annuß/Thüsing-*Mengel* (3. Aufl.) § 8 Rn. 27 (m.w.N.); a. A. Boecken/Joussen-*Boecken* (3. Aufl.) § 8 Rn. 19 TzBfG.

550 „Je länger die rein zeitliche ‚Unterbrechung' währt, umso gewichtiger müssen die für einen sachlichen Zusammenhang sprechenden Umstände sein." BAG v. 20.8.1998 2 AZR 83/92 in NZA 1999, 314 (315).

(2) Inhalt des Antrags

Der Antrag muss nach § 8 Abs. 2 S. 1 TzBfG die gewünschte Verringerung der Arbeitszeit enthalten. Nach S. 2 soll zusätzlich die gewünschte Verteilung der Arbeitszeit angegeben werden. Er ist bindend gemäß § 145 BGB und nach den allgemeinen Regeln der §§ 133, 157 BGB auszulegen.[551]

Die Verringerung der Arbeitszeit muss aus dem Antrag selbst hervorgehen und so bestimmt sein, dass sie mit einem einfachen „Ja" Vertragsinhalt wird.[552] Wie aus dem Gesetzeswortlaut hervorgeht, ist die Angabe der Verteilung der Arbeitszeit keine Wirksamkeitsvoraussetzung. Das Gesetz drückt in dieser „Sollvorschrift" zwar eine deutliche Empfehlung zur Angabe der Verteilung aus, überlässt die endgültige Entscheidung aber dem Antragsteller. Macht dieser keine Angaben zur Verteilung der verringerten Arbeitszeit, ist sie grundsätzlich Teil des arbeitgeberseitigen Weisungsrechts.[553] Die Möglichkeit, im Rahmen des § 8 TzBfG eine bestimmte Verteilung der Arbeitszeit durchzusetzen, stellt somit eine Einschränkung des Weisungsrechts dar. Der Arbeitgeber wird dadurch verpflichtet, sein Weisungsrecht auf eine bestimmte Art auszuüben.[554] Soll die Verringerung der Arbeitszeit die Vereinbarkeit von Familie und Beruf ermöglichen, kommt es gerade auf die Verteilung der Arbeitszeit an, sodass diese auch immer im Antrag angegeben sein wird.

Eine befristete Arbeitszeitverringerung kann nach dem TzBfG nicht geltend gemacht werden. Die starke Ausgestaltung des Anspruchs und der mit ihm gleichzeitig verbundene organisatorische Mehraufwand schließen die Durchsetzung eines befristeten Teilzeitanspruchs aus. Wird trotzdem ein befristeter Teilzeitanspruch geltend gemacht, kann dieser Antrag nicht in einen Antrag auf einen unbefristeten wirksamen Teilzeitanspruch umgedeutet werden. Die unbefristete Teilzeitstelle entspricht in Anbetracht der dauernden Verdienstminderung zumeist nicht der Interessenlage des Arbeitnehmers.[555]

---

551 BAG v. 23.11.2004 9 AZR 644/03 in NZA 2005, 769 (772).
552 BAG v. 16.10.2007 9 AZR 239/07 in NZA 2008, 289 (291) (m.w.N.).
553 BAG v. 18.5.2004 9 AZR 319/03 in NZA 2005, 108 (110).
554 *Grobys/Bram*, NZA 2001, 1175 (1178).
555 BAG v. 12.9.2006 9 AZR 686/05 in NZA 2007, 253 (253f.) (m.w.N.); *Hanau*, NZA 2001, 1168 (1169); a. A. *Kohte*, AuR 2007, 413 (415); *Viethen*, NZA Beilage 2001, 3 (4).

Einem Teilzeitanspruch nach § 8 TzBfG soll es nicht entsprechen, wenn der Wunsch nach Verringerung der Arbeitszeit mit der Umsetzung auf einen anderen Arbeitsplatz verknüpft ist. Es bestehe nur ein Anspruch auf Verkürzung der vertraglich vereinbarten Arbeitszeit auf dem bestehenden Arbeitsplatz. Diese Einschränkung wird aus einem Vergleich mit § 9 TzBfG gezogen, der im Rahmen der Verlängerung der Arbeitszeit ausdrücklich alle freien Arbeitsplätze mit einbezieht, jedoch nur eine bevorzugte Berücksichtigungspflicht zur Folge hat.[556]

Eine solche Begrenzung des Teilzeitanspruchs findet im Wortlaut selbst keine Grundlage. Vielmehr spricht das Erfordernis der entgegenstehenden betrieblichen Gründe für den Betriebsbezug des Teilzeitanspruchs. Auch die Regelbeispiele weisen einen Betriebsbezug auf, sodass davon auszugehen ist, dass sich der Teilzeitanspruch auf den gesamten Betrieb bezieht. Der Arbeitgeber wird damit verpflichtet, sein Weisungsrecht gegenüber anderen Arbeitnehmern in einer solchen Weise auszuüben, dass die Umsetzung des Teilzeitanspruchs ermöglicht wird, auch wenn damit gleichzeitig die Umsetzung auf einen anderen Arbeitsplatz im Betrieb verbunden ist.[557] Der Teilzeitanspruch kann mit einem Arbeitsplatzwechsel verbunden werden.

(3) Verringerung und Verteilung der Arbeitszeit

Fraglich ist, ob nur die Neuverteilung der Arbeitszeit beantragt werden kann. Für einen eigenständigen Anspruch auf Neuverteilung der Arbeitszeit wird angeführt, dass § 8 Abs. 3–5 TzBfG auch eigenständige Regelungen zum Neuverteilungswunsch enthalte und ein eigener Anspruch auf Neuverteilung der Arbeitszeit dem Gesetzeszweck der Arbeitszeitflexibilisierung entspräche.[558] Die eigenständigen Regelungen in § 8 TzBfG sprechen jedoch weder für noch gegen einen eigenstän-

---

556 Hess. LAG v. 31.1.2011 AZ 17 Sa 641/10 BeckRS 2012 65768; LAG Düsseldorf v. 19.4.2002 AZ 9 (12) Sa 11/02 BeckRS 2002 30458026; *Hanau*, NZA 2001, 1168 (1169).

557 Siehe auch BAG v. 13.11.2012 9 AZR 259/11 in NZA 2013, 373 (375), in der zusätzlich noch auf den Gesetzeszweck – Förderung der Teilzeitarbeit – hingewiesen wird. Zustimmend auch *Salomon/Reuße*, NZA 2013, 865, (867f.). Sie weisen jedoch zu Recht darauf hin, dass im Falle einer notwendigen Ausübung des Weisungsrechts auch die Grundsätze billigen Ermessens eingehalten werden müssen.

558 *Straub*, NZA 2001, 919 (920).

digen Neuverteilungsanspruch. Der Gesetzgeber stellt in § 8 Abs. 2 S. 2 TzBfG[559] klar, dass er die Angabe der Verteilung der Arbeitszeit empfiehlt. Die Verknüpfung des Wunsches auf Verringerung der Arbeitszeit mit einem bestimmten Verteilungswunsch wird in den meisten Fällen auch den Bedürfnissen der Arbeitnehmer entsprechen. Es ist demnach nicht verwunderlich, dass der Gesetzgeber im Grundsatz davon ausgegangen ist, dass an dem Verringerungswunsch auch ein bestimmter Verteilungswunsch geknüpft ist, und dementsprechende Regelungen in § 8 TzBfG aufgenommen hat.

Wie schon aus § 8 Abs. 1 TzBfG hervorgeht, beschränkt sich der Anspruch auf Teilzeitarbeit auf einen Anspruch auf Verringerung der Arbeitszeit, in dessen Rahmen auch Angaben zur Verteilung der Arbeitszeit gemacht werden können. Die Gesetzesüberschrift „Verringerung der Arbeitszeit" spricht ebenfalls für eine Unterordnung des Verteilungsbergehrens unter den Verringerungsanspruch. Weiterhin wird angeführt, dass § 8 Abs. 2 S. 2 TzBfG die Unterordnung des Verteilungswunsches unter den Verringerungsanspruch verdeutliche. So sei das „dabei" nicht nur zeit-, sondern auch sachbezogen.[560] Darüber hinaus stand der Gesetzeszweck der Flexibilisierung der Arbeitszeit primär unter dem Ziel der Beschäftigungsförderung, durch die Verringerung der Arbeitszeit sollten neue Arbeitsplätze geschaffen werden. Ein eigenständiger Anspruch auf Neuverteilung der Arbeitszeit, der nicht an die Verkürzung der Arbeitszeit geknüpft ist, würde nicht zur Schaffung neuer Arbeitsplätze führen.[561] Ein isolierter Anspruch auf Neuverteilung der bestehenden Arbeitszeit ist nur dann möglich, wenn dieser in einem unmittelbaren Zusammenhang zu einem Verringerungsantrag steht.[562]

Daran schließt sich die Frage an, ob im Zuge der Verringerung der Arbeitszeit die gesamte Arbeitszeit uneingeschränkt neu verteilt werden kann oder sich die Neuerteilung im Rahmen des vertraglich vereinbarten Arbeitszeitmodells bewegen muss. Im Gesetz findet sich hierzu keine ausdrückliche Regelung. In § 8 Abs. 2 S. 2 TzBfG wird die Emp-

---

559 „Er soll dabei die gewünschte Verteilung der Arbeitszeit angeben."
560 BAG v. 23.11.2004 9 AZR 644/03 in NZA 2005, 769 (773).
561 Ebenfalls ablehnend BAG v. 18.8.2009 9 AZR 517/08 in NZA 2009, 1207 (1207f.); v. 16.12.2008 9 AZR 893/07 in NZA 2009, 565 (565f.); v. 16.3. 2004 9 AZR 323/03 in NZA 2004, 1047 (1050) (m.w.N.).
562 BAG v. 16.12.2008 9 AZR 893/07 in NZA 2009, 565 (567).

fehlung ausgesprochen, die „gewünschte Verteilung der Arbeitszeit" anzugeben, die nach § 8 Abs. 3 S. 1 TzBfG dann auch Grundlage des Erörterungsgesprächs ist. Dieses weite Verständnis setzt sich auch in § 8 Abs. 4 S. 1 TzBfG bei der Zustimmungsverpflichtung fort, bezüglich derer von der Verteilung „entsprechend den Wünschen des Arbeitnehmers" die Rede ist. Eine neutralere Formulierung findet sich im Rahmen der Regelung der Entscheidungsfrist in § 8 Abs. 5 S. 1 TzBfG. So soll „[d]ie Entscheidung über die Verringerung der Arbeitszeit und ihrer Verteilung" spätestens nach einem Monat mitgeteilt werden. Trotz fehlender ausdrücklicher Regelung orientiert sich der Gesetzeswortlaut vorwiegend an den Wünschen des Arbeitnehmers. Dies spricht dafür, dass die gesamte Arbeitszeit neu verteilt werden kann. Dagegen wird eingewandt, dass ein weites Verständnis nicht dem Sinn und Zweck der Regelung entspräche, da dadurch die Verknüpfung von Verringerung und Verteilung der Arbeitszeit aufgelöst werde.[563]

Der Verteilungswunsch wird in § 8 Abs. 2–5 TzBfG nicht an das vertraglich vereinbarte Arbeitszeitmodell gebunden. Die fehlenden Einschränkungen des Neuverteilungsanspruches werden allerdings durch die Einwendungsmöglichkeit entgegenstehender betrieblicher Gründe und die nachträgliche Korrekturmöglichkeit des Arbeitgebers nach § 8 Abs. 5 S. 4 TzBfG kompensiert.[564] Der Anspruch auf Verteilung der Arbeitszeit bleibt dem Anspruch auf Verringerung der Arbeitszeit jedoch insoweit untergeordnet, dass bei dem Anspruch auf Neuverteilung der Arbeitszeit die Grenze zum Rechtsmissbrauch nicht überschritten werden darf. Hauptmotiv des Teilzeitverlangens muss die Verringerung der Arbeitszeit bleiben. Zur Darlegung eines rechtsmissbräuchlichen Neuverteilungsverlangens reicht eine geringe Verringerung der Arbeitszeit in Verbindung mit einem umfänglichen Umverteilungswunsch nicht aus.

---

563 *Hanau*, NZA 2001, 1168 (1170); LAG Düsseldorf v. 17.5.2006 12 Sa 175/06 in DB 2006, 1682 (1683); ErfKom-*Preis* (16. Aufl.) § 8 Rn. 6 TzBfG; MüKoBGB-*MüllerGlöge* (6. Aufl.) § 8 Rn. 13 TzBfG.
564 BAG v. 16.12.2008 9 AZR 893/07 in NZA 2009, 565 (568).

Es müssen vielmehr besondere Umstände hinzukommen, die die Annahme eines Rechtsmissbrauchs stützen.[565]

b. Verhandlungsphase

Nach § 8 Abs. 3 TzBfG hat der Arbeitgeber den Reduzierungsantrag mit dem Arbeitnehmer unter dem Ziel zu erörtern, zu einer Vereinbarung zu gelangen. Der Vorrang des Konsensprinzips wird durch die gesetzlich vorgeschriebene Verhandlungsphase unterstrichen. Auch wenn der Gesetzeswortlaut „[d]er Arbeitgeber hat [...] mit dem Ziel zu erörtern, zu einer Vereinbarung zu gelangen" und „[e]r hat mit dem Arbeitnehmer [...] Einvernehmen zu erzielen" wie eine Verhandlungspflicht formuliert ist, regelt § 8 Abs. 3 TzBfG mangels unmittelbaren Sanktionen vielmehr eine Verhandlungsobliegenheit.[566] Eine Verhandlung selbst ist zwar nicht einklagbar, jedoch soll zumindest insoweit eine Nebenpflicht bestehen, dass solche betrieblichen Gründe, die im Rahmen eines Erörterungsgesprächs hätten ausgeräumt werden können, nicht mehr zur Ablehnung des Antrags herangezogen werden können.[567] Dies entspricht auch dem Ziel des Gesetzes, Teilzeitarbeit zu fördern. So wird zum einen der Arbeitgeber verpflichtet, sich mit dem konkreten Teilzeitwunsch auseinanderzusetzen, und gleichzeitig dem Arbeitnehmer die Chance gegeben, seinen Teilzeitwunsch mit den betrieblichen Notwendigkeiten abzustimmen.

Die Verhandlungsphase dient auch der Konkretisierung des Antrags. Nach § 8 Abs. 3 S. 2 TzBfG ist bei dem Erörterungsgespräch Einver-

---

565 BAG v. 18.8.2009 9 AZR 517/08 in NZA 2009, 1207 (1210). Nach dem AG Stuttgart soll ein Verringerungsanspruch auch dann nicht rechtsmissbräuchlich sein, wenn Hauptmotiv des Teilzeitverlangens die Verteilung ist. Ausschlaggebend soll nur sein, dass sich das Verlangen an die gesetzgeberische Ziel- und Schutzrichtung hält. ArbG Stuttgart v. 23.11.2001 26 Ca 1324/01 in NZA-RR 2002, 183 (185). Faktisch käme es einem versteckten Neuverteilungsanspruch gleich. Die Verknüpfung von Verringerung und Verteilung hätte damit nur noch formale Bedeutung.

566 BAG v. 20.7.2004 9 AZR 626/03 in NZA 2004, 1090 (1092); *Rolfs*, RdA 2001, 129 (135); *Preis/Gotthardt*, DB 2001 145 (146).

567 LAG Schleswig Holstein v. 15.12.2010 AZ 3 SaGa 14/10 in BeckRS 2010/75931; a. A. Schaub-*Link* (16. Aufl.) § 43 Rn. 80f.; MüKoBGB-*Müller-Glöge* (6. Aufl.) § 8 Rn. 20 TzBfG, die darauf verweisen, dass sich im Gesetz kein Anhaltspunkt für eine Präklusion findet.

nehmen über die festzulegende Verteilung der Arbeitszeit zu erzielen. Der Arbeitnehmer hat damit in dem Erörterungsgespräch zum letzten Mal die Möglichkeit, die gewünschte Verteilung der Arbeitszeit dem Arbeitgeber anzuzeigen oder die Verringerung der Arbeitszeit von einer bestimmten Verteilung der Arbeitszeit abhängig zu machen. Spätestens mit der Erörterung des Teilzeitwunsches muss der Arbeitgeber, um abschließend über den Teilzeitwunsch entscheiden zu können, die gewünschte Arbeitszeitverteilung kennen.[568]

c. Entscheidungsphase

Der Arbeitgeber hat nach § 8 Abs. 5 S. 1 TzBfG bis spätestens einen Monat vor dem gewünschten Beginn der Teilzeitarbeit über den Teilzeitwunsch zu entscheiden und dem Arbeitnehmer diese Entscheidung mitzuteilen.

Hat der Arbeitgeber während dieser Entscheidungsfrist den Teilzeitwunsch nicht schriftlich abgelehnt, gilt die Verkürzung und Verteilung der Arbeitszeit entsprechend dem Teilzeitantrag, vorausgesetzt beide Vertragsparteien haben sich nicht anderweitig geeinigt.[569]

Auch wenn Verkürzung und Verteilung der Arbeitszeit zwei Teile eines einheitlichen Teilzeitwunsches sind, hat der Arbeitgeber zwei separate Entscheidungen zu treffen, die dem Arbeitnehmer schriftlich mitzuteilen sind.[570] Der Arbeitgeber kann dem Anspruch auf Verringerung der Arbeitszeit stattgeben und gleichzeitig aufgrund entgegenstehender betrieblicher Gründe nach § 8 Abs. 4 S. 1 TzBfG die gewünschte Verteilung der Arbeitszeit ablehnen.[571] Lehnt der Arbeitgeber aus entgegen-

---

568 BAG v. 23.11.2004 9 AZR 644/03 in NZA 2005 769 (773); v. 24.6.2008 9 AZR 514/07 in NZA 2008, 1289 (1291).
569 § 8 Abs. 5 S. 2, 3 TzBfG.
570 Auch das Gesetz differenziert zwischen der Entscheidung auf Verringerung (§ 8 Abs. 5 S. 2 TzBfG) und über Verteilung (§ 8 Abs. 5 S. 3 TzBfG) der Arbeitszeit.
571 BAG v. 16.12.2008 9 AZR 893/07 in NZA 2009, 565 (568f.); v. 18.8.2009 9 AZR 517/08 in NZA 2009, 1207 (1209) (m.w.N.); diese separate Behandlung der beiden Ansprüche ist auch in Ansehung der Mitspracherechte des Betriebsrats notwendig. Hierzu ausführlich *Hamann*, NZA 2010, 785 (785f); *Rieble/Gutzeit*, NZA 2002, 7 (7f.).

stehenden betrieblichen Gründen die Verringerung der Arbeitszeit ab, kann die Arbeitszeit nicht neu verteilt werden. Die Einforderung einer separaten schriftlichen Ablehnung der Verteilung wäre reine Förmelei.

(1) Entgegenstehende betriebliche Gründe

Die Entscheidung des Arbeitgebers nach § 8 Abs. 4 TzBfG ist gebunden. Der Arbeitgeber muss, um den Teilzeitwunsch ablehnen zu können, entgegenstehende betriebliche Gründe nennen. Es können nur solche betrieblichen Gründe gegen den Teilzeitwunsch vorgebracht werden, die schon zum Zeitpunkt der Ablehnung vorgelegen haben.[572]

Das Gesetz führt Regelbeispiele für das Vorliegen betrieblicher Gründe an. So liegt ein betrieblicher Grund insbesondere vor, „wenn die Verringerung der Arbeitszeit die Organisation, den Arbeitsablauf oder die Sicherheit im Betrieb wesentlich beeinträchtigt oder unverhältnismäßige Kosten verursacht."[573] Da sich die Regelbeispiele ebenfalls unbestimmter Rechtsbegriffe bedienen („wesentlich beeinträchtigt", „unverhältnismäßige Kosten"), muss in jeden Fall geprüft werden, ob die dem Teilzeitwunsch entgegenstehenden Gründe eine Ablehnung rechtfertigen.

Nach dem Referentenentwurf zum TzBfG[574] sollte die Verringerung der Arbeitszeit nur bei Vorliegen dringender betrieblicher Gründe abgelehnt werden können. Konkretisierende Regelbeispiele waren ebenfalls noch nicht vorgesehen. Während des Gesetzgebungsverfahrens wurde das Ablehnungskriterium entschärft und zusätzlich die Verteilung der Arbeitszeit in den Gesetzestext aufgenommen. Unzumutbare Anforderungen an eine Ablehnung sollten ausgeschlossen werden, indem die Ablehnung bereits aus betrieblichen Gründen zu rechtfertigen ist. Es ge-

---

572 Der Arbeitgeber hat das Vorliegen betrieblicher Gründe darzulegen und zu beweisen. BAG v. 16.3.2004 9 AZR 323/03 in NZA 2004, 1047 (1050); v. 21.6.2005 9 AZR 409/04 in NZA 2006, 316 (318f.); 13.11.2012 9 AZR 259/11 in NZA 2013, 373 (375).

573 Ablehnungsgründe können auch im Tarifvertrag festgelegt werden, die dann Kraft Vereinbarung auch für nicht tarifgebundene Arbeitsvertragsparteien gelten können.

574 abgedruckt in NZA 2000, 1045 (1046).

nügen rationale, nachvollziehbare Gründe.[575] Die alleinige Bezugnahme der Regelbeispiele auf den Anspruch auf eine Verringerung der Arbeitszeit kann als redaktionelles Versehen angesehen werden, da jede Verringerung auch immer zur Änderung der Verteilung der Arbeitszeit führt.[576]

Zur Überprüfung vorgebrachter betrieblicher Gründe hat sich in ständiger Rechtsprechung eine Drei-Stufen-Prüfung entwickelt.[577] In der ersten Stufe ist zu prüfen, ob der bestehenden Arbeitszeitregelung ein Organisationskonzept zugrunde liegt. Unter einem Organisationskonzept wird das Konzept verstanden, „mit dem die unternehmerische Aufgabenstellung im Betrieb verwirklicht werden soll."[578] Solange keine Willkür vorliegt, sind das Organisationskonzept und die daraus resultierende Arbeitszeitregelung hinzunehmen, wenn es tatsächlich durchgeführt wird. Liegt ein Organisationskonzept vor, ist in der zweiten Stufe zu prüfen, ob der Teilzeitwunsch mit der aus dem Organisationskonzept hervorgehenden Arbeitszeitregelung vereinbar ist bzw. ob durch zumutbare Änderungen des Arbeitsablaufs dem Teilzeitwunsch entsprochen werden kann. Ist der Teilzeitwunsch mit der betrieblichen Arbeitszeitregelung nicht vereinbar, ist auf der dritten Stufe das Gewicht der entgegenstehenden betrieblichen Belange zu prüfen. Die Gründe müssen eine wesentliche Beeinträchtigung darstellen.[579]

---

575 BT.-Drs. 14/4374 S. 17. Neben der Aufzählung der Regelbeispiele wird darauf hingewiesen, dass der Arbeitgeber nur dann einen Teilzeitwunsch aufgrund fehlender Ersatzkraft ablehnen kann, wenn er den Nachweis erbracht hat, dass eine Ersatzkraft mit einem dem Antragssteller entsprechenden Berufsbild auf dem maßgeblichen Arbeitsmarkt nicht zur Verfügung steht.

576 BAG v. 16.3.2004 9 AZR 323/03 in NZA 2004, 1047 (1051).

577 BAG v. 18.2.2003 9 AZR 164/02 in NZA 2003, 1392 (1395); v. 16.3.2004 9 AZR 323/03 NZA 2004, 1047 (1050); v. 21.6.2005 9 AZR 409/04 in NZA 2006, 316 (319); v. 16.10.2007 9 AZR 239/07 in NZA 2008, 289 (292); v. 15.12.2009 9 AZR 72/09 NZA 2010, 447 (451), v. 13.11.2012 9 AZR 259/11 in NZA 2013, 373 (375).

578 BAG v. 18.2.2003 9 AZR 164/02 in NZA 2003, 1392 (1395); v. 16.3.2004 9 AZR 323/03 in NZA 2004, 1047 (1050).

579 Die Drei-Stufen-Prüfung wird auf den Verringerungsanspruch nach § 15 BEEG übertragen. In der dritten Stufe müssen allerdings zwingende Hindernisse dem Anspruch entgegenstehen, da nur aus „dringenden betrieblichen Gründen" der Anspruch versagt werden kann. BAG v. 15.12.2009 9 AZR 72/09 in NZA 2010, 447 (451).

Über das Erfordernis der Wesentlichkeit der Beeinträchtigung herrscht Uneinigkeit. Das Erfordernis der Wesentlichkeit der betrieblichen Belange wird von den Befürwortern[580] aus den Regelbeispielen gezogen. Es wird darauf hingewiesen, dass im Regierungsentwurf auf das Erfordernis der dringenden betrieblichen Gründe zwar verzichtet, jedoch stattdessen die Regelbeispiele in den Gesetzestext aufgenommen wurden. Dies führe dazu, dass rational nachvollziehbare Gründe allein nicht ausreichend seien, sondern diese auch hinreichend gewichtig sein müssen.[581]

Die ablehnende Ansicht lehnt die Prüfung der wesentlichen Beeinträchtigung ab. Es genüge, wenn der Teilzeitwunsch nicht mit dem bestehenden Organisationskonzept vereinbar ist.[582] Auch seien in der Gesetzesbegründung nur rational nachvollziehbare Gründe gefordert worden, auf das Erfordernis dringender betrieblicher Gründe sei bewusst verzichtet worden. Hinsichtlich der Regelbeispiele wird eingewandt, dass sich diese noch auf die im Regierungsentwurf vorausgesetzten dringenden betrieblichen Gründe beziehen würden und dass diese nicht den Grundtatbestand, also das Vorliegen betrieblicher Gründe, überlagern könnten. Die Regelbeispiele seien vielmehr als eine Obergrenze anzusehen.[583] Darüber hinaus werden gegen eine besondere Gewichtung grundsätzlich Bedenken erhoben. Je weiter die Tatbestandsvoraussetzungen, desto eher soll es dem Arbeitgeber möglich sein, ein entsprechendes Verlangen abzuwehren. Da jeder Arbeitnehmer grundsätzlich einen Teilzeitanspruch hat, muss es dem Arbeitgeber auch möglich sein, diese Ansprüche abzuwehren.[584]

Aus dem Gesetzestext und der Gesetzesbegründung kann keine Klarheit darüber erzielt werden. Die Forderung nach rational nachvollziehbaren Gründen führt nicht zu einer Konkretisierung der betrieblichen Gründe, da ein unbestimmter Rechtsbegriff nur durch einen anderen

---

580 Ständige Rechtsprechung FN 566; TZA-*Buschmann* (2. Aufl.) § 8 Rn. 31f. TzBfG.

581 BAG v. 18.2.2003 9 AZR 164/02 in NZA 2003, 1392 (1395).

582 *Rolfs*, RdA 2001, 129 (136); *Preis/Gotthardt*, DB 2001, 145 (147f.); *Straub*, NZA 2001, 19 (923); *Hromadka*, NJW 2001, 400 (402); Annuß/Thüsing-*Mengel* (3. Aufl.) § 8 Rn. 133 TzBfG; Meinel/Heyn/Herms (5. Aufl.) § 8 Rn. 51 TzBfG.

583 *Hromadka*, NJW 2001, 400 (402); Rolf in RdA 2001, 129 (136).

584 *Preis/Gotthardt*, DB 2001, 145 (147f.).

ersetzt wurde.[585] Der Zielsetzung der Förderung der Teilzeitarbeit kann jedoch nur dann entsprochen werden, wenn nicht jedes betriebliche Interesse gegen einen Teilzeitanspruch angeführt werden kann, sonst hätte es eines „Anspruchs" nicht bedurft. Um den Teilzeitanspruch zu stärken und gleichzeitig den betrieblichen Interessen gerecht zu werden, bedarf es einer Missbrauchskontrolle.[586] Durch die Forderung einer wesentlichen Beeinträchtigung liegt eine solche vor.[587]

(2) Arbeitszeitverteilung und betriebliche Interessen
Wurde dem Teilzeitwunsch entsprochen, unabhängig davon ob dies aufgrund einer Einigung, einer Fiktion oder eines Gerichtsentscheids geschehen ist, hat der Arbeitgeber nach § 8 Abs. 5 S. 4 TzBfG die Möglichkeit, die Verteilung der Arbeitszeit aus betrieblichen Gründen nachträglich erneut zu ändern. Diese müssen die Interessen des Arbeitnehmers an der bestehenden Verteilung der Arbeitszeit überwiegen. Liegen solche betrieblichen Gründe vor, kann die Verteilung der Arbeitszeit mit einer Ankündigungsfrist von einem Monat erneut geändert werden.

d. Rechtsfolge der Entsprechung des Teilzeitwunsches
Die Umsetzung des Teilzeitwunsches führt zum Abschluss eines Änderungsvertrags.[588] Die verringerte Arbeitszeit wird damit Teil des Arbeitsvertrags.

Fraglich ist, ob auch die Verteilung der Arbeitszeit dem Weisungsrecht entzogen und Vertragsbestandteil geworden ist. Diese Frage steht der Frage gleich, wie das einseitige Gestaltungsrecht nach § 8 Abs. 5 S. 4 TzBfG, das dem Arbeitgeber ermöglicht, auch nachträglich noch Änderungen an der Verteilung der Arbeitszeit durchzusetzen, dogmatisch einzuordnen ist.

---

585 So auch *Schiefer,* DB 2000, 2118 (2120); *Kliemt,* NZA 2001, 63 (65); *Feldhoff,* ZTR 2006, 58 (63f.).
586 *Reiserer/Penner,* BB 2002, 1694 (1695).
587 Ausführlich zum Streitstand (Stand August 2005) *Gehring,* Das Recht auf Teilzeitarbeit – Anspruch und Wirklichkeit.
588 Die Teilzeitarbeit ist wirksam beantragt, wenn der Antrag so bestimmt ist, dass er mit einem einfachen „Ja" angenommen werden kann. BAG v. 16.10.2007 9 AZR 239/07 in NZA 2008, 289 (291) (m.w.N.).

Grundsätzlich legt der Arbeitgeber kraft seines Weisungsrechts die Verteilung der Arbeitszeit fest. Die Arbeitszeitverteilung im Rahmen des § 8 TzBfG kann durch Einigung, eine Einigungsfiktion oder durch einen gerichtlichen Beschluss festgelegt werden.[589] Unabhängig davon, wie es zur bestehenden Verteilung der Arbeitszeit gekommen ist, stellt sich die Frage, ob entweder das Weisungsrecht des Arbeitgebers dahingehend beschränkt wurde, dass eine bestimmte Lage der Arbeitszeit festzulegen war, oder die festgelegte Lage der Arbeitszeit Teil des Arbeitsvertrags wurde. Im ersten Fall wäre das einseitige Gestaltungsrecht nach § 8 Abs. 5 S. 4 TzBfG eine Entschärfung der Beschränkung des arbeitgeberseitigen Weisungsrechts[590], im zweiten Fall entspräche es einer Teilkündigung.[591]

Ein einseitiges Teilkündigungsrecht ist grundsätzlich unzulässig, da der andere Vertragspartner so gezwungen werden könnte, einen Vertrag unter ungewollt veränderten Bedingungen weiterzuführen.[592] Für die Annahme eines Teilkündigungsrechts besteht kein Anlass. Die Lage der Arbeitszeit ist Teil des Weisungsrechts. Daran kann auch eine Vereinbarung über die Arbeitszeit[593] nichts ändern, soweit sie nicht ausdrücklich in den Vertrag einbezogen wurde. Die Durchsetzung des Verringerungs- und Umverteilungsanspruchs der Arbeitszeit nach § 8 TzBfG führt nicht automatisch dazu, dass die Vereinbarung über die Verteilung Vertragsbestandteil wird. Das Vertrauen des Arbeitnehmers auf die vereinbarte Lage der Arbeitszeit wird durch die Einschränkung des Weisungsrechts in § 8 Abs. 5 S. 4 TzBfG geschützt, wo das Überwiegen

---

589 Dieser Fall steht zwar nicht in § 8 Abs. 5 S. 4 TzBfG, allerdings ist aufgrund der gleichen Interessenlage von einem redaktionellen Versehen auszugehen. Das nachträgliche Änderungsrecht soll den Arbeitgeber ermöglichen, auf neu eingetretene entgegenstehende betriebliche Gründe zu reagieren. Eine Nichtanerkennung des einseitigen Änderungsrechts bei gerichtlich festgelegter Verteilung käme einer Bestrafung gleich. Siehe *Preis/Gotthardt*, DB 2001, 145 (148); Staudacher/Hellmann/Hartmann/Wenk Rn. 450.

590 *Grobys/Bram*, NZA 2001, 1175 (1176); *Hromadka*, NJW 2000, 400 (403); Meinel/Heyn/Herms (5. Aufl.) § 8 Rn. 98 TzBfG; TZA-*Buschmann* (2. Aufl.) § 8 Rn. 42 TzBfG.

591 *Kliemt*, NZA 2001, 63 (67); *Preis/Gotthardt*, DB 2001, 145 (148).

592 BAG v. 7.10.1982 2 AZR 455/80 in AP BGB § 620 Teilkündigung Nr. 5.

593 Die gesetzliche Fiktion der Vereinbarung und die gerichtliche Entscheidung über den Umfang der Arbeitszeit ersetzt die Vereinbarung und beschränkt das Weisungsrecht auf die Festlegung einer bestimmten Lage der Arbeitszeit.

der betrieblichen Interessen gegenüber den Interessen des Arbeitnehmers voraussetzt wird.[594]

Hat ein Arbeitnehmer in seinem Antrag die Verringerung seiner Arbeitszeit von einer bestimmten Lage der Arbeitszeit abhängig gemacht, muss die aus § 145 BGB hervorgehende Bindungswirkung des Antrags spiegelbildlich dazu führen, dass die Lage der Arbeitszeit auch Vertragsbestandteil geworden und dem arbeitgeberseitigen Weisungsrecht entzogen ist. Durch die Bindung der Verringerung der Arbeitszeit an eine bestimmte Verteilung der Arbeitszeit hat der Arbeitnehmer deutlich gemacht, dass er nur unter diesen Voraussetzungen mit einer Lohnminderung einverstanden ist. § 8 Abs. 5 S. 4 TzBfG ist dann nicht anwendbar, und der Arbeitgeber kann die Änderung der Lage der Arbeitszeit nur über den Weg der Änderungskündigung erreichen.[595] Es hängt damit vom Teilzeitantrag ab, ob die gewünschte Verteilung Bestandteil des Vertrags geworden ist oder der Neuverteilungswunsch nur zu einer Einschränkung des Weisungsrechts geführt hat, die unter den Voraussetzungen des § 8 Abs. 5 S. 4 TzBfG wieder aufgehoben werden kann.

4. Verlängerung der Arbeitszeit

In § 9 TzBfG ist die Pflicht des Arbeitgebers geregelt, einen teilzeitbeschäftigten Arbeitnehmer, der den Wunsch nach Verlängerung seiner Arbeitszeit angezeigt hat, bei einem entsprechenden neu zu besetzenden Arbeitsplatz anderen gleich geeigneten Bewerbern gegenüber bevorzugt zu berücksichtigen. Bei Vorliegen von dringenden betrieblichen Gründen oder Teilzeitwünschen anderer Teilzeitbeschäftigter muss der Arbeitnehmer nicht bevorzugt berücksichtigt werden.

Der Arbeitgeber „hat" bei Vorliegen der oben genannten Voraussetzungen den Arbeitnehmer zu berücksichtigen, hierin verdeutlicht sich die Anspruchsqualität der Vorschrift, auch wenn der Anspruch wörtlich

---

594 Hierzu kritisch siehe *Hromadka*, NJW 2000, 400 (403).
595 Siehe TZA-*Buschmann* (2. Aufl.) § 8 Rn. 42 TzBfG.

nicht im Gesetzeswortlaut zu finden ist.[596] Der Anspruch bezieht sich auf zu besetzende Stellen im gesamten Unternehmen.[597]

a. Verlängerungsbegehren

Anzeigeberechtigt ist nach § 9 TzBfG jeder teilzeitbeschäftigte Arbeitnehmer. Es kommt dabei nicht drauf an, ob der Arbeitnehmer zuvor seine Arbeitszeit verringert hat oder bereits im ursprünglichen Arbeitsvertrag eine Teilzeitbeschäftigung vereinbart wurde.[598] § 9 TzBfG ist damit unabhängig von § 8 TzBfG. Es bestehen auch keine Einschränkungen durch vorgegebene Wartezeiten oder eine „Kleinunternehmerklausel".[599]

Nach dem Gesetzeswortlaut sind alle Teilzeitbeschäftigten anzeigeberechtigt, sodass auch befristet angestellte Teilzeitbeschäftigte nicht vom Anwendungsbereich ausgeschlossen sind. Gegen die Einbeziehung befristet Angestellter wird eingewandt, dass dies mit Sinn und Zweck des § 9 TzBfG nicht vereinbar wäre. Zudem wird der Informationsanspruch nach § 18 TzBfG herangezogen, der den Übergang in ein unbefristetes Arbeitsverhältnis erleichtern soll. [600] Diese Regelung sei abschließend und stehe einem faktischen Übernahmeanspruch durch die Geltendmachung eines Verlängerungsanspruchs entgegen.[601]

---

596 BAG v. 15.08.2006 9 AZR 8/06 in NZA 2007, 255 (255); *Hamann*, FS für Josef Düwell (2011), 131 (132).

597 BAG v. 15.8.2006 9 AZR 8/06 in NZA 2007, 255 (258); ablehnend *Rudolf* S. 105f. Er verweist darauf, dass aufgrund des Tatbestandsmerkmals „dringende betriebliche Gründe" der Anspruch auf den Betrieb beschränkt ist. Ansonsten müsse es „dringende unternehmerische Gründe heißen." Das Tatbestandsmerkmal „dringende betriebliche Gründe" ist ein feststehender Begriff, der einen Ablehnungsgrund konkretisiert. Wie auch bei einem Anspruch auf Verringerung der Arbeitszeit sagt dies nichts über die Reichweite des Anspruchs aus. Die Ansicht ist abzulehnen.

598 BT.-Drs. 14/4373 S. 18.

599 Für eine Übertragung der Wartezeiten und der Kleinunternehmerklausel aufgrund der vergleichbaren Situation auf Arbeitgeberseite, *Rudolf* S. 136f. Es wird hierbei verkannt, dass vor Entstehung des Anspruchs zunächst der Arbeitgeber tätig werden muss. Auch erwächst nur dann aus § 9 TzBfG eine Umsetzungspflicht, wenn kein geeigneter Bewerber existiert. Liegt aus Sicht des Arbeitgebers kein geeigneter Bewerber vor, besteht keine Umsetzungspflicht.

600 BT.-Drs. 14/4374 S. 21.

601 *Rudolf* S. 94.

Es gibt keine Anhaltspunkte, die für den gleichzeitigen Ausschluss anderer Möglichkeiten der Erlangung einer unbefristeten Anstellung sprächen. Der Ausschluss anderer Möglichkeiten, in eine unbefristete Beschäftigung zu kommen, widerspricht vielmehr dem gesetzgeberischen Willen. Außerdem würde ein Ausschluss befristeter Beschäftigter aus dem Anwendungsbereich des § 9 TzBfG mangels Vorliegen sachlicher Gründe gegen das Diskriminierungsverbot gemäß § 4 Abs. 2 S. 1 TzBfG verstoßen. Auch befristet Teilzeitbeschäftigte sind folglich anzeigeberechtigt. Die Anzeigeberechtigung entfällt allerdings mit dem Ablauf der Befristung. Ab diesem Zeitpunkt ist der zuvor befristet Beschäftigte wie ein Externer zu behandeln.[602]

Aus dem Gesetz gehen keine besonderen Anforderungen an die Anzeige des Arbeitnehmers hervor, sodass von Formfreiheit auszugehen ist. Allerdings muss die Anzeige einem Antrag gemäß § 145 BGB entsprechen. Anders als bei unverbindlich vorgeschalteten Anzeigen im Rahmen von § 7 Abs. 2 TzBfG hat die wirksame Geltendmachung des Arbeitszeitverlängerungsanspruchs die unmittelbare Aufstockung der Arbeitszeit zur Folge.[603]

(1) Bestimmtheitserfordernis

Trotz des aus § 9 TzBfG resultierenden Rechtsanspruchs auf Verlängerung der Arbeitszeit wird vertreten, dass die Anzeige nur den grundsätzlichen Wunsch nach Verlängerung der Arbeitszeit verdeutlichen muss.[604] Dies widerspricht der Qualifizierung der Anzeige als Antrag im Sinne von § 145 BGB. Wegen des Bestimmtheitserfordernisses muss der Antrag so gestellt werden, dass zum Abschluss des Vertrags (hier der Arbeitszeitverlängerung) ein bloßes „Ja" oder „Nein" ausreicht.[605] Würde die Anzeige des allgemeinen Wunsches nach Verlängerung ausreichen, um eine entsprechende Pflicht des Arbeitgebers zu begründen, wäre es dem Arbeitgeber nicht möglich, den Informationsanspruch nach § 7 Abs. 2 TzBfG von dem Arbeitszeitverlängerungsanspruch zu

---

602 ErfKom-*Preis* (16. Aufl.) § 9 Rn. 3 TzBfG.
603 BAG v. 15.8. 2006 9 AZR 8 /06 in NZA 2007, 255 (257); Schmidt Anm. zu BAG
      v. 15.8.2006 in RdA 2008, 41 (42).
604 LAG Düsseldorf v. 23.3.2006 5 (3) Sa 13/06 in juris (Rn. 43); *Kröll,* Der Personalrat 2010, 377 (377); Laux/Schlachter-*Laux* § 9 TzBfG Rn. 17 (2. Aufl.)
      (m.w.N.).
605 So auch *Hamann,* FS Düwell, 131 (134).

unterscheiden. Der Informationsanspruch dient gerade dazu, den zunächst unkonkreten Wunsch, die Arbeitszeit zu verlängern, zu konkretisieren. Dem Arbeitgeber werden nur Informationspflichten auferlegt, die unmittelbar mit keinen Sanktionen verknüpft sind. Sind dagegen die Voraussetzungen des § 9 TzBfG erfüllt, besteht ein Rechtsanspruch, die Arbeitszeit entsprechend zu verlängern. Diese unterschiedlichen Rechtsfolgen müssen sich auch in den Anforderungen an die jeweiligen Anzeigen widerspiegeln.[606] Die Anzeige nach § 9 TzBfG muss folglich die gewünschte Verlängerungszeit angeben.

Darüber hinaus wird gefordert, dass sich die hinreichend bestimmte Anzeige auf ein konkretes Stellengesuch beziehen müsse. Anzeigen, die dem nicht genügen, sollen bei Vorliegen der Voraussetzungen des § 9 TzBfG zur Verpflichtung des Arbeitgebers führen, seinerseits einen entsprechenden Antrag zu stellen. Die Anzeige wäre demnach eine *invitatio ad offerendum* mit verpflichtender Aufforderung zur Antragsstellung.[607]

Es besteht nur ein Verlängerungsanspruch, wenn ein Arbeitsplatz frei ist und neu besetzt werden soll. Die zu besetzende Stelle kann im Verlängerungsbegehren benannt werden, doch allein die Angabe der gewünschten zusätzlichen Arbeitsstunden ist hinreichend. Das Datum, ab wann die Verlängerung wirksam sein soll, kann genannt werden.[608] Es ist analog zum Anspruch auf Verringerung der Arbeitszeit nach § 8 TzBfG kein notwendiges Erfordernis.[609] Wird kein Datum für den Beginn der Verlängerung angegeben, ist die Anzeige nach § 133, 157 BGB

---

606 Im Urteil des BAG v. 15.8.2006 9 ARZ 8/06 NZA 2007, 255 (257) wird diese Unterscheidung auch herausgearbeitet. So löst eine Anzeige im Sinne von § 7 Abs. 2 TzBfG nur Informationspflichten aus. Unabhängig davon, ob der Arbeitgeber dieser Informationspflicht nachgekommen ist oder der Arbeitnehmer auf anderen Wege von der freien Stelle erfahren hat (ein freier zu besetzender entsprechender Arbeitsplatz liegt somit vor), muss der Arbeitnehmer den Arbeitgeber ein „entsprechendes Vertragsangebot" unterbreiten, um seinen Anspruch gerichtlich durchsetzen zu können.

607 *Rudolf* S. 110f., Laux/Schlachter-*Laux* (2. Aufl.) § 9 Rn. 16f. TzBfG.

608 Nach BAG v. 13.2.2007 9 AZR 575/05 in NZA 2007, 807 (808) soll eine entsprechende Anzeige sogar nur dann hinreichend bestimmt sein, wenn sie ein Datum für den Beginn der Verlängerung beinhaltet.

609 Siehe beispielsweise BAG v. 16.12 2008 9 AZR 893/07 in NZA 2009, 565 (567); v. 13.10.2009 NZA 2010, 339 (339).

dahingehend auszulegen, dass die Vertragsänderung zum nächstmöglichen Zeitpunkt erfolgen soll.

(2) Maximale Arbeitszeitverlängerung

Da mit § 9 TzBfG der Wiedereinstieg in die Vollzeitbeschäftigung erreicht werden soll, kann maximal eine Vollzeitbeschäftigung verlangt werden. Zur Berechnung der regelmäßigen Arbeitszeit eines Vollzeitbeschäftigten wird in Ansehung von § 2 Abs. 1 TzBfG auf vollzeitbeschäftigte Arbeitnehmer des Betriebes mit derselben Art des Arbeitsverhältnisses und einer vergleichbaren Tätigkeit abgestellt.[610]

(3) Arbeitszeitverlängerung und Befristung

Nach dem Gesetzeswortlaut ist die Geltendmachung eines befristeten Arbeitszeitverlängerungswunschs nicht ausgeschlossen. Im Rahmen des Verringerungsanspruchs wurde gegen die Möglichkeit der Durchsetzung eines befristeten Verringerungsanspruchs der damit verbundene organisatorische Mehraufwand angeführt. Der Arbeitszeitverlängerungsanspruch stellt dagegen im Vergleich zur Neueinstellung einen verringerten organisatorischen Mehraufwand dar.[611] Darüber hinaus unterscheidet sich die Ausgangslage in beiden Fällen grundlegend. Während der Arbeitnehmer nach § 8 TzBfG eine Arbeitszeitverringerung gegenüber seinem Arbeitgeber durchsetzen kann, bedarf es zur Durchsetzung des Arbeitszeitverlängerungsanspruchs einer freien Stelle. Es ist die freie unternehmerischer Entscheidung des Arbeitgebers, ob und in welcher Form er neue Stellen besetzen will. Will der Arbeitgeber nur befristet eine freie Stelle besetzen, spricht nichts gegen eine befristete Verlängerung der Arbeitszeit bzw. eine Einschränkung der personellen Auswahl mittels § 9 TzBfG.[612]

Will der Arbeitgeber dagegen eine freie Stelle unbefristet besetzen, stellt sich die Frage, ob gemäß § 9 TzBfG auch ein befristeter Arbeitszeitverlängerungswunsch durchsetzbar ist. Eine Verringerung des organisatorischen Mehraufwands liegt in diesem Fall nicht mehr vor, da mit Ablauf der Befristung die Stelle wieder neu besetzt werden muss. Darü-

---

610 BAG v. 21.6.2011 9 AZR 236/10 in NZA 2011, 1274 (1279); *Hamann/Rudnik*, Anm. zu LAG Stuttgart v. 21.3.2013 6 TaBV 9/12 in jurisPR-ArbR 24/2013; *Kliemt*, NZA 2001, 63 (69); *Hamann*, FS Düwell 131 (144).
611 *Hamann*, NZA 2010, 1211 (1217); *Hamann*, FS Düwell 131 (134).
612 Zustimmend auch *Kröll*, Der Personalrat 2010, 377 (377f.).

ber hinaus bestünde die Unsicherheit, ob für die Stelle nach Ablauf der Befristung ein geeigneter Arbeitnehmer gefunden werden kann. Dies widerspricht § 9 TzBfG. Nach § 9 TzBfG soll nur hinsichtlich der personellen Auswahl in die unternehmerische Entscheidung eingegriffen werden. Daher kann gegen den Willen des Arbeitgebers kein befristeter Arbeitszeitverlängerungsanspruch durchgesetzt werden.[613]

b. Entsprechender freier Arbeitsplatz

Die Entscheidung darüber, ob ein Arbeitsplatz eingerichtet werden soll, bleibt Teil der freien unternehmerischen Entscheidung und kann nicht erzwungen werden. Sie ist nur eingeschränkt überprüfbar. Der Arbeitgeber soll sich „von plausiblen wirtschaftlichen und unternehmerischen Überlegungen" leiten lassen.[614] So hat der Arbeitnehmer auch keinen Anspruch auf Arbeitszeitverlängerung, sondern kann nur eine bevorzugte Berücksichtigung bei der Besetzung neuer Stellen einfordern. Der Gesetzgeber will nicht in die unternehmerische Entscheidung, ob eine Stelle besetzt werden soll, eingreifen.[615] Ob die vorhandene Arbeit durch die Einrichtung neuer Arbeitsplätze, mit aufstockungswilligen Teilzeitbeschäftigten, Leiharbeitern oder Outsourcing bewältigt wird, bleibt grundsätzlich freie Entscheidung des Arbeitgebers.[616]

(1) Entsprechung

Der zu besetzende Arbeitsplatz entspricht dem bisherigen, wenn die Tätigkeiten vergleichbar bzw. die gleichen Anforderungen an den Arbeitnehmer gestellt werden. Ausschlaggebend ist wie bei § 7 Abs. 2 TzBfG die persönliche und fachliche Eignung des Arbeitnehmers. Wäre die neu zu besetzende Stelle (abgesehen von der längeren Arbeitszeit) dem Arbeitnehmer kraft des arbeitgeberseitigen Weisungsrechts zuweisbar, wäre von einem entsprechendem Arbeitsplatz auszugehen.[617]

---

613 So wohl auch Laux/Schlachter-*Laux* (2. Aufl.) § 9 Rn. 22 TzBfG, *Kröll*, Personalrat 2010, 377 (377f.), der das Vorliegen eines „entsprechenden Arbeitsplatzes" von der Übereinstimmung des zeitlichen Zuschnittes abhängig macht.

614 BAG v. 2.9.2009 7 AZR 233/08 in NZA 2009, 1253 (1257).

615 BAG v. 15.8.2006 9 AZR 8/06 in NZA 2007, 255 (257f.).

616 BAG v. 13.2.2007 9 AZR 575/05 in NZA 2007, 807 (808).

617 BAG v. 8.5.2007 9 AZR 874/06 in NZA 2007, 1349 (1351); v. 16.9.2008 9 AZR 781/07 in NZA 2008, 1285 (1286); hierzu ausführlich *Rudolf* S. 88f.

Setzt der freie Arbeitsplatz eine höherwertige fachliche Eignung voraus, kann ausnahmsweise auf die Entsprechung des Arbeitsplatzes verzichtet werden, wenn der aufstockungswillige Arbeitnehmer in dem Unternehmen bereits an einen Arbeitsplatz mit diesen höheren Anforderungen beschäftigt war und wegen Verkürzung der Arbeitszeit auf den bestehenden Arbeitsplatz wechselte. War die Verkürzung der Arbeitszeit beispielsweise nur auf einer niedrigeren Hierarchieebene möglich, kann im Falle der gewünschten Verlängerung von einer konkludenten Beförderungsvereinbarung ausgegangen werden.[618] Dies entspricht dem Ziel, die Bereitschaft zur Teilzeitbeschäftigung zu fördern.

Entsprechend und damit vergleichbar soll nach dem Gesetzeswortlaut nur der Arbeitsplatz sein. Mithin ist die Vergleichbarkeit unabhängig von den im Arbeitsvertrag getroffenen Regelungen (beispielsweise die Vergütung) zu bestimmen.[619] Der Arbeitszeitwunsch muss an dem entsprechenden Arbeitsplatz auch realisierbar sein.[620]

(2) Frei

„Als frei sind grundsätzlich alle Arbeitsplätze anzusehen, die zum Zeitpunkt des Antrags und des gewünschten Zeitpunkts der Arbeitszeitverlängerung unbesetzt sind."[621] Das Landesarbeitsgericht Berlin hat hinsichtlich des Merkmals „frei" sowohl an den Zeitpunkt der Anzeige als auch an den Zeitpunkt der gewünschten Arbeitszeitverlängerung angeknüpft. In seinen weiteren Ausführungen hat es jedoch nur noch auf den Zeitpunkt der gewünschten Arbeitszeitverlängerung abgestellt. Es ist nicht ersichtlich, warum zum Zeitpunkt der Antragstellung der Arbeitsplatz bereits frei sein soll. Ausreichend muss sein, dass der Arbeitnehmer den Verlängerungswunsch seiner Arbeitszeit anzeigt zu einem Zeitpunkt, an dem feststeht, dass ein entsprechender Arbeitsplatz frei sein wird. Außerdem setzt die Anzeige des Verlängerungswunsches keine Bezugnahme auf einen bestimmten frei werdenden Arbeitsplatz voraus. Entsprechend sind unter das Merkmal „frei" auch die frei werdenden Arbeitsplätze zu subsumieren. Als solche werden auch die

---

618 BAG v. 16.9.2008 9 AZR 781/07 in NZA 2008, 1285 (1288).
619 BAG v. 8.5.2007 9 AZR 874/06 in NZA 2007, 1349 (1350f.); *Hamann*, FS Düwell 131 (141), der darauf hinweist, dass dies zur Folge hat, dass dem Arbeitgeber die Senkung der Personalkosten erschwert wird.
620 LAG Schleswig-Holstein v. 19.9.2011 3 Sa 71/11 in juris Rn. 17f.
621 LAG Schleswig-Holstein v. 24.9.2008 6 Sa 3/08 in juris Rn. 58.

Arbeitsplätze eingeordnet, die mit befristetet eingestellten Arbeitnehmern besetzt sind. Ausschlaggebend ist, ob die Person, die den Arbeitsplatz besetzt, eine rechtlich gesicherte Dauerposition innehat.[622]

Leiharbeiter haben keine rechtlich gesicherte Dauerposition. Ihr Arbeitsverhältnis besteht unabhängig von dem Betrieb bzw. dem Unternehmen mit einem externen Verleiher. § 9 TzBfG soll Teilzeitbeschäftigte gegenüber externen Arbeitnehmern privilegieren, indem es den Arbeitgeber hinsichtlich der personellen Auswahl bindet. Die Entscheidung darüber, ob und welche Stellen neu besetzt werden, bleibt dagegen Teil der freien unternehmerischen Entscheidung. Entscheidet sich ein Arbeitgeber, die benötigte Arbeitsleistung mit Leiharbeitern abzudecken, schreibt er eben keine neuen Stellen aus. Die mit einer Neueinstellung verbundene Verpflichtung will er nicht eingehen. Dem ist entgegenzuhalten, dass der Arbeitszeitverlängerungsanspruch die Attraktivität der Teilzeitbeschäftigung steigern soll.[623]

Die Befristungsfeindlichkeit des Verringerungsanspruchs gemäß § 8 TzBfG wird durch den Arbeitszeitverlängerungsanspruch aufgefangen.[624] Die Entscheidung des Arbeitgebers, die Arbeit mit Leiharbeitern auszuführen, darf daher nicht dazu führen, dass der Arbeitszeitverlängerungsanspruch gänzlich leerläuft. Soweit nicht eine grundsätzliche Entscheidung getroffen wird, frei werdende Arbeitsplätze nicht mehr zu besetzen, sondern sie durch Leiharbeitsverhältnisse zu ersetzen, ist hiervon aber nicht auszugehen.[625]

Besteht jedoch die grundsätzliche Entscheidung, gar keine Stellen mehr selbst zu besetzen, muss im Angesicht des Zieles des TzBfG, die Attraktivität von Teilzeitbeschäftigung zu fördern, die freie unternehmerische Entscheidung eingeschränkt werden. Grundsätzliche unternehmerische Entscheidungen, die den Arbeitszeitverlängerungsanspruch leer-

---

622 LAG Berlin v. 2.12.2003 3 Sa 1041/03 in juris Rn. 56; LAG Stuttgart v. 27.1.2010 12 Sa 44/09 in juris (Rn. 61). Zustimmend *Sievers*, Anm. zu LAG in jurisPR-ArbR 23/2010.

623 BAG v. 15.8.2006 9 AZR 8/06 in NZA 2007, 255 (256f.).

624 *Hamann*, NZA 2010, 1211 (1216).

625 So auch *Hamann*, FS Düwell 131, (138), *Hamann*, NZA 2010 1212 (1212). Er geht sogar noch weiter und wertet alle mit Leiharbeitern besetzten Arbeitsplätze als freie Arbeitsplätze.

laufen lassen, müssen auf arbeitsplatzbezogenen Sachgründen beruhen und überprüfbar sein. Sie können mittels Darlegung des Organisationskonzeptes untermauert werden. Das Gleiche gilt auch für die grundsätzliche Entscheidung, keine Stellen in Vollzeitbeschäftigung mehr auszuschreiben.[626]

(3) Bindung an die vorgegebene Ausgestaltung des Arbeitsplatzes

Fraglich ist, ob auch dann ein freier zu besetzender Arbeitsplatz im Sinne von § 9 TzBfG vorliegt, wenn der betreffende Arbeitsplatz zwar nicht der gewünschten Gesamtstundenanzahl des aufstockungswilligen Teilzeitbeschäftigten entspricht, aber die Arbeitszeit des zu besetzenden Arbeitsplatzes mit der bisherigen Arbeitszeit zusammengefasst werden kann. Dagegen kann eingewandt werden, dass die Ausgestaltung der zu besetzenden Stelle der freien unternehmerischen Entscheidung obliegt und nicht von der Entscheidung getrennt werden kann, ob überhaupt eine neue Stelle geschaffen und besetzt werden soll. Der Vergleich mit § 8 TzBfG, der einen unmittelbaren Anspruch gewährt, zeigt auch, dass § 9 TzBfG weniger stark ausgestaltet ist. Die Tatsache, dass nur eine bevorzugte Berücksichtigungspflicht gewährt wurde, spricht für eine Akzeptanz der freien unternehmerische Entscheidung. Der Verzicht auf eine Kleinunternehmerklausel und auf Wartezeiten zeugt ebenfalls von dem gesetzlichen Willen, nicht unmittelbar in die freie unternehmerische Entscheidung einzugreifen.[627] Auf der anderen Seite soll § 9 TzBfG dazu dienen, die Zahl der Teilzeitstellen zu erhöhen. Die Teilzeitarbeit soll nicht als eine „Sackgasse" verstanden werden. Die Zusammenfassung der Arbeitsstunden würde dem Sinn und Zweck des Gesetzes nicht widersprechen.[628]

Es geht darum, ob neu ausgeschriebene mit bestehenden Arbeitsstunden an einem Arbeitsplatz zusammengefasst werden können. Der Arbeitgeber muss – *a maiore ad minus* – die Möglichkeit haben, durch Darlegung seines Organisationskonzeptes den Grund für den ausge-

---

626 Siehe BAG v. 15.8.2006 9 AZR 8/06 in NZA 2007, 255 (258); zustimmend *Schmidt*, RdA 2008, 41 (42); BAG v. 13.2. 2007 9 AZR 575/05 in NZA 2007, 807 (808); LAG Bremen v. 11.3.2010 3 TaBV 24/09 in juris (Rn. 84); zustimmend auch *Boemke*, jurisPR-ArbR 11/2012.

627 So auch *Rudolf* S. 87; *Rohr* S. 95f.

628 Laux/Schlachter-*Laux* (2. Aufl.) § 9 Rn. 30 TzBfG; *Hanau*, NZA 2001, 1168 (1174); KSchR-*Zwanziger* (7. Aufl) § 9 Rn. 10f. TzBfG.

schriebenen Zuschnitt des Arbeitsplatzes darzulegen, wenn er den Arbeitszeitverlängerungsanspruch durch die Zusammenfassung der Stunden abwehren will.[629] Da der Arbeitgeber bei Vorliegen entsprechender Gründe die Zusammenfassung der Stunden abwehren kann, ist gegen die diesbezügliche Initiative des Arbeitnehmers nichts einzuwenden. Vielmehr zeugt es von einem besonderen Engagement des Arbeitnehmers.

c. Geeignetheit

Ein Anspruch auf Verlängerung der Arbeitszeit setzt weiter voraus, dass der aufstockungswillige Arbeitnehmer mindestens genauso geeignet ist wie der andere Bewerber.[630] Die fachliche und persönliche Eignung des Arbeitnehmers wird anhand des Anforderungsprofils überprüft.[631] Die im Anforderungsprofil festgelegten Qualifikationsmerkmale sind zwar Teil der freien unternehmerischen Entscheidung, müssen aber im Hinblick auf die zu besetzende Stelle nachvollziehbar und nicht willkürlich sein. Die Geeignetheit ist demnach arbeitsplatzbezogen zu bewerten.[632] Der Geeignetheit steht eine fehlende erforderliche Ausbildung, jedoch nicht schon eine Einarbeitung entgegen. Eine höhere fachliche Ausbildung muss sich auf die Ausführung der geforderten Arbeitsleistung auswirken.

---

629 So auch BAG 15.8.2006 9 AZR 8/06 in NZA 2007, 255 (258); v. 13.2.2007 9 AZR 575/05 NZA 2007, 807 (808). Kritisch zu dieser eingeschränkten Kontrolle KSchR-*Zwanziger* (7. Aufl.) § 9 Rn. 10a TzBfG, der keinen Grund sieht, warum nicht dringende betriebliche Gründe entsprechend den Versagungsgründen gefordert werden und sich die Überprüfung stattdessen Willkürkontrolle beschränkt. Die Willkürkontrolle soll jedoch nur verhindern, dass der Anspruch gänzlich leerläuft. Die freie unternehmerische Entscheidung sollte so wenig wie möglich eingeschränkt werden. Entsprechend wurde dem Arbeitnehmer auch kein selbstständiger Arbeitszeitverlängerungsanspruch gewährt.

630 Die Abgrenzung mittels eines Eignungskriteriums taucht auch bei der Regelung des Zugangs zum öffentlichen Dienst nach Art. 33 Abs. 2 GG auf.

631 LAG Berlin v. 2.12.2003 3 Sa 1041/03 in juris Rn. 61; LAG Schleswig-Holstein v. 24.9.2008 6 Sa 3/08 in juris Rn. 60; *Kröll*, Der Personalrat 2010, 377 (377); ErfKom-*Preis* (16. Aufl.) § 9 Rn. 6 TzBfG; KSchR-*Zwanziger* (7. Aufl.) § 9 Rn. 5 TzBfG; Laux/Schlachter-*Laux* (2. Aufl.) § 9 Rn. 36f. TzBfG.

632 LAG Schleswig-Holstein v. 19.9.2011 3 Sa 71/11 in juris Rn. 19; siehe auch BAG v. 25.10.1994 3 AZR 987/93 in juris Rn. 35.

d. Ablehnungsgründe

Der Arbeitszeitverlängerungsanspruch kann wegen dringender betrieblicher Gründe oder Arbeitszeitverlängerungsansprüche anderer Teilzeitbeschäftigter abgelehnt werden.

(1) Dringende betriebliche Gründe

Entgegenstehende dringende betriebliche Gründe müssen sich ausschließlich auf die personelle Auswahl beziehen und sollen „gleichsam zwingend sein."[633] So kann der Arbeitgeber geltend machen, dass der aufstockungswillige Arbeitnehmer auf seinem Arbeitsplatz unabkömmlich ist. Es ist dabei zu beachten, dass der Arbeitgeber den Arbeitnehmer auch durch ordnungsgemäße Kündigung verlieren könnte. Es kommt mithin in einem solchen Fall darauf an, dass der aufstockungswillige Arbeitnehmer in der hypothetisch laufenden Kündigungsfrist unabkömmlich wäre.[634] Die Beschränkung auf die personelle Auswahl ist keine Beschränkung auf persönliche Gründe. Dringende betriebliche Gründe können sich aus der Persönlichkeit des Arbeitnehmers, der Organisation, dem Arbeitsablauf oder der Sicherheit im Betrieb ergeben.[635]

Auch vorrangige Rechtsansprüche Dritter wie beispielsweise ein Reduzierungsverlangen nach § 8 TzBfG oder die Unentbehrlichkeit des aufstockungswilligen Arbeitnehmers auf dem bisherigen Arbeitsplatz können als Versagungsgründe angeführt werden.[636]

(2) Arbeitszeitwünsche anderer teilzeitbeschäftigter Arbeitnehmer

Während nach dem Regierungsentwurf nur aus „sozialen Gründen vorrangige Arbeitszeitwünsche anderer teilzeitbeschäftigter Arbeitnehmer"[637] die bevorzugte Berücksichtigung einschränken sollten, wurde im Rahmen des Gesetzgebungsverfahrens auf die Einbeziehung sozialer Belange verzichtet. Der bevorzugten Berücksichtigung

---

633 BAG v. 15.8.2006 9 AZR 8/06 in NZA 2007, 255 (258); v. 16.9.2008 9 AZR 781/07 in NZA 2008, 1285 (1288); LAG Berlin v. 2.12.2003 3 Sa 1041/03 in juris Rn. 66.
634 *Rudolf* S. 125; Annuß/Thüsing-*Jacobs* (3. Aufl.) § 9 Rn. 25 TzBfG.
635 *Rudolf* S. 125; Annuß/Thüsing-*Jacobs* (3. Aufl.) § 9 Rn. 25 TzBfG.
636 BAG v. 16.9.2008 9 AZR 781/07 in NZA 2008, 1285 (1288); Rolfs RdA 2001, 129 (140).
637 BT-Drs. 14/4374 S. 18.

kann nun jeder entsprechende Arbeitszeitwunsch eines anderen Arbeitnehmers entgegenstehen. Die Auswahlentscheidung des Arbeitgebers soll grundsätzlich frei sein und muss nur den Grundsätzen billigen Ermessens entsprechen.[638] Soziale Gesichtspunkte führen damit nicht per se zu einer Bevorzugung des Arbeitszeitwunsches, allerdings sind sie im Rahmen der Ermessensabwägung zu beachten.[639]

Es wird vertreten, dass nur solche Arbeitszeitwünsche Teilzeitbeschäftigter, die auch einen Anspruch nach § 9 TzBfG hätten, entgegenstehen können. Diese Einschränkung wird damit begründet, dass der Arbeitgeber „bei Arbeitszeitverlängerungswünschen mehrerer [...][Arbeitnehmer] nicht bessergestellt werden [soll] als bei dem dahingehenden Wunsch eines einzelnen [...][Arbeitnehmers]."[640] Aus dem Gesetzestext ist eine solche Einschränkung nicht ersichtlich. Sie wäre auch in Hinblick darauf widersinnig, dass der Arbeitgeber vor der Ausschreibung einer freien Stelle frei darin ist, anderen Teilzeitbeschäftigten eine Arbeitszeitverlängerung anzubieten. Ein aufstockungswilliger Arbeitnehmer, der zu diesem Zeitpunkt nicht gefragt wurde, hätte keinen Anspruch auf bevorzugte Berücksichtigung, da der Anwendungsbereich von § 9 TzBfG noch nicht eröffnet wäre. Der Gesetzgeber hat durch den Verzicht auf die Hervorhebung sozialer Bedürftigkeit zum Ausdruck gebracht, dass der Arbeitgeber zwischen internen Bewerbern grundsätzlich frei entscheiden kann. Die Bindung der Entscheidung an die Grundsätze des billigen Ermessens entspricht der arbeitgeberseitigen Fürsorgepflicht. Andere gesetzliche Regelungen können die Auswahlentscheidung ebenfalls einschränken. So hat der öffentliche Arbeitgeber nach Art. 33 Abs. 2 GG in seiner Auswahlentscheidung die Eignung zu berücksichtigen.[641]

Aus der Einordnung befristeter Arbeitsverhältnisse als frei werdende bzw. freie Arbeitsplätze wird gefolgert, dass im Rahmen der personel-

---

638 BT-Drs. 14/4625 S. 20. Auf das Erfordernis der Entscheidung nach billigem Ermessen soll nach Hamann verzichtet werden. Nur so wäre die Auswahlentscheidung „frei" (siehe BAG v. 13.02.2007 9 AZR 575/05 in NZA 2007, 807).*Hamann*, FS Düwell 131(146). Die im Rahmen des billigen Ermessens geforderte Abwägung der verschiedenen Interessen kann jedoch auch der arbeitgeberseitigen Fürsorgepflicht zugeordnet werden.

639 *Preis/Gotthardt*, DB 2001, 145 (150).

640 TZA-*Buschmann* (2. Aufl.) § 9 Rn. 29 TzBfG.

641 *Rudolf* S. 127f.

len Auswahl unbefristeten Teilzeitbeschäftigten Vorrang vor befristeten Teilzeitbeschäftigten einzuräumen ist.[642] So habe der Gesetzgeber „bei seiner Einschränkung für Erhöhungswünsche nur die entgegenstehenden Anträge anderer teilzeitbeschäftigter Arbeitnehmer als Ablehnungsgrund anerkannt, die in einem fortdauerndem Arbeitsverhältnis stehen."[643] Aus dem Gesetzestext und den Gesetzesmaterialien geht aber eine solche Einschränkung nicht hervor. Der Anwendungsbereich des § 9 TzBfG umfasst alle Arbeitnehmer, die einer Teilzeitbeschäftigung nachgehen. Eine Einschränkung oder Privilegierung der Antragssteller untereinander wird nicht vorgegeben.[644] Die durch das Gesetz bezweckte Steigerung der Attraktivität von Teilzeitbeschäftigungen legt auch keine Privilegierung unbefristeter Teilzeitbeschäftigter nahe.

e. Durchsetzung und Rechtsfolge

Die angeordnete bevorzugte Berücksichtigung „hat [...] bevorzugt zu berücksichtigen" hat die Besetzung der Stelle mit dem aufstockungswilligen Arbeitnehmer zu Folge. Der Arbeitnehmer hat durch die aus § 9 TzBfG hervorgehende Umsetzungspflicht einen Anspruch auf Verlängerung seiner Arbeitszeit.[645] Dies unterscheidet § 9 TzBfG von § 7 Abs. 2 TzBfG, der nach Anzeige des Wunsches zur Veränderung der Dauer der Arbeitszeit gegenüber dem Arbeitgeber lediglich Informationspflichten auslöst, an die keine weiteren Rechtsfolgen geknüpft sind. Durch den Arbeitszeitverlängerungsanspruch soll das Ziel des TzBfG, die Bereitschaft der Arbeitnehmer in eine Teilzeitarbeit zu wechseln, erreicht werden.[646]

Wird der Arbeitszeitverlängerungsanspruchs gewährt, muss der Arbeitsvertrag an die verlängerte Arbeitszeit angepasst werden. Der Arbeitsvertrag bleibt somit grundsätzlich bestehen. Hat der Arbeitgeber an den zu besetzenden Arbeitsplatz andere Arbeitsvertragsbedingungen geknüpft, werden diese nicht automatisch Teil des bestehenden Ar-

---

642 *Sievers*, Anm. zu LAG Stuttgart v. 27.1.2010 in jurisPR-ArbR 23/2010, Meinel/Heyn/Herms § 9 (5.Aufl.) Rn. 28 TzBfG.
643 ArbG Marburg v. 12.7.2002 2 Ca 666/01 in juris Rn. 51.
644 So auch *Annuß/Thüsing-Jacobs* (3. Aufl.) § 9 Rn. 30 TzBfG.
645 BAG v. 15.8.2006 9 AZR 8/06 in NZA 2007, 255 (256); v. 8.5.2007 9 AZR 874/06 in NZA 2007, 1349 (1350); v. 1.6.2011 7 ABR 117/09 in NZA 2011, 1435 (1438).
646 BT.-Drs. 14/4373 S. 18.

beitsvertrags. Auch die Vergütung wird „lediglich nach dem Grundsatz ‚pro rata temporis' angepasst."[647] Dieser Grundsatz gilt unabhängig davon, ob der ausgeschriebene Arbeitsplatz bessere oder schlechtere Arbeitsbedingungen beinhaltet hätte. Eine Ausnahme zu diesem Grundsatz hat das Bundesarbeitsgericht in dem Fall angenommen, in dem die Verlängerung der Arbeitszeit mit der Verrichtung einer höherwertigen Tätigkeit verknüpft war und der Arbeitnehmer vor Verringerung der Arbeitszeit bereits auf der höherwertigen Stelle gearbeitet hatte. Die in diesem Fall angenommene konkludente Beförderungsvereinbarung bezieht sich nicht nur auf die Ausübung der höherwertigen Tätigkeit (als Ausnahme zur Tatbestandsvoraussetzung der „Entsprechung"), sondern auch auf die damit verbundene Vergütung.[648] Durch die Annahme einer konkludenten Beförderungsvereinbarung kann der Anerkennung dieses Ausnahmetatbestandes nicht der Vorwurf einer „Rosinentheorie" gemacht werden.

Die Durchsetzung des Anspruchs erfolgt durch eine Leistungsklage, die ausschließlich auf die Verlängerung der Arbeitszeit abzielt.[649] Die Darlegungs- und Beweislast hinsichtlich der anspruchsbegründenden Voraussetzungen trägt dabei der Arbeitnehmer, die der anspruchserlöschenden Voraussetzungen der Arbeitgeber.[650] Hinsichtlich der Geeignetheit ist die Darlegungs- und Beweispflicht abgestuft geregelt. Hat der Antragsteller seine Eignung behauptet, muss der Arbeitgeber die Gründe für die bessere Eignung eines anderen Bewerbers darlegen. Diese Gründe können vom Antragsteller widerlegt werden.[651] Auch der Betriebsrat spielt bei der Durchsetzung des Arbeitszeitverlängerungsanspruchs eine große Rolle. Durch das Zustimmungsverweigerungsrecht nach § 99 Abs. 2 Nr. 3 BetrVG kann er die Besetzung der Stelle mit einen anderen Arbeitnehmer verhindern und so dafür sorgen, dass die Durchsetzung des Anspruchs nicht unmöglich wird.[652] Ist die Stelle wieder neu besetzt, kann der betroffene Arbeitnehmer nur noch Schadensersatz fordern.

---

647 BAG v. 8.5.2007 9 AZR 874/06 in NZA 2007, 1349 (1351).
648 So BAG v. 16.9.2008 9 AZR 781/07 in NZA 2008 1285 (1289).
649 BAG v. 8.5.2007 9 AZR 874/06 in NZA 2007 1349 (1350); *Kröll,* Der Personalrat 2010, 377 (379); *Kliemt,* NZA 2001, 63 (68).
650 ErfKom-*Preis* (16. Aufl.) § 9 Rn. 14 TzBfG.
651 LAG Berlin v. 2.12.2003 3 Sa 1041/03 in juris Rn. 66.
652 BAG v. 1.6.2011 7 ABR 117/09 in NZA 2011, 1435 (1438).

V. Zwischenergebnis

Die Teilzeitbeschäftigung ist ein wichtiges Mittel zur Umsetzung der Vereinbarkeit von Familie und Beruf. Zu Recht wurde die Vereinbarkeit von Familie und Beruf unter das gleichstellungspolitische Ziel bei der Einführung des TzBfG gefasst.

Die in § 7 TzBfG normierten Ausschreibungs- und Informationsverpflichtungen des Arbeitgebers stehen für eine frühestmögliche Förderung von Teilzeitarbeitsverhältnissen. Mit der Informationsverpflichtung gegenüber dem Arbeitnehmer wird die Flexibilisierung von Dauer und Lage der Arbeitszeit gefördert. Die Informationsverpflichtung bezieht sich auf jeden Änderungswunsch der Lage und Dauer der Arbeitszeit. Dies ist gerade in Anbetracht der Förderung der Vereinbarkeit von Familie und Beruf[653] wichtig. Die im Gegensatz zum BeschFG vorgenommene Verknüpfung von Lage und Dauer der Arbeitszeit ist jedoch in Anbetracht dieses Förderungsziels ein Rückschritt.

Die Ausgestaltung des Anspruchs auf Verkürzung der Arbeitszeit und auf Verlängerung der Arbeitszeit geht auf beschäftigungspolitische Motive zurück. So ist die Verteilung der Arbeitszeit im Rahmen von § 8 TzBfG ein unselbstständiger Annex zum Verkürzungsanspruch, obwohl die Vereinbarkeit von Familie und Beruf wesentlich von der Verteilung der Arbeitszeit abhängt. Ein eigenständiger Anspruch ist nicht geregelt, obwohl sich im Rahmen der gesetzlich angeordneten Verhandlungsphase auf die Verteilung der Arbeitszeit geeinigt werden soll. So wünschenswert ein eigenständiger Anspruch auf eine bestimmte Verteilung wäre, lässt sich ein solcher nicht auf Grundlage des geltenden Rechts konstruieren. Die obersten Gerichte lassen allerdings große Spielräume bei der Beurteilung des Verhältnisses von Verringerung und Verteilung der Arbeitszeit zu. Arbeitnehmer, die eine Arbeitszeitverkürzung wegen der Vereinbarkeit von Familie und Beruf mit einer Neuverteilung der Arbeitszeit durchgesetzt haben, sind insoweit geschützt, dass eine einseitige nachträgliche Änderung der Arbeitszeit durch den Arbeitgeber nach § 8 Abs. 5 S. 4 TzBfG nicht möglich ist.

---

653 BT-Drs. 14/4374 S. 11.

Die Sorge um ein ausreichendes Erwerbseinkommen und die Furcht vor beruflichen Nachteilen halten viele Arbeitnehmer mit Familie von der Verringerung ihrer Arbeitszeit ab.[654] Zwar kann zur Vereinbarung von Familie und Beruf auch die individuelle Verkürzung der Arbeitszeit sinnvoll sein, um auf die sich ändernden Herausforderungen im Familienleben reagieren zu können. Da die Verkürzung der Arbeitszeit meist mit einer Verkürzung des Erwerbseinkommens einhergeht, wäre es wichtig, den Aufstieg in eine höhere Arbeitszeit zu vereinfachen. Zur Vereinbarkeit von Familie und Beruf ist in den meisten Fällen keine dauerhafte Verkürzung der Arbeitszeit notwendig. Soweit zeitliche Engpässe absehbar sind, wäre es wünschenswert, auch einen zeitlich befristeten Anspruch auf Verkürzung der Arbeitszeit anzuerkennen. Dies wird aber einhellig abgelehnt.

Der in § 9 TzBfG geregelte Anspruch auf Verlängerung der Arbeitszeit steht dem Anspruch auf Verkürzung gemäß § 8 TzBfG nicht gleichwertig gegenüber. Er gilt für alle Arbeitnehmer unabhängig davon, ob diese zuvor ihre Arbeitszeit verkürzt haben. Der Anspruch auf Verlängerung der Arbeitszeit besteht nur eingeschränkt, ein solcher Wunsch ist nur bevorzugt zu berücksichtigen.
Gleichwohl bedarf es im Gegensatz zu § 8 TzBfG, der betriebliche Gründe verlangt, dringender betrieblicher Gründe, um einen nach § 9 TzBfG wirksamen Verlängerungsanspruch abzuwehren. In der Praxis stehen die beiden Ansprüche für den Arbeitnehmer in unmittelbaren Zusammenhang. Die Geltendmachung des Arbeitszeitverringerungsanspruchs hängt von den späteren Möglichkeiten der Arbeitszeitverlängerung ab.[655]

Die Teilzeitbeschäftigung befindet sich im Spannungsfeld zwischen Berufsfreiheit und Familienförderauftrag. Dieses Spannungsfeld spiegelt sich auch in den Streitigkeiten[656] um die Voraussetzungen und Wirkungen der beiden Ansprüche wieder. Die Förderung der Vereinbarkeit von Familie und Beruf findet bisher nur partiell in Abwägungsfragen Ein-

---

654 *Kattenbach* S. 32.
655 *Hamann*, FS Düwell 131 (131).
656 Zur Überprüfung der ausgeschriebenen Stellen siehe *Hamann/Rudnik*, Anm. zu LAG Stuttgart v. 21.3.2013 6 TaBV 9/12 in jurisPR-ArbR 24/2013, die auf die Kollision mit Art. 12 Abs. 1 GG hinweisen; *Mühlhausen*, NZA 2007, 1264 (1267).

gang. So führt die Schutzverpflichtung zugunsten von Ehe und Familie nach Art. 6 GG über die Fürsorgepflicht des Arbeitgebers dazu, dass der Arbeitgeber im Rahmen der Personenwahl nach billigem Ermessen Unterhaltspflichten gegenüber der Familie zu berücksichtigen hat.

In England wurde mit dem *Statutory Right to Request Contract Variation* ein Anspruch des Arbeitnehmers auf Flexibilisierung der Arbeitszeit eingeführt, der die Förderung der Vereinbarkeit von Familie und Beruf im Fokus hatte. Ursprünglich bestand dieser Anspruch nur, wenn der Wunsch nach einer Flexibilisierung der Arbeitszeit auf familiäre Verpflichtungen gestützt wurde. Diese Privilegierung wurde jedoch durch die Verabschiedung des *Children and Families Act 2014 c.6* wieder aufgehoben und der Anspruch auf Flexibilisierung der Arbeitszeit für alle Arbeitnehmer eröffnet.

Das *Statutory Right To Request Contract Variation* ermöglicht eine Veränderung des Arbeitszeitumfangs, der Verteilung der Arbeitszeit und die Änderung des Arbeitsortes. Alle drei Punkte sind für die Vereinbarkeit von Familie und Beruf wichtig. Im kodifizierten deutschen Recht findet sich keine entsprechende Regelung. Die Lage der Arbeitszeit kann nach § 8 TzBfG nur in Verbindung mit einer Arbeitszeitverkürzung durchgesetzt werden. Der Mangel an einem eigenständigen Anspruch wird teilweise durch die großzügige arbeitsgerichtliche Rechtsprechung aufgefangen. In der Rechtsprechung ist die außerordentliche Bedeutung der Verteilung der Arbeitszeit für den Arbeitnehmer anerkannt.

Das Recht auf Beantragung der Flexibilisierung der Arbeitszeit war schon vor der Erweiterung durch den *Work and Families Act* ein Erfolg. Umfragen zufolge wurde nicht nur ein Antrag auf Flexibilisierung der Arbeitszeit häufig gestellt, sondern es wurden auch lediglich zehn Prozent der Anträge abgelehnt[657]. Ursache für diese hohe Erfolgsquote könnte sein, dass Arbeitgeber und Arbeitnehmer zu einem aktiven Mediationsprozess angehalten werden.

---

657 Department of Trade and Industry, Work and Families. Choice and Flexibility. Government Response to Public Consultation. Oktober 2005, p. 5.

C. Das Weisungsrecht

I. Inhalt des Weisungsrechts

Das Weisungsrecht ist dem Arbeitsverhältnis immanent. Der Arbeitnehmer zeichnet sich gerade durch die Übernahme weisungsgebundener Tätigkeiten aus und bleibt selbst in der höchsten Position noch Gehilfe des Arbeitgebers bei der Führung seines Unternehmens.[658] Als einseitiges Leistungsbestimmungsrecht war das Weisungsrecht schon nach § 315 Abs. 3 BGB in den durch Vertrag und Gesetz vorgegebenen Grenzen nach billigem Ermessen auszuüben.

Die Kodifizierung in § 106 Gewerbeordnung[659] (GewO) hatte keine inhaltlichen Änderungen zur Folge, sondern bestätigte eine durch ständige Rechtsprechung bestehende Rechtslage.[660] Der Arbeitgeber kann hiernach Inhalt, Ort und Zeit nach billigem Ermessen bestimmen. § 106 GewO ist in Verbindung mit § 105 GewO zu lesen und findet seine Grenzen im Arbeitsvertrag und den Bestimmungen, die sich auf den Arbeitsvertrag auswirken. Dies sind neben zwingenden gesetzlichen Vorschriften die Bestimmungen in Betriebsvereinbarungen und Tarifverträgen.[661] Die Bedingungen der Arbeitsverpflichtung können auch durch Konkretisierung festgelegt werden. Der Annahme einer Konkretisierung sind allerdings hohe Hürden gesetzt. Der Ablauf einer bestimmten Zeitspanne allein ist nicht ausreichend.[662]

Soweit der Arbeitsvertrag es zulässt, hat der Arbeitgeber kraft seines Weisungsrechts die Möglichkeit, dem Arbeitnehmer eine andere Tätigkeit zuzuweisen. Diese muss allerdings mit der bisher ausgeführten Tätigkeit vergleichbar sein.[663] Die Versetzung auf einen anderen Arbeitsplatz ist auf den Betrieb beschränkt, soweit nichts anderes vereinbart

---

658 *Hromadka,* DB 1995, 2601 (2601).
659 Gewerbeordnung v 22.2.1999 BGBl. I S. 202.
660 BAG v. 23.9.2004 6 AZR 567/03 in NZA 2005, 359 (360); Staudinger-*Rieble* (2015) § 315 Rn. 181f. BGB.
661 Siehe auch BAG v. 23.9.2004 6 AZR 442/03 in NZA 2005, 475; BAG v. 13.6.2007 5 AZR 564/06 in NZA 2007, 974.
662 Ausführlich hierzu *Bayreuther,* NZA-Beilage 2006, 3 (3f.).
663 *Hromadka,* DB 1995, 2601 (2602).

wurde.[664] Für die Bestimmung der Lage der Arbeitszeit ist im Besonderen zu beachten, dass der Betriebsrat gemäß § 87 Abs. 1 Nr. 2 BetrVG ein Mitbestimmungsrecht hat.[665]

1. Grenze des Weisungsrechts

Der Arbeitgeber hat sein Weisungsrecht nach billigem Ermessen auszuüben. „Billiges Ermessen verlangt, dass der Bestimmende die wesentlichen Umstände des Falles abwägt und die beiderseitigen Interessen angemessen berücksichtigt werden. Dabei sind [...] die Grundrechte und der Gleichbehandlungsgrundsatz zu beachten."[666] Ausschlaggebend für die Wirksamkeit einer Weisung ist die angemessene Berücksichtigung der Interessen des Arbeitsnehmers. Die Interessenlage verschiedener Arbeitnehmer muss dabei nicht unmittelbar miteinander aufgewogen werden,[667] auch wenn wohl die Möglichkeit der Umsetzung der arbeitgeberseitigen Interessen durch andere Arbeitnehmer als ein wesentlicher Umstand des Falles zu bewerten und damit in die Abwägung mit einzubeziehen ist. Ein sachlicher Grund ist ausreichend, um eine bestimmte Weisung zu legitimieren.[668] Die Umstände zum Zeitpunkt der Ausübung des Weisungsrechts sind für eine Überprüfung maßgeblich.[669] Die Pflicht, die wesentlichen Umstände des Falles einzubeziehen und die gegenseitigen Interessen angemessen zu berücksichtigen, entspricht auch der in § 241 Abs. 2 BGB verankerten Fürsorgepflicht.

2. Weisungsrecht und Änderungsvorbehalt

Der Arbeitgeber kann sein Weisungsrecht individualvertraglich erweitern, indem er einen Änderungsvorbehalt vereinbart. Es wird da-

---

664 Hromadka, DB 1995, 2601 (2604).

665 Siehe unter anderem Hanau, NZA-Beil. 2006, 34 (34).

666 Hromadka, DB 1995, 1609 (1611), siehe auch Lakies, BB 2003, 364 (366); so schon BAG v. 25.10.1989 2 AZR 633/88 in NZA 1990, 561 (562) (m.w.N.); BAG v. 24.04.1996 5 AZR 1031/94 in NZA 1996, 1088 (1089); BAG v. 23.9.2004 6 AZR 567/03 in NZA 2005, 359 (361) (m.w.N.).

667 BAG v. 23.9.2004 6 AZR 567/03 in NZA 2005, 359 (361).

668 BAG v. 23.9.2004 6 AZR 567/03 in NZA 2005, 359 (361);Hromadka, DB 1995, 1609 (1611f.).

669 BAG v. 23.9.2004 6 AZR 567/03 in NZA 2005, 359 (361).

bei zwischen unechten und echten Weisungsrechtserweiterungen unterschieden.

Als unechte Erweiterungen werden solche verstanden, die zunächst individualvertraglich das Weisungsrecht beschränken, indem sie beispielsweise einen konkreten Arbeitsort vereinbaren, um dann in einem zweiten Schritt die Beschränkung wieder auf die nach § 106 GewO zulässige Grenzen, das heißt auf alle infrage kommenden Arbeitsorte, zu erweitern. Echte Erweiterungen gehen über die Grenzen des § 106 GewO hinaus.[670]

Beide Formen der Erweiterung des Weisungsrechts unterliegen als Verbraucherverträge der AGB-Kontrolle und sind an den §§ 307ff. BGB zu messen. Die Wirksamkeit unechter Erweiterungen wird an den Voraussetzungen von § 106 GewO und an dem Transparenzerfordernis gemessen.[671] Die §§ 308, 309 BGB sind nach § 307 Abs. 3 S. 1 BGB nicht anwendbar. Echte Erweiterungen sind einer umfänglichen Prüfung nach §§ 307 ff. BGB unterworfen.[672] Das Anpassungs- und Flexibilisierungsbedürfnis, das dem Weisungsrecht zugrunde liegt, wird im Rahmen einer AGB-Prüfung gemäß § 310 Abs. 4 S. 2 BGB als Besonderheit des Arbeitsrechts anerkannt.[673] Auch soll die Umgehung der Kündigungsschutzvorschriften der Erweiterung des Weisungsrechts nicht entgegengehalten werden können, da durch die Erweiterung der Bestandsschutz des Arbeitsverhältnisses nicht berührt sei.[674] Werden durch die Ausübung des erweiterten Weisungsrechts Vertragsbedingungen (über die Grenzen des § 106 GewO hinaus) geändert, ist aber sehr wohl der Bestand des bis dahin wirksamen Arbeitsvertrags betroffen. Nach Umsetzung eines entsprechenden Weisungsrechts besteht der Arbeitsvertrag in bisheriger Form nicht mehr, auch wenn er nicht neu abgeschlossen werden muss. Um den Bestandsschutz zu gewährleisten, muss auf den Inhalt des Vertrags und nicht auf seine äußere Form abgestellt werden. Im Ergebnis muss bei der Überprüfung einer entspre-

---

670 *Preis/Geneger,* NZA 2008, 969 (969f.).
671 *Wank,* NZA-Beil. 2012, 41 (43); *Hromadka/Schmitt-Rolfes,* NJW 2007, 1777 (1777); BAG v. 11.4.2006 9 AZR 557/05 in NZA 2006, 1149 (1149).
672 *Preis/Geneger,* NZA 2008, 969 (972).
673 *Hromadka,* NZA 2012, 233 (235), *Dzida/Schramm,* BB 2007, 1221 (1222); *Hromadka/Schmitt-Rolfes,* NJW 2007, 1777 (1778).
674 *Hromadka,* NZA 2012, 233 (235).

chenden Regelung das Anpassungs- und Flexibilisierungsinteresse mit dem Eingriff in den Bestandsschutz des Arbeitsverhältnisses abgewogen werden.[675] Der Bestandsschutz ist der Schutz des Vertrauens auf das Fortbestehen des Arbeitsvertrags. Hat der Arbeitnehmer familiäre Verpflichtungen, ist er in besonderer Weise auf diesen Schutz, der mit finanzieller Absicherung gleichzusetzen ist, angewiesen. Gleiches gilt für die Frage, ob überhaupt eine Familie gegründet werden soll. Ein Änderungsvorbehalt kann somit nur dann wirksam vereinbart werden, wenn die Interessen des Arbeitnehmers in die Entscheidung mit einbezogen und die Grenzen billigen Ermessens gewahrt sind.

II. Rechtsfolge fehlerhafter Weisungen

Eine fehlerhafte Weisung kann dazu führen, dass sie für den Arbeitnehmer nicht verbindlich wird, oder ihm ein Verweigerungsrecht nach § 275 Abs. 3 BGB zusteht. Zum einen wird argumentiert, dass eine die Grenzen des billigen Ermessens überschreitende Weisung dem Verlangen der „Erfüllung einer Nichtschuld" entspreche. Es bestehe keine wirksame Verpflichtung, sodass es eines Verweigerungsrechtes nicht bedürfe. Das BAG hat ein Verweigerungsrecht eines Arbeitnehmers aufgrund eines unüberwindbaren Grundrechtskonflikts angenommen.

---

675 So auch *Preis/Geneger*, NZA 2008, 969 (975). Gegen die Bezeichnung „unechte und echte Direktionsrechtserweiterung" wendet sich zu Recht *Wank*, NZA-Beil. 2012, 41 (45). Die unechte Erweiterung befindet sich in den Grenzen des § 106 GewO. Entweder sie schränkt das nach § 106 GewO grundsätzlich zulässige Weisungsrecht ein oder sie entspricht ihm. Damit ist sie höchstens als deklaratorische Klausel einzuordnen. Im Ergebnis besteht auch Einigkeit darüber, dass solche Vereinbarungen an § 106 GewO zu messen sind und keiner vollumfänglichen Inhaltskontrolle unterliegen. Nur weil im Arbeitsvertrag eine mehrstufige Umschreibung der Bedingungen der Leistungspflicht gewählt wurde, ändert es nichts daran, dass eine Vereinbarung über das Weisungsrecht in den Grenzen des § 106 GewO vorliegt. Die Überprüfung dieses Weisungsrechts mithilfe der Inhaltskontrolle nach §§ 307ff. BGB erscheint gekünstelt, gerade weil es nicht zu einer inhaltlich unterschiedlichen Prüfung führt. Die echte Erweiterung zeichnet sich gerade dadurch aus, dass einseitige Leistungsbestimmungsrechte über die Grenze des § 106 GewO hinausgehen. Durch die Bezugnahme auf das Weisungsrecht wird verschleiert, dass ein Änderungsvorbehalt vereinbart wurde. Im Ergebnis bleibt es allerdings eine Meinungsverschiedenheit über Begrifflichkeiten, da Einigkeit über die Wirksamkeitsvoraussetzung besteht.

Der unüberwindbare Grundrechtskonflikt muss dem Arbeitgeber aber angezeigt werden.[676]

Wenn es bei der Prüfung der Wirksamkeit der Weisung auf den Zeitpunkt der Erteilung der Weisung ankommt und zu diesem Zeitpunkt der Grundrechtskonflikt nicht angezeigt wurde, kann eine nachträgliche Anzeige auch nicht zu einer Unwirksamkeit der Weisung führen. Die Anzeige des Grundrechtskonflikts entspricht dann der Geltendmachung des Verweigerungsrechts nach § 275 Abs. 3 BGB wegen Unzumutbarkeit der Leistung.[677]

Eine Unzumutbarkeit der Leistung wegen eines Grundrechtskonflikts setzt eine unverschuldete Zwangslage voraus.[678] Das BAG hat in einer die Vereinbarkeit von Familie und Beruf betreffenden Entscheidung verlangt, dass der Arbeitnehmer darlegen muss, dass alles Mögliche getan wurde, um der Arbeitsleistung nachzukommen und gleichzeitig die Betreuung des Kindes zu sichern. Dies umfasst auch die Einbeziehung des anderen Elternteils.[679]

III. Die Einklagbarkeit

Wird dem Arbeitgeber ein Grundrechtskonflikt bei Erteilung einer Weisung bekannt gegeben, ergibt sich aus der Fürsorgepflicht nach § 241 Abs. 2 BGB die Pflicht, die erteilte Weisung zu überprüfen und gegebenenfalls zu ändern.[680]

Es stellt sich die Frage, ob eine solche Pflicht aus § 241 Abs. 2 BGB einklagbar ist. Für die Vereinbarkeit von Familie und Beruf kommt es darauf an, dass durch die Ausübung des Weisungsrechts eine Zwangslage vermieden wird.

---

676 BAG v. 24.2.2011 2 AZR 636/09 in NZA 2011, 1087 (1089);*Hromadka*, DB 1995, 1609 (1610).
677 Siehe auch *Lakies*, BB 2003, 364 (369); *Greiner*, RdA 2013, 9 (10); BAG v. 25.10.1989 2 AZR 633/88 in NZA 1990, 561 (562).
678 BAG v. 24.2.2011 2 AZR 636/09 in NZA 2011, 1087 (1089f.); v. 21.5 1992 2 AZR 10/92 in NZA 1993, 115 (116f.).
679 BAG v. 21.5 1992 2 AZR 10/92 in NZA 1993, 115 (116f.).
680 BAG v. 24.2.2011 2 AZR 636/09 NZA 2011, 1087 (1089f.).

Aus § 241 Abs. 2 BGB ergibt sich die Einklagbarkeit der Fürsorgepflichten nicht. § 241 Abs. 1 BGB widerspricht jedoch auch nicht der Einklagbarkeit.[681]

Gegen die Einklagbarkeit wird eingewandt, dass eine solche das „vertrauensvolle Miteinander der Beteiligten gefährde",[682] und somit nur dann anzunehmen ist, wenn ein besonderes Schutzinteresse vorliegt.[683] Der allgemeinen Einklagbarkeit der Fürsorgepflichten wird auch entgegengehalten, dass die meisten Vertragsparteien erst dann tätig werden, wenn bereits eine Zwangslage besteht. Es bedürfe daher keiner Einklagbarkeit.[684] Der Hinweis darauf, dass nur selten ein Bedürfnis danach besteht, Fürsorgepflichten einzuklagen, spricht aber weder für noch gegen eine Einklagbarkeit. Diese kann nicht davon abhängig gemacht werden, wie viele Personen sie tatsächlich nutzen würden. *Köhler*[685] hat zur Einklagbarkeit von Schutzpflichten drei Voraussetzungen eines Unterlassungsanspruchs erarbeitet. Zunächst muss die Unterlassungspflicht hinreichend bestimmt sein, dann muss eine Gefahr für eine zukünftige Pflichtverletzung vorliegen, und schließlich muss der Geschützte der drohenden Verletzung nicht in zumutbarer Weise ausweichen können. Das von *Köhler* erarbeitete Schema trägt dem vorausgesetzten besonderen Präventionsinteresse Rechnung und minimiert damit die Gefahr, das vertrauensvolle Miteinander in einem Schuldverhältnis zu zerstören. Es entspricht darüber hinaus der Pflicht des Arbeitnehmers, Grundrechtskonflikte dem Arbeitgeber anzuzeigen bzw. eine Zwangslage möglichst zu verhindern.

Liegt ein besonderes Präventionsinteresse in Form einer drohenden unverschuldeten Zwangslage[686] vor, kann der Arbeitnehmer nach

---

681 Siehe Staudinger-*Olzen* (Stand Mai 2014) § 241 Rn. 558 BGB.
682 *Medicus/Lorenz* Schuldrecht I (21. Aufl.) Rn. 524; *Medicus* in FS für Claus Wilhelm Canaris 2007, 835 (839).
683 *Medicus/Lorenz* Schuldrecht I (21. Aufl.) Rn. 524; *Medicus* in FS für Claus Wilhelm Canaris 2007, 835 (839).
684 *Medicus* in FS Canaris 2007, 835 (839, 854).
685 *Köhler*, AcP 1990, 496 (509f.).
686 Bei Vorlage einer unverschuldeten Zwangslage hat der Arbeitnehmer auch die Möglichkeit, die Erfüllung der Weisung nach § 273 Abs. 3 BGB zu verweigern. (Siehe BAG v. 21.5.1992 2 AZR 10/92 in NZA 1993, 115 (116f.) Es entspricht dem Interesse beider Parteien, eine entsprechende Zwangslage schon vor ihrem Eintritt zu verhindern.

Anzeige des Grundrechtskonflikts mithin vom Arbeitgeber eine erneute Abwägung nach billigem Ermessen verlangen.[687]

Die Besonderheiten des Weisungsrechts könnten gegen eine Einklagbarkeit sprechen. Es wird eingewandt, dass bei der Überprüfung der Wirksamkeit der Zeitpunkt der Weisung beachtet werden muss. Auch müsse beachtet werden, dass das Weisungsrecht ein einseitiges Gestaltungsrecht des Arbeitgebers sei und kein Mittel, den „Arbeitsprozess im Interesse des Arbeitnehmers zu steuern".[688] Außerdem würde das Verweigerungsrechts nach § 275 Abs. 3 BGB sonst leerlaufen.[689]

Zunächst ist die Überprüfung der Wirksamkeit der erteilten Weisung von einer Pflicht zur erneuten Weisung zu unterscheiden. Für die Wirksamkeit der erteilten Weisung ist der Zeitpunkt der Ausübung ausschlaggebend. Dies gilt jedoch unabhängig von der Frage, ob eine Pflicht zur erneuten Ausübung des Weisungsrechtes besteht. Es kommt dabei nicht auf die Unwirksamkeit der erteilten Weisung an. Auch gibt eine Pflicht zur erneuten Ausübung des Weisungsrechtes dem Arbeitgeber nicht vor, welche Weisung er zu treffen hat. Er soll vielmehr verpflichtet werden, unter den neu hinzugetreten Umständen erneut abzuwägen. Die Möglichkeit, den Arbeitgeber zu erneuten Ausübung seines Weisungsrechts zu verpflichten, führt nicht dazu, dass der Arbeitnehmer den „Arbeitsprozess [...] steuern [kann]".[690] Die Möglichkeit der Einklagbarkeit der Ausübung des Weisungsrechtes dient dem Interesse des Arbeitnehmers, gegenwärtig und zukünftig seiner Arbeitsverpflichtung nachkommen zu können. Während die Einklagbarkeit das Ziel hat, die Leistung zu ermöglichen, bezweckt das Leistungsverweigerungsrecht die Befreiung von der Leistungspflicht.

IV. Zwischenergebnis

Die Förderung der Vereinbarkeit von Familie und Beruf muss das Ziel haben, die Erbringung der Arbeitsleistung trotz familiärer Verpflichtungen zu ermöglichen. Zur Verhinderung einer Zwangslage müssen

---

687 So auch *Lakies*, BB 2003, 364 (369).
688 *Greiner*, RdA 2013, 9 (13).
689 *Greiner*, RdA 2013, 9 (13); ohne Begründung aber gegen ein entsprechendes Antragsrecht *Dahm*, EUZA 2011, 30 (48).
690 *Greiner*, RdA 2013, 9 (13).

Vorkehrungen rechtzeitig getroffen werden, um die im Arbeitsvertrag vereinbarten Leistungen zu erbringen.

So ist in einem ersten Schritt der Arbeitgeber über die familiären Belange zu unterrichten. Auf dem Weisungsrecht beruhende Maßnahmen sollen in Anbetracht des Grundrechtsschutzes des Art. 6 Abs. 1 GG „nicht im Widerspruch zu dem Grundsatz der Vereinbarkeit von Familie und Beruf stehen."[691] Im Rahmen des billigen Ermessens sind Personensorgepflichten zu berücksichtigen, auch wenn keine Sozialauswahl getroffen werden muss. Auch die familiären Interessen des betroffenen Arbeitnehmers müssen von einer umfassenden Abwägung umfasst sein.[692] Da bei jeder neu zu treffenden Ermessensentscheidung die aktuellen familiären Belange zu berücksichtigen sind, kann die Arbeitszeit immer wieder neu angepasst werden.[693]

Erst in einem späteren Schritt sollte auf den Klageweg zurückgegriffen werden. Das für die Einklagbarkeit vorausgesetzte besondere Präventionsinteresse ist mangels Möglichkeit der anderweitigen Vereinbarkeit von Familie und Beruf anzunehmen. Dies entspricht auch dem Förderauftrag nach Art. 6 GG. Der Schutz der freien unternehmerischen Entscheidung nach Art. 12 GG bleibt dadurch gewahrt, dass nur die erneute Ausübung des Weisungsrechts verlangt werden kann, welches wiederum nur die erneute Abwägung der entgegenstehenden Interessen zur Folge hat. Da § 241 Abs. 2 BGB während des gesamten Arbeitsverhältnisses fortbesteht, kann flexibel auf sich verändernde Lebensumstände reagiert werden. Diese Flexibilität ist für die fortdauernde Vereinbarkeit von Familie und Beruf unerlässlich.

Das Leistungsverweigerungsrecht ist *ultima ratio*. Die Umsetzung einer Weisung kann nach § 275 Abs. 3 BGB verweigert werden, wenn aufgrund der Weisung Konflikte bei der Vereinbarkeit von Familie und Be-

---

691 ArbG Hannover v. 24.5.2007 10 Ca 384/06 in juris (Rn. 27, 37). Entsprechend auch *Roth*, RdA 2012, 1 (13); Baumbach/Hopt- *Roth* (36. Aufl.) § 49 Rn. 44 HGB.
692 *Roth*, RdA 2012, 1 (13); *Dahm*, EUZA 2011, 30 (48); *Kocher*, NZA 2010, 841 (843); BAG v. 23.9.2004 6 AZR 567/03 in NZA 2005, 359 (361); *Lakies*, BB 2003, 364 (366, 369); *Hunold*, NZA-RR 2001, 337 (339).
693 *Dahm*, EUZA 2011, 30 (48).

ruf auftreten, die zu einer unverschuldeten Zwangslage führen. [694] Eine unverschuldete Zwangslage setzt voraus, dass der Arbeitnehmer alles Zumutbare gemacht haben muss, um die Zwangslage zu verhindern.

---

694 Siehe auch Baumbach/Hopt-*Roth* (36. Aufl.) § 49 Rn. 44 HGB.

D. Vereinbarkeit der bestehenden Regelungen mit der Elternurlaubsrichtlinie

Die Elternurlaubsrichtlinie hat die überarbeitete Rahmenvereinbarung zum Elternurlaub umgesetzt. Diese enthält nun auch in § 6 Abs. 1 S. 1 die Verpflichtung, Arbeitnehmern die Möglichkeit zu verschaffen, bei der Rückkehr aus dem „Elternurlaub"[695] für eine bestimmte Dauer ihre Arbeitszeit abgestimmt auf die familiären Interessen zu verändern. Nach § 6 Abs. 1 S. 2 RL 2010/18/EU soll dem Arbeitnehmer ein Antragsrecht zustehen, das der Arbeitgeber unter Berücksichtigung der beiderseitigen Interessen zu prüfen und zu beantworten hat.

Nach § 15 Abs. 5, 6 BEEG hat der Arbeitnehmer in Elternzeit das Recht, eine Verringerung seiner Arbeitszeit zu beantragen und diese auch unter bestimmten Voraussetzungen gegenüber dem Arbeitgeber durchzusetzen. Dieser Anspruch besteht nur in der Elternzeit und enthält kein eigenständiges Recht auf Neuverteilung der Arbeitszeit. Der Arbeitnehmer kann die Verteilung nur in Kombination mit der Verkürzung seiner Arbeitszeit verlangen. Nach der Elternzeit gibt es keine anknüpfende Regelung zur Neuverteilung der Arbeitszeit gemäß § 6 Abs. 1 RL 2010/18/EU.

Der Anspruch könnte dadurch erfüllt sein, dass der deutsche Gesetzgeber mit der Einführung der Elternzeit die geforderte Mindestdauer von vier Monaten[696] um das Achtfache übertroffen hat. In dieser Zeit ist ein Anspruch auf Verringerung und Verteilung der Arbeitszeit gegeben, um Familie und Beruf zu vereinbaren. Gemäß Art. 288 Abs. 3 AEUV ist der Mitgliedstaat frei darin, wie er eine Richtlinie umsetzt, verbindlich ist lediglich das zu erreichende Ziel. Ziel der Regelungen zur Wiederaufnahme der Beschäftigung ist nach § 1 Abs. 1 RL 2010/18/EU, dass erwerbstätige Eltern ihre beruflichen und elterlichen Pflichten aufeinander abstimmen können. Auch dem Anspruch auf Verkürzung der Arbeitszeit nach § 15 Abs. 5, 6 BEEG liegt dieses Ziel zugrunde. Zwar besteht in der Elternzeit keine Beschäftigungspflicht, hierdurch wird das

---

695 Gleichzusetzen mit der Elternzeit.
696 Abl. L 86/14 S. 6. Nach § 8 RL 2010/18/EU dürfen die Mitgliedstaaten günstigere Regelungen erlassen. Dies entbindet sie jedoch nicht von der Verpflichtung, auch die übrigen Maßnahmen richtlinienkonform umzusetzen.

Ziel der Richtlinie, die Vereinbarkeit von Familie und Beruf zu fördern, aber nicht geschmälert.[697] Konform zur Richtlinie ist die Verkürzung der Arbeitszeit nur für eine gewisse Zeit vorgesehen, da sie mit dem Ende der Elternzeit ausläuft. Hinsichtlich des Anspruchs auf Verkürzung der Arbeitszeit sind die Vorgaben § 6 RL 2010/18/EU in § 15 Abs. 5, 6 BEEG umgesetzt.

---

697 Siehe auch *Dahm,* EUZA 2011, 30 (47).

4 Familie und Arbeitsplatzsicherung

Die Vereinbarkeit von Familie und Beruf und die damit einhergehende Förderung von Familien setzten die Möglichkeit voraus, die Erwerbstätigkeit weiterhin ausführen zu können. Ohne sicheren Arbeitsplatz kann ein Arbeitnehmer nicht die Rechte in Anspruch nehmen,
die der Vereinbarkeit von Familie und Beruf dienen sollen. Insofern ist
der Bestands- bzw. Kündigungsschutz von Arbeitnehmern mit Familie
grundlegend. Entsprechende Schutzvorschriften können auch negative
Auswirkungen haben, wenn für besonders geschützte Gruppen keine
Arbeitsplätze mehr angeboten oder geschaffen werden.[698]

A. Der allgemeine Kündigungsschutz

Der Kündigungsschutz schränkt die freie Unternehmerentscheidung
ein, da er die berechtigten Interessen des Arbeitnehmers schützt.[699] Der
Arbeitgeber muss die Vorgaben zu Form, Frist, Verfahren und zulässi-
gem Kündigungsgrund beachten.[700]

I. Regelungen zum Kündigungsschutz im BGB

Im BGB sind zunächst allgemeine formelle Voraussetzungen einer Kündigung geregelt. Nach § 623 BGB wird die Schriftform verlangt, und in
den §§ 622 ff. BGB werden Kündigungsfristen festgelegt.

1. Kündigungserklärung

Die Kündigungserklärung muss als einseitiges Gestaltungsrecht so klar
und bestimmt sein, dass sie als solche zu verstehen ist. Dies umfasst
auch, dass eine bedingte Kündigung unzulässig ist, wenn für den betrof-

---

698 *Preis,* RdA 2003, 65 (67).
699 *Preis,* RdA 2003, 65 (66).
700 Siehe *Wank,* FS für Hanau 1999, 295 (297).

fenen Arbeitnehmer dadurch eine Ungewissheit über die Wirksamkeit der Kündigung entsteht.[701]

Nur eine schriftliche Kündigung des Arbeitsverhältnisses ist nach § 623 BGB wirksam. Die elektronische Form ist ausdrücklich ausgeschlossen. Die geforderte Schriftform der Kündigung setzt nicht gleichzeitig voraus, dass in der Kündigungserklärung auch der Kündigungsgrund aufzuführen ist. Entsprechend hat der Gesetzgeber bei anderen Kündigungsschutzvorschriften – beispielsweise im Mutterschutz[702] – ausdrücklich den Arbeitgeber zur Angabe des Kündigungsgrundes verpflichtet.[703]

2. Kündigungsfrist § 622 BGB

Beide Arbeitsvertragsparteien haben nach § 622 Abs. 1 BGB grundsätzlich eine Kündigungsfrist von mindestens vier Wochen einzuhalten. Gekündigt werden kann hiernach jeweils zum 15. oder zum Ende des Kalendermonats. Die vom Arbeitgeber zu beachtende Kündigungsfrist ist gestaffelt. Während sie in einer vereinbarten Probezeit nur zwei Wochen umfasst, besteht nach zwei Jahre bereits eine Frist von einem Monat, nach fünf Jahren eine Frist von zwei Monaten. Sie steigt stetig bis zu einer maximalen Kündigungsfrist von sieben Monaten nach 20 Jahren Beschäftigung. Die Berechnung der Beschäftigungsdauer erfolgt erst ab der Vollendung des 25. Lebensjahres des Arbeitnehmers.[704] Wird aus wichtigem Grund nach § 626 gekündigt, kann auf die Einhaltung der Kündigungsfrist verzichtet werden. Der wichtige Grund muss jedoch eine solche Qualität aufweisen, dass die Fortführung des Arbeitsverhältnisses unzumutbar ist. Auch nach § 627 BGB kann ein Dienstverhältnis, das ein besonderes Vertrauensverhältnis voraussetzt, fristlos von dem Dienstberechtigten gekündigt werden.

---

701 Stahlhacke/Preis/Vossen-*Preis* (11. Aufl.) § 10 Rn. 162f.; *Raab*, RdA 2004, 321 (323); im Hinblick auf eine Begründungspflicht, die sich auch aus der arbeitgeberseitigen Fürsorgepflicht bzw. aus der Gleichwertigkeit der Vertragspartner (Waffengleichheit) ergibt siehe *Otto*, FS für Wiese 1998, 356 (372f.).

702 § 9 Abs. 3 S. 2 MuSchG.

703 Siehe auch Ascheid/Preis/Schmidt-*Preis* (4. Aufl.) § 623 Rn. 19 BGB; KR-*Spilger* (10. Aufl.) § 623 Rn. 139f. BGB.

704 Siehe § 622 Abs. 2, 3 BGB.

Die mit längerer Betriebszugehörigkeit steigenden Kündigungsfristen sind für ältere Arbeitnehmer vorteilhaft, während sie für junge Arbeitnehmer mit Familie nachteilig sind.[705] Das Gesetz zur Staffelung der Kündigungsfrist ist eindeutig und lässt keine familienfreundlichere Auslegung zu.

3. Kündigungsgrund

An die Motivation zur Kündigung stellt das BGB selbst keine besonderen Anforderungen. Art. 12 GG und die arbeitgeberseitige Fürsorgepflicht gebieten jedoch, dass ein Mindestmaß an sozialer Rücksichtnahme sowohl bei der ordentlichen als auch bei der außerordentlichen Kündigung gewahrt bleiben muss.[706] In Anbetracht der existenziellen Bedeutung des Arbeitsplatzverlustes widerspräche die Kündigung dem Grundsatz von Treu und Glauben, wenn nicht die gegenseitigen Interessen abgewogen würden, und wäre somit nach § 242 BGB unwirk-

---

705 *Dahm* hat in ihrer Dissertation (Familiendiskriminierungen bei Beendigung des Arbeitsverhältnisses) § 622 Abs. 2 BGB auf seine diskriminierende Wirkung hin untersucht. S. 134f. Sie stellt eine ungerechtfertigte Diskriminierung aufgrund des Alters nach §§ 1, 2 Abs. 1 Nr. 2 AGG fest, die sich familiendiskriminierend auswirkt. Sie schlägt eine Einbeziehung der gesetzlichen Unterhaltspflichten *de lege ferenda* vor. S. 221f.

706 Es wird die Annahme kritisiert, dass bereits die langjährige Tätigkeit einen Vertrauenstatbestand schafft, auf den der Arbeitgeber bei Kündigungen Rücksicht zu nehmen hätte. Vielmehr müsse zu dem Bestehen des an sich ungeschützten Arbeitsverhältnis noch ein vertrauensstiftendes Verhalten des Arbeitgebers hinzukommen. Siehe *Gragert*, NZA 2000, 961 (968). Dass mit dem Abschluss eines Vertrags ein Vertrauenstatbestand geschaffen wird, beschränkt sich jedoch nicht auf das Arbeitsrecht. Selbstverständlich besteht die Fürsorgepflicht nicht unabhängig von dem individuellen Arbeitsverhältnis. Ihr Umfang hängt davon ab, wie viel Vertrauen der Arbeitnehmer in den Arbeitgeber setzen durfte. Neben konkret vertrauensstiftendenden Verhalten des Arbeitgebers ist auch die Dauer des Dienstverhältnisses ausschlaggebend, da das vertrauensstiftende Verhalten schon darin zu sehen ist, dass das Arbeitsverhältnis bisher nicht gekündigt wurde. Nach *Stahlhacke*, FS für Wiese 1998, 513 (516) gewährt die aus Art. 12 GG hervorgehende Schutzpflicht ein Mindestmaß an Bestandsschutz.

sam.[707] Die Unterhaltspflichten und der Familienstand sind in die Abwägung einzubeziehen.[708]

Grundsätzlich sind nur solche Kündigungen nach § 242 BGB unwirksam, die auf sachfremden und willkürlichen Motiven beruhen. Können dagegen betriebliche Gründe auf Arbeitgeberseite für die Kündigung dieses bestimmten Arbeitnehmers angeführt werden und hat der Arbeitgeber den Interessen des Arbeitnehmers Beachtung geschenkt, ist von der Wirksamkeit der Kündigung auszugehen.[709] Wie schon aus § 13 Abs. 2 KSchG hervorgeht, kann auch die Sittenwidrigkeit nach § 138 BGB zur Unwirksamkeit der Kündigung führen. Sittenwidrig ist eine Kündigung, „wenn sie dem Anstandsgefühl aller billig und gerecht Denkenden widerspricht."[710] Geschützt ist die Erhaltung eines „ethischen Minimums".[711] Als Sonderfall der sittenwidrigen Kündigung wird der Verstoß gegen das Maßregelungsverbot nach § 612a BGB angesehen. Beruht ein Kündigungsgrund auf einer unzulässigen Rechtsausübung, widerspricht die Kündigung dem Maßregelungsverbot und ist unwirksam. Die zulässige Rechtsausübung muss aber tragender Grund und nicht nur Anlass zur Kündigung sein.[712] Nicht die objektive Rechtslage, sondern der subjektive Beweggrund ist ausschlaggebend. Ist in dem subjektiven Beweggrund ein Verstoß gegen das Maßregelungsgebot

---

707 BAG v. 19.1.1995 8 AZR 914/93 in NZA 1996, 585 (588), nach dem die Auswahlentscheidung nach billigen Ermessen zu erfolgen hat und entsprechend die Generalklausel §§ 242, 315 BGB anzuwenden ist; kritisch zur Anwendung des § 315 BGB *Otto,* FS für Wiese 1998, 356 (369); siehe auch BAG v. 21.2.2001 2 AZR 15/00 in BB 2001, 1683 (1683f.); *Fischermeier,* FS für Etzel 2011, 135 (139f.).

708 LAG Niedersachsen v. 6.12.2013 6 Sa 391/13 (juris) Rn. 50; *Otto,* FS für Wiese 1998, 356 (365f).

709 BAG v. 21.2.2001 2 AZR 15/00 in BB 2001, 1683 (1685f.), *Löwisch,* BB 2004, 154 (161); *Preis,* NZA 1997, 1256 (1266f.); *Otto,* FS für Wiese 1998, 356 (363, 366f) Voraussetzung sei aber nicht, dass sachbezogene und anerkennungswerte Gründe vorliegen. Im Ergebnis sei § 242 BGB nicht auf den Kündigungsgrund selbst, sondern nur auf die Art und Weise der Kündigung anzuwenden. So auch *Stahlhacke,* FS für Wiese 1998, 513 (S. 522f.).

710 BAG v. 22.5.2003 2 AZR 426/02 (juris) Rn. 47.

711 BAG v. 22.5.2003 2 AZR 426/02 (juris) Rn. 47.

712 So entschieden LAG Rheinland-Pfalz v. 25.2.2014 6 Sa 463/13 (juris) Rn. 33 m.w.N.

oder ein sonstiges sittenwidriges Motiv zu sehen, kommt es nicht mehr darauf an, ob die Kündigung aus anderen Gründen wirksam wäre.[713]

Bei der Überprüfung der Wirksamkeit von Kündigungen ist zu beachten, dass „je präziser der Gesetzgeber den allgemeinen verfassungsrechtlichen Grundkonflikt zwischen Arbeitgeber- und Arbeitnehmerinteressen geregelt hat, desto [...] weniger die Rechtsprechung mittelbar oder unmittelbar Grundrechtspositionen zur Korrektur gesetzlicher Wertungen heranziehen [darf]."[714] Über die allgemeinen Vorschriften §§ 242, 138 BGB kann demnach kein größerer Schutz erreicht werden, als nach dem KSchG gewährt wird. Der vorzunehmende Interessenausgleich wurde im Anwendungsbereich des KSchG bereits getroffen und kann nicht durch die Anwendung allgemeiner Vorschriften erweitert werden. Somit kann einem nicht unter den Schutz des KSchG fallenden Arbeitnehmer über die allgemeinen Vorschriften im Ergebnis nicht der gleiche Schutz gewährt werden. „Die Grenzen des Kündigungsschutzes, die der Gesetzgeber gesetzt hat, [sind einzuhalten]."[715] Ebenso ist auch der gesetzgeberischen Entscheidung Rechnung zu tragen, dass der Arbeitgeber außerhalb des Kündigungsschutzgesetzes grundsätzlich nicht verpflichtet ist, seine Kündigung zu begründen. Der Schutz des Arbeitnehmers vor sachfremden und willkürlichen Kündigungen wird durch die Regelung der Beweislastverteilung Genüge getan. Hat der Arbeitnehmer Tatsachen vorgetragen, die eine diskriminierende Kündigung indizieren, muss der Arbeitgeber den Kündigungsgrund darlegen.[716] Gegen die Herleitung einer Begründungspflicht aus der arbeitsvertraglichen Nebenpflicht[717] spricht, dass damit faktisch die Kündigungsvoraussetzungen verschärft würden. In der Praxis würde es keinen

---

713 BAG v. 22.5.2003 2 AZR 426/02 (juris) Rn. 50; v. 23.11.1961 2 AZR 301/61 (juris) Rn. 22. Entgegen BAG v. 28.4.1994 2 AZR 726/93 (juris) Rn. 19 und *Otto,* FS für Wiese 1998, 356 (364), nach dem es nicht auf das Bewusstsein des Kündigenden ankommen soll, sondern darauf, ob er die zur Sittenwidrigkeit führenden Umstände kennt.

714 *Preis,* NZA 1997, 1256 (1258); so grundsätzlich auch *Fischermeier,* FS für Etzel 2011, 135 (140); *Wank,* FS für Hanau 1990, 295 (304f.).

715 *Otto,* FS für Wiese 1998, 356 (365); *Stahlhacke,* FS für Wiese 1998, 513 (525).

716 *Wank,* FS für Hanau 1990, 295 (308).

717 Stahlhacke/Preis/Vossen-*Preis* (11. Aufl.) § 4 Rn. 91, 539f. Eine schuldhafte Verletzung der Begründungspflicht solle jedoch nicht zur Unwirksamkeit der Kündigung führen. Rechtsfolge einer Verletzung könne jedoch ein Schadensersatzanspruch wegen eines aussichtslosen Kündigungsschutzprozesses sein.

Unterschied machen, ob der Arbeitgeber bereits mit der Kündigungserklärung den Kündigungsgrund angeben oder aus arbeitsvertraglicher Nebenpflicht den Arbeitnehmer informieren müsste. Durch die Konstruktion einer Begründungspflicht als arbeitsvertragliche Nebenpflicht könnte der Arbeitgeber zudem bei Scheitern einer Kündigungsschutzklage zum Schadensersatz verpflichtet werden. In Anbetracht der schärferen Voraussetzungen im besonderen Kündigungsschutzrecht[718] ist von einer solchen arbeitsvertraglichen Nebenpflicht nicht auszugehen. Über die Regelung der Beweislastverteilung ist der Arbeitnehmer ausreichend geschützt. Aus den Grundsätzen von Treu und Glauben und dem *ultima-ratio*-Grundsatz geht hervor, dass die Änderungskündigung einer Beendigungskündigung vorgeht.[719]

II. Regelungen im Kündigungsschutzgesetz

Das Kündigungsschutzgesetz (KSchG) ergänzt die allgemeinen Regelungen im BGB. Die Regelungen zur Form und Frist im BGB gelten unverändert fort. Zusätzlich wird im KSchG eine allgemeine Klagefrist §§ 4–7 KSchG eingeführt.[720]

Detaillierte Regelungen zu Kündigungsgründen und dem Kündigungsverfahren trifft das KSchG für einen eingeschränkten Arbeitnehmerkreis. In diesem Sinne privilegiert sind Arbeitnehmer, die nach § 1 Abs. 1 KSchG die Wartefrist von sechs Monaten überschritten haben und nicht in einem „Kleinbetrieb" im Sinne des § 23 Abs. 1 KSchG angestellt sind.

1. Wartefrist

Nach § 1 Abs. 1 KSchG muss zur Erfüllung der Wartefrist das Arbeitsverhältnis ohne Unterbrechung länger als sechs Monate bestanden haben. Wurden hintereinander mehrere gleichartige Arbeitsverhältnisse zwischen den Arbeitsvertragsparteien begründet, gilt die Wartefrist

---

718 Siehe auch Ascheid/Preis/Schmidt-*Preis* (4. Aufl.)§ 623 Rn. 19 BGB; KR-*Spilger* (10. Aufl.) § 623 Rn. 139f. BGB.

719 *Fischermeier*, FS für Etzel 2011, 135 (141f.).

720 Siehe § 13 Abs. 1 S. 1, 2 KSchG.

ebenfalls als erfüllt. Der Begründungsaufwand für das Bestehen eines einheitlichen Arbeitsverhältnisses bzw. eines engen sachlichen Zusammenhangs zwischen den Arbeitsverträgen steigt mit der Länge der zeitlichen Unterbrechung.[721] Hinter der Wartefrist steht die Idee, dass sich der Arbeitnehmer das im Kündigungsschutz verkörperte Vertrauen erst einmal „verdienen" muss.[722] Der Arbeitgeber hat dagegen sechs Monate Zeit (entspricht der maximalen Probezeit nach § 622 Abs. 3 BGB), sich nach den allgemeinen Regeln von dem Arbeitsverhältnis zu lösen. Er kann sich bis zum Ablauf der sechs Monate von der Arbeitsleistung des Arbeitnehmers überzeugen. Folgen ohne zeitliche Unterbrechung verschiedene Arbeitsverträge aufeinander, werden sie als ein einheitliches Arbeitsverhältnis im Sinne von § 1 KSchG behandelt. Dies dient dem Missbrauchsschutz. Der Arbeitgeber kann den Kündigungsschutz nicht durch den Abschluss neuer Arbeitsverträge hinauszögern. Des Missbrauchsschutzes bedarf es nicht, wenn die Arbeitsverträge auf Wunsch des Arbeitnehmers aufgelöst wurden.[723] Der Arbeitgeber, der zunächst über die Fähigkeiten eines Arbeitnehmers Gewissheit haben möchte, kann die Stelle befristet besetzen.

2. Kleinbetriebsklausel

Kündigungen in Kleinbetrieben unterliegen nicht den Vorgaben der sozialen Rechtfertigung. Sie findet nach § 23 KSchG nur für solche Betriebe und Verwaltungen Anwendung, die eine bestimmte Beschäftigungsanzahl nicht überschritten haben. Die Kleinbetriebsklausel soll einer übermäßigen Belastung der Arbeitgeber entgegenwirken und die Interessen der Arbeitsvertragsparteien, unternehmerische Freiheit und das Bestandsschutzinteresse in Ausgleich bringen. Administrative und bürokratische Prozesse im Kündigungsschutzverfahren sind für kleine Betriebe nur schwer zu handhaben.[724]

---

721 Siehe BAG v. 23.9.1976 2 AZR 309/75 in NJW 1977, 1311 (1311f.); v. 20.8.1998 2 AZR 83/98 in NZA 1999, 314 (316).
722 Siehe *Berkowsky* § 3 Rn. 100; KSchR-*Deinert* (9. Aufl.) § 1 KSchG Rn. 22 (m.w.N.).
723 *Berkowsky* § 3 Rn. 100.
724 BAG v. 19.4.1990 2 AZR 487/89 in NZA 1990, 724 (725); KSchR-*Deinert* (9. Aufl.) Rn. 11; Stahlhacke/Preis/Vossen-*Preis* (11. Aufl.) §1 Rn. 858. Geschichte der Kleinbetriebsklausel siehe *Weigand*, FS für Etzel 2011, 437.

Als „Betriebe" im Sinne des § 23 KSchG sind organisatorische Einheiten zu verstehen, „innerhalb derer der Arbeitgeber bestimmte arbeitstechnische Zwecke verfolgt."[725] Der Begriff „Betrieb" ist im modernen Arbeitsrecht nicht üblich. Es wird in der Regel auf das Unternehmen abgestellt.[726] „Betrieb" soll nicht im betriebsverfassungsrechtlichen Sinne wörtlich genommen werden, es komme vielmehr darauf an, dass eine einheitliche Leitung bestehe. Auch Unternehmen können in Anbetracht dieses Schutzzweckes von der Kleinbetriebsklausel umfasst sein.[727] Hierfür spricht ein systematisches Argument. So wird neben den Betrieb in § 23 Abs. 1 S. 2 KSchG die Verwaltung gestellt und nicht etwa die Dienststelle als kleinste organisatorische Einheit.[728] Der Betriebsbegriff muss gleichwohl im Sinne des KSchG ausgelegt werden. Die Benachteiligung betroffener Arbeitnehmer muss sachlich begründbar sein. Die Auslegung im Sinne des KSchG schränkt den weit verstandenen Betriebsbegriff wieder ein. Ein Betrieb in diesem Sinne setzt damit voraus, dass aufgrund der geringen Anzahl der Beschäftigten der Geschäftserfolg von der Leistung jedes einzelnen Arbeitnehmers abhängt.[729]

Hinsichtlich des Schwellenwertes wird zwischen Arbeitsverhältnissen unterschieden, die vor und die nach dem 31.12.2003 begonnen haben. Entsprechend sind die Regelungen zur Kündigung anzuwenden, wenn in der Regel mehr als fünf Arbeitnehmer beschäftigt sind, deren Arbeitsverhältnis vor dem 31.12.2003 begonnen hat.[730] Bezüglich der Beschäftigten, deren Arbeitsverhältnis nach diesem Stichtag begonnen hat, gilt ein Schwellenwert von in der Regel mehr als zehn Beschäftigten.[731] Zu Erreichung des Schwellenwertes nach der ersten Alternative bleiben die nach dem 31.12.2003 beschäftigten Arbeitnehmer unbeachtet.[732] Teil-

---

725 BVerfG v. 27.1.1998 1 BvL 15/87 in BVerfGE 97, 169 (184).
726 *Junker/Dietrich*, NZA 2003, 1057 (1060).
727 *Löwisch*, BB 2004, 154 (161); *Quecke*, RdA 2004, 86 (103); so auch *Otto*, FS für Wiese 1998, 353 (363); *Stahlhacke*, FS für Wiese 1998. 513 (515); *Wank*, FS für Hanau 1990, 295 (301f.).
728 *Wank*, FS für Hanau 1990, 295 (301f.); a. A. *Gragert*, NZA 2000, 961 (962f.).
729 Siehe auch BVerfG v. 27.1.1998 BvL 15/87 in BVerfGE 97, 169 (177); BAG v. 19.4.1990 2 AZR 487/89 in NZA 1990, 724 (725f.); *Wank*, FS für Hanau 1990, 295 (301f.).
730 § 23 Abs. 1 S. 2 KSchG.
731 § 23 Abs. 1 S. 3 1. HS KSchG.
732 § 23 Abs. 1 S. 3 2. HS KSchG.

4 FAMILIE UND ARBEITSPLATZSICHERUNG

zeitangestellte werden entsprechend ihrer Wochenstundenzahl in die Berechnung einbezogen.[733]

Als begonnen gilt ein Arbeitsverhältnis mit dem Tag der vereinbarten Arbeitsaufnahme. Dies ergebe sich aus der Entwurfsfassung, in der auf den vereinbarten Tag der Arbeitsaufnahme abgestellt wurde.[734] Dies darf allerdings nicht dahingehend verstanden werden, dass es auf die tatsächliche Arbeitsaufnahme ankommt, da ruhende Arbeitsverhältnisse grundsätzlich auch in die Berechnung des Schwellenwertes einzubeziehen sind.[735] Für die Berechnung der bestehenden Arbeitsplätze ist allein ausschlaggebend, ob es sich um einen ständigen Arbeitsplatz handelt.[736]

Die willkürlich anmutende Unterscheidung im Schwellenwert erklärt sich mit der Geschichte der Regelung. Mit dem Gesetz zu den Reformen am Arbeitsmarkt vom 24.12.2003[737] sollte die arbeitgeberseitige Kündigung erleichtert und damit die Hürde zu Neueinstellungen in kleineren Betrieben gesenkt werden. Gleichzeitig sollten jedoch Arbeitnehmer, denen bereits der besondere Kündigungsschutz zuteilwurde, nicht schlechter gestellt werden.[738] Für die sogenannten „Alt-Arbeitnehmer" gilt demnach so lange der ursprüngliche Kündigungsschutz bzw. der niedrigere Schwellenwert von fünf Personen, wie mindestens fünf „Alt-Arbeitnehmer" (oder entsprechend viele „Alt-Arbeitnehmer" in Teilzeit) beschäftigt sind. Ansonsten gilt der höhere Schwellenwert von zehn. Unmittelbar aufeinanderfolgende Arbeitsverhältnisse zwischen denselben Arbeitsvertragsparteien gelten wie schon bei § 1 Abs. 1 KSchG als ein Arbeitsverhältnis. Der „Alt-Arbeitnehmer" wird somit weiterhin als „Alt-Arbeitnehmer" behandelt, wenn er nach dem

---

733 Entsprechend sind nach § 23 Abs. 1 S. 4 KSchG Arbeitnehmer mit einer Wochenstundenanzahl von bis zu 20 Stunden mit 0,5 Punkten und mit bis zu 30 Stunden mit 0,75 Punkten zu berücksichtigen. Arbeitnehmer, die mehr als 30 Stunden in der Woche beschäftigt sind, gelten als vollbeschäftigt und sind voll bei der Berechnung des Schwellenwertes einzubeziehen.
734 *Quecke*, RdA 2004, 86 (103) mit Hinweis auf Gesetzesentwurf v. 24.6.2003 BT-Drs. 15/1204 S. 14, 28.
735 Unbestritten siehe Ascheid/Preis/Schmidt-*Moll* (4. Aufl.) § 23 KSchG Rn. 32d; KR-*Weigand* (10. Aufl.) § 23 Rn. 40 KSchG (m.w.N.).
736 *Junker/Dietrich*, NZA 2003, 1057 (1062).
737 BGBl.I S. 3002.
738 BT-Drs. 15/1204 S. 2, 13f.

31.12.2003 ohne zeitliche Unterbrechung einen neuen Arbeitsvertrag mit demselben Arbeitgeber unterzeichnet hat. Dies entspricht auch dem mit der Anhebung des Schwellenwertes verfolgten Zweck, Neueinstellungen zu fördern.[739]

Problematisch sind die Fälle, in denen aufgrund der vereinbarten Wochenstunden die „Alt-Arbeitnehmer" bisher auch nach dem niedrigeren Schwellenwert nicht unter das Kündigungsschutzgesetz fielen, dies sich jedoch durch die Verlängerung der Arbeitszeit eines Einzelnen ändert. Teilweise wird angenommen, dass die Erhöhung der Wochenarbeitszeit eines Alt-Arbeitnehmers, die zu einem Hineinwachsen in den Kündigungsschutz führen würde, bei der Berechnung des Schwellenwertes für Alt-Arbeitnehmer nicht zu berücksichtigen sei.[740] Eine entsprechende Handhabung könnte die Bereitschaft des Arbeitgebers, dem Aufstockungsverlangen des Arbeitnehmers nachzukommen, fördern und sich so positiv auf die Vereinbarkeit von Familie und Beruf auswirken. Allerdings steht der Gesetzeszweck dieser Ansicht entgegen. Die Aufstockung der Wochenarbeitszeit ist nicht mit dem Risiko einer Neueinstellung vergleichbar, deren Förderung die Erhöhung des Schwellenwertes zum Ziel hatte. Ein besonderes schützenswertes Interesse des Arbeitgebers ist darüber hinaus nicht zu erkennen. Eine positive Auswirkung auf die Vereinbarkeit von Familie und Beruf reicht nicht aus.

Der Arbeitnehmer trägt die Darlegungs- und Beweislast dafür, dass der Anwendungsbereich nach § 23 Abs. 1 KSchG eröffnet ist. Aufgrund des beschränkten Zugangs zu den ausschlaggebenden Informationen gilt auch hier eine abgestufte Darlegungs- und Beweislast.[741]

Ist das Kündigungsschutzgesetz aufgrund der Kleinbetriebsklausel nicht anwendbar, gilt der allgemeine Kündigungsschutz nach dem BGB.[742] Die ausdrückliche Herausnahme der Kleinunternehmen aus

---

739 Siehe auch *Bender/Schmidt,* NZA 2004, 358 (259).
740 *Quecke,* RdA 2004, 86 (105).
741 Siehe BAG v. 15.3.2001 2 AZR 151/00 in NZA 2001, 831 (832) (m.w.N.); *Bender/Schmidt,* NZA 2004, 358 (360); KR-*Bader* (10. Aufl.) § 23 Rn. 54 KSchG; Ascheid/Preis/Schmidt-*Moll* (4. Aufl.) § 23 Rn. 47f. (m.w.N.); a. A *Bader,* NZA 2004, 65 (67).
742 Siehe vorherige Ausführungen.

dem Geltungsbereich des KSchG muss im Rahmen der Grundrechtsabwägung Beachtung finden.[743]

3. Kündigungsgrund und soziale Rechtfertigung

Im KSchG wird der Kündigungsgrund an der soziale Rechtfertigung gemessen, deren Fehlen zur Unwirksamkeit der Kündigung führt.[744] Nach § 1 Abs. 2 KSchG ist eine Kündigung nur sozial gerechtfertigt, wenn ihr personen- oder verhaltensbedingte Gründe zugrunde liegen oder wenn die Kündigung wegen dringender betrieblicher Gründe ausgesprochen wurde, die einer Weiterbeschäftigung in diesem Betrieb entgegenstehen. In größeren Betrieben wird der Betriebs- oder Personalrat einer Kündigung aus anderen Gründen widersprechen. Liegen mehrere Kündigungsgründe aus verschiedenen Sphären vor, ist die Wirksamkeit der Kündigung danach zu bemessen, aus welcher Sphäre die „Störerquelle" stammt.[745]

Die Überprüfung der Kündigung folgt immer demselben Schema. Erstens: Vorliegen eines wirksamen Kündigungsgrundes. Zweitens: Negative Prognose. Drittens: Frage nach einem milderen Mittel. Viertens: Interessenabwägung im Einzelfall.[746]

Diese vier Wirksamkeitsvoraussetzungen der Kündigung können alle aus § 1 Abs. 2 S. 1 KSchG herausgelesen werden. Während die zulässigen Kündigungsgründe ausdrücklich genannt sind, kann aus dem Erfordernis, dass der Kündigungsgrund einer „Weiterbeschäftigung" entgegenstehen muss, das Erfordernis einer negativen Prognose entnommen werden. Schließlich wird das Verständnis der Kündigung als *ultima ratio* aus dem Merkmal der Dringlichkeit abgeleitet.[747] Eine Verhältnismäßigkeitsprüfung ist selbstverständlich auch den sich gegenüberstehenden Grundrechten der Arbeitsvertragsparteien geschuldet. Nach den Grundsätzen der praktischen Konkordanz ist die nach Art. 2 Abs. 1, 12 und 14 GG geschützte unternehmerische Betätigungsfreiheit gegen

---

743 Siehe unter anderem BAG v. 21.2.2001 2 AZR 15/00 in BB 2001, 1683 (1685f.), *Löwisch*, BB 2004, 154 (161).
744 § 1 Abs. 1 KSchG.
745 BAG v. 21.1.1985 2 AZR 21/85 in NZA 1986, 713 (713).
746 *Müller* S. 41.
747 Siehe BAG v. 29.8.2013 2 AZR 809/12 in NZA 2014, 730 (732) (m.w.N).

den Mindestbestandsschutz des Arbeitnehmers aus Art. 12 Abs. 1 GG abzuwägen.[748] Eine Kündigung ist demnach nur dann auszusprechen, wenn es unternehmensweit keine weitere Beschäftigungsmöglichkeit mehr gibt oder eine solche nicht durch Weiter-, Fortbildung oder Änderung der Arbeitsbedingungen geschaffen werden kann.[749] Auch wenn die Weiterbeschäftigungsmöglichkeit vor allem bei der betriebsbedingten Kündigung bedeutsam wird, erstreckt es sich nach dem Gesetzestext in § 1 Abs. 1 S. 2 KSchG nicht nur auf die betriebsbedingte Kündigung. Eine Weiterbeschäftigungsmöglichkeit bei einer verhaltens- oder personenbedingten Kündigung setzt allerdings voraus, dass mit der Beschäftigung auf einem anderen Arbeitsplatz auch der Kündigungsgrund entfällt.[750]

Der Arbeitgeber hat nach § 1 Abs. 2 S. 4 KSchG zu beweisen, dass die Kündigung nicht sozial gerechtfertigt ist. Etwas anderes gilt nach § 1 Abs. 3 S. 3 KSchG für die betriebsbedingte Kündigung, hinsichtlich derer der Arbeitnehmer die fehlende soziale Rechtfertigung zu beweisen hat. Es gilt eine abgestufte Darlegungs- und Beweislast, sodass der schlüssige Vortrag des Arbeitnehmers ausreichend ist.[751] Eine Kündigung soll auch dann sozialwidrig sein, wenn der Arbeitgeber auf Verlangen des Arbeitnehmers keine Auskunft über die Kündigungsgründe bzw. die Gründe, die zur Sozialauswahl oder zur Herausnahme anderer Arbeitnehmer aus der Sozialauswahl geführt haben, gegeben hat.[752]

a. Personen- und verhaltensbedingte Kündigung
Liegen die Gründe für die Kündigung in der Person des Arbeitnehmers oder an seinem Verhalten, ist aufgrund der Fürsorgepflicht zumindest

---

748 Rost, NZA-Beil. 2009, 23 (24).
749 § 1 Abs. 2 S. 2 KSchG. Das Gleiche gilt für Dienststellen bei Betrieben und Verwaltungen des öffentlichen Rechts.
750 Zur vorrangigen Bedeutsamkeit der Weiterbeschäftigungspflicht bei der betriebsbedingten Kündigung sind nähere Ausführungen unter diesem Kündigungsgrund zu finden. Siehe zur Weiterbeschäftigungspflicht bei der verhaltens- und personenbedingten Kündigung KSchR-*Deinert* (9. Aufl.) § 1 KSchG Rn. 508f.
751 Siehe *Bender/Schmidt*, NZA 2004, 358 (360); a. A *Bader*, NZA 2004, 65 (67).
752 Siehe BAG v. 12.4.2002 2 AZR 706/00 in NZA 2003, 42 (43).

eine Interessenabwägung vorzunehmen.[753] Dabei spielen die familiären Verpflichtungen grundsätzlich eine besondere Rolle. Die Gewichtung der familiären Pflichten hängt vom Kündigungsgrund ab, sodass sie bei wiederholter Verletzung der Vertragspflichten auch in den Hintergrund treten können.[754] Die soziale Rechtfertigung der Kündigung setzt grundsätzlich eine vorangegangene Abmahnung voraus.[755]

b. Betriebsbedingte Kündigung

Bei der betriebsbedingten Kündigung stammt der Kündigungsgrund aus der Sphäre des Arbeitgebers. Im Rahmen der Interessenabwägung sind die Interessen der Arbeitsvertragsparteien und die Interessen aller Arbeitnehmer des Betriebs von Bedeutung. Ziel der Interessenabwägung ist es, denjenigen Arbeitnehmer nicht zu kündigen, der am schutzbedürftigsten ist.[756] Selbst bei einer Betriebsstilllegung muss eine Auswahlentscheidung dahingehend getroffen werden, welche Arbeitnehmer zuerst ihren Arbeitsplatz räumen müssen.

Die Wirksamkeit einer betriebsbedingten Kündigung hängt damit von zwei Faktoren ab. Zum einen muss ein dringender betrieblicher Grund vorliegen, und zum anderen muss eine wirksame Sozialauswahl stattgefunden haben.

(1) Vorliegen dringender betrieblicher Gründe

Soll einem Arbeitnehmer aus betriebsbedingten Gründen gekündigt werden, müssen nach § 1 Abs. 2 S. 1 KSchG dringende betriebliche Gründe einer Weiterbeschäftigung entgegenstehen. Eine betriebsbedingte Kündigung hat nie einen arbeitnehmerbezogenen Hintergrund. Die fehlende Möglichkeit der Weiterbeschäftigung muss auf den zur Begründung angeführten betrieblichen Erfordernissen beruhen. Es ist eine Prognoseentscheidung zu treffen.[757] Der Wegfall der möglichen

---

753 So auch *Müller* S. 42, allerdings ohne Verweis auf die Fürsorgeverpflichtung.
754 Siehe BAG v. 20.1.2000 2 AZR 378/99 in NZA 2000, 768 (770) (m.w.N.); BAG v. 27.2.1997 2 AZR 302/96 in NZA 1997, 761 (762f.); zustimmend auch Strick S. 87.
755 BAG v. 21.11.1985 2 AZR 21/85 (juris) Rn. 24 m.w.N.
756 *Müller* S. 42; *Bütefisch* S. 195f.; *Berkowsky* § 7 Rn. 3; KSchR-*Deinert* (9. Aufl) § 1 KSchG Rn. 572.
757 BAG v. 15.6.1989 2 AZR 600/88 in NZA 1990, 65 (65f.).

Weiterbeschäftigung muss dauerhaft sein. Ein vorübergehender Beschäftigungsüberhang ist nicht ausreichend.[758]

Stimmt die aktuelle betriebliche Situation nicht mit dem Unternehmenskonzept überein, können die konzeptkompatiblen Korrekturen
dazu führen, dass aus dringenden betrieblichen Gründen eine Kündigung ausgesprochen wird.

Es spielt keine Rolle, ob innerbetriebliche oder außerbetriebliche Umstände zur „Fehlaufstellung" des Unternehmens geführt haben.[759] Dies
entspricht zum einem dem Grundsatz der freien Unternehmerentscheidung, dessen Schutz Ausfluss der Berufsfreiheit nach Art. 12 GG ist.[760]
Zum anderen wäre eine Unterscheidung nur schwer zu treffen. Die Unternehmerentscheidung als innerbetrieblicher Umstand ist wohl in den
meisten Fällen auf eine (gegebenenfalls auch erwartete) Veränderung
außerbetrieblicher Umstände zurückzuführen. Notwendige Unternehmerentscheidungen sind Folgerungen aus dem zu realisierenden Unternehmenskonzept. Die Unternehmerentscheidungen sind ungeschrie-
benes Tatbestandsmerkmal.[761] Sie werden gerichtlich nur daraufhin
überprüft, ob sie „offenbar unsachlich, unvernünftig oder willkürlich"
sind. Es wird nicht überprüft, ob die Entscheidung zur Realisierung des
Unternehmenskonzepts beiträgt.[762] Die Arbeitsgerichte sollen nicht in
die Unternehmenspolitik und damit in die Kostenkalkulation des Arbeitgebers eingreifen.[763] In Anlehnung an die Regelungen im Aktien-
recht soll eine Unternehmerentscheidung daraufhin überprüft werden,
ob sie zum Unternehmenskonzept passt.[764]

Als unternehmerische Entscheidung wurden unter anderem dauerhafte Personalreduzierungen[765], die Stillegung eines Betriebs oder von Be-

---

758 BAG v. 15.6.1989 2 AZR 600/88 in NZA 1990, 65 (66), so auch *Müller* Rn. 25f.
759 Siehe BAG v. 15.6.1989 2 AZR 600/88 in NZA 1990, 65 (65).
760 *Roth,* ZIP 2009, 1845 (1847).
761 *Roth,* ZIP 2009, 1845 (1845).
762 BAG v. 30.4.1987 2 AZR 184/86 in NZA 1987, 776 (776f.); BAG v. 18.1.2001 2
     AZR 514/99 in NZA 2001, 719 (719) (m.w.N.).
763 *Rost,* NZA-Beil. 2009, 23 (24); *Roth,* ZIP 2009, 1845 (1847).
764 *Roth,* ZIP 2009, 1845 (1849f.).
765 Bsp. BAG v. 17.6.1999 2 AZR 456/98 in NZA 1999, 1157.

triebsteilen[766] oder Umstrukturierungsmaßnahmen[767] von BAG anerkannt.

Bei der Prognoseentscheidung kommt es darauf an, dass bei Zugang der Kündigung die zum Wegfall der Beschäftigungsmöglichkeit führende Unternehmerentscheidung bereits „greifbare Formen" angenommen hat.[768] Das Verständnis der Kündigung als *ultima ratio* ist bei dem betriebsbedingten Grund besonders ausgeprägt. Der aus der Sphäre des Arbeitgebers stammende Kündigungsgrund ist nur dann ein wirksamer Kündigungsgrund, wenn der Arbeitgeber in seinem gesamten Unternehmen keine Beschäftigungsmöglichkeit mehr findet. In Betracht kommen dabei nur solche freien Arbeitsplätze, die mit dem bisherigen vergleichbar sind. Es kann kein Anspruch auf Beförderung aus dem *ultima-ratio-Gedanken* abgeleitet werden.[769] Eine konzernweite Beschäftigungspflicht liegt wegen mangelnder rechtlicher und tatsächlicher Möglichkeiten des Arbeitgebers, auf eine Beschäftigung bei einem anderen Unternehmen einzuwirken, nicht vor.[770] Zumutbare Umschulungs- oder Fortbildungsmaßnahmen sowie die Änderung von Arbeitsbedingungen stehen einer Weiterbeschäftigung nicht entgegen, soweit sich der Arbeitnehmer dazu bereit erklärt. Ist eine Änderung von Arbeitsbedingungen zur Weiterbeschäftigung nötig, wandelt sich die Weiterbeschäftigungspflicht zur Pflicht des Arbeitgebers, eine Änderungskündigung anzubieten. Die Entscheidung darüber, ob ein solcher

---

766 Bsp. BAG v. 19.6.1991 2 AZR 127/91 in NZA 1991, 891.
767 Bsp. BAG v. 9.5.1996 2 AZR 438/95 in NZA 1996, 1145.
768 BAG v. 18.1.2001 2 AZR 514/99 in NZA 2001, 719 (720), hier entschieden zum Fall einer Betriebsstilllegung.
769 Siehe BAG v. 29.3.1990 2 AZR 369/89 in NZA 1991, 181 (183f.); *Rost*, NZA-Beil. 2009, 23 (26).
770 BAG v. 21.2.2002 2 AZR 749/00 in BB 2002, 2335 (2337); *Rost*, NZA-Beil. 2009, 23 (26); siehe auch *Wiebauer*, BB 2013, 1784 (1786).

Arbeitsplatz unter schlechteren Bedingungen angetreten wird, ist vom betroffenen Arbeitnehmer zu treffen.[771]

Wenn in einem Unternehmen dauerhaft der Beschäftigungsbedarf mit Leiharbeitern abgedeckt wird, sollen diese Arbeitsplätze entweder als frei im Sinne des Weiterbeschäftigungsanspruchs angesehen werden, oder sie müssen in die Vergleichsgruppe und damit auch in die Sozialauswahl einbezogen werden. Die Beschäftigung von Leiharbeitern soll insoweit Teil der freien unternehmerischen Entscheidung sein, als es um die Abdeckung eines unvorhergesehenen Vertretungsbedarfs geht.[772]

Die fehlende Weiterbeschäftigungsmöglichkeit wird vermutet, wenn gemäß § 1 Abs. 5 KSchG die zu kündigenden Arbeitnehmer in einem zwischen Arbeitgeber und Betriebsrat getroffenen Interessenausgleich namentlich bezeichnet wurden. Bei Vorliegen eines Sozialplans wird vermutet, dass dringende betriebliche Gründe vorliegen und es keine Weiterbeschäftigungsmöglichkeit gibt.[773]

(2) Die Sozialauswahl
Besteht aus dringenden betrieblichen Gründen für einen oder mehrere Arbeitnehmer keine Weiterbeschäftigungsmöglichkeit mehr, muss eine Sozialauswahl zwischen allen vergleichbaren Arbeitnehmern getroffen werden. „Die Aufgabe der Sozialauswahl ist es, [den] [...] abstrakten Beschäftigungsüberhang mit einem konkreten Arbeitnehmer, der letztlich zur Beseitigung des Beschäftigungsüberhanges zu kündigen ist, in einen konkreten Zusammenhang zu bringen."[774] In einem ersten Schritt muss eine Gruppe vergleichbarer Arbeitnehmer zusammengestellt wer-

---

771 Extremfälle, denen ein beleidigender Charakter zugeschrieben werden kann, sind von dieser Pflicht ausgenommen. Grundsätzlich soll aber dem Arbeitnehmer die Entscheidung darüber überlassen werden. Siehe BAG v. 29.3.1990 2 AZR 369/89 in NZA 1991, 181 (183); v. 21.4.2005 2 AZR 244/04 in NZA 2005, 1294 (1295f.); *Rost,* NZA-Beil. 2009, 23 (27f.); zur Frage, wie sich die Ablehnung eines Weiterbeschäftigungsangebots bei Betriebsübernahme auswirkt, siehe *Gragert,* FS für Schwerdter 2003, S. 49f.; siehe auch *Klostermper,* FS für Buchner 2009, S. 441 (446f.), der veranschaulicht, dass die Erfüllung der Anforderungen an die Weiterbeschäftigungspflicht in großen Unternehmen nur schwerlich gelingen kann.
772 *Rost,* NZA-Beil. 2009, 23 (26f.); KSchR-*Deinert* (9. Aufl.) § 1 Rn. 517 KSchG (m.w.N.).
773 BT-Drs. 15/1204 S. 11; *Rost,* NZA-Beil. 2009, 23 (31).
774 *Müller* S. 63; siehe auch *Dahm* S. 54; *Bütefisch* S. 32.

den, zwischen denen die Sozialauswahl zu treffen ist. Dann erst kann in einem zweiten Schritt anhand der gesetzlich vorgegebenen Kriterien die Sozialauswahl getroffen werden.

(a) Auswahlrelevanter Arbeitnehmerkreis

Der durch die unternehmerische Entscheidung unmittelbar betroffene Arbeitsplatz wird im Rahmen der Bildung des auswahlrelevanten Arbeitnehmerkreises mit vergleichbaren Arbeitsplätzen in einer Gruppe zusammengefasst. Vergleichbare Arbeitsplätze haben damit durch das Erfordernis der Sozialauswahl das gleiche Kündigungsrisiko.[775] Eine Vergleichbarkeit der Arbeitsplätze liegt vor, wenn die jeweiligen Arbeitnehmer austauschbar sind. Eine Austauschbarkeit wird nach den Vereinbarungen im Arbeitsvertrag beurteilt. Eine kurze Einarbeitungszeit steht einer Austauschbarkeit nicht entgegen, ausschlaggebend sind die Vereinbarungen im Arbeitsvertrag sowie arbeitsplatzbezogene Merkmale.[776] Weiteres Merkmal ist die hierarchische Ebene des Arbeitsplatzes.[777] Aus Sicht des unmittelbar von der unternehmerischen Entscheidung betroffenen Arbeitnehmers ist demnach die Frage zu stellen, an welchen Arbeitsplätzen er ebenfalls arbeiten könnte. Die Sozialauswahl ist dann zwischen denjenigen Arbeitnehmern zu treffen, die entsprechende Arbeitsplätze innehaben.

Ausgangspunkt der Bildung der Vergleichsgruppe soll nur der von der Unternehmerentscheidung betroffene Arbeitsplatz sein. Eine wechselseitige Austauschbarkeit müsse nicht gegeben sein.[778] Begründet wird diese Ansicht damit, dass der von der unternehmerischen Entscheidung betroffene Arbeitsplatz gerade wegfällt und sich damit auch die Frage, ob der im Ergebnis gekündigte Arbeitnehmer diesen ausfül-

---

775 Siehe *Müller* S. 63; *Oetker,* FS für Wiese 1998, 333 (342f.).

776 BAG v. 17.2.2000 2 AZR 142/99 in NZA 2000, 822 (823); BAG v. 24.2.2005 2 AZR 214/04 in NZA 2005, 867 (868); BAG v. 5.6.2008 2 AZR 907/06 in NZA 2008, 1120 (1122); *Schiefer,* NZA-RR 2002, 169 (172, 174); der Vergleichbarkeit soll kein sogenannter „Routinevorsprung" im Weg stehen. Ausführliche Auseinandersetzung zum Umfang der noch zulässigen Einarbeitungszeit siehe *Bütefisch* S. 182f.

777 *Müller* S. 65; so wohl auch BAG v. 24.2.2005 2 AZR 214/04 in NZA 2005, 867 (868); BAG v. 5.6.2008 2 AZR 907/06 in NZA 2008, 1120 (1122); a. A. *Schiefer,* NZA-RR 2002, 169 (170).

778 *Müller* S. 63.

len könnte, nicht mehr stellen würde. Das BAG würde zwar von einer wechselseitigen Austauschbarkeit sprechen, jedoch auch nur prüfen, ob der durch die unternehmerische Entscheidung kündigungsbedrohte Arbeitnehmer auch den anderen Arbeitsplatz ausüben könne.[779] Der Verzicht auf eine wechselseitige Austauschbarkeit wirkt sich kaum auf die Bildung der Vergleichsgruppe aus, da nur Arbeitsplätze auf der gleichen Ebene der Betriebshierarchie vergleichbar sind. Diese sind dann zumeist auch austauschbar. Ein Verzicht auf eine wechselseitige Austauschbarkeit ändert damit grundsätzlich nichts an der Vergleichsgruppenbildung. Wirkt sich der Verzicht in einzelnen Fällen doch auf die Vergleichsgruppenbildung aus, birgt die Erweiterung der Vergleichsgruppe die Gefahr, dass einem Arbeitnehmer betriebsbedingt gekündigt wird, obwohl der von ihm besetzte Arbeitsplatz in keinem Zusammenhang mit dem dringenden betrieblichen Grund steht. Auch hätte er den weggefallenen Arbeitsplatz aufgrund seiner Qualifikation nicht ausfüllen können. Der Verzicht auf eine wechselseitige Austauschbarkeit ist somit abzulehnen.

Die Vergleichsgruppenbildung ist grundsätzlich betriebsintern, wobei der Betriebsbegriff des KSchG ausschlaggebend ist, dessen entscheidendes Kriterium die Organisationshoheit bzw. die einheitliche personelle Leitung ist.[780] Somit kann auch eine unternehmensweite oder unternehmensübergreifende Sozialauswahl nötig sein, wenn eine einheitliche personelle Leitung besteht.[781]

Hat ein Arbeitnehmer einem Arbeitgeber ein erweitertes Weisungsrecht im Arbeitsvertrag eingeräumt, so führt dessen drohende Kündigung nicht zu einer Erweiterung der Vergleichsgruppenbildung in der Sozialauswahl.[782] Gegen eine Ausweitung der Vergleichsgruppenbildung durch das Weisungsrecht spricht, dass mit einem entsprechend vereinbarten erweiterten Weisungsrecht über die Grenzen des Betriebes hinaus das Arbeitsplatzrisiko für Arbeitnehmer steigen würde, ob-

---

779 *Müller* S. 64f. mit Verweis auf das Urteil von BAG v. 29.3.1990 2 AZR 369/89, so wohl auch KSchR-*Deinert* (9. Aufl.) § 1 Rn. 608 KSchG; *Bütefisch* S. 179.
780 Siehe BAG v. 15.3.2001 2 AZR 151/00 in NZA 2001, 831 (831f.); *Rost,* NZA-Beil. 2009, 23 (30); ausführlich *Bütefisch* S. 42f.
781 BAG v. 24.2.2005 2 AZR 214/04 in NZA 2005, 867 (868); siehe Beispiel *Bütefisch* S. 71f.
782 *Rost,* NZA-Beil. 2009, 23 (30), *Müller* S. 79; *Schiefer,* NZA-RR 2002, 169 (172f.).

wohl sie von der unternehmerischen Entscheidung, die der Kündigung zugrunde liegt, gar nicht betroffen sind.[783] Wurde durch den Arbeitsvertrag das Weisungsrecht eingeschränkt, kann dies auch die Vergleichsgruppenbildung beschränken. Im Extremfall kann dies dazu führen, dass ein solcher Arbeitnehmer bei der Vergleichsgruppenbildung sich als „Ein-Mann-Gruppe" in der Sozialauswahl wiederfindet und somit gekündigt wird. Ohne Einschränkung des Weisungsrechts wäre ihm dies möglicherweise erspart geblieben, wenn in die Vergleichsgruppe mehrere Arbeitnehmer hätten eingeordnet werden müssen.

Die Beschränkung des Weisungsrechts wirkt sich nicht auf die Vergleichsgruppenbildung aus, weil das KSchG nur das Vertrauen auf das Bestehen des Arbeitsverhältnisses schützt. Von diesem Ziel ist es nicht umfasst, dass aufgrund der Ausführung der Sozialauswahl ein neuer anderer Arbeitsvertrag abgeschlossen werden muss.[784] Wurde das Weisungsrecht hingegen erweitert, tritt das Vertrauen des Arbeitnehmers auf das Bestehen des Arbeitsverhältnisses grundsätzlich hinter den Interessen der Arbeitnehmer eines anderen Betriebs zurück. Diese sollen nur ein Arbeitsplatzrisiko tragen, wenn ihr Betrieb auch von der unternehmerischen Entscheidung betroffen ist.

Grundsätzlich sind alle Arbeitnehmer in die Sozialauswahl einzubeziehen, die unter dem Schutz des KSchG stehen. Ist die Wartefrist gemäß § 1 Abs. 1 KSchG noch nicht abgelaufen, unterliegt der Arbeitnehmer nicht dem KSchG und wäre danach auch nicht in die Sozialauswahl einzubeziehen.[785] Hat das Arbeitsverhältnis daher weniger als sechs Monate bestanden, kann sich der von einer betriebsbedingten Kündigung betroffene Arbeitnehmer mangels Erfüllung der Wartezeit nicht auf eine fehlerhafte Sozialauswahl berufen. Die Wartezeit könnte sich bei der Vergleichsgruppenbildung aber auch negativ auf die geschützten Arbeitnehmer auswirken. Wird der Arbeitnehmer nicht in die Vergleichsgruppe einbezogen, steigt das Risiko einer Kündigung für die bereits unter den Schutz des KSchG stehenden Arbeitnehmer. Das Ergebnis irritiert, da die Einbeziehung in den Schutz des KSchG einen geringeren

---

783 Siehe BAG v. 2.6.2005 2 AZR 158/04 in NZA 2005, 1175 (1175f.); *Müller* S. 79.

784 Siehe BAG v. 17.2.2000 2 AZR 142/99 in NZA 2000, 822 (824); *Müller* S. 80; *Bütefisch* S. 36f.

785 So BAG v. 18.10.2000 2 AZR 494/99 in NZA 2001, 321 (323) (m.w.N.).

Kündigungsschutz zur Folge hätte. Auch ist das Ergebnis nicht zwingend. Nur weil ein Arbeitnehmer nicht unter das KSchG fällt, heißt das noch nicht, dass er nicht in die Vergleichsgruppe einzubeziehen ist. § 1 Abs. 3 S. 1 KSchG stellt lediglich klar, dass für jeden von einer betriebsbedingten Kündigung betroffenen Arbeitnehmer, der unter den Schutzbereich des KSchG fällt, eine Sozialauswahl zu treffen ist. Das KSchG soll dem Arbeitnehmer einen größeren Schutz gewähren. Dieses Ziel wäre konterkariert, wenn die nicht unter das KSchG fallenden Arbeitnehmer nicht in die Vergleichsgruppe einbezogen würden.[786] Hat der betroffene Arbeitnehmer noch nicht die Wartefrist erfüllt, muss keine Sozialwahl vorgenommen, und folglich auch keine Vergleichsgruppe gebildet werden. Ist ein Arbeitnehmer betroffen, der unter das KSchG fällt, sind in die verpflichtend vorzunehmende Sozialauswahl alle tatsächlich vergleichbaren Arbeitnehmer unabhängig davon einzubeziehen, ob sie selbst unter dem Schutz des KSchG stehen.[787]

(b) Vergleichbarkeit von Arbeitsplätzen mit unterschiedlichen Arbeitszeiten

Die Vereinbarungen über die Dauer der Arbeitszeit sind wesentliche Bestandteile des Arbeitsvertrags und stehen nicht zur freien Disposition der einzelnen Arbeitsvertragsparteien. Entsprechend wurden für Verringerungs- oder Aufstockungsansprüche eigene gesetzliche Regelungen erlassen.[788] Im Rahmen der Sozialauswahl stellt sich die Frage, ob unterschiedliche Arbeitszeitvereinbarungen einer Vergleichbarkeit entgegenstehen. Eine Vergleichbarkeit würde dazu führen, dass unter

---

786 So auch Ascheid/Preis/Schmidt-*Kiel* (4. Aufl.) § 1 KSchG Rn. 696.
787 Siehe *Bütefisch* S. 153f.; *Oetker,* FS für Wiese 1998, 333 (337); KSchR-*Deinert* (9. Aufl.) § 1 KSchG Rn. 599, nach denen Arbeitnehmer, die nicht unter das KSchG fallen, nicht vergleichbar, aber vorrangig zu kündigen sind. Gleichwohl soll der Arbeitgeber ein berechtigtes Interesse in analoger Anwendung des § 1 Abs. 3 S. 2 KSchG an deren Weiterbeschäftigung geltend machen können. Bezieht man Arbeitnehmer, die noch nicht die Wartezeit erfüllt haben, in die Vergleichsgruppenbildung mit ein, sind die unter das KSchG fallenden Arbeitnehmer zwar automatisch schutzwürdiger, gleichwohl hat der Arbeitgeber bei berechtigtem betrieblichen Interesse die Möglichkeit, sie aus der Sozialauswahl herauszunehmen, ohne dabei auf eine Analogie zurückgreifen zu müssen. Da sich die Ansichten im Ergebnis nicht unterscheiden, ist diejenige vorzugswürdig, die ohne eine Analogie auskommt.
788 Siehe zu den Verringerungsansprüchen S. 110, 124ff, zu den Aufstockungsansprüchen S. 110, 137ff.

Umständen ein teilzeitbeschäftigter Arbeitnehmer die Stelle eines weniger sozial schützenswerten vollzeitbeschäftigten Arbeitnehmers einnehmen würde und ihm daher über den Umweg der Sozialauswahl ein Arbeitszeitverlängerungsanspruch zufallen würde. Auf der anderen Seite können die Annahme einer fehlenden Vergleichbarkeit und damit eine getrennt vorzunehmende Sozialauswahl zu einer faktischen Benachteiligung der Teilzeitarbeitnehmer führen. Aufgrund der geringeren Anzahl der Teilzeitarbeitsplätze wären sie auf dem Arbeitsmarkt häufiger von einer betriebsbedingten Kündigung betroffen und hätten gleichzeitig größere Schwierigkeiten, wieder eine Teilzeitstelle zu finden.[789] Das Diskriminierungsverbot gemäß § 4 Abs. 1 S. 1 TzBfG spricht für eine grundsätzliche Vergleichbarkeit.[790]

Der EuGH hatte in einem Fall zu klären, ob in der fehlenden Vergleichbarkeit von Voll- und Teilzeitkräften eine mittelbare Geschlechterdiskriminierung bei den Entlassungsbedingungen im Sinne von Art. 2 Abs. 1 und Art. 5 Abs. 1 RL 76/207/EWG[791] zu sehen ist.[792] Eine mittelbare Diskriminierung von Frauen wäre anzunehmen, wenn mehr Frauen als Männer benachteiligt würden und keine unabhängig von der Diskriminierung bestehenden objektiven Faktoren die Regelung rechtfertigen.[793] Der EuGH hat die Vergleichbarkeit und damit eine mittelbare Geschlechterdiskriminierung mit der Begründung abgelehnt, dass die Achtung der freien unternehmerischen Entscheidung gegen eine Vergleichbarkeit sprechen würde. Zudem dürfe die Entscheidung des deutschen Gesetzgebers, keinen Arbeitszeitverlängerungsanspruch zu schaffen, nicht über den Umweg einer Vergleichbarkeit der Arbeitnehmergruppen ausgehöhlt werden. Die Vergleichbarkeit würde über die

---

789 Siehe auch die Argumentation in EUGH v. 26.9.2000 Rs. C-322/98 in BB 2000, 2641 (2641).

790 *Bütefisch* S. 162f.

791 Richtlinie 76/207/EWG des Rates vom 9.2.1976 zur Verwirklichung des Grundsatzes der Gleichbehandlung von Männern und Frauen hinsichtlich des Zugangs zur Beschäftigung, zur Berufsbildung und zum beruflichen Aufstieg sowie in Bezug auf die Arbeitsbedingungen, ABl. L 39 v. 14.2.1976, S. 40–42 (RL war gültig bis zum 14.8.2009 und wurde aufgehoben durch RL 2006/54/EG Abl. L 204 v. 26.7.2006 S. 23-36; die Neuregelung hat jedoch keine wesentlichen inhaltlichen Änderungen des betreffenden Diskriminierungsschutzes zur Folge. Entsprechende Regelungen finden sich nun in Art. 1, Art. 14 RL 2006/54/EG.

792 EUGH v. 26.9.2000 Rs. C-322/98 in BB 2000, 2641.

793 EUGH v. 26.9.2000 Rs. C-322/98 in BB 2000, 2641 (2641).

Sozialauswahl einen Arbeitszeitverlängerungsanspruch schaffen, was wiederum zu einer Bevorzugung der Teilzeitkräfte führen würde.[794]

Die Änderung im TzBfG inklusive einer Einführung eines Arbeitszeitverlängerungsanspruchs in § 9 TzBfG führt jedoch zu einer anderen Bewertung der Vergleichbarkeit. Einem Arbeitszeitverlängerungswunsch können nur dringende betriebliche Gründe oder die Arbeitszeitwünsche anderer teilzeitbeschäftigter Arbeitnehmer entgegenstehen. Der Arbeitszeitverlängerungsanspruch dient der Flexibilisierung der Arbeitszeit und damit der Vereinbarkeit von Familie und Beruf. Der Arbeitgeber soll dem Arbeitszeitverlängerungswunsch nicht entgegen seiner dringenden betrieblichen Interessen nachkommen müssen. Weiterhin soll er in der Entscheidung frei sein, welchem Arbeitszeitverlängerungswunsch seiner Arbeitnehmer er nachkommen will. Die Einwendungen des EUGH gegen eine Vergleichbarkeit sind im Falle der Sozialauswahl nach § 1 Abs. 3 KSchG entkräftet. Zum einen führen bei der betriebsbedingten Kündigung gerade dringende betriebliche Erfordernisse zu dem „Freiwerden" eines Arbeitsplatzes. Zum anderen wird durch die nach dem KSchG durchzuführende Sozialauswahl dem Arbeitgeber die freie Entscheidung abgenommen, welche Arbeitnehmer er kündigt. In Ansehung der Regelungen im TzBfG ist von einer Vergleichbarkeit auszugehen, wenn es dem Arbeitgeber nur auf eine Reduzierung des Arbeitsstunden ankommt oder wenn der freien unternehmerischen Entscheidung, bestimmte Arbeitsplätze nur mit Vollzeit- oder Teilzeitstellen zu besetzen, kein nachvollziehbares unternehmerisches Konzept zugrunde liegt.[795] Die Vergleichsgruppenbildung hat somit grundsätzlich unabhängig von der vereinbarten Arbeitszeit zu erfolgen.

Unabhängig von der vereinbarten Arbeitszeit dürfen keine Vergleichsgruppen gebildet werden, wenn der Arbeitnehmer seine Arbeitszeit nicht aufstocken will.

Die Vergleichsgruppenbildung unabhängig von der vereinbarten Arbeitszeit widerspricht dem Einfluss des beschränkten Weisungsrechts

---

794 EUGH v. 26.9.2000 Rs. C-322/98 in BB 2000, 2641 (2641f.).
795 Siehe auch *Schiefer*, NZA-RR 2002, 169 (167, 176); KSchR-*Deinert* (9. Aufl.) § 1 KSchG Rn. 616; Ascheid/Preis/Schmidt-*Kiel* (4. Aufl.) § 1 KSchG Rn. 690f.; a. A. wohl *Müller* 87f.

auf die Vergleichsgruppenbildung. Die Vergleichsgruppe beschränkt sich in diesem Fall nicht mehr auf die Arbeitnehmer, auf deren Arbeitsplätze der von der Kündigung unmittelbar bedrohte Arbeitnehmer kraft Weisungsrecht umgesetzt werden kann. Eine Ausnahme ist jedoch aufgrund des Diskriminierungsverbots nach § 4 Abs. 1 S. 1 TzBfG geboten. Die Beschränkung auf das Weisungsrecht entspricht dem Gedanken, dass die Sozialauswahl „nur" das bestehende Arbeitsverhältnis schützt und damit auch keine über den ursprünglichen Arbeitsvertrag hinausgehenden Beschäftigungsansprüche schaffen soll. In dem Fall, in dem ein sozial schwächerer vollzeitbeschäftigter Arbeitnehmer seine Arbeitszeit aufgrund der unternehmerischen Entscheidung verringern muss, bleibt dieser Schutz gewahrt.[796] Zwar bleibt nicht der Arbeitsvertrag in seiner ursprünglichen Form bestehen, jedoch führt die unternehmerische Entscheidung auch nicht zur Auflösung des Arbeitsverhältnisses. Ist er hierzu nicht bereit, kommt die Aufstockung der Arbeitszeit eines sozial stärkeren Teilzeitbeschäftigten in Frage[797], der jedoch aufgrund des TzBfG sowieso besteht. Durch die Sozialauswahl selbst wird mithin kein über den ursprünglich vereinbarten Arbeitsvertrag hinausgehender Beschäftigungsanspruch geschaffen.

(c) Die Herausnahme aus der Sozialauswahl

In die Sozialauswahl nicht einzubeziehen sind solche Arbeitnehmer, die unter dem Schutz eines gesetzlichen Kündigungsverbots stehen. Es gilt der Grundsatz, dass Arbeitsverhältnisse, die nicht ordentlich gekündigt werden können, nicht Teil der Sozialauswahl sind. Die absoluten Kündigungsverbote gehen als *leges speciales* vor.[798] Der Arbeitgeber muss auch nicht mit einer betriebsbedingten Kündigung warten, bis der Sonderkündigungsschutz eines vergleichbaren, sozial weniger schutzwürdigen Arbeitnehmers wegfällt, da das Ergebnis einer Sozialauswahl zu einem späteren Zeitpunkt aufgrund der vielen zu berücksichtigen Fak-

---

796 Siehe BAG v. 3.12.1998 2 AZR 341/98 in NZA 1999, 431 (433).
797 So auch *Bütefisch* S. 172.
798 BAG v. 21.4.2005 2 AZR 241/04 in NZA 2005, 1307 (1308) (m.w.N.);
    v. 17.11.2005 6 AZR 118/05 in NZA 2006, 370 (371); *Bütefisch* S. 130f.

toren nie vorhersehbar ist. Eine solche Rechtsunsicherheit ist dem Arbeitgeber nicht zumutbar.[799]

Entsprechend diesem Grundsatz dürfen Arbeitnehmer, die aufgrund eines Tarifvertrags, einer Betriebs-, oder Dienstvereinbarung oder auch einer individualvertraglichen Vereinbarung nicht ordentlich kündbar sind,[800] nicht in die Sozialauswahl einbezogen werden. Die Vereinbarung müsse den besonderen Schutz des Arbeitnehmers zum Ziel haben und dürfe nicht primär die Belastung Dritter bezwecken.[801] Entsprechend ist sie nur als rechtsmissbräuchlich zu bewerten, wenn sie auf die Umgehung der Sozialwahl gerichtet und nicht von einem sachlichen Grund getragen ist. Es liegt ein „Spannungsverhältnis" zwischen dem von Art. 12 Abs. 1 GG umfassten Kündigungsschutz und dem Recht auf Vertragsfreiheit vor.[802] Kritisch wird angeführt, dass eine Beschränkung des Kündigungsschutzes mangels Öffnungsklausel nicht möglich sei bzw. der Tarifautonomie nur Regeln zur Gewichtung in der Sozialauswahl obliegen.[803] Das Kündigungsschutzrecht ist ein zwingendes Recht, das tarifliche Sonderregelungen zulässt. Im Umkehrschluss ist daraus zu folgern, dass es über § 1 Abs. 4 KSchG hinaus keine Möglichkeiten der tariflichen Gestaltung gibt.[804] Auf der anderen Seite ist es zulässig, das Weisungsrecht durch Tarif- oder Individualverträge zu beschränken, auch wenn Auswirkungen auf die Bildung der Vergleichsgruppen in der Sozialauswahl nicht ausgeschlossen sind.[805]

---

799 BAG v. 21.4.2005 2 AZR 241/04 in NZA 2005, 1307 (1308); *Bütefisch* S. 136; *Gragert*, FS für Schwerdter 2003, 49 (56) zu der Frage, ob der Arbeitgeber verpflichtet werden kann, eine Zustimmung der zuständigen obersten Landesbehörde einzuholen.

800 Im Einzelnen umstritten.

801 LAG Brandenburg v. 29.10.1998 3 Sa 229/98 in NZA-RR 1990, 360 (362).

802 BAG v. 2.6.2005 2 AZR 480/04 in NZA 2006, 207 (210).

803 Siehe *Müller* S. 96; *Gragert*, FS für Schwerdter 2003, 49 (58f.) m.w.N.

804 A. A. *Bröhl*, FS für Küttner 2006, 287 (294), nach dem es dem Normzweck des § 1 Abs. 3 KSchG widersprechen würde, wenn die Festlegung des auswahlrelevanten Personenkreises und die Auswahlentscheidung voneinander getrennt würden. Unabhängig von der Sinnhaftigkeit hat der Gesetzgeber diese beiden Entscheidungen jedoch getrennt. Dies zeigt der Vergleich von § 1 Abs. 4 und Abs. 5 KSchG. Wird eine faktische Unkündbarkeit mittels Vorgabe der Gewichtung der Sozialkriterien erreicht, ist zu prüfen, ob diese Bewertung grob fehlerhaft ist.

805 *Bütefisch* S. 142f.

Entsprechend kann auch ein tarif- oder individualvertraglich verein-
barter besonderer Kündigungsschutz wirksam sein, wenn der Arbeitgeber ein berechtigtes betriebliches Interesse an der Vereinbarung hat.
Es müssen hierzu die gleichen Voraussetzungen gelten, die bei der „nachträglichen" Herausnahme von Arbeitnehmern aus der Sozialauswahl zu
beachten sind.

Viel diskutiert wurde der vom BAG entschiedene Fall,[806] in dem ein Vater zugunsten seines Sohnes auf sein Beschäftigungsrecht verzichtete.
Nach dem BAG soll durch das Angebot des Vaters die soziale Schutzbedürftigkeit des Sohnes gegenüber den anderen kündigungsbedrohten
Arbeitnehmer insoweit erhöht sein, dass die vom Arbeitgeber daraufhin
getroffene Sozialauswahl innerhalb seines zulässigen Wertungsspielrau-
mes liegt.[807] Die Frage ist, ob die zwischen dem Arbeitgeber und dem
Vater geschlossene Vereinbarung, zugunsten seines Sohnes auf seine
Weiterbeschäftigung zu verzichten, als eine Umgehung der Sozialauswahl anzusehen ist. Zunächst müsste den anderen kündigungsbedrohten Arbeitnehmern ein Nachteil entstanden sein. Der zu den betriebsbedingten Kündigungen führende Arbeitskräfteüberhang bestand aber
unabhängig von der in Rede stehenden Vereinbarung. Der Beschäf-
tigungsverzicht des Vaters ist für die übrigen kündigungsbedrohten
Arbeitnehmer irrelevant, da durch den „Vater-Sohn-Tausch" ein Arbeitsplatz des Arbeitskräfteüberhangs aufgelöst wurde. Für die übrigen kündigungsbedrohten Arbeitnehmer hat sich die Situation durch
den „Austauschvertrag" demnach nicht geändert, es besteht das gleiche Kündigungsrisiko wie vor der Vereinbarung. Da kein Arbeitnehmer benachteiligt wird, kann nicht von einer Umgehung der Sozialauswahl ausgegangen werden.[808]

Nach § 1 Abs. 3 S. 2 KSchG sind bestimmte Arbeitnehmer in die Sozialauswahl nicht einzubeziehen, wenn der Arbeitgeber ein berechtigtes be-

---

806 BAG v. 7.12.1995, 2 AZR 1008/94 in NZA 1996, 473.
807 BAG v. 7.12.1995, 2 AZR 1008/94 in NZA 1996, 473 (474).
808 Siehe ausführlich *Bütefisch* S. 276f.

triebliches Interesse an der Weiterbeschäftigung hat.[809] Als Beispiele für ein solches berechtigtes betriebliches Interesse werden die Kenntnisse, Fähigkeiten und Leistungen des Arbeitnehmers oder die Sicherung der Personalstruktur angeführt. Ein betriebliches Interesse soll anzunehmen sein, „wenn es für den Betrieb nachvollziehbar vorteilhaft ist, einen oder mehrere Arbeitnehmer auf jeden Fall unabhängig von dem Ergebnis der Sozialauswahl weiter zu beschäftigen." Grundlage sei eine generelle Interessenabwägung. Geringfügige oder nicht aktuelle betriebliche Vorteile sowie unsichere Zukunftserwartungen berechtigen nicht zur Herausnahme aus der Sozialauswahl.[810] Unter Hinzuziehung des BAG-Urteils vom 12.4.2002[811] wird nicht nur eine generelle Interessenabwägung, sondern eine konkrete Interessenabwägung mit den Interessen der zu kündigenden Arbeitnehmer gefordert. Eine solche konkrete Interessenabwägung soll vor einem Missbrauch der Regelung schützen.[812] Das hinzugezogene Urteil ist jedoch hinsichtlich der Frage, ob es einer konkreten Interessenabwägung bedarf, nicht eindeutig. Zwar wird zum einen gesagt, dass eine konkrete Abwägung der Interessen schon auf dem Gesetzestext basiere, der ein berechtigtes betriebliches Interesse fordere. Es wird jedoch auch auf die Gegenmeinung Bezug genommen, nach der das Vorliegen eines betrieblichen Interesses ausreiche und keine weitere Interessenabwägung vorzunehmen sei.[813] Eine generelle Interessenabwägung kommt nicht nur dem Erfordernis eines berechtigten betrieblichen Interesses nach, sondern führt auch zur Beibehaltung des im § 1 Abs. 3 KSchG angelegten Ausnahme-Regel-Verhältnis. Aus Sicht

---

809 Nach *Bütefisch* S. 282, 284f. unter anderem mit der Argumentation, dass ein Herausnahmerecht für den Arbeitgeber nur notwendig ist, wenn auch tatsächlich einem Arbeitnehmer aufgrund der geringen sozialen Schutzbedürftigkeit gekündigt werden müsste. § 1 Abs. 3 S. 2 KSchG berechtige den Arbeitgeber mithin nicht, einen Arbeitnehmer bereits aus der Vergleichsgruppenbildung herauszunehmen, sondern nur, ihn trotz festgestellter fehlender sozialer Schutzbedürftigkeit weiter zu beschäftigen. Die strittige systematische Einordnung hat Einfluss auf die Anforderungen, die an das berechtigte betriebliche Interesse gestellt werden. Dagegen spricht der eindeutige Wortlaut „In die soziale Auswahl [...] sind Arbeitnehmer nicht einzubeziehen, [...]." Der erste Schritt im Rahmen der „sozialen Auswahl" ist schließlich die Vergleichsgruppenbildung.

810 *Bader,* NZA 2004, 65 (73f.).

811 2 AZR 706/00 (juris) (NZA 2003, 42) mit Anmerkung.

812 *Bröhl,* BB 2006, 1050 (1054).

813 BAG v. 12.4.2002 2 AZR 706/00 in NZA 2003 42 (42).

eines verständigen Arbeitgebers soll es aus betrieblichen Gründen erforderlich sein, diese Arbeitnehmer aus der Sozialauswahl zu nehmen. In diese Betrachtung sind auch die Interessen der anderen sozial schwächeren Arbeitnehmer einzubeziehen.[814] Es ist kein Grund ersichtlich, der eine konkrete Interessenabwägung erfordert, wenn das betriebliche Interesse aufgrund einer generellen Interessenabwägung als ein berechtigtes anzuerkennen ist. Die Möglichkeit einer Herausnahme aus der Sozialauswahl wäre bedeutungslos, wenn faktisch doch eine Sozialauswahl durchgeführt werden müsste.[815]

Die Bindung der Leistungsträger wird als betrieblicher Grund anerkannt. Sogenannte Leistungsträger müssen nicht in die Sozialauswahl einbezogen werden. Leistungsträger sind solche Arbeitnehmer, die aufgrund ihrer Kenntnisse, Leistungen und Fähigkeiten von besonderem betrieblichen Interesse sind. Hierbei ist jedoch immer der Grundsatz zu beachten, dass ein vertragstreuer Arbeitnehmer nicht dadurch schlechter gestellt werden darf, dass andere Arbeitnehmer Leistungen erbringen, die über die vereinbarte Arbeitsverpflichtung hinausgehen.[816] Die Wahrnehmung von Führungsaufgaben, eine besondere Fähigkeit zur Konfliktschlichtung oder die Besonnenheit in Gefahrensituationen werden in der Praxis anerkannt.[817]

Die Sicherung der Personalstruktur wird als weiterer Grund für die Herausnahme von Arbeitnehmern im Gesetz ausdrücklich angeführt. Unter den Begriff der Personalstruktur sind neben der Altersstruktur der Belegschaft auch andere personelle Merkmale, die sich auf die Leistungsstärke des Betriebes auswirken, zu subsumieren.[818] Es muss im Sinne des Gesetzeswortlautes „Sicherung" immer um den Erhalt des *status quo* gehen.[819] Die Notwendigkeit der Sicherung der Personalstruktur muss dargelegt und die zu erwartende negative Veränderung

---

814 *Löwisch*, BB 2004, 154 (155); *Quecke*, RdA 2004, 86 (88).
815 Stahlhacke/Preis/Vossen-*Preis* (11. Aufl.) § 2 Rn. 1107; *Klostermper*, FS für Buchner 2009, 441 (444f.); *Müller* S. 111; *Lingemann/Rolf*, NZA 2005, 264 (265f.); *Berkowsky* (6. Aufl.) § 7 Rn. 308.
816 *Müller* S. 113.
817 *Müller* S. 115; Ascheid/Preis/Schmidt-*Kiel* (4. Aufl.) § 1 KSchG Rn. 753 (m.w.N.).
818 Beispielsweise die Art der bestehenden Vertragsverhältnisse.
819 *Löwisch*, BB 2004, 154 (155); *Quecke*, RdA 2004, 86 (88); Ascheid/Preis/Schmidt-*Kiel* (4. Aufl.) § 1 KSchG Rn. 766f.

bei einer unbeschränkten Sozialauswahl aufgezeigt werden.[820] Zur Sicherung der Alters- und Personalstruktur können Gruppen gebildet werden, in denen die Sozialauswahl jeweils vorzunehmen ist. Die Festlegung der Gruppen muss ausgewogen sein.[821] Werden bei betriebsbedingten Massenkündigungen Altersgruppen gebildet, in denen jeweils die Sozialauswahl stattzufinden hat, kann nach der Rechtsprechung des BAG regelmäßig von einer begründeten Bildung der Altersgruppen ausgegangen werden. Es ist dann nur noch die Verhältnismäßigkeit der Gruppenbildung nachzuweisen.[822] Es kann aber auch dahingestellt bleiben, ob es noch einer weiteren Begründung bedarf, da diese leicht vom Arbeitgeber erbracht werden kann. Denn würden bei Massenkündigungen keine Altersgruppen gebildet, würde der Altersdurchschnitt der Arbeitnehmer nach erfolgten Kündigungen rapide ansteigen. Mit der Bildung von Altersgruppen sinkt dagegen das Kündigungsrisiko jüngerer Arbeitnehmer.[823] Eine Darlegung der negativen Veränderung im Fall von Massenkündigungen ist ein unnötiger bürokratischer Aufwand.

(d) Ermittlung der sozialen Schutzbedürftigkeit
Eine aus dringenden betrieblichen Gründen ausgesprochene Kündigung ist nach § 1 Abs. 3 S. 1 KSchG sozial ungerechtfertigt, wenn der Arbeitgeber bei der Auswahl die Dauer der Betriebszugehörigkeit, das Lebensalter, die Unterhaltspflichten oder die Schwerbehinderung des Arbeitnehmers nicht oder nicht ausreichend berücksichtigt hat. Andere Umstände kann der Arbeitgeber berücksichtigen, ihre Außerachtlassung hat auf die Wirksamkeit der Kündigung aber keine Auswirkungen. Eine Gewichtung der einzelnen Kriterien wird vom Gesetzgeber nicht vorgegeben. Vielmehr hat der Arbeitgeber bei der Gewichtung der ein-

---

820 *Quecke*, RdA 2004, 86 (89); Stahlhacke/Preis/Vossen-*Preis* (11. Aufl) § 2 KSchG Rn. 1126f..

821 *Müller* S. 119f.; *Bütefisch* S. 334f.; Ascheid/Preis/Schmidt-*Kiel* (4. Aufl.) § 1 KSchG Rn. 770 m.w.N.

822 BAG v. 6.11.2008 2 AZR 523/07 in NZA 2009, 361 (366). Mit der Sicherung der Personalstruktur liegt ein objektiv legitimes Ziel vor, sodass auch keine Widersprüche zu den Diskriminierungsverboten zu sehen sind. Rn. 50; *Hanau*, FS für Otto 2008, 127 (128f.); *Müller* S. 119f.

823 Siehe auch *Adomeit/Mohr*, NJW 2009, S. 2255 (2258), nach denen grundsätzlich auch von der Verhältnismäßigkeit der Gruppenbildung auszugehen ist; siehe auch *Hanau*, ZIP 2011, 1 (3) und in FS für Otto 2008, 127 (131f.).

zelnen Kriterien einen eigenen Wertungsspielraum. Somit ist es bei der gerichtlichen Überprüfung der Sozialauswahl nicht ausschlaggebend, ob das Gericht dieselbe Entscheidung getroffen hätte, sondern ob die Entscheidung des Arbeitgebers vertretbar erscheint.[824] Ziel ist es, dem in sozialer Hinsicht am wenigsten schützenswerten Arbeitnehmer zu kündigen.[825]

Der Arbeitgeber hat nur die Umstände in der Sozialauswahl zu berücksichtigen, von denen er Kenntnis hätte haben können. Verweigert ein Arbeitnehmer daher die Aussage zu seinen Unterhaltslasten oder macht er falsche Angaben, finden die tatsächlichen Unterhaltslasten auch bei einem Kündigungsschutzprozess keine Anwendung.[826] Erfolgt die Gewichtung nach einer Punktetabelle, musste stets eine individuelle Überprüfung der vorgenommenen Sozialauswahl stattfinden, um unangemessene Ergebnisse in Einzelfälle zu vermeiden. Eine standardisierte Gewichtung der einzelnen Gesichtspunkte konnte nach alter Gesetzeslage nur für eine Vorauswahl herangezogen werden.[827] Mit Änderung des KSchG wurde im Rahmen der Sozialauswahl dem Arbeitgeber nur noch die Pflicht auferlegt, dass er die im Gesetzestext genannten Kriterien zu berücksichtigen hat. Der Wertungsspielraum des Arbeitgebers führe auch dazu, dass keine individuelle Einzelabwägung mehr vorgenommen werden muss, solange die Sozialkriterien in der Punktetabelle Berücksichtigung finden.[828] Gleichzeitig ist eine individuelle Einzelabwägung bzw. eine unterschiedliche Gewichtung der einzelnen Sozialpunkte möglich. Durch die Einräumung des Wertungsspielraums muss

---

824 Siehe BAG v. 15.6.1989 2 AZR 600/88 (juris) Rn. 46, BAG v. 2.6.2005 2 AZR 480/04 in NZA 2006, 207 (210); BAG v. 5.12.2002 2 AZR 549/01 in NZA 2003, 791 (793); *Löwisch*, BB 2004, 154 (154); *Quecke*, RdA 2004, 86 (87); *Schiefer*, NZA-RR 2002, 169 (178).

825 BAG v. 15.6.1989 2 AZR 600/88 (juris) Rn. 46, BAG v. 2.6.2005 2 AZR 480/04 in NZA 2006, 207 (210); *Adomeit/Mohr*, NJW 2009, 2255 (2257).

826 LAG Köln v. 3.5.2000 2 Sa 272/00 in NZA-RR 2001, 247 (248); *Müller* S. 100; Ascheid/Preis/Schmidt-*Kiel* (4. Aufl.) §1 KSchG Rn. 736 (m.w.N.).

827 So noch zur alten Gesetzlage BAG v. 18.1.1990 2 AZR 357/89 in NZA 1990, 729 (734); v. 7.12.1995 2 AZR 1008/94 in NZA 1996, 473 (474). In eine solche Einzelfallprüfung kann auch einbezogen werden, dass ein unterhaltsberechtigter Verwandter zugunsten des unterhaltverpflichteten auf das Weiterbestehen seines Arbeitsverhältnisses verzichtet; BAG v. 5.12.2002 2 AZR 549/01 in NZA 2003, 791 (793).

828 BAG v. 9.11.2006 2 AZR 812/05 in NZA 2007, 549 (552).

eine niedrigere Punktezahl nicht automatisch zur Folge haben, dass der betroffene Arbeitnehmer als weniger sozial schutzwürdig angesehen wird.[829] Alle genannten Sozialkriterien müssen eine ausreichende Berücksichtigung erfahren. Die Zulässigkeit vieler Punktetabellen scheiterte vor Gericht daran, dass das Alter eine zu geringe Berücksichtigung fand.[830]

Wird mehreren betriebsbedingten Kündigungen widersprochen, führt die Sozialwidrigkeit einer Kündigung nicht zur Sozialwidrigkeit aller Kündigungen. Dieser Dominoeffekt wurde vom BAG mit der Begründung aufgegeben, dass es mit dem Wertungsspielraum des Arbeitgebers nicht zu vereinbaren ist, eine Kündigung nur aufgrund des Bestehens eines Verfahrensfehlers für unwirksam zu erklären, auch wenn sich dieser auf das Ergebnis der Sozialauswahl im konkreten Fall nicht ausgewirkt hat.[831]

(aa) Dauer der Betriebszugehörigkeit
Bei der Betriebszugehörigkeit wird der ununterbrochene Bestand des Arbeitsverhältnisses unabhängig von der Länge der vereinbarten Arbeitszeit honoriert.[832] Wie bei der Berechnung der Wartezeit nach § 1 Abs. 1 KSchG wird von einem ununterbrochenen Bestand des Arbeitsverhältnisses ausgegangen, wenn ohne längere Unterbrechung bereits ein anderes Arbeitsverhältnis zwischen den Arbeitsvertragsparteien bestanden hat.[833]

Der Schutz des Vertrauens auf den Bestand des Arbeitsverhältnisses findet sich auch in der Verknüpfung der Dauer der Betriebszugehörigkeit mit den Kündigungsfristen. Die Kehrseite des Vertrauensschutzes ist, dass der darin verkörperte Vergangenheitsbezug für Berufseinsteiger ein erhöhtes Kündigungsrisiko mit sich bringt.[834]

---

829 Siehe LAG Baden- Württemberg v. 7.3.2013 18 Sa 115/12 (juris) Rn. 41.
830 Siehe die Zusammenstellung der für unzulässig erachteten Punkteschemata bis zum 10.4.2008 in *Dahm* S. 61f.
831 BAG v. 9.11.2006 2 AZR 812/05 in NZA 2007, 549 (550).
832 *Müller* S. 98; Stahlhacke/Preis/Vossen-*Preis* (11. Aufl.) § 2 Rn. 1079.
833 Siehe *Schiefer*, NZA-RR 2002 169 (178); *Bütefisch* S. 203f.; Stahlhacke/Preis/Vossen-*Preis* (9. Aufl.) § 2 Rn. 1079; KSchR-*Deinert* (9. Aufl.) § 1 KSchG Rn. 640.
834 Siehe auch *Bütefisch* S. 207f.

(bb) Lebensalter

Der Berücksichtigung des Lebensalters liegt die Annahme zugrunde, dass ältere Arbeitnehmer schwieriger einen neuen Arbeitsplatz finden als jüngere Arbeitnehmer.[835] Schon 1983 entschied das BAG, dass dies nur im Falle der Hochkonjunktur anzunehmen sei.[836] Ausschlaggebend bei dem Sozialpunkt Lebensalter ist es demnach, dass unter diesem Kriterium einer besonderen sozialen Schutzbedürftigkeit Rechnung getragen wird, die sich aufgrund des Lebensalters in niedrigeren Arbeitsmarktchancen niederschlägt.[837] Es wird zu Recht darauf hingewiesen, dass eine solche soziale Schutzbedürftigkeit auch bei jüngeren Arbeitnehmern vorliegen kann. So zum Beispiel bei solchen, die sich zwischen dem 30. und 40. Lebensjahr in der Familiengründungsphase befinden.[838]

Der Gesetzeswortlaut nennt nur das Kriterium Lebensalter und gibt nicht gleichzeitig vor, dass dem älteren Arbeitnehmer ein besonderer Schutz zukommen soll. Auch wenn der Gesetzgeber vielleicht an ältere Arbeitnehmer gedacht hat, muss es doch im Kern um die gesteigerte Schutzbedürftigkeit in einem bestimmten Lebensalter gehen.[839]

(cc) Unterhaltspflichten

Das Gesetz nennt die Unterhaltspflichten als ein in die Sozialauswahl einbeziehendes Kriterium. Der aus dem Familienrecht stammende Begriff stellt eine Besonderheit in den einzubeziehenden Sozialkriterien dar. Die übrigen Sozialkriterien zeichnen sich durch ihren Bezug zum Arbeitsverhältnis aus (Beispiel: Betriebszugehörigkeit) oder sind un-

---

835 BAG v. 6.11.2008 2 AZR 523/07 in NZA 2009, 361 (365); *Müller* S. 96; *Bauer/ Krieger*, FS für Richardi 2007, 177 (181).

836 BAG v. 24.3.1983 2 AZR 21/82 in NJW 1984, 78 (80).

837 Siehe *Adomeit/Mohr*, NJW 2009, 2255 (2257); *Bauer/Krieger*, FS für Richardi 2007, 177 (182). Der Bewertungsmaßstab soll die „mit steigendem Lebensalter schlechter werdenden Chancen auf den Arbeitsmarkt adäquat" widerspiegeln. Grundsätzlich gegen die Beeinflussung der bestehenden Arbeitsmarktlage auf den Kündigungsschutz. *Bütefisch* S. 200f., 216f.

838 Siehe *Müller* S. 96; *Gaul/Niklas*, NZA-RR 2009, 457 (462); *Bütefisch* S. 219. Siehe hierzu die Aufschlüsselung der Erwerbslosigkeit in den Jahren 1999 bis 2008 nach dem Lebensalter in *Dahm* S. 76f.

839 So auch LAG Niedersachsen v. 28.5.2004 10 Sa 2180/03 (juris) Rn. 26; Stahlhacke/Preis/Vossen-*Preis* (11. Aufl.) § 2 Rn. 1084. Dagegen *Bütefisch* S. 266f., die davon ausgeht, dass das Lebensalter nur dann zu berücksichtigen ist, „wenn es sich um ein deutlich fortgeschrittenes handelt."

trennbar mit der Person des Arbeitnehmers verknüpft (Beispiel: Schwerbehinderung, Lebensalter). Die Einbeziehung der Unterhaltspflichten stellt dagegen einen Bestandsschutz in Form der Sicherung der sozialen und wirtschaftlichen Existenz dar, die der Schutzpflicht aus Art. 6 Abs. 1 GG entspricht.[840] Gemeint sind die familienrechtlichen gesetzlichen Unterhaltspflichten.[841] Auf die tatsächliche Erfüllung dieser Pflichten kommt es nicht an.[842] Kommt es nur auf das Bestehen von Unterhaltspflichten an, werden auch Arbeitnehmer privilegiert, die ihren Unterhaltspflichten nicht nachkommen. Dies widerspricht dem zugrundliegenden Schutzgedanken, mit der Einbeziehung in die Sozialauswahl die mit den Unterhaltsverpflichtungen einhergehende Belastung auszugleichen beziehungsweise der Vorstellung des Arbeitsverhältnisses als Existenzgrundlage der Familie.[843] Ob ein Arbeitnehmer auch tatsächlich seinen Unterhaltsverpflichtungen nachkommt, ist für den Arbeitgeber jedoch nicht ersichtlich.[844] Zudem kann ein etwaiges gesetzeswidriges Verhalten des Arbeitnehmers keine Auswirkung auf die Reichweite der Sozialkriterien in der Sozialauswahl haben.[845] Schließlich soll die Einbeziehung von Unterhaltspflichten in die Sozialauswahl den Arbeit-

---

840 *Kaiser,* FS für Birk 2008, 283 (287) mit Verweis auf die Begründung zum Regierungsentwurf des Kündigungsschutzgesetzes von 1951; *Bütefisch* S. 223f.; Stahlhacke/Preis/Vossen-*Preis* (11. Aufl.) § 2 Rn. 1086.

841 BAG v. 17.1.2008 2 AZR 405/06 in NZA-RR 2008, 571 (573); *Bütefisch* S. 225; KSchR-*Deinert* (9. Aufl.) § 1 Rn. 650 KSchG; Stahlhacke/Preis/Vossen-*Preis* (11. Aufl.) § 2 Rn. 1087; Ascheid/Preis/Schmidt-*Kiel* (4. Aufl.) § 1 KSchG Rn. 722 (m.w.N.).

842 *Bütefisch* S. 225; *Müller* S. 99; Ascheid/Preis/Schmidt-*Preis* (4. Aufl.) § 1 KSchG Rn. 723.

843 Siehe zum Schutzgedanken *Bütefisch* S. 224; Ascheid/Preis/Schmidt-*Kiel* § 1 KSchG (4. Aufl.) Rn. 722 (m.w.N.).

844 Das gleiche Argument ist für freiwillige Unterhaltsleistungen anzuführen. Freiwillige Unterhaltsleistungen gehen zudem über den gesetzlichen Rahmen hinaus. Es ist kein Grund ersichtlich, warum ein solches „Geschenk" den Arbeitnehmer in der Sozialauswahl gegenüber anderen vergleichbaren Arbeitnehmern privilegieren sollte. Siehe so auch BAG v. 12.8.2010 2 AZR 945/08 in NZA 2011, 460 (465) (m.w.N.); a. A. *Kaiser,* FS für Brink 2008, 283 (294f.), die eine Einbeziehung von freiwilligen Unterhaltszahlungen durch den Arbeitgeber in der Sozialauswahl für möglich hält, soweit eine solche vertragliche Verpflichtung sachlich begründet und nicht als Vertrag zulasten Dritter zu bewerten ist. Der fehlende Bezug zum Arbeitsverhältnis wird nicht problematisiert.

845 Ascheid/Preis/Schmidt-*Kiel* (4. Aufl.) § 1 KSchG Rn. 723 (m.w.N.); *Bütefisch* S. 225, *Löwisch,* NZA 1996, 1009, 1010.

nehmer vor dem Verlust seines Arbeitsplatzes schützen, um zukünftig seine Unterhaltspflichten erbringen zu können.[846]

Gleichwohl sind nur solche Unterhaltspflichten in die Sozialauswahl einzubeziehen, die zum Zeitpunkt des Kündigungszugangs bereits bestehen.[847] Dem Arbeitgeber kann nicht zugemutet werden, eine Entscheidung darüber zu treffen, welche zukünftigen Unterhaltsverpflichtungen noch einzubeziehen sind. Daher ist grundsätzlich der Umfang der zukünftigen Unterhaltspflicht unbeachtlich. Eine Ausnahme wird im Fall der bestehenden Schwangerschaft der Lebensgefährtin anerkannt. Dies entspricht der Schutzpflicht aus Art. 6 Abs. 4 GG, da der Verlust des Arbeitsplatzes des Partners für eine Schwangere eine große Belastung darstellen kann.[848]

Für die Gewichtung des Sozialkriteriums Unterhaltspflichten muss im Verfahren der Sozialauswahl geklärt sein, ob es auf die Höhe der Unterhaltspflichten insgesamt oder auf die Anzahl der Unterhaltsberechtigten ankommt. Der Gesetzeswortlaut lässt beides zu. Es kann daraus geschlossen werden, dass die Entscheidung darüber dem Arbeitgeber überlassen wird. Es wäre nach der Rechtsprechung des Bundesarbeitsgerichts mit Art. 6 Abs. 1 GG unvereinbar, „§ 1 Abs. 3 KSchG dahingehend auszulegen, dass der Arbeitgeber im Ergebnis verpflichtet würde, einem verheirateten Arbeitnehmer nur wegen seiner familiären Bindungen zu kündigen."[849] Wird nur die Höhe der gesamten Unterhaltslast berücksichtigt, bliebe unbeachtet, dass im Unterhaltsrecht die vor-

---

846 Siehe auch Strick S. 87f.
847 Ascheid/Preis/Schmidt-*Kiel* (4. Aufl.) § 1 KSchG Rn. 723; *Gaul/Lunk*, NZA 2004 184 (185); *Kaiser*, FS für Brink 2008, 283 (307); a. A. ErfKom-*Oetker* (16. Aufl.) § 1 KSchG Rn. 333; AG Berlin v. 16.2.2005 9 Ca 27525/04 (juris) Rn. 61, nach dem bevorstehende Unterhaltslasten zumindest dann zu berücksichtigen sind, wenn der Arbeitgeber davon Kenntnis hatte und sie noch innerhalb der Kündigungsfrist anfielen, sodass der von der Kündigung betroffenen Arbeitnehmer zum Zeitpunkt der Beendigung des Arbeitsverhältnis sozial schutzwürdiger als vergleichbare Arbeitnehmer ist; KR-*Griebeling* (10. Aufl.) § 1 Rn. 677c KSchG, der darauf abstellt, dass das Sozialkriterium der Unterhaltspflichten mit der Existenzsicherung auf die Zukunft gerichtet ist und entsprechend der absehbare Wegfall oder erkennbare bevorstehende Unterhaltspflichten zu berücksichtigen sind.
848 Siehe KR-*Griebeling* (10. Aufl.) § 1 Rn. 678j KSchG.
849 BAG v. 5.12.2002 2 AZR 549/01 in NZA 2003, 791 (795).

rangige Schutzwürdigkeit von minderjährigen Kindern in § 1609 BGB Form angenommen hat.[850] Der besonderen Schutzbedürftigkeit von Kindern kann nur Rechnung getragen werden, wenn die Zahl der Unterhaltsberechtigten ausschlaggebend ist. Einschränkend bietet sich an, nur die Unterhaltsberechtigten einzubeziehen, die von dem Arbeitseinkommen abhängig sind.[851] In diesem Sinne wird eine unterschiedliche Gewichtung je nach Unterhaltsberechtigten vorgeschlagen. So könnten minderjährige Kinder stärker berücksichtigt werden.[852] Schließlich ist die Berechnung der tatsächlichen Unterhaltslast für den Arbeitgeber mit vielen Schwierigkeiten verbunden. Die für die Unterhaltsverpflichtung ausschlaggebende Leistungsfähigkeit und die Bedürftigkeit bemessen sich nicht nur am jeweiligen Arbeitseinkommen, sondern es ist auch auf etwaige Nebeneinkünfte abzustellen, die wiederum nicht statisch sind. Die Daten auf der „Lohnsteuerkarte" sind zur Ermittlung der Unterhaltslast in jeden Fall nicht ausreichend. Eine faktische Offenlegungspflicht wird auch in Hinblick auf das informationelle Selbstbestimmungsrecht nach Art. 2 Abs. 1 GG kritisch gesehen.[853]

Hinsichtlich der Unterhaltsberechtigten soll sich der Arbeitgeber jedoch auf die Angaben in der „Lohnsteuerkarte" verlassen können, soweit kein Anlass zu Zweifeln besteht.[854] Nach anderer Ansicht ist die „Lohnsteuerkarte" keine verlässliche Quelle, um ein vollständiges und richtiges Bild über die Unterhaltspflichten zu erhalten, sodass von einer Erkundigungspflicht des Arbeitgebers ausgegangen wird.[855] Beide Ansichten stimmen darin überein, dass die „Lohnsteuerkarte" allein kein verlässliches Mittel ist, um die Anzahl der Unterhaltsberechtigten zu verifizieren. Sie unterscheiden sich jedoch in der Antwort darauf, welche Arbeitsvertragspartei die tatsächlich bestehenden Unterhaltspflichten ermitteln muss. Nach erster Ansicht ist der betroffene Arbeitnehmer

---

850 Siehe *Kaiser,* NZA 2008, 665 (668f.).
851 Für eine Einbeziehung der Unterhaltsberechtigten bis zum Abschluss der allgemeinen Schulausbildung siehe *Kaiser,* FS für Brink 2008, 283 (292).
852 Strick S. 91
853 *Bütefisch* S. 236 (m.w.N.).
854 BAG v. 17.1.2008 2 AZR 405/06 in NZA-RR 2008, 571 (573); LAG Düsseldorf v. 16.3.2005 11 Sa 957/04 (juris) Rn. 49f.
855 *Bütefisch* S. 238; *Kaiser,* FS für Brink 2008, 283 (310); *Gaul/Lunk,* NZA 2004, 184 (187); Stahlhacke/Preis/Vossen-*Preis* (11. Aufl.) § 2 Rn. 1089; Ascheid/ Preis/Schmidt (4. Aufl.) § 1 Rn. 734 KSchG.

verpflichtet, seine Unterhaltspflicht offenzulegen, und der Arbeitgeber muss nur etwaige Zweifel an den Angaben der „Lohnsteuerkarte" klären. Nach der zweiten Ansicht wird dem Arbeitgeber eine Erkundigungspflicht auferlegt. Dieser kann er nachkommen, indem er den Arbeitnehmer auffordert, seine Unterhaltsverpflichtungen offenzulegen. Der Arbeitgeber kann die Unterhaltspflichten nur mithilfe des betroffenen Arbeitnehmers herausfinden, dies muss sich auch in der ihm auferlegten Verpflichtung widerspiegeln. Andererseits muss der Arbeitgeber den Arbeitnehmer davon in Kenntnis setzen, dass eine Sozialauswahl bevorsteht und die aktuellen Unterhaltsverpflichtungen bedeutsam sind. Mit einer solchen Information der von einer Kündigung bedrohten Arbeitnehmer kommt der Arbeitgeber auch nach der zweiten Ansicht seiner Erkundigungspflicht nach. Diese Ansicht entspricht den Interessen beider Arbeitsvertragsparteien, ohne den Arbeitgeber in besonderer Weise zu belasten.

Die existenzsichernde Wirkung[856] des Einkommens spricht bei der Ermittlung der jeweiligen Schutzwürdigkeit für eine stärkere Gewichtung der Unterhaltspflicht für minderjährige Kinder oder Kinder in Ausbildung und gegen ein alleiniges Abstellen auf die gesamte Unterhaltslast. Die Unterhaltslast ist niedrig, wenn die Kinder jung und im höchsten Maße von der finanziellen Absicherung durch die Eltern abhängig sind. Entsprechend dem Schutzzweck des Kündigungsschutzes und den familienrechtlichen Begriff der Unterhaltsverpflichtung müssen daher die Unterhaltsberechtigten Anknüpfungspunkt für die in die Sozialauswahl einzubeziehende Unterhaltsverpflichtung sein. Die Höhe der bestehenden Unterhaltslast sollte als Korrektiv hinzugezogen.

(dd) Schwerbehinderung
Durch das Kriterium der Schwerbehinderung hat der Gesetzgeber zusätzlich zum bestehenden speziellen Kündigungsschutz den sozialen Schutz ausgebaut. Dieses Kriterium kommt erst dann zum Tragen, wenn eine behördliche Zustimmung des Integrationsamtes zur betriebsbedingten Kündigung erteilt wurde.

---

856 Siehe *Kaiser,* NZA 2008, 665 (668f.).

(e) Eingeschränkte Überprüfbarkeit

Wurden nach § 1 Abs. 4 KSchG tarifliche oder betriebliche Regelungen zur Gewichtung der einzelnen Kriterien in der Sozialauswahl getroffen, ist die Bewertung der sozialen Gesichtspunkte nur auf grobe Fahrlässigkeit hin zu überprüfen. Die Gewichtung darf nicht jede Ausgewogenheit vermissen lassen. Dies ist dann anzunehmen, wenn einzelne Sozialdaten ganz oder größtenteils unberücksichtigt geblieben sind oder das Ergebnis der Sozialauswahl zu einer groben Ungerechtigkeit führt.[857] Die eingeschränkte Überprüfbarkeit umfasst nur die Sozialauswahl, die Einbeziehung in die Sozialauswahl nach § 1 Abs. 3 KSchG ist voll überprüfbar.[858]

§ 1 Abs. 5 S. 1, 2 KSchG schränkt die gerichtliche Überprüfbarkeit der betriebsbedingten Kündigung weiter ein. Nach § 1 Abs. 5 S. 1, 2 KSchG ist die „soziale Auswahl der Arbeitnehmer" nur auf grobe Fahrlässigkeit hin vorzunehmen, wenn aufgrund einer Betriebsänderung nach § 111 BetrVG die in Absprache zwischen Arbeitgeber und Betriebsrat zu kündigenden Arbeitnehmer in einer Namensliste festgehalten wurden. Die Namensliste ist Bestandteil des Sozialplans, der den Grundsätzen von § 75 BetrVG entsprechen muss.[859] Das Vorliegen dringender betrieblicher Erfordernisse wird gemäß dieser Vorschrift vermutet. Die Regelung bezieht sich nach dem eindeutigen Gesetzeswortlaut nicht nur auf die Gewichtung der sozialen Gesichtspunkte, sondern auf die gesamte soziale Auswahl und damit auch auf die Bildung der Vergleichsgruppe.[860] Hat sich die dem Interessenausgleich zugrunde liegende Sachlage wesentlich geändert, findet die Regelung nach § 1 Abs. 5 S. 3 KSchG keine Anwendung mehr. Wesentlich soll eine Änderung dann sein, wenn

---

857 BAG v. 5.6.2008 2 AZR 907/06 in NZA 2008, 1120 (1122); v. 21.1.1999 2 AZR 624/98 in NZA 1999, 866 (868); *Bader,* NZA 2004, 65 (75).

858 BAG v. 5.6.2008 2 AZR 907/06 in NZA 2008, 1120 (1122); *Quecke,* RdA 2004, 86 (89); *Müller* S. 124f.; strittig, ob auch Auswahlrichtlinien, die im Rahmen eines Interessenausgleichs erlassen wurden, von § 1 Abs. 4 S. 1 KSchG umfasst sind.

859 § 75 BetrVG bezieht sich auf unzulässige Benachteiligen aufgrund von Rasse und Herkunft, der Nationalität, Religion oder Weltanschauung, Behinderung, Alter, Geschlecht oder sexuelle Identität sowie der politischen oder gewerkschaftlichen Betätigung. Eine Benachteiligung aufgrund des Familienstandes wird neben diese Vielzahl von benannten unzulässigen Benachteiligungen nicht aufgeführt!

860 Siehe BT-Drs. 15/1204 S. 12.

die neue Sachlage zu einer anderen Namensliste geführt hätte. Nach der Rechtsprechung lässt eine geringfügige Änderung der Namensliste nicht auf eine wesentliche Änderung der Sachlage schließen.[861] Es wird aber auch vertreten, dass jede Änderung der Sachlage, die zu einer anderen Namensliste führt, als wesentlich anzusehen sei. Bezieht sich die Änderung der Sachlage auf die betriebliche Situation, können geringfügige Veränderungen bei der Anzahl der zu kündigenden Arbeitnehmer nicht ausreichend sein. Für betroffene Arbeitnehmer ist dagegen jede Änderung auf der Namensliste unmittelbar mit dem Bestand ihres Arbeitsverhältnisses verknüpft und damit auch wesentlich. Ein so weites Verständnis würde in jedem Fall die „erleichterte Kündigung" bei Betriebsänderungen nach § 111 BetrVG erschweren.[862]

4. Klagefrist

Nach § 4 S. 1 KSchG gilt für alle arbeitgeberseitigen Kündigungen eine Frist von grundsätzlich drei Wochen, um Klage beim Arbeitsgericht einzureichen. Sie besteht unabhängig von der sonstigen Anwendbarkeit des KSchG, das heißt auch für Arbeitsverhältnisse in Kleinbetrieben und für Arbeitsverhältnisse, bei denen die Wartefrist nach § 1 Abs. 1 KSchG noch nicht abgelaufen ist. Schließlich gilt sie auch für außerordentliche Kündigungen.[863]

Wird die Unwirksamkeit einer Kündigung nicht fristgerecht geltend gemacht und ist die Klage nicht nachträglich zuzulassen, so gilt nach § 7 KSchG die Kündigung als von Anfang an rechtswirksam. Die prozessu-

---

861 Siehe allgm. BT-Drs. 15/1204 S. 12. Hiernach soll eine wesentliche Änderung dann anzunehmen sein, wenn die Betriebsänderung, auf die sich der Interessenausgleich bezieht, nicht mehr durchgeführt wird oder die Zahl der im Interessenausgleich vorgesehenen Kündigungen erheblich verringert werden soll. Nach BAG v. 21.2.2001 2 AZR 39/00 in ZIP 2001, 1825 (1827); v. 22.1.2004 2 AZR 111/02 (juris) Rn. 42f. soll die Änderung einem Wegfall der Geschäftsgrundlage entsprechen. Stahlhacke/Preis/Vossen-*Preis* (11. Aufl.) § 2 Rn. 1163.
862 BAG v. 21.2.2001 2 AZR 39/00 in ZIP 2001, 1825 (1827). Siehe darüber hinaus Ausführungen von Kaiser zur Kündigungsprävention durch den Betriebsrat in FS für Löwisch 2007, 153 (153f.).
863 *Bender/Schmidt,* NZA 2004, 358 (361); *Quecke,* RdA 2004, 86 (99); *Raab,* RdA 2004, 321 (321f., 332); *Bader,* NZA 2004, 65 (67f.). Zur Berechnung der Frist finden die allgemeinen Regeln nach §§187-193 BGB Anwendung.

ale Klagefrist hat materiell-rechtliche Wirkung. Nach Ablauf der Frist gelten etwaige Unwirksamkeitsgründe als geheilt.[864]

Hat die Klagefrist noch nicht begonnen, kann die Verwirkung nach § 242 BGB ausnahmsweise zur Erledigung des Klagerechts führen, wenn durch den Ablauf einer bestimmten Zeit (Zeitmoment) das Vertrauen des Arbeitgebers geschaffen wurde, dass die Kündigung nicht mehr angegriffen werde (Umstandsmoment).[865] Da nur eine schriftliche Kündigung wirksam ist und gleichzeitig die Klagefrist zu laufen beginnt, kommt eine Verwirkung der Kündigungsschutzklage nach § 242 BGB nur dann in Betracht, wenn der Arbeitnehmer auf eine mündliche Kündigung hin die Arbeitsleistung einstellt.[866]

a. Beginn der Klagefrist
Die Klagefrist beginnt nach § 4 S. 1 KSchG mit dem Zugang des Kündigungsschreibens.

Eine Kündigung gilt erst dann als zugegangen, wenn die Kündigungserklärung wirksam ist. Sie muss also so bestimmt und klar sein, dass sie als eine solche auch verstanden werden kann. Darüber hinaus muss es sich um eine arbeitgeberseitige Kündigung handeln, die von einem Geschäftsfähigen oder mit Zustimmung des Vertreters abgegeben wurde.[867] In Ansehung des Schriftformerfordernisses als Wirksamkeitsvoraussetzung nach § 623 BGB bedeutet dies, dass eine schon mangels Schriftform unwirksamen Kündigung nicht durch Bindung an eine Klagefrist auf Arbeitnehmerseite aufgewertet werden soll. Das Interesse des Arbeitgebers an Rechtsklarheit ist im Falle der mündlichen Kündigung nicht geschützt.

---

864 BAG v. 24.6.2004 2 AZR 461/03 in NZA 2004, 1330 (1331); *Bader,* NZA 2004, 65 (69).

865 Zu den Voraussetzungen der Verwirkung (Stichwort Zeit- und Umstandsmoment) BAG v. 10.10.2007 7 AZR 448/06 (juris) Rn. 17 m.w.N.; v. 20.5.1988 2 AZR 711/87 in NZA 1989, 16 (16f.); v. 2.12.1999 8 AZR 890/98 in NZA 2000, 540 (541).

866 Siehe *Raab,* RdA 2004, 321 (326).

867 *Bender/Schmidt,* NZA 2004, 358 (362); *Raab,* RdA 2004, 321 (323); siehe obige ausführliche Ausführungen zur Wirksamkeit der Kündigungserklärung.

(1) Kündigungsfrist und Klagefrist

Wenn der Arbeitgeber nicht die vorgegebene Kündigungsfrist eingehalten hat, ist zu klären, ob die Kündigungserklärung nach §§ 133, 157 BGB ausgelegt oder nach § 140 BGB umgedeutet werden kann. Während die Auslegung nach § 133 BGB auf den wirklichen Willen gerichtet ist, ist die Umdeutung nach § 140 BGB auf den hypothetischen Willen gerichtet. Eine unwirksame Erklärung kann demnach in eine wirksame Erklärung umgedeutet werden, wenn der mit der Erklärung angestrebte Erfolg so verwirklicht und davon ausgegangen werden kann, dass der Erklärende nicht an der unwirksamen Erklärung festhalten wollte.[868] Geht aus der Kündigungserklärung hervor, dass der Arbeitgeber ausschließlich zu dem bestimmten Zeitpunkt die Kündigung erklären wollte, kann diese Erklärung weder ausgelegt noch umgedeutet werden. Ob die Kündigungserklärung ausgelegt oder umgedeutet werden kann, ist eine Tatsachenentscheidung.

(2) Kündigung mit behördlicher Zustimmung

Die Frist soll gemäß § 4 S. 4 KSchG nach Bekanntgabe der behördlichen Zustimmung an den Arbeitnehmer zu laufen beginnen, wenn die Wirksamkeit der Kündigung von einer solchen abhängig ist.[869]

Fraglich ist, ob der Arbeitgeber die Zustimmungsbedürftigkeit der Kündigung kennen musste bzw. ob auch die Unwirksamkeit der Kündigung aufgrund fehlender behördlicher Zustimmung innerhalb der Klagefrist geltend gemacht werden muss. Wenn der Arbeitgeber bei Erklärung der Kündigung von der vorliegenden Schwangerschaft des Arbeitnehmers nichts weiß, hat das BAG entschieden, dass die Ausnahmeregelung nach § 4 S. 4 KSchG nur dann einschlägig ist, wenn der Arbeitgeber von dem Vorliegen der Schwangerschaft Kenntnis hätte haben können.[870] Dafür spricht der Sinn und Zweck der Ausnahmeregelung, die ein Informationsdefizit des Arbeitnehmers ausgleichen soll. Die Frist beginnt erst zu laufen, wenn die behördliche Zustimmung dem Arbeitnehmer gegenüber bekanntgegeben wurde. Weiß der Arbeitgeber jedoch nichts von der Schwangerschaft des Arbeitnehmers und der da-

---

868 Staudinger/*Roth* (April 2015) § 140 Rn. 1 BGB.
869 Siehe hierzu Ausführungen zum Kündigungsschutz während des Mutterschutzes und in der Elternzeit. S. 205ff.
870 BAG v. 19.2.2009 2 AZR 286/07 in BB 2009, 2092 (2093); LAG Nürnberg v. 4.12.2006 7 Ta 207/06 in NZA-RR 2007 194 (194).

raus folgenden Zustimmungsbedürftigkeit der Kündigung, liegt das Informationsdefizit auf der Seite des Arbeitgebers. Auch die Gesetzessystematik spricht für eine solche Auslegung. Darf der Arbeitnehmer von der Kenntnis des Arbeitgebers über die Zustimmungsbedürftigkeit der Kündigung ausgehen, entspricht es obiger Argumentation, dass dann § 4 S. 4 KSchG einschlägig ist.[871]

Die Anknüpfung der Klagefrist an die Bekanntgabe durch die Behörde stellt eine Ausweitung der Klagefrist dar. Das durch die Einführung einer einheitlichen Klagefrist verfolgte Ziel, mehr Transparenz und Rechtssicherheit im Kündigungsrecht zu schaffen, wird zugunsten der besonderen Schutzbedürftigkeit bestimmter Arbeitnehmergruppen aufgebrochen.[872]

b. Nachträgliche Zulassung
Verspätet eingereichte Klagen sind auf Antrag auch dann zuzulassen, wenn nach § 5 Abs. 1 S. 1 KSchG der Arbeitnehmer „trotz Anwendung aller ihm nach Lage der Umstände zuzumutenden Sorgfalt" verhindert war, die Klage fristgemäß einzureichen. Gleiches gilt nach § 5 Abs. 1 S. 2 KSchG auch dann, wenn der Arbeitnehmer erst nach Ablauf der Frist von der Schwangerschaft aus einem von ihm nicht zu vertretenden Grund Kenntnis erlangt.[873] Die Einhaltung der einem Arbeitnehmer „nach Lage der Dinge zuzumutende[n] Sorgfalt" als Voraussetzung der Ausnahmeregelung ist hinsichtlich der Qualität des Verstoßes einem Verschulden gegen sich selbst gleichzusetzen. Die Fristüberschreitung darf nicht auf einen Umstand beruhen, der als grober „Verstoß

---

871 BAG v. 19.2.2009 2 AZR 286/07 in BB 2009, 2092 (2093f.); siehe auch *Löwisch,* BB 2004, 154 (159) in Auseinandersetzung zu einer bis dato gegenteiligen BAG Rechtsprechung; *Quecke,* RdA 2004, 86 (99); *Raab,* RdA 2004, 321 (330f.); *Schmidt,* NZA 2004, 79 (81); Stahlhacke/Preis/Vossen-*Vossen* (11. Aufl.) § 4 Rn. 1926.

872 Kritisch hierzu *Raab,* RdA 2004, 321 (333).

873 Diese Erweiterung der Ausnahmeregelung würde leerlaufen, wenn das Fehlen der behördlichen Zustimmung aufgrund eines Informationsdefizits aufseiten des Arbeitgebers bereits zu einer Verzögerung des Fristbeginns nach § 4 S. 4 KSchG führen würde.

gegen das von einem verständigen Menschen im eigenen Interesse billigerweise zu erwartende Verhalten"[874] zu bewerten ist.

Der Antrag auf verspätete Zulassung ist spätestens zwei Wochen nach Behebung des Hindernisses einzureichen.[875] Nichtsdestotrotz bleibt der Grundsatz, dass der Arbeitnehmer den Arbeitgeber unverzüglich von der Schwangerschaft zu informieren hat.[876] Die bestehende Sonderregelung ist Art. 6 Abs. 4 GG geschuldet, denn ohne eine solche Möglichkeit der nachträglichen Zulassung würde der besondere Kündigungsschutz nach § 9 Abs. 1 S. 1 2. HS. MuSchG regelmäßig leerlaufen.[877]

Die analoge Anwendung dieser Regelung auf Arbeitnehmer in Elternzeit scheitert an einer vergleichbaren Interessenlage. Der der Regelung zugrunde liegenden Gedanke, dass der Arbeitnehmer nicht aufgrund unvertretbarer Unkenntnis der Situation kündigungsschutzrechtlich benachteiligt werden soll, ist im Falle eines Arbeitnehmers in Elternzeit nicht denkbar. Zum einen kennt der Arbeitnehmer seine Möglichkeit, in Elternzeit zu gehen, zum anderen besteht der Kündigungsschutz erst ab dem Zeitpunkt, in dem Elternzeit verlangt wurde und ist demnach schon von einem bewussten und zielgerichteten Akt des Arbeitnehmers abhängig.[878]

Hatte der Arbeitnehmer von den Unwirksamkeitsgründen keine Kenntnis, besteht darüber hinaus keine Möglichkeit einer nachträglichen Zulassung. § 5 Abs. 1 S. 1 KSchG beschränkt die Möglichkeit einer nachträglichen Zulassung auf den Umstand, dass der Arbeitnehmer an der Einreichung einer Kündigungsschutzklage gehindert war. Die nachträgliche Zulassung nach § 5 Abs. 1 S. 1 KSchG unterscheidet sich von der Möglichkeit der nachträglichen Zulassung nach § 5 Abs. 1 S. 2 KSchG gerade darin, dass der Arbeitnehmer bis zur Kenntnis über die eigene Schwangerschaft die Kenntnis über den eigenen besonderen

---

874 BAG v. 16.5.2002 in BB 2003, 105 (105) m.w.N. Das Risiko des Verlusts einer Briefsendung auf dem Postweg muss nach dieser Entscheidung nicht von dem Arbeitnehmer getragen werden. Das Vertrauen auf die Sicherheit des Postwegs ist grundsätzlich kein grober Verstoß.

875 § 5 Abs. 3 S. 1 KSchG.

876 *Löwisch*, BB 2004, 154 (159).

877 *Löwisch*, BB 2004, 154 (159); *Quecke*, RdA 2004, 86 (101); Stahlhacke/Preis/Vossen-*Vossen* § 5 (11. Aufl.) Rn. 1985.

878 Siehe auch *Löwisch*, BB 2004, 154 (159).

Kündigungsschutz fehlte. Diese Sonderregelung wäre überflüssig, wenn schon die Unkenntnis über die Unwirksamkeitsgründe eine nachträgliche Klage zulassen würde. Auch würde das mit der Vereinheitlichung der Klagefrist verfolgte Ziel der Schaffung von Rechtsklarheit auf den Kopf gestellt, wenn die Unkenntnis über die Unwirksamkeitsgründe bereits zur nachträglichen Zulassung der Klage ausreichen würde.[879] Im Umkehrschluss soll sich die die Unkenntnis anderer Unwirksamkeitsgründe nicht auf die Klagefrist auswirken.[880] Beruht die Unkenntnis jedoch auf einer arglistigen Täuschung, von der der Arbeitgeber zumindest Kenntnis hatte, ist dieser nicht mehr schutzwürdig, und die Klage soll ausnahmsweise auch nachträglich zuzulassen sein.[881] Die Ausweitung der Ausnahmeregelung zur nachträglichen Zulassung der Klage ist in diesem Fall nicht zwingend. Zwar trifft das Argument zu, dass der Arbeitgeber in einem solchen Fall nicht mehr schutzwürdig ist. Die daran anknüpfende Folgerung, dass in einem solchen Fall der Arbeitnehmer trotz abgelaufener Kündigungsfrist gegen die Kündigung vorgehen können müsste, muss jedoch nicht zu einer Ausweitung der Ausnahmeregelung führen. Es ist vielmehr ausreichend, dass in einem solchen Fall die Berufung des Arbeitgebers auf die abgelaufene Klagefrist rechtsmissbräuchlich gemäß § 242 BGB ist. Die in § 7 1. HS. KSchG verankerte materiell-rechtliche Wirkung der Klagefrist kann sich aufgrund § 242 BGB im Falle der zugrunde liegenden arglistigen Täuschung durch den Arbeitgeber nicht mehr entfalten.[882]

Nach Ablauf von sechs Monaten besteht die Möglichkeit einer nachträglichen Zulassung nicht mehr.[883] Die Kündigung ist dann gemäß § 7 KSchG als von Anfang an wirksam anzusehen.

---

879 *Löwisch,* BB 2004, 154 (159) *Quecke,* RdA 2004, 86 (101).
880 Siehe *Bender/Schmidt,* NZA 2004, 358 (364); *Bader,* NZA 2004, 65 (68).
881 BAG v. 19.2.2009 2 AZR 286/07 in NZA 2009, 980 (983); LAG Köln v. 24.5.1995 13 TA 72/94 in NZA 1995, 127 (128).
882 So wohl auch Stahlhacke/Preis/Vossen-*Vossen* (11. Aufl.) Rn. 1944.
883 § 5 Abs. 3 S. 2 KSchG.

B. Der besondere Kündigungsschutz

I. Kündigungsschutz in Schwangerschaft und Mutterschutz

Nach § 9 Abs. 1 MuSchG besteht während der Schwangerschaft und vier Monate nach der Entbindung ein generelles Kündigungsverbot.[884] Unabhängig davon, wann die vereinbarte Arbeitsleistung fällig wird, entsteht das Kündigungsverbot mit Abschluss des Arbeitsvertrags.[885] Voraussetzung ist, dass die Schwangerschaft dem Arbeitgeber bekannt war oder er innerhalb von zwei Wochen nach Zugang der Kündigung davon in Kenntnis gesetzt wurde. Liegt ein vom Arbeitnehmer nicht zu vertretender Grund für die Überschreitung der Frist vor, gilt eine daraufhin unverzüglich nachgeholte Mitteilung an den Arbeitgeber als fristgerecht.[886] Das generelle Kündigungsverbot dient dem Schutz der Mutter und des Kindes sowie dem Aufbau ihrer Beziehung und schützt vor den mit einer Kündigung einhergehenden, psychischen Belastungen. Das Kündigungsverbot steht nicht nur der Wirksamkeit der Kündigung entgegen, sondern soll schon den Zugang der Kündigung verhindern. Es basiert auf Art. 6 Abs. 4 GG.[887] Alle Arten von Kündigungen sind von dem Geltungsbereich des Kündigungsverbots umfasst, wobei die einvernehmliche Aufhebung des Arbeitsverhältnisses nicht mit einer Kündigung gleichzusetzen ist. Bei Teilkündigungen durch den Arbeitgeber ist der Arbeitsplatz nicht in Gefahr, sodass in diesem Fall der Kündigungsschutz nicht eingreifen soll.[888]

Trotz des generellen Kündigungsverbots kann eine Kündigung von der zuständigen obersten Landesbehörde ausnahmsweise für zulässig erklärt werden. Die behördliche Zulässigkeitserklärung ist ein privatrechtsgestaltender Verwaltungsakt, der vor dem Zugang der Kündi-

---

884 Fristberechnung nach §§ 187 Abs. 1, § 188 Abs. 2, 3 und § 191 BGB.
885 Ascheid/Preis/Schmidt-*Rolfs* (4. Aufl.) § 9 Rn. 18 MuSchG; Buchner/Becker (8. Aufl.) § 9 Rn. 2 MuSchG.
886 § 9 Abs. 1 MuSchG.
887 Zmarzlik/Zipperer/Viethen/Vieß (9. Aufl.) § 9 Rn. 1f. MuSchG; Ascheid/Preis/Schmidt-*Rolfs* (4. Aufl.) § 9 Rn. 2, 12 MuSchG; siehe schon BAG v. 8.6.1955 2 AZR 14/54 in BAGE 2, 32 (33); Stahlhacke/Preis/Vossen-*Vossen* (11. Aufl) § 1 Rn. 1337f.
888 Stahlhacke/Preis/Vossen-*Vossen* (11. Aufl) § 1 Rn. 1359; Buchner/Becker (8. Aufl.) § 9 Rn. 84 MuSchG (m.w.N.).

gung vorliegen muss. Eine nachträglich erklärte Zulässigkeit ist nicht wirksam.[889] Eine Zustimmung kann nur dann erteilt werden, wenn die Kündigung nicht im Zusammenhang mit der Schwangerschaft oder der Entbindung steht. Die ausdrückliche Herausnahme dieser Situation aus der Ausnahmeregelung nach § 9 Abs. 3 S. 1 MuSchG ist rein deklaratorisch.[890] Grundsätzlich ist die Beantragung der Zulassung einer ordentlichen Kündigung an keine gesetzliche Frist gebunden. Soll jedoch eine außerordentliche Kündigung für zulässig erklärt werden, gilt die Frist des § 626 Abs. 2 BGB.[891]

Die Kündigung muss schriftlich erklärt werden und im Kündigungsschreiben so umfassend begründet sein, dass der betroffene Arbeitnehmer die Kündigungsgründe erfassen und nachvollziehen kann. § 9 Abs. 3 S. 2 MuSchG geht dem allgemeinen Schriftformerfordernis bei Kündigungen nach § 623 BGB vor. Verbotswidrig erklärte Kündigungen sind nichtig.

Das Kündigungsverbot ist Kern des Mutterschutzrechtes. Durch das Kündigungsverbot werden die übrigen Mutterschutzrechte abgesichert.[892] Ein vorsorglicher Verzicht des Arbeitnehmers ist nicht möglich. Ein nachträglicher Verzicht ist möglich,[893] muss aber, um einer Umgehung des Kündigungsverbots vorzubeugen, als eine arbeitnehmerseitige Kündigung auszulegen sein. Der von § 9 MuSchG bezweckte Schutz des ungeborenen oder neugeborenen Kindes gebietet eine restriktive Handhabung.

§ 9 MuSchG ist ein Schutzgesetz im Sinne von § 823 Abs. 2 BGB. Etwaige Schäden, die bereits durch den Zugang der Kündigung entstanden sind, sind ersatzfähig.

---

889 BAG v. 31.3.1993 2 AZR 595/92 in NZA 1993, 646 (647); *Kittner*, NZA 2010, 198 (198); Buchner/Becker (8. Aufl.) § 9 Rn. 206 MuSchG.

890 *Kittner*, NZA 2010, 198 (199).

891 Ascheid/Preis/Schmidt-*Rolfs* (4. Aufl.) § 9 Rn. 71 MuSchG.

892 Siehe Stahlhacke/Preis/Vossen-*Vossen* (11. Aufl) § 1 Rn. 1337; KR-*Bader/Gallner* (10. Aufl.) § 9 Rn. 5 MuSchG.

893 Zmarzlik/Zipperer/Viethen/Vieß (9. Aufl.) Rn. 45f.; Ascheid/Preis/Schmidt-*Rolfs* (4. Aufl.) § 9 Rn. 15 MuSchG; Buchner/Becker (8. Aufl.) § 9 MuSchG Rn. 189 MuSchG; KR-*Bader/Gallner* (10. Aufl.) § 9 Rn. 147 MuSchG (m.w.N.).

Das Kündigungsverbot gilt für alle Arbeitnehmer, deren Arbeitsplatz grundsätzlich im Inland liegt. Die Vereinbarung der Anwendung deutschen Rechts bei einem im Ausland gelegenen Arbeitsplatz ist nicht möglich, da die Ausnahmeregelung von der Zulässigkeitserklärung der zuständigen obersten Landesbehörde abhängig ist und für Arbeitsplätze im Ausland keine Zuständigkeit der obersten Landesbehörde vorliegt.[894] Eine Vereinbarung der Anwendung deutschen Rechts könnte jedoch so ausgelegt werden, dass ein entsprechendes Kündigungsverbot vereinbart werden soll, das nur bei Vorliegen eines besonderen Falles durchbrochen wird.

Im Falle einer schriftlosen Kündigung kann von der in § 626 Abs. 2 BGB vorausgesetzten Kündigungsfrist abgesehen werden, wenn die Zulässigkeitserklärung erst nach Ablauf der Zwei-Wochen-Frist erteilt wurde und die Kündigungserklärung unverzüglich nachgeholt wird.[895]

1. Schwangerschaft oder Entbindung

Das Kündigungsverbot setzt eine bestehende Schwangerschaft oder Entbindung voraus. Mit Entbindungen sind alle Lebendgeburten gemeint. Totgeburten sollen auch darunter fallen. Die besonderen körperlichen und psychischen Belastungen nach einer Totgeburt sollen eine Gleichbehandlung rechtfertigen, obwohl der Schutzzweck, die Entwicklung der Beziehung zwischen Mutter und Kind zu schützen, nicht mehr erfüllt werden kann.[896]

2. Positive Kenntnis des Arbeitgebers

Nach dem Gesetzeswortlaut ist die positive Kenntnis des Arbeitgebers oder die Kenntnisnahme innerhalb von zwei Wochen nach dem Zu-

---

894 Ausführlich hierzu *Reiter,* NZA 2004, 1246 (1253); Ascheid/Preis/Schmidt-*Rolfs* (4. Aufl.) § 9 Rn. 17 MuschG.

895 Siehe zu der entsprechenden Anwendung von § 91 Abs. 5 SGB IX, Ascheid/Preis/Schmidt-*Rolfs* (4. Aufl.) § 9 Rn. 95 MuSchG.

896 BAG v. 16.2.1973 2 AZR 138/72 in NJW 1973, 1431 (1431f.); v. 15.12.2005 2 AZR 462/04 in NZA 2006, 994 (995f.). Ausführliche Behandlung der möglichen Bewertung eines Schwangerschaftsabbruchs als Entbindung in LAG Köln v. 21.1.2000 11 Sa 1195/99 NZA-RR 2001, 303(303); LAG Hamburg v. 26.11.2003 4 Sa 62/03 NZA-RR 2005, 72 (73).

gang der Kündigung Voraussetzung des Kündigungsverbots. Wie der Arbeitgeber die Kenntnis erlangt hat, ist unerheblich. Eine entsprechende Mitteilung muss aber eindeutig sein.[897] Während auf der einen Seite eine fahrlässige Unkenntnis des Arbeitgebers oder eine bestehende Vermutung nicht ausreichen sollen und dem Arbeitgeber auch nicht die Kenntnis medizinischer Fachausdrücke unterstellt werden kann,[898] soll auf der anderen Seite eine begründete Vermutung (beispielsweise Gerüchte im Betrieb) eine Erkundigungspflicht zur Folge haben.[899] Die Erkundigungspflicht könnte auch auf die arbeitgeberseitige Fürsorgepflicht gestützt werden. Gegen eine Erkundungspflicht wird zu Recht auf den Gesetzestext verwiesen, in dem auf die Kenntnis des Arbeitgebers abgestellt wird. Durch eine Erkundigungspflicht würde der Anwendungsbereich des besonderen Kündigungsschutzes erweitert. Dies würde die Rechtsfolge, dass eine schuldhaft verspätete Mitteilung der Schwangerschaft zum Verlust des Kündigungsschutzes führt, leerlaufen lassen. Weiterhin wird auch auf das auf dem Persönlichkeitsrecht des Arbeitnehmers beruhende „Frageverbot" auch bekannt als „das Recht zur Lüge" beim Einstellungsgespräch verwiesen. Eine aus dem Bestehen des Arbeitsverhältnisses und § 9 MuSchG hergeleitete Erkundungspflicht des Arbeitgebers würde das „Frageverbot" in eine „Fragepflicht" umwandeln. Schließlich ist der Arbeitnehmer hinreichend geschützt,

---

897 Ascheid/Preis/Schmidt-*Rolfs* (4. Aufl.) § 9 Rn. 29 MuSchG; Stahlhacke/Preis/ Vossen-*Vossen* (11. Aufl) § 1 Rn. 1384f.

898 Allgemeine Ansicht Ascheid/Preis/Schmidt-*Rolfs* (4. Aufl.) § 9 MuSchG Rn. 28; Buchner/Becker (8. Aufl.) § 9 MuSchG Rn. 9; ErfKom-*Schlachter* (16. Aufl.) § 9 Rn. 5 MuSchG; KR-*Bader/Gallner* (10. Aufl.) § 9 Rn. 34 MuschG; LAG Baden-Württemberg v. 30.11.1967 4 Sa 100/67: siehe Leitsatz in DB 1968, 624. Nach § 16 Abs. 1 Nr. 3 MuSchG-Neu besteht ein Kündigungsverbot bis zum Ablauf von vier Monaten auch bei Fehlgeburten ab der zwölften Schwangerschaftswoche.

899 Zmarzlik/Zipperer/Viethen/Vieß (9. Aufl.) § 9 MuSchG Rn. 15f.; BAG v. 13.4.1956 1 AZR 390/55 in NJW 1956, 1124 (1124), nach dem zumindest bei Unkenntnis „geläufiger" medizinischer Fachausdrücke von einer Erkundigungspflicht ausgegangen wird. Dies habe zur Folge, dass sich der Arbeitgeber so behandeln lassen muss, als hätte er Kenntnis von der Schwangerschaft gehabt. Mit Bezug darauf auch *Wenzel*, MDR 1978, 719 (720); LAG Düsseldorf v. 21.7.1964 8 Sa 241/64 in BB 1964, 1215 (1215).

sodass auch keine Schutzbedürftigkeit besteht.[900] Von einer Erkundigungspflicht des Arbeitgebers kann folglich nicht ausgegangen werden.

Grundsätzlich hat der Arbeitnehmer den Arbeitgeber von der Schwangerschaft zu unterrichten. Auf eine solche geschäftsähnliche Handlung sind die allgemeinen Regeln über den Zugang von Willenserklärungen anzuwenden. Es kommt auf den objektiven Erklärungswert der Mitteilung an. Es reicht aus, dass der Arbeitnehmer den Arbeitgeber von einer vermutlichen Schwangerschaft unterrichtet. Auf Verlangen des Arbeitgebers muss diese Vermutung jedoch nachgewiesen werden.[901] Dieser Nachweis ist keine Rechtspflicht im Rahmen des § 9 MuSchG und wirkt sich damit auch nicht auf das generelle Kündigungsverbot aus.[902] Die Nachweispflicht entspringt der im Arbeitsverhältnis bestehenden allgemeinen Treuepflicht des Arbeitnehmers, sodass ihre Verletzung sich auch nur auf dieser Ebene auswirkt.[903]

Wird der Arbeitgeber erst nach Ablauf der Frist von zwei Wochen unterrichtet, ist die Mitteilung nicht mehr ausreichend, wenn das Versäumnis auf einen vertretbaren Grund zurückgeht. Ein solcher ist als Verstoß gegen sich selbst zu bewerten; ein „gröblicher Verstoß gegen das von einem verständigen Menschen im eigenem Interesse billigerweise zu erwartenden Verhalten."[904]

II. Kündigungsschutz in der Elternzeit

Nach § 18 Abs. 1 S. 1 BEEG besteht ein generelles Kündigungsverbot in der Elternzeit. Es beginnt mit dem Verlangen der Elternzeit, jedoch frühestens acht Wochen vor deren Beginn. Der Kündigungsschutz en-

---

900 KR-*Bader/Gallner* (10. Aufl.) § 9 Rn. 34 MuschG; Buchner/Becker (8. Aufl.) § 9 Rn. 100 MuSchG; Schaub-*Link* (16. Aufl.) § 169 Rn. 8.
901 Zmarzlik/Zipperer/Viethen/Vieß (9. Aufl.) Rn. 20f.; Ascheid/Preis/Schmidt-*Rolfs* (4. Aufl.) § 9 Rn. 35 MuSchG.
902 BAG v. 6.6.1974 2 AZR 278/73 in NJW 1975, 229 (230).
903 Der Arbeitgeber kann ohne Nachweis der Schwangerschaft das Arbeitsangebot des Arbeitnehmers ablehnen, ohne dabei in Annahmeverzug zu gelangen. Voraussetzung der wirksamen Ablehnung der Arbeitsleistung ist eine begründete Vermutung, dass keine Schwangerschaft vorliegt. BAG v. 6.6.1974 2 AZR 278/73 in NJW 1975, 229 (230).
904 BAG v. 6.10.1983 2 AZR 368/82 in NJW 1984, 1418 (1418).

det mit der Elternzeit. Durch behördliche Zulässigkeitserklärung kann auch hier eine Ausnahme in „besonderen Fällen" zum generellen Kündigungsverbot gemacht werden. Der Kündigungsschutz sollte die Wahlfreiheit zwischen Kinderbetreuung und Erwerbstätigkeit sichern und darüber hinaus einen Anreiz zur Wahrnehmung der Erziehungsaufgaben geben.[905]

Im Rahmen der Einführung des Elterngelds Plus mit Partnerschaftsbonus und einer flexibleren Elternzeit wurde der Kündigungsschutz nach § 18 BEEG an die neuen Regelungen angepasst. Der Kündigungsschutz besteht weiterhin ab dem Zeitpunkt, in dem Elternzeit verlangt worden ist, und während der gesamten Elternzeit. Für den Zeitraum zwischen dem dritten und vollendeten achten Lebensjahr des Kindes besteht der Kündigungsschutz frühestens 14 Wochen vor dem Beginn der Elternzeit.

Das Kündigungsverbot ist Ausdruck der Schutz und Förderpflicht des Staates gemäß Art. 6 Abs. 1 GG. Der im Kündigungsverbot verkörperte Bestandsschutz ist nicht mit einem Arbeitsplatzschutz gleichzusetzen. Im Rahmen der Vereinbarungen im Arbeitsvertrag kann der Arbeitnehmer auf einen anderen Arbeitsplatz versetzt werden.[906] Der Sonderkündigungsschutz in der Elternzeit bezweckt den Schutz vor dem Verlust des Arbeitsplatzes.

Wie schon die Vorgängerregelung nach § 18 Abs. 1 BErzGG gilt das Kündigungsverbot grundsätzlich nur im sogenannten Erstarbeitsverhältnis. Der Kündigungsschutz in der Elternzeit ist an die Inanspruchnahme der Elternzeit gebunden und bezieht sich auf das ruhende Arbeitsverhältnis oder dasjenige, das trotz Inanspruchnahme der Elternzeit ausgeführt werden kann.[907] Wird bei einem anderen Arbeitgeber eine zulässige Teilzeitarbeit angenommen, erstreckt sich der Kündigungsschutz nicht zusätzlich auf dieses Zweitarbeitsverhältnis. Besteht dagegen das ursprüngliche Arbeitsverhältnis nicht mehr, erstreckt sich der Kündigungsschutz auch auf das nach der Geburt des Kindes aufgenomme-

---

905 BT-Drs. 16/1889 S. 2 mit Verweis auf BT-Drs. 10/3792 S. 20; BAG v. 27.3.2003 in BB 2003, 2289 (2291).
906 KR-*Bader* (10. Aufl.) § 18 Rn. 5a BEEG.
907 Ausdrückliche Regelung § 18 Abs. 2 Nr. 1 BEEG.

ne Arbeitsverhältnis, soweit die Voraussetzungen der Inanspruchnahme der Elternzeit noch gegeben sind.[908] Nach § 18 Abs. 2 Nr. 2 BEEG besteht das absolute Kündigungsverbot auch für die Arbeitnehmer, die einer Teilzeittätigkeit nachgehen und einen Anspruch auf Elterngeld nach § 1 BEEG haben. Das Kündigungsverbot ist somit immer einschlägig, wenn Elternzeit genommen werden könnte.

III. Ausnahmeregel des generellen Kündigungsverbots

Die Regelung des besonderen Kündigungsschutz nach § 18 BEEG und nach § 9 MuSchG entsprechen sich. Beide Kündigungsverbote können ausnahmsweise durch eine behördliche Zulässigkeitserklärung aufgehoben werden. Die behördliche Zulässigkeitserklärung erfolgt in Form eines Verwaltungsaktes, sodass für eine etwaige Kündigungsschutzklage das Verwaltungsgericht und das Arbeitsgericht angerufen werden müssen. Das Verwaltungsverfahren ist darauf beschränkt, das Vorliegen der Voraussetzungen der erteilten behördlichen Zulässigkeit zu überprüfen, wohingegen alle anderen kündigungsrechtlichen Fragen von den Arbeitsgerichten zu klären sind. Die Ermittlung des zugrunde liegenden Sachverhalts erfolgt nach unterschiedlichen Grundsätzen. Die auf den verschiedenen Rechtswegen zu überprüfenden Voraussetzungen sind streng voneinander zu trennen.

Ohne eine Ausnahmeregelung wären die Kündigungsverbote wegen eines unverhältnismäßigen Eingriffs in die unternehmerische Freiheit verfassungswidrig.[909]

1. Eine Klage und zwei Rechtswege

Die Überprüfung der Wirksamkeit der Kündigung obliegt den Arbeitsgerichten. Hiervon ausgenommen ist die Rechtmäßigkeit der Zulässigkeitserklärung, die von den Verwaltungsgerichten überprüft wird. Die

---

908 BAG v. 2.2.2006 2 AZR 596/04 in NZA 2006, 678 (679); v. 27.3.2003 in BB 2003, 2289 (2290); *Rancke* S. 127; Schaub-*Linck* (16. Aufl.) § 172 Rn. 54; KR-*Bader* (10. Aufl.) § 18 Rn. 16bf. BEEG (m.w.N.).
909 Siehe Zmarzlik/Zipperer/Viethen/Vieß (9. Aufl.) Rn. 57; Ascheid/Preis/ Schmidt-*Rolfs* (4. Aufl.) § 9 Rn. 66 MuSchG und § 18 Rn. 2 BEEG; KR-*Bader/ Gallner* (10. Aufl.) § 9 Rn. 95 MuSchG (m.w.N.).

Zulässigkeitserklärung ist ein Verwaltungsakt. Die Arbeitsgerichte sind an bestandskräftige Verwaltungsakte gebunden.[910]

Der für die Arbeitsgerichte gültige Parteibeibringungsgrundsatz und das abgestufte Darlegungs- und Beweislastsystems dürfen nicht durch den Untersuchungsgrundsatz der Verwaltungsgerichte unterlaufen werden. Im Verwaltungsverfahren sollen die Parteien kraft des Untersuchungsgrundsatzes des Gerichts nicht verpflichtet werden, Tatsachenbehauptungen zu beweisen, für die er in einem späteren Arbeitsgerichtsverfahren nicht darlegungs- und beweislastpflichtig wäre.[911] Um gleichzeitig den Untersuchungsgrundsatz nicht auszuhöhlen, kann dies allerdings nur für die Tatsachenbehauptungen gelten, die auch für das folgende arbeitsgerichtliche Verfahren entscheidungserheblich sind.[912]

Zulässigkeitserklärungen, die mangels unzutreffender Tatsachenbehauptungen keine Grundlage mehr haben, sind nicht schädlich. Sie laufen ins Leere.[913] Sie können ausdrücklich von dem Bestehen einer Tatsachenbehauptung abhängig gemacht werden, deren Überprüfung Aufgabe der Arbeitsgerichte ist.[914] Wurde beispielsweise aufgrund der Stilllegung eines Betriebes die Zulässigkeit der Kündigung erklärt und wird der Betrieb nicht stillgelegt, besteht keine „passende" Zulässigkeitserklärung mehr.

Solange gegen die Zulässigkeitserklärung Widerspruch erhoben wird und sie vor den Verwaltungsgerichten angegriffen wird, bleibt sie schwebend wirksam. Durch den Suspensiveffekt wird die Bestandskraft der Zulässigkeitserklärung vorläufig aufgehoben, sodass für die Zeit des Verfahrens keine tatsächlichen und rechtlichen Folgerungen aus dem Verwaltungsakt gezogen werden können. Eine wirksame Kündigung

---

910 BAG v. 22.6.2011 8 AZR 107/10 in NZA-RR 2012, 119 (120) (m.w.N.).
911 *Kittner,* NZA 2010, 198 (199f.).
912 Siehe VG Aachen v. 21.12.2004 2 K 2511/03 (juris) Rn. 34–46.
913 BAG v. 22.6.2011 8 AZR 107/10 in NZA-RR 2012, 119 (120); Sächsisches OVG v. 23.10.2013 5 A 877/11 (juris) Rn. 36.
914 BAG v. 20.1.2005 2 AZR 500/03 in NZA 2005, 687 (688); VG Würzburg v. 12.10.2009 W 3 K 08.1898 (juris) Rn. 26; VG Ansbach v. 20.5.2010 AN 14 K 10.00353 (juris) Rn. 43f.

kann in diesem Fall nur erklärt werden, wenn ein Antrag auf sofortige Vollziehung nach § 80a Abs. 1 Nr. 1 VwGO erfolgreich gestellt wurde.[915]

Bei Bekanntgabe der Entscheidung der Behörde bzw. dem Zugang der Zulässigkeitserklärung beginnt die Klagefrist nach § 4 KSchG. Darüber hinaus wird eine Kündigungsschutzklage nur durch die Verwirkung nach § 242 BGB beschränkt.[916]

Mit der behördlichen Zustimmung zur Kündigung steht der Arbeitnehmer jedoch nicht schutzlos da. Vielmehr führt die behördliche Zustimmung nur zur Aufhebung des Sonderkündigungsschutzes, sodass der betroffene Arbeitnehmer auf den allgemeinen Kündigungsschutz zurückfällt und er mit den übrigen Arbeitnehmern gleichgestellt wird.[917]

2. Voraussetzungen der Zustimmungserklärung

Die Bundesregierung hat nach § 18 Abs. 1 S. 4 BEEG mit Zustimmung des Bundesrates eine allgemeine Verwaltungsvorschrift zum Kündigungsschutz in der Elternzeit erlassen. Eine dem § 18 Abs. 1 S. 4 BEEG entsprechende Ermächtigungsgrundlage findet sich in § 9 MuSchG nicht. Da die Zustimmungserklärung jedoch in beiden Vorschriften denselben Vorschriften unterliegt, sind die für den besonderen Fall vorgenommenen Erläuterungen in der allgemeinen Verwaltungsvorschrift zum Kündigungsschutz bei Elternzeit auch bei der Auslegung des besonderen Falles im Rahmen des Kündigungsschutzes nach dem MuSchG von zumindest indizieller Bedeutung. Die Verwaltungsvorschrift bindet nur die Behörde. Darüber hinaus hat sie keine Außenwirkung, sie kann die Tatbestandsvoraussetzungen nicht bestimmen oder definieren.[918]

Nach der Verwaltungsvorschrift ist die Entscheidung über die Zulässigkeitserklärung von der Behörde unverzüglich und mit Begründung den Arbeitsvertragsparteien schriftlich mitzuteilen. Auch eine bedingte

---

915 So auch *Schäfer*, NZA 2004, 833 (833f.); KR-*Bader/Gallner* (10. Aufl.) § 9 Rn. 127a MuSchG; Ascheid/Preis/Schmidt-*Rolfs* (4. Aufl.) § 9 Rn. 84c MuSchG.
916 BAG v. 3.7.2003 2 AZR 487/02 in NZA 2003, 1335 (1336).
917 BAG v. 20.1.2005 2 AZR 500/03 in NZA 2005, 687 (688).
918 *Kittner*, NZA 2010, 198 (200); Buchner/Becker (8. Aufl.) § 18 BEEG Rn. 29; KR-*Bader* (10. Aufl.) § 18 Rn. 33 BEEG.

Zulässigkeitserklärung ist hiernach ausdrücklich möglich. Die Aussprache der Kündigung erst nach der Elternzeit wird als Beispiel genannt.[919] Da eine bedingte Zulässigkeitserklärung die Chance des Arbeitnehmers steigere, nicht gekündigt zu werden, und sie daher nur Vorteile für ihn mit sich bringe, stehe die Bedingungsfeindlichkeit der Kündigung nicht entgegen.[920] Die Bedingung, unter der die Zulässigkeitserklärung erteilt wird, muss dem Schutzgedanken des besonderen Kündigungsschutzes entsprechen. Das in der Verwaltungsvorschrift genannte Beispiel ist aus eben diesem Grund anzuzweifeln. Im Falle des besonderen Kündigungsschutzes nach § 18 BEEG würde die Zulässigkeit der Kündigung nicht mehr den Bestand des Arbeitsverhältnisses schützen, sondern nur das Ende des Arbeitsverhältnisses hinausschieben. Der Sonderkündigungsschutz in der Elternzeit bezweckt aber nur den Schutz vor dem Verlust des Arbeitsplatzes, wobei der Erhalt von Versicherungsschutz damit nicht verbunden ist.[921] Das Aufschieben der behördlichen Zustimmung entspricht demnach nicht dem Zweck des Sonderkündigungsschutzes, wenn nach der Elternzeit keine Beschäftigungsmöglichkeit mehr besteht. Soll eine behördliche Zustimmung aufgrund der Stilllegungsabsicht erteilt werden, kann die tatsächliche Stilllegung des Betriebes zur Bedingung gemacht werden. Ob eine Betriebsstilllegung hinreichend wahrscheinlich ist oder bereits stattgefunden hat, ist dann im Kündigungsschutzprozess von den für diese Frage zuständigen Arbeitsgerichten zu klären.[922] Die bedingte Zulässigkeitserklärung „verweist" hinsichtlich der Feststellung einer Betriebsstilllegung an das dafür zuständige Arbeitsgericht. Stellt das Arbeitsgericht fest, dass keine Betriebsstilllegung vorliegt, hat die im Falle der Betriebsstilllegung erteilte Zulässigkeit keine Rechtswirkung mehr.

---

919 Nr. 4–7 Allgemeine Verwaltungsvorschrift zum Kündigungsschutz bei Elternzeit v. 3.1.2007. Die Beantragung der Zulässigkeitserklärung hat der Arbeitgeber mit Begründung und unter Vorlage der entscheidungserheblichen Beweismittel schriftlich bei der Behörde zu erklären oder zu Protokoll zu geben.

920 *Wiebauer*, NZA 2011, 77 (78).

921 BVerwG v. 30.9.2009 5 C 32/08 in NJW 2010, 2074 (2076); *Wiebauer*, NZA 2011, 177 (178); kritisch auch *Kittner*, NZA 2010 198 (203); BAG v. 20.1.2005 2 AZR 500/03 in NZA 2005, 687 (688).

922 BAG v. 20.1.2005 2 AZR 500/03 in NZA 2005, 687 (688); *Wiebauer*, NZA 2011, 77 (78f).

a. Vorliegen eines besonderen Falles

Für das Verwaltungsverfahren ist ausschließlich § 9 Abs. 3 S. 1 MuSchG und § 18 Abs. 1 S. 2 BEEG relevant. Entsprechend hat das Verwaltungsgericht zu prüfen, ob ein „besonderer Fall" vorliegt und „ausnahmsweise" die Zulässigkeit der Kündigung erklärt werden kann. Der Zustimmungserklärung als Ausnahme von dem generellen Kündigungsverbot geht somit eine doppelt beschränkte Ermessensentscheidung der zuständigen Behörde voraus.

Der besondere Fall ist ein auslegungsbedürftiger unbestimmter Rechtsbegriff. Nach der Verwaltungsvorschrift liegt ein besonderer Fall vor, „wenn es gerechtfertigt erscheint, dass das nach § 18 Abs. 1 S. 1 des Gesetzes als vorrangig angesehene Interesse des Arbeitnehmers oder der Arbeitnehmerin am Fortbestand des Arbeitsverhältnisses wegen außergewöhnlicher Umstände hinter die Interessen des Arbeitgebers zurücktritt."[923] Ein besonderer Fall im Sinne des § 9 MuSchG wurde angenommen, „wenn außergewöhnliche Umstände es rechtfertigen, die vom Gesetz als vorrangig angesehenen Interessen der Schwangeren hinter die des Arbeitgebers zurücktreten zu lassen."[924] Die Verwaltungsvorschrift kann zur Auslegung herangezogen werden.[925] In Abwägung der sich entgegenstehenden Interessen müssen die Interessen des Arbeitgebers als schutzwürdiger erachtet werden als die des Arbeitnehmers. „Entscheidend für die Abwägung sind Telos des Kündigungsschutzes, das Verbot der unzulässigen Erweiterung desselben und die Beachtung tatsächlicher und rechtlicher Auswirkungen bei seiner Aufrechterhaltung."[926] Entsprechend sind bei der Prüfung des besonderen Falles hinsichtlich des Kündigungsverbots gemäß § 9 MuSchG im Vergleich zu § 18 BEEG strengere Maßstäbe anzulegen, da nach dem MuSchG auch die besonderen psychischen Belastungen vom Schutzzweck umfasst sind.

---

923 Nr. 1 Allgemeine Verwaltungsvorschrift zum Kündigungsschutz bei Elternzeit. Vom 3.1.2007. Entsprechende Definition auch in BVerwG v. 30.9.2009 5 C 32/08 in NJW, 2074 (2075)(m.w.N.).

924 VG Darmstadt v. 26.3.2012 5 K 1830/11 DA (juris) Rn. 25.

925 So wohl auch *Wiebauer*, BB 2013, 1784 (1784).

926 *Kittner*, NZA 2010, 198 (201); siehe auch BVerwG v. 30.9.2009 5 C 32/08 in NJW 2010, 2074 (2076); Ascheid/Preis/Schmidt-*Rolfs* (4. Aufl.) § 9 Rn. 74 MuSchG; siehe zur Abwägung mit dem kirchlichen Selbstbestimmungsrecht VG Regensburg v. 9.4.2013 RO 9 K 13.212 (juris) Rn. 21f.

In der Verwaltungsvorschrift wird unter Punkt 2 (Vorliegen eines besonderen Falles) eine nicht abschließende Aufzählung von Regelbeispielen aufgeführt. Entsprechend der Definition muss aufseiten des Arbeitgebers eine Situation eintreten, in der der Arbeitnehmer nicht mehr weiterbeschäftigt werden kann, und eine wesens- und sinngerechte Fortsetzung des Arbeitsverhältnisses nicht mehr möglich ist.[927] Dies kann der Fall sein, wenn der Betrieb oder die Betriebsabteilung, in der der Arbeitnehmer beschäftigt ist, stillgelegt oder verlagert wird und der Arbeitnehmer in einem anderen Betrieb des Unternehmens oder einer anderen Betriebsabteilung nicht weiterbeschäftigt werden kann. Gleiches gilt, wenn der Arbeitnehmer eine ihm angebotene zumutbare Weiterbeschäftigung auf einem anderen Arbeitsplatz abgelehnt hat. Die Möglichkeiten der Weiterbeschäftigung sind voll auszuschöpfen, sodass auch geeignete offene Stellen bis zum Auslaufen der Schutzfrist nur befristet besetzt werden dürfen.[928] Die Voraussetzungen, die an die Weiterbeschäftigungsmöglichkeiten des Arbeitnehmers gestellt werden, sind aus den allgemeinen Kündigungsschutzvorschriften bekannt.[929] Irritierend ist, dass die Verwaltungsgerichte ebenfalls diese Frage zu klären haben, wenn sie über das Bestehen eines besonderen Falles befinden. Die Verwaltungsgerichte müssen dabei eine arbeitsrechtliche Frage klären, nämlich die des Unternehmensbezuges.[930] Die Erteilung der Zulässigkeit unter der Bedingung des tatsächlichen Vorliegens eines besonderen Falles wäre ein Ausweg aus diesem Dilemma.

Eine Besonderheit im Rahmen der Prüfung der Weiterbeschäftigungsmöglichkeit bei Vorliegen eines besonderen Falles soll die Beschränkung der Weiterbeschäftigungsmöglichkeiten auf das Weisungsrecht sein. Nach den allgemeinen Kündigungsschutzvorschriften sind auch solche Weiterbeschäftigungen anzubieten, die außerhalb des Weisungsrechts liegen. Im Rahmen der Prüfung des besonderen Falles soll die Möglichkeit der Weiterbeschäftigung auf die Reichweite des Weisungsrechts begrenzt sein, da eine ansonsten infrage kommende Änderungs-

---

927 Dazu allgemein BVerwG v. 29.10.1958 V C 88.56 BVerwGE 7, 294 (296); BVerwG v. 21.10.1970 V C 34.69 in BVerwGE 36, 160 (161); BVerwG v. 18.8.1977 V C 8.77 in BVerwGE 54, 276 (280f.); BVerwG v. 30.9.2009 5 C 32/08 in NJW 2010, 2074 (2076).
928 VG Augsburg v. 21.11.2011 Au 3 K 04.1041 (juris) Rn. 37f.
929 Siehe Ausführungen zur Weiterbeschäftigungspflicht S. 170f.
930 Kritisch hierzu auch *Wiebauer*, BB 2013 1784 (1785f.).

kündigung einer weiteren Zulässigkeitserklärung bedürfe.[931] Einer Änderungskündigung bedarf es allerdings nicht, da der Arbeitgeber dem Arbeitnehmer einen Arbeitsplatz außerhalb der Reichweite des Weisungsrechts nur anbieten muss. Der Abschluss eines neuen Arbeitsvertrags bedarf keiner Zulässigkeitserklärung. Aufgrund der Fürsorgepflicht des Arbeitgebers kann ein besonderer Fall nur angenommen werden, wenn es unabhängig von der Reichweite des Weisungsrechts keine Weiterbeschäftigungsmöglichkeit mehr gibt.[932]

Ein besonderer Fall soll auch vorliegen, wenn die Aufrechterhaltung des Arbeitsverhältnisses nach der Beendigung der Elternzeit zu einer Existenzgefährdung des Betriebes bzw. einer Gefährdung der wirtschaftlichen Existenz des Arbeitgebers führen würde. Eine Existenzgefährdung des Arbeitgebers wird schon angenommen, wenn in Kleinbetrieben eine entsprechend qualifizierte Ersatzkraft nur für eine unbefristete Stelle gefunden werden kann oder sich eine entsprechende Ersatzkraft nicht für eine befristete Stelle findet und deshalb andere Arbeitsplätze wegfallen müssen.[933] Schließlich wird ein besonderer Fall auch

---

931 *Wiebauer,* BB 2013 1784 (1786) mit Verweis auf VGH-Urteil v. 20.2.2007 4 S 2436/05 in NZA 2007, 290, das zur Stützung der Beschränkung des Weiterbeschäftigungsanspruchs wiederum auf das BAG-Urteil v. 24.3.1983 zur Sozialauswahl verweist. Es stellt fest, dass die unternehmerische Entscheidung, dem Arbeitnehmer trotz Möglichkeit keine Weiterbeschäftigung außerhalb der Reichweite des Weisungsrechts anzubieten, nicht unsachlich, unvernünftig oder willkürlich sein dürfe. Eine solche Einschränkung der Weiterbeschäftigungsmöglichkeit entspricht nicht dem absoluten Ausnahmecharakter der Zulässigkeitserklärung. Außerdem hat nach vorzugswürdiger Ansicht der Arbeitgeber dem Arbeitnehmer nach dem KSchG auch Weiterbeschäftigungsmöglichkeiten außerhalb der Reichweite des Weisungsrechts anzubieten.

932 Siehe auch das in der Verwaltungsvorschrift dargestellte Fallbeispiel, in dem der Arbeitnehmer die zumutbare Weiterbeschäftigungsmöglichkeit abgelehnt hat. Die Möglichkeit der Ablehnung einer Weiterbeschäftigungsmöglichkeit, die mit einem Änderungsangebot verknüpft ist, spricht für die Prüfung der Weiterbeschäftigungsmöglichkeiten über die Grenzen des Weisungsrechts hinaus. Siehe auch Ascheid/Preis/Schmidt-*Rolfs* (4. Aufl.) § 9 MuSchG Rn. 77, hiernach ist eine Zulässigkeitserklärung nur möglich, wenn die Arbeitnehmer im Falle der Betriebsverlegung eine Beschäftigung an einem anderen Arbeitsort abgelehnt hat. Dieser Fall setzt voraus, dass die Weiterbeschäftigungsmöglichkeit nicht durch die Reichweite des Weisungsrechts begrenzt wird.

933 Nr. 2 Allgemeine Verwaltungsvorschrift zum Kündigungsschutz bei Elternzeit v. 3.1.2007.

angenommen, wenn ein schwerer Verstoß des Arbeitnehmers gegen arbeitsvertragliche Verpflichtungen oder vorsätzliche strafbare Handlungen vorliegen.[934] Die auf den Arbeitnehmer in Elternzeit zugeschnittene Verwaltungsvorschrift kann zwar nicht entsprechend angewendet, aber zur Auslegung des besonderen Falles im Rahmen des § 9 MuSchG herangezogen werden. Der Sinn und Zweck des § 9 MuSchG muss aber gewahrt bleiben.[935]

b. Eingeschränktes Ermessen

Die Zulässigkeitserklärung setzt nach der Feststellung des besonderen Falles eine eingeschränkte Ermessensentscheidung der Behörde voraus. Die zuständige oberste Landesbehörde „kann" die Kündigung „ausnahmsweise" für zulässig erklären.[936] Eine Zulässigkeit kann nur erklärt werden, wenn das Interesse des Arbeitgebers deutlich schützenswerter ist als das Interesse des Arbeitnehmers.[937] Laut der allgemeinen Verwaltungsvorschrift soll geprüft werden, ob das Interesse des Arbeitgebers als so überwiegend angesehen wird, dass ausnahmsweise eine Beendigung des Arbeitsverhältnisses für zulässig erklärt werden kann.[938]

Der zuständigen Behörde obliegt die Ermessensentscheidung. Unklar ist, ob es überhaupt einen Fall geben kann, in dem zwar unter dem besonderen Fall die Interessen des Arbeitgebers als schützenswerter erachtet werden, jedoch im Rahmen der Ermessensentscheidung kein überwiegendes Interesse des Arbeitgebers angenommen wird.[939] Im Falle einer Betriebsstilllegung überwiegt beispielsweise regelmäßig das Interesse des Arbeitgebers an der Beendigung des Arbeitsverhältnisses das Interesse des Arbeitnehmers am Fortbestand des Arbeitsverhältnis-

---

934 Nr. 2 Allgemeine Verwaltungsvorschrift zum Kündigungsschutz bei Elternzeit v. 3.1.2007.

935 Ascheid/Preis/Schmidt-*Rolfs* (4. Aufl.) § 9 MuSchG Rn. 76, 77; KR-*Bader/Gallner* (10. Aufl.) § 9 Rn. 114f. MuSchG.

936 Siehe § 9 Abs. 3 S. 1 MuSchG; § 18 Abs. 1 S. 2 BEEG.

937 Siehe Buchner/Becker (8.Aufl.) § 9 Rn. 233 MuSchG; KR-*Bader/Gallner* (10. Aufl.) § 9 Rn. 120 MuSchG; Ascheid/Preis/Schmidt-*Rolfs* (4. Aufl.) § 9 Rn. 80 MuSchG.

938 Nr. 3 Allgemeine Verwaltungsvorschrift zum Kündigungsschutz bei Elternzeit v. 3.1.2007.

939 Siehe auch *Kittner*, NZA 2010, 198 (200).

ses.[940] Die Interessenabwägung, die unter dem Begriff des „besonderen Falls" vorzunehmen ist, kann im Falle der Betriebsstilllegung nur zugunsten der Interessen des Arbeitgebers ausfallen, da keine Möglichkeit der Weiterbeschäftigung mehr besteht. Es ist dann von einer Ermessensreduzierung auf null auszugehen.[941] Ist der besondere Fall in der Zerrüttung des Arbeitsverhältnisses zu sehen, besteht ein tatsächlicher Ermessensspielraum. Im Rahmen der Ermessensentscheidung ist dann abzuwägen, ob einem Fehlverhalten des Arbeitnehmers durch eine Umsetzung oder Abmahnung Rechnung getragen werden kann.[942]

Aus der im Gesetz vorgesehenen zweistufigen Abwägung der gegenseitigen Interessen wird zu Recht gefolgert, dass es sich bei der zweiten Ermessensentscheidung zumindest um ein intendiertes Ermessen handeln müsse.[943]

c. Konkurrenzen

In einigen Fällen werden beide besonderen Kündigungsschutzvorschriften einschlägig sein. Es ist dann zu entscheiden, ob die Zulässigkeitserklärung den Voraussetzungen des MuSchG oder des BEEG unterliegt. Interessant wird diese Frage dann, wenn in Abwägung der gegenseitigen Interessen und des Schutzzwecks der Kündigung nicht nach beiden Gesetzen ein besonderer Fall gegeben wäre. In einem solchen Fall würde das generelle Kündigungsverbot ausgehöhlt werden, wenn über den Umweg einer anderen Vorschrift eine Ausnahme hergeleitet werden könnte. Entsprechend muss hinsichtlich der Erteilung der Zulässigkeitserklärung die Vorschrift einschlägig sein, die einen größeren Schutz bietet. Während § 9 MuSchG schon vor den psychischen Belas-

---

940 BAG v. 20.1.2005 2 AZR 500/03 in NZA 2005, 687 (688); BVerwG v. 30.9.2009 5 C 32/08 in NJW 2010, 2074 (2075); *Wiebauer,* NZA 2011, 177 (177).

941 Siehe BVerwG v. 30.9.2009 5 C 32/08 in NJW 2010, 2074 (2075); *Wiebauer,* BB 2013, 1784 (1787).

942 Verschiedene Beispielsfälle durchspielend siehe *Wiebauer,* BB 2013, 1784 (1788f).

943 *Kittner,* NZA 2010, 198 (203); BVerwG v. 30.9.2009 5 C 32/08 in NJW 2010, 2074 (2075); im Fall einer Betriebsstilllegung BAG v. 20.1.2005 2 AZR 500/03 in NZA 2005, 687 (688); VG Würzburg v. 12.10.2009 W 3 K 08.1898 (juris) Rn. 32; VG Ansbach v. 20.5.2010 AN 14 K 10.00353 (juris) Rn. 48; Sächsisches OVG v. 23.10.2013 5 A 877/11 (juris) Rn. 23.

tungen, die mit der Angst um den Arbeitsplatz verbunden sind, schützen soll, bezweckt § 18 BEEG „lediglich" den Schutz des Bestands des Arbeitsverhältnisses. Entsprechend muss, auch wenn die Voraussetzungen beider Normen gegeben sind, die Erteilung der Zulässigkeitserklärung unter Abwägung der gegenseitigen Interessen und des Schutzzwecks des § 9 MuSchG zustande kommen. So entschied das Verwaltungsgericht Darmstadt über die Zulässigkeit einer verhaltensbedingten Kündigung aufgrund unberechtigter Annahme von Lohnzahlungen, dass erst nach Ablauf der Mutterschutzfrist und damit erst mit Außerkrafttreten des generellen Kündigungsverbots nach § 9 Abs. 1 MuSchG die Zulässigkeitserklärung nach § 18 BEEG wirksam erteilt werden kann, da die wiederholte Verletzung der Treuepflicht einem fortbestehenden vertrauenswürdigen Arbeitsverhältnis entgegenstehe.[944]

C. Zwischenergebnis

Das durch den Kündigungsschutz geschützte Vertrauen auf das Bestehen des Arbeitsverhältnisses hat für Arbeitnehmer mit familiären Verpflichtungen eine besonders hohe Bedeutung. Von dem Arbeitseinkommen sind gegebenenfalls der Partner, aber in jeden Fall die noch nicht berufstätigen Kinder abhängig. Die Vereinbarkeit von Familie und Beruf setzt ein gesichertes Arbeitsverhältnis voraus.

Eine ordentliche oder außerordentliche Kündigung ist unabhängig davon, ob das KSchG zu beachten ist, nur dann wirksam, wenn eine Interessenabwägung vorgenommen wurde. Bei dieser Interessenabwägung sind immer die familiären Verpflichtungen zu beachten. Findet das KSchG keine Anwendung, ist der Interessenabwägung jedoch bereits Genüge getan, wenn die Interessen des Arbeitnehmers Beachtung gefunden haben.

Dem deutschen allgemeinen Kündigungsschutz außerhalb des KSchG entspricht im englischen Recht am ehesten die Rechtsprechung zur *wrongful dismissal*. Hierbei stellt sich allerdings nur die Frage, ob der Arbeitgeber gegen eine vertraglich vereinbarte Verpflichtung verstoßen

---

944 VG Darmstadt v. 26.3.2012 5 K 1830/11 DA (juris) Rn. 33f., 45f.

hat. Eine grundsätzliche Verpflichtung des Arbeitgebers, auch die unabhängig vom Arbeitsvertrag bestehenden Interessen des Arbeitnehmers zu beachten, besteht nicht.

Die Regelungen aus dem Kündigungsschutzgesetz sind mit den Regelungen zur *unfair dismissal* vergleichbar. In beiden Rechtsordnungen wird eine ununterbrochene Beschäftigungsdauer dem erweitertem Rechtsschutz vorausgesetzt. In beiden Rechtsordnungen sind unter bestimmten Umständen Kündigungen zulässig, die in der Person oder dem Verhalten des Arbeitnehmers oder in einer fehlenden Möglichkeit der Weiterbeschäftigung an dem jeweiligen Arbeitsplatz begründet sind.

Im Geltungsbereich des KSchG hat die betriebsbedingte Kündigung besondere Bedeutung. Im Rahmen der Interessenabwägung sind nicht nur die Interessen des Arbeitgebers und des einzelnen Arbeitnehmers abzuwägen. Vielmehr sind die Interessen aller anderen Arbeitnehmer einzubeziehen. Grundsätzlich besteht die Pflicht zur Weiterbeschäftigung. Das Verfahren der Sozialauswahl wird demnach erst eingeleitet, wenn der Arbeitgeber für den vom Kündigungsgrund betroffenen Arbeitnehmer keine andere Weiterbeschäftigungsmöglichkeit findet. Liegt die Weiterbeschäftigungsmöglichkeit außerhalb der arbeitsvertraglichen Pflichten, kann der betroffene Arbeitnehmer das Angebot ablehnen, sodass eine Sozialauswahl durchgeführt werden muss. Erst in der Sozialauswahl entscheidet sich, welchem Arbeitnehmer gekündigt wird. Eine allgemeine Weiterbeschäftigungspflicht kennt das englische Recht grundsätzlich nicht. Ein solcher Anspruch wird nur dann anerkannt, wenn die Kündigung zur Beendigung einer der familienbedingten Auszeiten führt. Der Weiterbeschäftigungsanspruch bezieht sich nach beiden Rechtsordnungen nur auf freie Arbeitsplätze, die mit dem vorherigen Arbeitsplatz vergleichbar und dem Arbeitnehmer auch zumutbar sind.

Besteht keine Weiterbeschäftigungsmöglichkeit, ist die Sozialauswahl innerhalb der Vergleichsgruppe vorzunehmen. Die Vergleichsgruppenbildung setzt eine wechselseitige Austauschbarkeit voraus. Nur so kann gewährleistet werden, dass sich eine Ablehnung der Weiterbeschäftigung auf einem anderen Arbeitsplatz durch den unmittelbar betroffenen Arbeitnehmer nicht negativ auf einen anderen Arbeitnehmer auswirkt. Nach erfolgter Sozialauswahl muss auch der zu kündigende

Arbeitnehmer die vom unmittelbar betroffenen Arbeitnehmer abgelehnte Weiterbeschäftigungsmöglichkeit angeboten bekommen. Unterschiedliche Arbeitszeitvereinbarungen sind für die Vergleichsgruppenbildung unerheblich.

Das Gesetz gibt die in die Sozialauswahl einzubeziehenden Sozialkriterien vor. Hierunter fallen sowohl die Unterhaltspflichten als auch die Betriebs- und Lebensjahre des Arbeitnehmers. Die besondere Berücksichtigung der Dauer der Betriebsjahre honoriert das sich durch die Betriebsjahre immer stärker verfestigende Vertrauen auf den Bestand des Arbeitsverhältnisses. Durch das Sozialkriterium der Unterhaltsverpflichtung werden auch die Unterhaltsberechtigten geschützt. Diesem vom Gesetzgeber beabsichtigten „Familienschutz" kann man nur gerecht werden, wenn das Kriterium der Unterhaltslast so zu verstehen ist, dass nach der sogenannten Kombilösung sowohl die Höhe der Unterhaltslast als auch die Anzahl der Unterhaltsberechtigten (und ihre Bedürftigkeit) ausschlaggebend sind. Die Einbeziehung von Betriebs- und Lebensjahren führt allerdings dazu, dass die älteren Arbeitnehmer in Vergleich zu den jüngeren Arbeitnehmern bessergestellt werden. Diese Bevorzugung wurde von der jüngeren Rechtsprechung aufgrund der Annahme gebilligt, dass ältere Arbeitnehmer auf dem Arbeitsmarkt eine schlechtere Position haben. Die schlechtere Stellung älterer Arbeitnehmer auf dem Arbeitsmarkt wurde jedoch nicht nur in älteren Gerichtsentscheidungen, sondern auch im Schrifttum kritisiert. Einigkeit besteht wohl darin, dass über das Kriterium des Lebensalters eine durch ein bestimmtes Lebensalter bedingte schlechtere Chance auf dem Arbeitsmarkt kompensiert werden soll. Die Höhe des Lebensalters selbst wird vom Gesetz nicht festgelegt. In Zeiten hoher Jugendarbeitslosigkeit und Fachkräftemangel können sich die Einstellungschancen zulasten von jüngeren Arbeitnehmern verschieben, insbesondere wenn junge Arbeitnehmer in der Familiengründungsphase weniger flexibel werden.

Unabhängig von den vorgeschriebenen Abwägungskriterien ist der Arbeitgeber frei darin, wie er die einzelnen Sozialkriterien bewertet bzw. ob er noch andere Sozialkriterien in die Abwägung einbeziehen will. Der Arbeitgeber kann damit freiwillig über die gesetzlichen Vorgaben hinaus auf die besondere Lage von Arbeitnehmern mit Familie Rücksicht nehmen bzw. die entsprechenden Kriterien im Vergleich stärker bewerten.

Es bestehen zwei Möglichkeiten, die gerichtliche Überprüfbarkeit der Sozialauswahl zu beschränken. Wird durch betriebliche oder tarifliche Regelungen die Gewichtung der einzelnen aufgeführten Sozialkriterien festgelegt, ist diese Gewichtung nach § 1 Abs. 4 KSchG nur noch auf grobe Fahrlässigkeit hin zu überprüfen. Weiter geht die zweite Möglichkeit[945], nach der auch die Einbeziehung in die Sozialauswahl nur auf grobe Fahrlässigkeit hin zu überprüfen und entsprechend das Vorliegen betriebsbedingter Gründe zu vermuten ist, wenn aufgrund einer Betriebsänderung gemäß § 111 BetrVG entsprechend den Grundsätzen des § 75 BetrVG eine Namensliste mit den zu kündigenden Arbeitnehmern erstellt wurde. § 75 BetrVG regelt eine Vielzahl von Benachteiligungsverboten beispielsweise wegen Rasse, Nationalität, Behinderung, Alter oder politischer oder gewerkschaftlicher Betätigung. Weder eine besondere Berücksichtigung der Unterhaltslast noch ein allgemein formulierter „Familienschutz" nach Art. 6 GG findet sich in dieser Vorschrift, obwohl nach dem KSchG diese zwingend in die Abwägung einzubeziehen sind. Die gerichtliche Überprüfbarkeit ist in einem solchen Maß eingeschränkt, dass ein gegen eine Kündigung aufbegehrender Arbeitnehmer vor Gericht nahezu keine Erfolgschancen hat. Die Widerlegung der gesetzlichen Vermutung kann ihm in der Regel nicht gelingen.

Anstatt einer Sozialauswahl, in der die Interessen der gesamten Belegschaft berücksichtigt werden, oder einer Verhältnismäßigkeitsprüfung muss der Arbeitgeber nach dem englischen Recht *reasonable* gehandelt haben. Anders als die Verhältnismäßigkeitsprüfung im deutschen Kündigungsschutzrecht nimmt der *test of reasonable responses* bei der Überprüfung der Frage, ob in einer Kündigung eine *unfair dismissal* zu sehen ist, nicht auf die persönliche Situation des betroffenen Arbeitnehmers Bezug. Ausschlaggebend ist allein, ob anhand der vorliegenden Fakten ein anderer verantwortungsvoller Arbeitgeber auch eine Kündigung ausgesprochen hätte. Der Kündigungsentschluss ist erst dann als *unreasonable* zu bewerten, wenn kein anderer verantwortungsvoller Arbeitgeber eine solche Entscheidung getroffen hätte. Auch im Rahmen des *test of reasonable responses* bzw. dem *ACAS Code of Procedure* wird deutlich, dass im englischen Recht versucht wird, Konflikte zwischen den Arbeitsvertragsparteien durch verpflichtende Gespräche zwischen den Arbeitsvertragsparteien bereits im Vorfeld zu lösen. Es geht im Er-

---

945 Nach § 1 Abs. 5 S. 1, 2 KSchG.

gebnis darum sicherzustellen, dass der Arbeitgeber gewissenhaft versucht hat, den der Kündigung zugrunde liegenden Sachverhalt aufzuklären, und dem Arbeitnehmer die Chance gegeben hat, zu den Vorwürfen Stellung zu beziehen. Der Arbeitgeber wird in seiner Auswahlentscheidung grundsätzlich nicht beschränkt. Mangels einer verpflichteten Einbeziehung der persönlichen Schutzbedürftigkeit des Arbeitnehmers in seine Entscheidung gibt es hierfür auch keinen Ansatzpunkt.

Der besondere Kündigungsschutz nach § 9 Abs. 1 MuSchG und § 18 Abs. 1 S. 1 BEEG ist als generelles Kündigungsverbot ausgestaltet. Es dient der Absicherung der übrigen Regelungen zum Mutterschutz. Auch die mit dem BEEG bezweckte Wahlfreiheit zwischen Kindererziehung und Berufstätigkeit wird durch das Kündigungsverbot in der entsprechenden Zeit aufrechterhalten.

Die Verhältnismäßigkeit des generellen Kündigungsverbots gegenüber dem Arbeitgeber wird durch die Möglichkeit einer behördlichen Zulässigkeitserklärung gewährleistet. Die Zulässigkeit kann nur von der zuständigen Landesbehörde erteilt werden. Eine Kündigung ist nur wirksam, wenn vor ihrem Zugang die Zulässigkeit erklärt wurde. Die Einbeziehung der Landesbehörde in den Kündigungsvorgang gibt zwar einerseits eine größere Sicherheit, andererseits führt sie auch dazu, dass eine etwaige Kündigung auf zwei unterschiedlichen Rechtswegen angegriffen werden kann. Besondere Herausforderung für die betreffenden Gerichte ist dabei, innerhalb ihrer Prüfungskompetenz zu bleiben. Das für eine Zulässigkeitserklärung vorausgesetzte Vorliegen eines besonderen Falles ist jedoch kaum von dem Kündigungsgrund zu unterscheiden, sodass Überschneidungen vorprogrammiert sind. Die Verwaltungsgerichte haben allerdings die Möglichkeit, die Zulässigkeitserklärung von einer Bedingung abhängig zu machen, um eine von den Arbeitsgerichten zu treffende Entscheidung nicht vorwegzunehmen.

Einen dem deutschen Recht vergleichbaren besonderen Kündigungsschutz kennt das englische Recht nicht. Jedoch wird die grundsätzlich freie Auswahlentscheidung des Arbeitgebers bei einer auf betrieblichen Gründen beruhenden Kündigung beschränkt. Sie darf nicht darauf zurückzuführen sein, dass ein Arbeitnehmer schwanger ist, Interesse an einer familienbedingten Auszeit bekundet oder eine solche in Anspruch genommen hat. In einem solchem Fall ist die Auswahlentscheidung unzulässig, und die daran anknüpfende Kündigung wird als *unfair* behandelt. Das Regel-Ausnahme-Verhältnis gilt hier genau umgekehrt. Wenn nach deutschem Kündigungsschutzrecht die Kündigung einer Schwangeren nur ausnahmsweise mit behördlicher Genehmigung zulässig ist, muss nach den englischen Vorschriften zunächst dargelegt werden, dass die Schwangerschaft überhaupt Auslöser der Kündigung war. Absolute Kündigungsverbote, die sich auf eine bestimmte Situation beziehen, sind dem englischen Recht fremd.

Fazit

Der Schutz und die Förderung der Familie sind eine sozialstaatliche Aufgabe, die durch die Förderung der Vereinbarkeit von Familie und Beruf umgesetzt werden kann. Beruf und Familie lassen sich nur mit einer funktionierenden Kinderbetreuung vereinbaren. Während ein Anspruch auf Kinderbetreuung bis zur Einschulung des Kindes besteht, gibt es für ältere Kinder diesen Anspruch nicht. Eine lückenlose Betreuung ist aber Voraussetzung dafür, dass Erziehungsberechtigte mit Kindern einen Beruf ausüben können.

Da das Kindeswohl bei der Kinderbetreuung im Vordergrund steht, muss die Arbeit an die Kinderbetreuung angepasst werden. Kann dies nicht individuell im Arbeitsvertrag vereinbart werden, bedarf es arbeitsrechtlicher Regelungen. Diese sind möglichst so zu verfassen, dass die Interessen der Vertragsparteien ausgewogen berücksichtigt werden. Führen Regelungen zu einer einseitigen Mehrbelastung des Arbeitsgebers, kann dies zu schlechteren Einstellungschancen bei Arbeitnehmern mit Familie führen.

Im Mutterschutzgesetz besteht die Möglichkeit einer Entlastung des Arbeitgebers. Im Rahmen des Gestaltungsrechts nach § 2 MuSchG sollten, bevor es zu einer gerichtlichen Auseinandersetzung kommt, Arbeitnehmer verpflichtet werden, dem Arbeitgeber Vorschläge zur Umgestaltung oder Umsetzung zu unterbreiten. Wie im englischen Recht könnte dies durch gesetzlich vorgeschriebene Besprechungen zwischen Arbeitgeber und Arbeitnehmer umgesetzt werden. Können sich Arbeitgeber und Arbeitnehmer nicht einigen, sollte *de lege ferenda* bei einer gerichtlichen Auseinandersetzung der Arbeitnehmer nur beschränkt beweisbelastet sein. Im Hinblick auf die Umsetzung auf einen anderen Arbeitsplatz hat der Arbeitnehmer in der Regel keine ausreichende Übersicht über die Beschäftigungsmöglichkeiten im gesamten Betrieb.

Weiterer Reformbedarf ergibt sich beim Beschäftigungsverbot nach § 3 Abs. 2 MuSchG. *De lege ferenda* sollte die freie Widerruflichkeit der Weiterbeschäftigung dahingehend abgemildert werden, dass eine Erkrankung, die aufgrund der Schwangerschaft zu einer Arbeitsunfähigkeit führt, das Beschäftigungsverbot unmittelbar aufleben lässt. Die entsprechende englische Regelung kann auch hier als Vorbild herangezogen werden.

Nach der Geburt des Kindes bietet das Gesetz zum Elterngeld und zur Elternzeit Möglichkeiten, Familie und Beruf zu vereinbaren. Es fehlt aber an einem eigenständigen Anspruch auf eine bestimmte Verteilung der Arbeitszeit. Es kann nur in den Zeiten gearbeitet werden, für die eine Kinderbetreuung organisiert werden kann. Es bedarf wie im englischen Recht eines eigenständigen Verteilungsanspruchs.

Treten kurzfristig Betreuungslücken auf, sollte vom Arbeitnehmer erwartet werden, selbstständig eine vorübergehende Arbeitszeitverschiebung zu organisieren. Sprechen keine dringenden betrieblichen Gründe gegen die vorgeschlagene Lösung, sollte der Arbeitgeber zur Zustimmung verpflichtet werden.

Nach der Elternzeit kann auf das TzBfG zurückgegriffen werden, um die familiären und die arbeitsvertraglichen Verpflichtungen abzustimmen. Wie bereits im BEEG ist auch im TzBfG kein eigenständiger Anspruch auf eine bestimmte Verteilung der Arbeitszeit geregelt. Die beim BEEG vorgeschlagenen Erweiterungen gelten in gleicher Weise für das TzBfG, da die Betreuungsprobleme nach der Elternzeit nicht wesentlich unterschiedlich sind. Die Verteilung der Arbeitszeit kann nur über eine gleichzeitige Verkürzung der Arbeitszeit erlangt werden.

Der Anspruch auf Verringerung der Arbeitszeit aus dem TzBfG steht allen Arbeitnehmern zu. Eine Privilegierung der Teilzeitansprüche zum Zwecke der Vereinbarkeit von Familie und Beruf ist über Art. 6 GG gerechtfertigt. Gleiches gilt für den Arbeitszeitverlängerungsanspruch.

Das TzBfG steht in seiner jetzigen Ausgestaltung den beruflichen Aufstiegschancen unmittelbar entgegen. Entsprechende Gesetzesänderungen sollten die Lage des Arbeitgebers in Blick haben. Änderungswünsche des Arbeitnehmers hinsichtlich des Umfangs und der Lage der Arbeitszeit sollten in Anlehnung an die Ausgestaltungen im englischen Recht auch den Arbeitnehmer in die Pflicht nehmen. Dieser sollte nicht nur etwaige Ansprüche gegenüber dem Arbeitgeber geltend machen können, sondern wie im englischen Recht die Pflicht haben, dem Arbeitgeber seine Vorschläge zur Umsetzung der Ansprüche zu unterbreiten. Das Weisungsrecht des Arbeitgebers gewährt bei einer funktionierenden Kommunikation zwischen Arbeitnehmer und Arbeitgeber ein hohes Maß an Flexibilität und fördert damit die Vereinbarkeit von Familie und Beruf. Die familiären Interessen des Arbeitnehmers müssen in der umfassenden Interessenabwägung Berücksichtigung finden. Der Arbeitgeber muss sein Weisungsrecht so ausüben, dass die getroffenen Maßnahmen nicht einer Vereinbarkeit von Familie und Beruf entgegenstehen. Der Arbeitgeber kann zu einer neuen Ermessenentscheidung verpflichtet werden. Das Leistungsverweigerungsrechts ist *ultima ratio*, wenn sich der Arbeitnehmer in einer unverschuldeten Zwangslage befindet. Es kommt nur in Betracht, wenn eine Vereinbarkeit von Familie und Beruf nicht gelungen ist.

Vereinbarkeit von Familie und Beruf kann nur funktionieren, wenn durch das Kündigungsschutzgesetz der Arbeitsplatz und damit die Finanzierung der Familie gesichert sind. Bei der Sozialauswahl ist das Kriterium der Unterhaltspflicht zwar zu berücksichtigen, könnte als Folgerung aus Art. 6 GG aber eine stärkere Beachtung finden. Für unterhaltsberechtigte Kinder ist ein sicheres Einkommen der Erziehungsberechtigten unverzichtbar. In der Sozialauswahl steht das Kriterium der Unterhaltspflicht jedoch den Kriterien des Lebensalters und der Betriebszugehörigkeit gegenüber, welche kontinuierlich an Bedeutung zunehmen. Gerade für Arbeitnehmer in der Familiengründungsphase bietet die Sozialauswahl daher nur geringen Schutz. Das Kriterium „Familie" kann als Konsequenz aus Art. 6 GG bei der Sozialauswahl stärker gewichtet werden. Hierzu kann das Kriterium „Lebensalter" selbst fruchtbar gemacht werden. Hinter dem Kriterium „Lebensalter" steht das Ansinnen, denjenigen als besonders schützenswert zu erachten, der auf dem Arbeitsmarkt schlechtere Chancen auf Neueinstellung hat. Auch Arbeitnehmern in der Familiengründungsphase könnten solche schlechteren Chancen nachgewiesen werden, sodass diese auch unter das Kriterium „Lebensalter" fielen. Wie sich das Kriterium „Lebensalter" auswirkt, muss demnach abhängig von der Arbeitsmarktlage einer bestimmten Altersgruppe sein. Das Kriterium „Lebensalter" ist entsprechend auszulegen.

Die Ausgestaltung des Kündigungsschutzes kann der Vereinbarkeit von Familie und Beruf auch entgegenstehen und zu einem Stolperstein auf den Arbeitsmarkt werden. Denn ein starker Ausbau des Kündigungsschutzes erschwert die Suche eines festen Arbeitsplatzes für die geschützte Arbeitnehmergruppe. Steigt die Belastung des Arbeitgebers durch eine Erweiterung des Familienschutzes im Kündigungsschutz, wird sich dies im Gesamten nicht positiv auf die Stellung des Arbeitnehmers mit Familienpflichten auf den Arbeitsmarkt auswirken. Dies spricht gegen einen Ausbau des Kündigungsschutzrechts. Der Familienschutz und die Förderung der Vereinbarkeit von Familie und Beruf ist eine gesamtgesellschaftliche Aufgabe.

Aufgrund des Umfangs der Arbeit wurde auf die Ausarbeitung der steuerrechtlichen Situation berufstätiger Arbeitnehmer verzichtet. Im Rahmen der Förderung der Vereinbarkeit von Familie und Beruf können sie jedoch auch eine Rolle spielen.

Die Förderung und Umsetzung der Vereinbarkeit von Familie und Beruf bedarf eines langen Atems. Rechtsänderungen stützen diesen gesellschaftlichen Wandel. Es muss im luhmannschen Sinne jedoch eine Mehrheit von Systemen zusammenwirken, um neue Strukturen in entsprechendes Verhalten zu übersetzen.

Zusammenfassung

Der Arbeit liegt ein Familienbegriff zugrunde, bei dem die Sozialisationsfunktion im Vordergrund steht. Ausschlaggebend ist das Bestehen einer Fürsorge- und Beistandsgemeinschaft zwischen mindestens zwei Privatpersonen. Dies entspricht sowohl Art. 6 Abs. 1 GG als auch der Sozialcharta, der GRC und der EMRK.

A. Mutterschutzrecht

Anliegen des Mutterschutzrechts ist der Schutz von Leben und Gesundheit. Die Vereinbarkeit von Familie und Beruf steht nicht im Vordergrund. Entsprechend ist eine Vielzahl von Beschäftigungsverboten im Mutterschutzrecht geregelt.

Gleichwohl finden sich im Mutterschutzgesetz auch Maßnahmen zur Förderung der Vereinbarkeit von Familie und Beruf. Nach § 2 MuSchG hat der Arbeitgeber die Pflicht, den Arbeitsplatz den Bedürfnissen einer schwangeren oder stillenden Mutter anzupassen. Der Arbeitgeber soll nur von der Beschäftigungspflicht befreit werden, wenn eine Umgestaltung nicht möglich ist. Gegen den Willen des Arbeitgebers ist der Beschäftigungsanspruch jedoch nur schwer durchsetzbar, da die Beweislast einer möglichen Umgestaltung dem Arbeitnehmer obliegt. Gleiches gilt für die Umsetzung auf einen anderen Arbeitsplatz. Der Arbeitnehmer muss darlegen, dass eine ordnungsgemäße Beschäftigung an einer anderen Stelle des Betriebs möglich ist.

Jede Schwangere hat nach § 3 Abs. 2 S. 2 MuSchG das Recht, trotz eines generellen Beschäftigungsverbots in den letzten sechs Wochen vor der Entbindung die Weiterarbeit zu verlangen. Die Erklärung zur Weiterbeschäftigung kann jederzeit widerrufen werden. Das damit einhergehende Risiko hat der Arbeitgeber allein zu tragen. Die Interessen des Arbeitgebers werden den Interessen des Arbeitnehmers untergeordnet.

Während des Mutterschutzes besteht ein Entgeltschutz nach § 11 Mu-SchG. Die Mutter soll nicht aus Geldnot gesundheitliche Risiken einer Weiterbeschäftigung in Kauf nehmen.

B. Recht auf Elternzeit und Elterngeld

Das Gesetz zum Elterngeld und zur Elternzeit dient ausdrücklich der Förderung der Vereinbarkeit von Familie und Beruf.

Arbeitnehmer haben von der Geburt ihres Kindes bis zum vollendeten dritten Lebensjahr das Recht, Elternzeit gemäß § 15 Abs. 2 BEEG zu beanspruchen. Bis zu 24 Monate Elternzeit können zwischen dem dritten und vollendeten achten Lebensjahr des Kindes genommen werden. Mit seinem Antrag legt der Arbeitnehmer sich fest, wann und wie viel Elternzeit er in den ersten zwei Lebensjahren des Kindes nach § 16 Abs. 1 S. 1 BEEG in Anspruch nehmen will. Die Inanspruchnahme der Elternzeit hat zur Folge, dass die Hauptleistungspflichten des Arbeitsvertrags für beide Vertragsparteien ruhen. Mit dem Ende der Elternzeit leben die Hauptleistungspflichten wieder auf. Der Arbeitnehmer kann die Elternzeit zustimmungsfrei auf drei Zeitabschnitte verteilen. Für die Verteilung der Elternzeit auf weitere Abschnitte bedarf es der Zustimmung des Arbeitgebers. Das gleiche gilt für eine vorzeitige Beendigung oder Verlängerung der Elternzeit. Möchte der Arbeitnehmer unmittelbar im Anschluss an die bis zum zweiten Lebensjahr des Kindes in Anspruch genommene Elternzeit erneut Elternzeit nehmen, ist dies keine Verlängerung. Es handelt sich um eine erneute Inanspruchnahme von Elternzeit. Diese ist zustimmungsfrei, soweit die freie Verteilung der Elternzeit auf drei Zeitabschnitte nicht schon innerhalb der ersten zwei Lebensjahre wahrgenommen wurde. Die bestehenden Ankündigungsfristen geben dem Arbeitgeber eine Dispositionsgrundlage. Ihm wird so eine Reaktionszeit eingeräumt, um seine Betriebsplanung zu ändern.

Der Anspruch auf Elterngeld ergänzt die Elternzeitregelung. Das Elterngeld soll verhindern, dass der Arbeitnehmer aus finanziellen Gründen auf die Inanspruchnahme der Elternzeit verzichtet. Elterngeld kann für maximal 14 Monate (inklusive der Partnermonate) von den Berechtigten bezogen werden. Voraussetzung ist die nicht voll ausgeübte Erwerbstätigkeit. Hier besteht eine Verknüpfung zur Elternzeitregelung, da die zulässige Erwerbstätigkeit auf 30 Stunden in der Woche begrenzt ist. Das Elterngeld ist grundsätzlich eine Einkommensersatzleistung, die anhand des vorherigen Einkommens berechnet wird. Übt der Arbeitnehmer während der Elternzeit eine Erwerbstätigkeit aus, wird das Einkommen auf die Höhe des Elterngeldanspruches angerechnet. Unabhängig vom vorher erzielten Gehalt besteht ein Anspruch in Höhe von 300 €.

Anstatt eines Monats Elterngeld können auch zwei Elterngeld-Plus-Monate beansprucht werden. Ein zusätzlicher Anspruch auf vier Elterngeld-Plus-Monate besteht, wenn beide Berechtigten mindestens für vier Monate erwerbstätig sind. Mit dieser Regelung wurde die Möglichkeit geschaffen, dass beide Elterngeldberechtigten früh in die Erwerbtätigkeit zurückkehren können. Das mit einer Verringerung der Arbeitszeit einhergehende verringerte Erwerbseinkommen wird durch das Elterngeld Plus aufgestockt.

Die Vereinbarkeit von Familie und Beruf wird durch die Möglichkeit der Erwerbstätigkeit während der Elternzeit gefördert. Es besteht ein Anspruch auf Verringerung und auf eine bestimmte Verteilung der Arbeitszeit. Ausgenommen sind hiervon Betriebe, die unter die Kleinbetriebsklausel fallen. Der Anspruch auf Verringerung der Arbeitszeit während der Elternzeit kann zweimal geltend gemacht werden. So soll die Erfüllung der beruflichen und familiären Pflichten erleichtert werden. Kommt es dem Arbeitnehmer auf eine bestimmte Verteilung an, kann die Umsetzung des Verringerungswunsches an eine bestimmte Verteilung geknüpft werden.

C. Möglichkeiten der Inanspruchnahme familiengerechter Arbeitszeitverteilungen

Die Elternzeitregelungen und die Regelungen zum Elterngeld Plus gelten in den ersten Lebensjahren des Kindes, der betreuungsintensivsten Lebensphase. Hiermit werden grundsätzlich die ersten drei Lebensjahre des Kindes abgedeckt. Auch in der Kindergartenzeit und den ersten Jahren der Schulzeit bedarf es Regelungen, berufliche und familiäre

Verpflichtungen miteinander in Einklang zu bringen. Erst in der Pubertät nimmt zumeist der Betreuungsbedarf eines Kindes merklich ab. Mangels Spezialregelungen muss auf die allgemeine Regelung im Teilzeit- und Befristungsgesetz zurückgegriffen werden.

Im Gesetz über Teilzeit und befristete Arbeitsverträge wird dem Arbeitnehmer ein ausdrücklicher gesetzlicher Anspruch gewährt, seine Arbeitszeit anzupassen. Nach § 8 TzBfG besteht jedoch nur ein Anspruch auf Verkürzung der Arbeitszeit, wobei die Verteilung nicht selbstständig geregelt ist. Hinsichtlich der Verteilung der Arbeitszeit wird das Konsensprinzip zugrunde gelegt. Wurde ein Konsens zwischen den Arbeitsvertragsparteien erreicht, ist eine nachträgliche Änderung der Arbeitszeit durch den Arbeitgeber nicht mehr möglich, wenn es dem Arbeitnehmer aus familiären Gründen gerade auf eine bestimmte Arbeitszeit ankam. Die Verkürzung der Arbeitszeit ist nur im Konsens reversibel. Weder ist eine vorübergehende Arbeitszeitverkürzung durchsetzbar, noch gibt es einen Anspruch auf Verlängerung der Arbeitszeit, wenn zuvor eine verkürzte Arbeitszeit vereinbart wurde.

Der Anspruch auf Verlängerung der Arbeitszeit ist in § 9 TzBfG geregelt. Es besteht hiernach lediglich ein Anspruch auf bevorzugte Berücksichtigung. Es kommt weder auf die Motivation des Verlangens an, noch darauf, ob der Arbeitnehmer zuvor seine Arbeitszeit reduziert hatte. Sind Verlängerungswünsche verschiedener Arbeitnehmer gegeneinander abzuwägen, ist eine Entscheidung nach billigem Ermessen zu treffen. Die Schutzverpflichtung zugunsten von Ehe und Familie nach Art. 6 GG und die Fürsorgepflicht des Arbeitgebers führen dazu, dass Unterhaltspflichten in die Abwägung einzubeziehen sind. Der Arbeitgeber kann dem Verringerungsverlangen betriebliche und dem Anspruch auf bevorzugte Berücksichtigung beim Verlängerungsverlangen dringende betriebliche Gründe entgegenhalten.

Weitere Möglichkeiten der Anpassung der Arbeitszeit im Sinne der Vereinbarkeit von Familie und Beruf ergeben sich aus dem Weisungsrecht des Arbeitgebers. Dem Weisungsrecht unterliegt grundsätzlich die Arbeitszeitverteilung. Weisungen sind nach billigem Ermessen zu treffen, wobei familiäre Interessen der Arbeitnehmer zu beachten sind. Der Arbeitnehmer kann die erneute Ausübung des Weisungsrechtes nach § 241 Abs. 2 BGB verlangen, wenn Veränderungen eingetreten sind, die eine

Vereinbarkeit von Familie und Beruf erschweren. Eine bestimmte Weisung kann nicht verlangt werden, sondern nur eine erneute Abwägung. Weisungen, die zu einer unverschuldeten Zwangslage beim Arbeitnehmer führen, können nach § 275 Abs. 3 BGB verweigert werden.

D. Kündigungsschutzrecht

Die Vereinbarkeit von Familie und Beruf setzt eine gelungene Betreuung und ein gesichertes Einkommen voraus. Für den Arbeitnehmer bedeutet das Arbeitsplatzsicherheit. Im deutschen Recht wird durch ein ausdifferenziertes Kündigungsschutzsystem dem Erhalt des Arbeitsplatzes jedes Arbeitnehmers und somit jedes Erziehungsberechtigten Rechnung getragen.

Die Wirksamkeit jeder Kündigung setzt eine Interessenabwägung voraus. Aufgrund der Fürsorgepflicht des Arbeitgebers müssen die familiären Verpflichtungen des Arbeitnehmers berücksichtigt werden. Das Kündigungsschutzgesetz schränkt die Kündigungsmöglichkeiten des Arbeitgebers weiter ein. Grundsätzlich gilt, dass der Kündigungsgrund, ob betriebs-, personen- oder verhaltensbedingt, der Weiterbeschäftigung entgegenstehen muss. Bei einer betriebsbedingten Kündigung ist eine Sozialauswahl nach § 1 Abs. 3 KSchG vorzunehmen. Die Interessen der Arbeitnehmer sowie die Interessen des Arbeitgebers sind gegeneinander abzuwägen. Die vertraglich vereinbarten Arbeitszeiten sind grundsätzlich kein Kriterium. Das Gesetz gibt nach § 1 Abs. 3 S. 1 KSchG die einzubeziehenden Sozialkriterien vor. Die Unterhaltspflicht konkurriert in der Sozialauswahl mit Lebensalter, Betriebszugehörigkeit und Schwerbehinderung. Arbeitnehmer in der Familiengründungsphase werden in der Sozialauswahl nicht privilegiert. Es wird die Höhe der Unterhaltspflicht und die Anzahl der Unterhaltsberechtigten berücksichtigt. Dem Arbeitgeber obliegt die Gewichtung der Sozialkriterien. Er kann auch zusätzliche Kriterien in die Abwägung miteinbeziehen. Gleichwohl darf kein in § 1 Abs. 3 S. 1 KSchG genanntes Kriterium unterrepräsentiert sein. Punktetabellen, in denen der Arbeitgeber Unterhaltspflichten stärker als das Lebensalter bewertet hat, wurden vor Gericht als unzulässig erklärt.

Ein ausdrücklicher Familienschutz wird durch den besonderen Kündigungsschutz nach § 9 Abs. 1 MuSchG und § 18 Abs. 1 S. 1 BEEG gewährt, wonach ein absolutes Kündigungsverbot für Schwangere im Mutterschutz und Arbeitnehmer in der Elternzeit besteht. Nur in besonderen Fälle kann eine Kündigung mit behördlicher Zulässigkeitserklärung wirksam erteilt werden. Dieser besondere Kündigungsschutz dient der Absicherung familienfördernder Regelungen.

E. Fazit

Der Schutz und die Förderung der Familie nach Art. 6 GG muss auch durch die Förderung der Vereinbarkeit von Familie und Beruf umgesetzt werden. Zur Vereinbarkeit von Familie und Beruf bedarf es Regelungen, die eine Anpassung der Ausgestaltung der Arbeitsverpflichtung an die Kinderbetreuung ermöglichen. Damit diese Regelungen sich nicht negativ auf die Arbeitsmarktchancen von Arbeitnehmern in der Familiengründungsphase auswirken, sind die Interessen beider Arbeitsvertragsparteien ausgewogen zu berücksichtigen.

De lege ferenda sollte im Rahmen des § 2 MuSchG Arbeitnehmer und Arbeitgeber durch gesetzlich vorgeschriebene Besprechungen zur Auseinandersetzung mit der individuellen Situation angehalten werden. Gleichzeitig sollte der Arbeitnehmer nur beschränkt beweisbelastet sein, damit das Gestaltungsrecht nicht leerläuft. Schließlich sollte das Beschäftigungsverbot nach § 3 Abs. 2 MuSchG bei einer Erkrankung, die aufgrund der Schwangerschaft zu einer Arbeitsunfähigkeit führt, wieder aufleben.

Sowohl im BEEG als auch im TzBfG ist die Änderung der Lage der Arbeitszeit immer mit einer Änderung der Dauer der Arbeitszeit verknüpft. Dies widerspricht einer Förderung der Vereinbarkeit von Familie und Beruf. Auch wäre eine Privilegierung der Teilzeitansprüche zum Zwecke der Vereinbarkeit von Familie und Beruf nach Art. 6 GG gerechtfertigt. Gleichzeitig sollte der Arbeitnehmer dazu verpflichtet werden, dem Arbeitgeber Vorschläge zur Umsetzung der Ansprüche zu unterbreiten.

Zur Förderung der Vereinbarkeit von Familie bedarf es auch des Arbeitsplatzschutzes. Das Kriterium „Familie" sollte in der Sozialauswahl stärker gewichtet werden. Es bedarf keiner Gesetzesänderung, wenn das Kriterium „Lebensalter" seinem Sinn und Zweck entsprechend ausgelegt wird. Auch Arbeitnehmern mit Familie können schlechte Arbeitsmarktchancen nachgewiesen werden.

Literaturverzeichnis

Adomeit, Klaus **Mohr, Jochen**	Rechtsgrundlagen und Reichweite des Schutzes vor diskriminierenden Kündigungen. In: NJW 2009, S. 2255-2258.
Anderson, Lucy	Sound Bite Legislation: The Employment Act 2002 and New Flexible Working 'Rights' for Parents. In: ILJ 2003 Vol. 32 p. 37–42.
Annuß, Georg **Thüsing, Gregor**	Kommentar zum Teilzeit- und Befristungsgesetz. 3. Aufl. Frankfurt am Main: 2012.
Ascheid, Reiner **Preis, Ulrich** **Schmidt, Ingrid**	Kündigungsrecht. Großkommentar zum gesamten Recht der Beendigung von Arbeitsverhältnissen. 4. Aufl. München: 2012.
Bader, Peter	Das Gesetz zu Reformen am Arbeitsmarkt: Neues im Kündigungsschutzgesetz und im Befristungsgesetz. In: NZA 2004, S. 65–76.
Badura, Peter	Staatsrecht. Systematische Erläuterungen des Grundgesetzes. 4. Aufl. München: 2010.
Badura, Peter	Ehe und Familie stehen unter dem besonderen Schutz der staatlichen Ordnung. In: Bitburger Gespräche 2001, S. 87–97.
Barth, Tobias	Ablehnung eines Antrags auf Teilzeitarbeit während der Elternzeit – Präklusion im Hinblick auf nicht oder nicht ordnungsgemäß geltend gemachte Gründe. In: BB 2007, S. 2567–2570.
Bauer, Jobst-Hubertus **Krieger, Steffen**	Neue Spielregeln für Punkteschemata bei betriebsbedingten Kündigungen. In: FS für Richardi (München) Beck 2007, S. 177–188.
Bayreuther, Frank	Was schuldet der Arbeitnehmer? – Möglichkeiten und Grenzen einer vertraglichen Ausgestaltung der Leistungspflicht des Arbeitnehmers. In: NZA-Beilage 2006, S. 3–13.
Becker, Friedrich **Bader, Peter** **Etzel, Gerhard**	KR. Gemeinschaftskommentar zum Kündigungsschutzgesetz. 10. Aufl. Köln: 2013.

Bender, Wolfgang **Schmidt, Jan**	KSchG 2004: Neuer Schwellenwert und einheitliche Klagefrist. In: NZA 2004, S. 358–366.
Berkowsky, Wilfried	Die betriebsbedingte Kündigung: eine umfassende Darstellung unter Berücksichtigung des Betriebsverfassungsrechts und des Arbeitsgerichtsverfahrens. 6. Aufl. München: 2008.
Birk, Rolf	Umschulung statt Kündigung. In: FS für Kissel 1994, S. 51–76.
Bock-Pünder, Stephanie	Rechtsanspruch auf den Besuch eines Kindergartens. Voraussetzungen daseinsvorsorgender Verwaltung im sozialen Rechtsstaat. Berlin: 1998.
Boecken, Winfried **Joussen Jacob**	Teilzeit- und Befristungsgesetz: Handkommentar. 3. Aufl. Baden-Baden: 2012.
Boecken, Winfried **Topf, Henning**	Kündigungsschutz: Zurück zum Bestandsschutz durch Ausschluss des Annahmeverzuges. In: RdA 2004, S. 19–26.
Boemke, Burkhard	Anmerkung zu LAG Köln v. 21.4.2011. In: jurisPR-ArbR 11/2012.
Böhm, Monika	Dynamische Grundrechtsdogmatik von Ehe und Familie. In: DVBl. 2014, S. 401–407.
Bowers, John **Schwarz, Jonathan**	Blackstone's Employment Law Practice. Oxford: 2009.
Bröhl, Knut	Drittwirkungen im Kündigungsrecht. In: FS für Küttner 2006 S. 287–307.
Bröhl, Knut	Aktuelle Rechtsprechung des Bundesarbeitsgerichts zur Sozialauswahl. In: BB 2006, S. 1050–1056.
Brosius-Gersdorf, **Frauke**	Elterngeld nach dem BEEG – Rechtsnatur, Anspruchsvoraussetzungen, Leistungsumfang. In: FPR 2007, S. 334–337.
Brosius-Gersdorf, **Frauke**	Das Elterngeld als Einkommensersatzleistung des Staates. Progressive Staffelung bei der Familienförderung und demografischer Wandel in Deutschland. In: NJW 2007, S. 177–182.

Brosius-Gersdorf, Frauke	Demografischer Wandel und Familienförderung, Tübingen: 2011.
Bruns, Patrick	Altes und Neues zur Elternzeit im BEEG. In: FamRZ 2007, S. 251–254.
Bruns, Patrick	Elternzeit. 2. Aufl. Stuttgart: 2011.
Buchner, Herbert Becker, Ulrich	Mutterschutzgesetz und Bundeselterngeld- und Elternzeitgesetz. 8. Aufl. München: 2008.
Buchner, Herbert	Anm. zu BAG 5. Juli 1995. In: AR-Blattei ES 1220 Nr. 108.
Bulla, Gustav Adolf	Arbeitsrecht der Gegenwart. In: Das Arbeitsrecht der Gegenwart Bd. 1 (1964) S. 42–74.
Bundesministerium für Familie, Senioren, Frauen und Jugend	Vereinbarkeit von Familie und Beruf mit Schulkindern. Download unter http://www.bmfsfj.de/ RedaktionBMFSFJ/Broschuerenstelle/Pdf-Anlagen/_C3_9C-6-Vereinbarkeit-von-Familie-und-Beruf-mit-Schulkindern,property=pdf,bereich=b mfsfj,sprache=de,rwb=true.pdf (Stand: 15.12.2015)
Bünnagel, Vera	Die Rolle des Staates bei der Kinderbetreuung. Köln: 2013.
Buschmann, Rudolf Dieball, Heike Stevens-Bartol, Eckart	TZA. Das Recht der Teilzeitarbeit: Kommentar für die Praxis. 2. Aufl. Frankfurt am Main: 2001.
Bütefisch, Wylka	Die Sozialauswahl. Köln: 2000.
Calliess, Christian Ruffert, Matthias	EUV/AEUV. Das Verfassungsrecht der europäischen Union mit europäischer Grundrechtscharta. 4. Aufl. München: 2011.
Caracciolo Di Torella, Eugenia	New Labor, New Dads – The Impact of Family Friendly Legislation on Fathers. In: ILJ 2007 p. 318–328.
Chan, Winnie	Women and Productivity. In: Bracton Law Journal 2008 Vol. 40, p. 114–121.
Chan, Winnie	Women, Childcare and Taxation. In: Kings College Law Journal Vol 10 (1999) p. 71–92.

Classen, Dieter	Dynamische Grundrechtsdogmatik von Ehe und Familie? In: DVBL 2013, S. 1086–1092.
Coester-Waltjen, Dagmar	Grundgesetz und EMRK im deutschen Familienrecht. In: JURA 2007, S. 914–918.
Dahm, Katharina	Die neue Richtlinie zum Elternurlaub, In : EuZA 2011, S. 30–52.
Dahm, Katharina	Familiendiskriminierungen bei Beendigung des Arbeitsverhältnisses. Berlin: 2010.
Daily, Mary Scheiwe, Kirsten	Individualization and personal Obligations. In: International Journal of Law, Policy and the Family 24 (2), 2010 p. 177–197.
Däubler, Wolfgang	Das geplante Teilzeit- und Befristungsgesetz. In: ZIP 2000, S. 1961–1969.
Däubler, Wolfgang	Das neue Teilzeit- und Befristungsgesetz. In: ZIP 2001, S. 217–225.
Davies, Paul L. Freedland, Mark	Towards a Flexible Labour Market: Labour legislation and regulation since the 1990. Oxford: 2007.
Degenhart, Christoph	Realitätsprägung durch Verfassungsrecht – Verfassungsinterpretation und reale Veränderungen. In: Realitätsprägung durch Verfassungsrecht. Kolloquium aus Anlass des 80. Geburtstages von Peter Lerche. Berlin: 2008. S. 89–101.
Deutschland/Bundestag	Dt. Bundestag Plenarprotokoll 16/180. Berlin: Bundestag 1950-.
Di Fabio, Udo	Der Schutz von Ehe und Familie: Verfassungsentscheidung für die vitale Gesellschaft. In: NJW 2003, S. 993–998.
Diederichsen, Uwe	Art. 6 I GG: Der besondere Schutz von Ehe und Familie – eine deutsche Utopie. In: FPR 2007, S. 221–226.
Dreier, Horst	Grundgesetz Kommentar. 3. Aufl. Tübingen: 2013.
Dreier, Horst	Grundgesetz Kommentar. 2. Aufl. Tübingen: 2004.

Dzida, Boris **Schramm, Nils**	Versetzungsklauseln: mehr Flexibilität für den Arbeitgeber, mehr Kündigungsschutz für den Arbeitnehmer. In: BB 2007, S. 1221–1228.
Ehler, Karl	Unterlassene Ausschreibung als Teilzeitarbeitsplatz. Keine Sanktion durch ein Widerspruchsrecht des Betriebsrats oder durch Entschädigung wegen mittelbarer Diskriminierung. In: BB 2001, S. 1146–1150.
Europarat	Die europäische Sozialcharta. Berlin: 2002.
Feldcamp, Michael F.	Der Parlamentarische Rat 1948–1949: Die Entstehung des Grundgesetzes. Göttingen: 2008.
Feldhoff, Kerstin	Anspruch auf Teilzeitbeschäftigung – Zum Verhältnis der rechtlichen Grundlagen der §§8 TzBfG, 15 BErzGG und 15b BAT/11 TVöD im Kontext der aktuellen Rechtsprechung des Bundesarbeitsgerichts. In: ZTR 2006, S. 58–69.
Fischermeier, Ernst	Auswahlprobleme bei Kündigungen im Kleinbetrieb. In: FS für Etzel (Köln) Luchterhand 2011, S. 135–143.
Fitzpatrick, Jim	It's a family affair. In: Employers Law Sept. 2006 p. 12–13.
Forsa	Wenn Eltern die Wahl hätten. Eine repräsentative Forsa-Studie im Auftrag von Eltern. Berlin 9. April 2013. Download unter http://www.bke.de/content/application/explorer/public/newsletter/2013/april/eltern_forsa-studie_wahl.pdf (Stand 15.12.2015).
Fortunato, Sérgio Fernandes	Internationaler Schutz der Familie am Beispiel der europäischen Sozialcharta. In: EUR 2008, S. 27–44.
Gamillscheg, Franz	Mutterschutz und Sozialstaat. In : FS Monitor 1962, S. 57–82.

Gash, Vanessa	Sacrificing Their Careers for Their Families? An Analysis of the Penalty to Motherhood in Europe. In: Soc Indic Res (2009) 93 p. 569–586.
Gaul, Björn Wisskirchen, Gerlind	Änderung des Bundeserziehungsgeldgesetzes. In: BB 2000, S. 2466–2470.
Gaul, Björn Niklas, Thomas	Keine Altersdiskriminierung durch Sozialauswahl bei Altersgruppen. In: NZA-RR 2009, S. 457–462.
Gaul, Björn Lunk, Stefan	Gestaltungsspielraum bei Punkteschema zur betriebsbedingten Kündigung. In: NZA 2004, S. 184–190.
Gebauer, Martin Wiedmann, Thomas	Zivilrecht unter europäischen Einfluss. Die richtlinienkonforme Auslegung des BGB und anderer Gesetze. Kommentierung der wichtigsten EU-Verordnungen. 2. Aufl. Stuttgart: 2010.
Gebauer, Martin Wiedmann, Thomas	Zivilrecht unter europäischem Einfluss. Kommentierung der wichtigsten EU-Verordnungen. 2. Aufl. Stuttgart: 2012.
Gehring, Steffen	Das Recht auf Teilzeitarbeit – Anspruch und Wirklichkeit. Eine Untersuchung zu § 8 TzBfG. Baden-Baden: 2006.
Georgii, Harald	Rechtsanspruch auf einen Kindergartenplatz. In: NJW 1996, S. 686–691.
Gerlach, Irene	Familie und staatliches Handeln. Ideologie und politische Praxis in Deutschland. Opladen: 1996.
Glatzel, Brigitte	Anm. zu BAG 22. März 1995. In: AR-Blattei ES 1220 Nr. 104 S. 5.
Gragert, Nicola	Kündigungsschutz in Kleinbetrieben. In: NZA 2000, S. 961–970.
Gragert, Nicola	Sonderfälle der Sozialauswahl. In: FS für Schwerdter 2003. S. 49–65.
Graue, Bettina	Mutterschutzgesetz. Basiskommentar. 2. Aufl. Frankfurt am Main: 2010.

Graue, Bettina	Das neue Mutterschutzrecht. In: AiB 2002, S. 589–593.
Graue, Bettina	Beschäftigungsverbote in der Schwangerschaft und Stillzeit. In: AiB 1999, S. 271–279.
Greiner, Stefan	Direktionsrecht und Direktionspflicht, Schadensersatz und Annahmeverzug bei Leistungshinderung des Arbeitnehmers. In: RdA 2013, S. 9–16.
Grobys, Marcel **Bram, Rainer**	Die prozessuale Durchsetzung des Teilzeitanspruchs. In: NZA 2001, S. 1175–1183.
Gusy, Christoph	Der Grundrechtsschutz von Ehe und Familie. In: JA 1984, S. 183–189.
Gutzeit, Martin	Die schwangere Kranke vor dem BAG – Monokausale Wirrungen. In: NZA 2003, S. 81–86.
Häberle, Peter	Verfassungsschutz der Familie – Familienpolitik im Verfassungsstaat. Heidelberg: 1984.
Halbach, Günter	Beschäftigungsförderungsgesetz. Bonn: 1985.
Hamann, Wolfgang	Teilzeitanspruch nach § 8 TzBfG und Mitbestimmung des Betriebsrats. In: NZA 2010, S. 785–791.
Hamann, Wolfgang	Die Verlängerung der Arbeitszeit nach § 9 TzBfG in der Rechtsprechung des Neunten Senats des Bundesarbeitsgerichts. In: FS für Josef Düwell 2011 S. 131–151.
Hamann, Wolfgang **Rudnik, Tanja**	Anm. zu LAG Stuttgart v. 21.3.2013 6 TaBV 9/12. In: jurisPR-ArbR 24/2013.
Hamann, Wolfgang	Leiharbeiter statt eigene Arbeitnehmer. Zulässigkeit und Grenzen einer Personalaustauschstrategie. In: NZA 2010, S. 1211–1218.
Hanau, Peter	Offene Fragen zum Teilzeitgesetz. In: NZA 2001, S. 1168–1175.
Hanau, Peter	Möglichkeiten und Grenzen der Vereinbarungen zur Dauer der Arbeitszeit. In: NZA-Beil. 2006, S. 34–38.

Hanau, Peter	Demografiegerechtes Arbeitsrecht aktuell. In: ZIP 2011, S. 1–5.
Hanau, Peter	Altersquoten. In: FS für Otto Berlin: 2008, S. 127–136.
Henssler, Martin (Red.) Säcker, Franz Jürgen (Hrsg.)	Münchener Kommentar zum Bürgerlichen Gesetzbuch. §§ 611–704, EFZG, TzBfG, KSchG. 6. Aufl. München: 2012.
Herzog, Roman Herdegen, Matthias Scholz, Rupert Klein, Hans H.	Maunz-Dürig. Grundgesetz Kommentar. München: Stand 2015.
Hofmann, Rainer Boldt, Nicki	Internationaler Bürgerrechtepakt. 1. Aufl. Baden-Baden: 2012.
Horstmann, Anna	Rechte und Pflichten der Arbeitsvertragsparteien bei der Inanspruchnahme der Elternzeit. Münster : 2002.
Hromadka, Wolfgang	Änderung von Arbeitsbedingungen. In: RdA 1992, S. 234–265.
Hromadka, Wolfgang	Arbeitnehmerbegriff und Arbeitsrecht. In: NZA 1997, S. 569–580.
Hromadka, Wolfgang Schmidt-Rolfes,	Die AGB-Rechtsprechung des BAG zu Tätigkeit, Entgelt und Arbeitszeit. In: NJW 2007, S. 1777–1782.
Hromadka, Wolfgang	Das allgemeine Weisungsrecht. In: DB 1995, S. 2601–2606.
Hromadka, Wolfgang	Das Leistungsbestimmungsrecht des Arbeitgebers. In: DB 1995, S. 1609–1615.
Hromadka, Wolfgang	Das neue Teilzeit- Befristungsgesetz. In: NJW 2001, S. 400–405.
Hromadka, Wolfgang	Grenzen des Weisungsrechts. Zur Auslegung des § 196 GewO. In: NZA 2012, S. 233–239.
Hueck, Alfred Nipperdey, Hans Carl	Grundriß des Arbeitsrechts. 5. Aufl. Berlin: 1970.

Hunold, Wolf	Die neueste Rechtsprechung zu § 8 TzBfG. In: NZA-RR 2004, S. 225–232.
Hunold, Wolf	Die Rechtsprechung zum Direktionsrechts des Arbeitgebers. In: NZA-RR 2001, S. 337–347.
Immervoll, Herwig Barber, David	Can Parents afford work? Childcare Costs, Tax-Benefit Policies and Work Incentives. OECD Social, Employment and Migration Working Papers. No. 31. OECD Publishing. http://dx.doi.org/10.17987/312744260654 (Stand 15.12.2015).
Institut für Demoskopie Allensbach	Monitor Familienleben 2010. Einstellungen und Lebensverhältnisse von Familien. Ergebnis einer Repräsentativbefragung. Download unter http://www.bmfsfj.de/RedaktionBMFSFJ/Abteilung2/Pdf-Anlagen/familienmonitor-2010,property=pdf,bereich=bmfsfj,sprache=de,rwb=true.pdf (Stand 15.12.2015).
Institut für Demoskopie Allensbach	Monitor Familienleben 2011. Einstellungen und Lebensverhältnisse von Familien. Download unter http://www.ifd-allensbach.de/uploads/tx_studies/Monitor_Familienleben_2011.pdf (Stand 15.12.2015).
Institut für Demoskopie Allensbach	Monitor Familienleben 2012. Download unter http://www.bmfsfj.de/RedaktionBMFSFJ/Abteilung2/Pdf-Anlagen/monitor-familienleben-2012,property=pdf,bereich=bmfsfj,sprache=de,rwb=true.pdf (Stand 15.12.2015).
Ipsen, Jörn	Ehe und Familie. In: Handbuch des Staatsrechts (Hrsg. Isensee, Kirchhof). 3. Aufl. Bd. IV. Heidelberg: 2009. § 154.
James, Grace	The Work and Families Act 2006: Legislation to Improve Choice and Flexibility? In: ILJ 2006 Vol. 35, p. 272–278.

Jarass, Hans D.	Charta der Grundrechte der europäischen Union unter Einbeziehung der vom EuGH entwickelten Grundrechte, der Grundrechtsregelungen der Verträge und der EMRK. 2. Aufl. München: 2013.
Joseph, Sarah **Schultz, Jenny** **Castan, Melissa**	The international covenant on civil and political rights. Cases, materials and commentary. 2. Edt. Oxford: 2011.
Joussen, Jakob	Elternzeit und Verringerung der Arbeitszeit. In: NZA 2005, S. 336–341.
Junker, Abbo	Die Verrechtlichung der Einstellung. In: NZA-Beil. 2012, S. 27–33.
Junker, Abbo **Dietrich, Ute**	Schwellenwerte in arbeitsrechtlichen Gesetzen. In: NZA 2003, S. 1057–1067.
Junker, Abbo	Grundkurs Arbeitsrecht. 14. Aufl. München: 2015.
Kahl, Wolfgang **Waldhoff, Christian** **Walter, Christian**	Bonner Kommentar zum Grundgesetz. Bd. 3. Heidelberg: Stand April 2009.
Kaiser, Dagmar	Unterhaltspflichten in der Sozialauswahl. In: FS für Birk. Tübingen: 2008, S. 283–314.
Kaiser, Dagmar	Unterhaltsreform und Arbeitsrecht. In: NZA 2008, S. 665–670.
Kaiser, Dagmar	Kündigungsprävention durch den Betriebsrat. In: FS für Löwisch. München: 2007, S. 153–167.
Kaiser, Dagmar	Familienrechtliche Fern- und Folgewirkungen des Arbeitsrechts. In: Familienschutz und Familienverträglichkeit im Arbeitsrecht. München: 2007, S. 105–130.
Karpenstein, Ulrich	EMRK: Konvention zum Schutze der Menschenrechte und Grundfreiheiten. Kommentar. 2. Aufl. München: 2015.

Kattenbach, Ralph	Der Teilzeitanspruch in der betrieblichen Anwendung. Eine Analyse zum Einfluss von Personalverantwortlichen auf die betriebliche Umsetzung des Teilzeitanspruches. In: Empirische und Organisationsforschung (Hrsg. Dorothea Allewel, Rüdiger Kabst, Albert Martin, Wenzel Matiaske, Werner Nienhüser, Florian Schramm, Wolfgang Weber) Bd. 39. München: 2009.
Kingreen, Thorsten	Das Grundrecht von Ehe und Familie (Art. 6 I GG). In: JURA 1997, S. 401–408.
Kirchof, Gregor	Der besondere Schutz der Familie in Art. 6 Abs. 1 Grundgesetz. Abwehrrecht, Einrichtungsgarantie, Benachteiligungsverbot, staatliche Schutz- und Förderpflicht. In: AöR Bd. 129 (2004), S. 542–583.
Kittner, Michael Däubler, Wolfgang Zwanziger, Bertram	KSchR. Kündigungsschutzrecht. Kündigungen und andere Formen der Beendigung des Arbeitsverhältnisses. 9. Aufl. Frankfurt am Main: 2014.
Kittner, Oliver	§ 9 MuSchG, § 18 BEEG – Prüfungsumfang und Entscheidung bei betrieblich veranlassten Kündigungen. In NZA 2010, S. 198–203.
Klappenbach, Ruth Steinitz, Wolfgang	Wörterbuch der deutschen Gegenwartssprache. Berlin: 1967.
Kliemt, Michael	Der neue Teilzeitanspruch. Die gesetzliche Neuregelung der Teilzeitarbeit ab dem 1.1.2001. In: NZA 2001, S. 63–71.
Klinkhammer, Patrick Brungs, Mario	Sonderkündigungsschutz in der Elternzeit – Grenzen der unzulässigen Rechtsausübung? In: ArbR Aktuell 2014, S. 349-352.
Klosterkemper, Heinrich	Objektive Unmöglichkeit in der Rechtsprechung zum Kündigungsschutzgesetz als Arbeitsplatzvernichter und nicht nur als Beschäftigungsbremse. In: FS für Buchner . München: 2009, S. 441–451.
Kluge, Friedrich	Etymologisches Wörterbuch der deutschen Sprache., 25. Aufl. Berlin: 2011.

Kocher, Eva	Diskontinuität von Erwerbsbiografien und das Normalarbeitsverhältnis. Der Umgang mit Unsicherheiten. In: NZA 2010, S. 841–846.
Köhl, Dietmar	Die Einschränkung der Haftung des GmbH-Geschäftsführers nach den Grundsätzen des innerbetrieblichen Schadensausgleichs. In: DB 1996 S. 2597–1605.
Köhler, Helmut	Vertragliche Unterlassungspflichten. In: AcP 1990, S. 496–537.
Kohte, Wolfhard	Der Taugenichts – Ein mögliches Leitbild für die heutige Arbeits- und Tarifpolitik. In: AuR 2007, S. 413–416.
Kokott, Juliane	Gleichheitssatz und Diskriminierungsverbote in der Rechtsprechung des Bundesverfassungsgerichts. In: FS 50 Jahre Bundesverfassungsgericht (Bd. II Klärung und Fortbildung des Verfassungsrechts). Tübingen: 2001. S. 127–162.
Kollmer, Norbert	Arbeitsstättenverordnung. Kommentar. 3. Aufl. München: 2009.
Koschmieder, Norman	Aktuelle verfassungsrechtliche Probleme zum Schutz von Ehe und Familie. In: JA 2014, S. 566–572.
Kröll, Michael	Verlängerung der Arbeitszeit nach § 9 TzBfG. Ein gerichtlich durchsetzbarer Anspruch. In: Der Personalrat 2010, Ausgabe 10, S. 377–379.
Kunkel, Peter-Christian	Sozialgesetzbuch VIII. Kinder – und Jugendhilfe. Lehr- und Praxiskommentar. 5 Aufl. Baden-Baden: 2014.
Lakies, Thomas	Das Teilzeit- und Befristungsgesetz. In: DZWIR 2001, Heft 1, S. 1–17.
Lakies, Thomas	Das Weisungsrecht des Arbeitgebers (§ 106 GewO) – Inhalt und Grenzen. In: BB 2003, S. 364–369.
Landmann, Robert von Rohmer, Gustav Bender, Kuno Marcks, Peter	Gewerbeordnung und ergänzende Vorschriften: Kommentar. München: Stand 1. Oktober 2004.

Langmaack, Sabine	Teilzeitarbeit und Arbeitszeitflexibilisierung. Ein arbeitsrechtlicher Leitfaden für die betriebliche Praxis. 2. Aufl. Berlin: 2001.
Laux, Helga Schlachter, Monika	Teilzeit- und Befristungsgesetz. 2. Aufl. München: 2011.
Lenz, Karl	Familie als Ensemble persönlicher Beziehungen. In: Friedrich W. Busch/Rosemarie Nave-Herz, Familie und Gesellschaft. Beiträge zur Familienforschung. Oldenburg: 2005, S. 9–31.
Lewis, Jane	Balancing 'time to work' and the 'time to care'. In: Child and Family Law Quarterly 2009, vol. 2, 1 p. 443–461.
Lewis, Jane	Continuity and Change in English Childcare Policy 1960–2000. In: Social Politics 2013, vol. 20, No. 3, p. 358–386.
Lewis, Jane	From sure Start to Children's Centers: An Analysis of Policy Change in English Early Years Programmes. In: International Social Policy 2011) (40) (1), p. 71–88.
Lewis, Jane Campbell, Mary	UK Work/Family Balance Policies and Gender Equality, 1997–2005. In: Social Politics (2007) Vol. 14, Issue 1, p. 4–30
Lewis, Paul	Pregnancy and maternity leave: employment law as a family friend? In: IRJ 2000, p. 130–142.
Lindemann, Achim Simon, Oliver	Neue Regelungen zur Teilzeitarbeit im Gesetz über Teilzeitarbeit und befristete Arbeitsverträge. In: BB 2001, S. 146–152.
Lindemann, Achim Simon, Oliver	Die neue Elternzeit. In: NZA 2001, S. 258–263.
Lingemann, Stefan Rolf, Christian	Leistungsträger – Abwägung, Auswahlrichtlinie und Namensliste. In: NZA 2005, S. 264–268.
Löwisch, Manfred	Neuregelung des Kündigungs- und Befristungsrechts durch das Gesetz zur Reformen am Arbeitsmarkt. In: BB 2004, S. 154–162.

Luhmann, Niklas	Ausdifferenzierung des Rechts. Beiträge zur Rechtssoziologie und Rechtstheorie. 1. Aufl. Frankfurt am Main: 1981.
Luhmann, Niklas	Rechtssoziologie. 2. Aufl. Opladen: 1983.
Lüscher, Kurt	Widersprüchliche Vielfalt – Neue Perspektiven zum juristischen und soziologischen Verständnis von Familie. In: Bitburger Gespräche Jahrbuch 2001, S. 15–37.
Mair, Jane	Maternity Leave: Improved and Simplified? In: The Modern Law Review (Vol. 63) 2000, p. 877–886.
Markus, Peter **Neumann, Dirk (u. a.)**	Landmann/Rohmer. Gewerbeordnung und ergänzende Vorschriften Bd. I. Gewerbeordnungkommentar. München: Stand Juni 2015.
Mayer, Karl-Georg	„Kita-Plätze hat man zu haben". In: VerwArch 2013, S. 344–405.
McCann, Deidre	Regulating Flexible Work. Oxford: 2008.
McColgan, Aileen	Family Friendly Frolics? The Maternity and Parental Leave etc. Regulations 1999. In: ILJ 2000 (Vol. 29), p. 125–143.
Medicus, Dieter **Lorenz, Stephan**	Schuldrecht I. Allgemeiner Teil. 21. Aufl. München: 2015.
Medicus, Dieter	Zur Anwendung des Allgemeinem Schuldrechts auf Schutzpflichten. In: FS für Claus Wilhelm Canaris. München: 2007, S. 835–856.
Meinel, Gernod **Heyn, Judith** **Herms, Sascha**	Teilzeit- und Befristungsgesetz. Kommentar. 5. Aufl. München: 2015.
Meisel, Peter G. **Sowka, Hans-Harald**	Mutterschutz und Erziehungsurlaub: Kommentar zum Mutterschutzgesetz, zu den Leistungen bei Schwangerschaft und Mutterschaft nach der RVO und zum Bundeserziehungsgeldgesetz. 4. Aufl. München: 1995.
Meysen, Thomas **Beckmann, Janna**	Rechtsanspruch U3: Förderung in Kita und Kindertagespflege. Baden-Baden: 2013.

Meysen, Thomas Rechtsanspruch: ja. Kita-Platz: nein. Und nun? Rechtsschutz und Haftung bei unzureichendem Ausbau. In: DJI Impulse 2/2012, S. 12–15.

Michael, Lothar Lebenspartnerschaften unter dem besonderen Schutz einer (über-)staatlichen Ordnung. Legitimation und Grenzen eines Grundrechtswandels kraft europäischer Integration. In: NJW 2010, S. 3537–3542.

Mönch-Kalina, Sabine Der Rechtsanspruch auf den Besuch eines Kindergartens als soziales Leistungsrecht. Eine Untersuchung des Leistungs- und Leistungserbringungsrecht der Kinder- und Jugendhilfe. Berlin: 2000.

Mühlhausen, Peter Ausweitung der Inhaltskontrolle der unternehmerischen Entscheidungen im Teilzeitrecht? In: NZA 2007, S. 1264–1268.

Müller, Knut Die Sozialauswahl im Kündigungsrecht. Baden-Baden: 2008.

Müller-Glöge, Rudi
Preis, Ulrich
Schmidt, Ingrid Erfurter Kommentar zum Arbeitsrecht. 16. Aufl. München: 2016.

Müller-Terpitz, Ralf Vätermonate und Kindergartenpflicht. In: JZ 2006, S. 991–997.

Münch, Ingo von
Kunig, Philip Grundgesetz: Kommentar. 6. Aufl. München: 2012.

Münder, Johannes
Wiesner, Reinhard Kinder- und Jugendhilferecht. Baden-Baden: 2007.

Nebe, Katja Anm. zu LAG Schleswig-Holstein v. 15.12.2005. In: AuR 2007, S. 141–142.

Nebe, Katja Schwangerschaft am Arbeitsplatz, 2005. Druckversion: Nebe, Betrieblicher Mutterschutz ohne Diskriminierungen, Baden-Baden: 2006.

Nebe, Katja Arbeitsentgelt bei mutterschutzbedingter Umsetzung. In: Zesar 1/11, S. 10–17.

Nikisch, Arthur	Arbeitsrecht. I. Bd. Allgemeine Lehren und Arbeitsvertragsrecht. 3. Aufl. Tübingen: 1961.
Niklas, Thomas	Vorzeitige Beendigung und Verlängerung der Elternzeit nach dem BEEG. In: BB 2013, S. 951–956.
OECD	Doing Better for Families. Studie 2011. Download unter http://www.oecd-ilibrary.org/ social-issues-migration-health/doing-better-for-families_9789264098732-en (Stand 15.12.2015).
Oertzen, Christine v.	Teilzeitarbeit und die Lust am Zuverdienen. Göttingen: 1999.
Oetker, Hartmut	Der auswahlrelevante Personenkreis im Rahmen von § 1 Abs. 3 KSchG. In: FS Wiese. Neuwied: 1998, S. 333–351.
Otto, Hansjörg	Schranken der Kündigungsfreiheit außerhalb des allgemeinen Kündigungsschutzes. In: FS für Wiese. Neuwied: 1998, S. 353–376.
Papier, Hans-Jürgen	Ehe und Familie in der neueren Rechtsprechung des BVerfG. In: NJW 2002, S. 2129–2200.
Pauly, Walter Beutel, Hannes	Ersatzansprüche bei verwehrter Förderung in Kindertagesstätten. In: DÖV 2013, S. 445–452.
Peters-Lange, Susanne Rolfs, Christian	Reformbedarf und Reformgesetzgebung im Mutterschutz und Erziehungsgeldrecht. In: NZA 2000, S. 682–687.
Pfeiffer, Wolfgang	Etymologisches Wörterbuch des Deutschen. Berlin: 1989.
Podlech, Adalbert	Wertungen und Werte im Recht. In: AöR 95 (Heft 2) S. 185–223.
Prehm, Stefanie Hellenkemper, Dagmar	Eine Bewertung von Frauenquoten aus arbeitsrechtlicher Sicht. In: NZA 2012, S. 960–963.
Preis, Ulrich Gotthardt, Michael	Das Teilzeit- und Befristungsgesetz. In: DB 2001, S. 145–152.

Preis, Ulrich
Geneger, Angie

Die unechte Direktionsrechtserweiterung. In: NZA 2008, S. 969–977.

Preis, Ulrich

Reform des Bestandsschutzrechts im Arbeitsverhältnis. In: RdA 2003, S. 65–81.

Preis, Ulrich

Der Kündigungsschutz außerhalb des Kündigungsschutzgesetzes. In: NZA 1997, S. 1256–1270.

Quecke, Martin

Die Änderung im Kündigungsschutzgesetz zum 1.1.2004. In: RdA 2004, S. 86–106.

Raab, Thomas

Der erweiterte Anwendungsbereich der Klagefrist gemäß § 4 KSchG. In: RdA 2004, S. 321–333.

Rancke, Friedbert

Mutterschutz. Elterngeld. Elternzeit. Betreuungsgeld. MuSchG. BEEG. MuSchEltZV. PflegeZG. FPfZG. Kindergeldrecht. UVG. Handkommentar. 4. Aufl. Baden-Baden: 2015.

Rancke, Friedbert

Die neue Elternzeit. Ein Leitfaden für die Praxis. Download unter: http://www.bmfsfj.de/RedaktionBMFSFJ/Broschuerenstelle/Pdf-Anlagen/PRM-14503-Leitfaden-Elternzeit,property=pdf,bereich=b mfsfj,sprache=de,rwb=true.pdf (Stand: 15.12.2015).

Reiserer, Kerstin

„Scheinselbstständigkeit" – Arbeitnehmer oder Selbstständiger. In: BB 1998, S. 1258–1265.

Reiserer, Kerstin
Penner, Andreas

Teilzeitarbeit – Ablehnung des Arbeitgebers wegen betrieblicher Gründe nach § 8 TzBfG. In: BB 2002, S. 1694–1699.

Reiter, Christian

Anwendbare Rechtsnormen bei der Kündigung ins Ausland entsandter Arbeitnehmer. In: NZA 2004, S. 1246–1255.

Richardi, Reinhard
Wißmann, Hellmut
Wlotzke, Ottfried
Oetker, Hartmut

Münchener Handbuch zum Arbeitsrecht. Bd. 1. Individualarbeitsrecht. 3. Aufl. München: 2009.

Richter, Ronald

Der Kita-Anspruch für Einjährige – Aktuelle Rechtsfragen und Handlungsempfehlungen. In: NJW 2013, S. 2650–2652.

Rieble, Volker **Gutzeit, Martin**	Teilzeitanspruch nach § 8 TzBfG und Arbeitszeit-mitbestimmung. In: NZA 2002, S. 7–13.
Rieble, Volker	Familienschutzdimensionen des Arbeitsrechts – ein Verteilungsproblem. In: Familienschutz und Familienverträglichkeit des Arbeitsrechts 2007, S. 9–34.
Rieble, Volker	Entgeltgleichstellung der Frau. In: RdA 2011, S. 36–46.
Rixen, Stephan	Kein Kita-Platz trotz Rechtsanspruch? Zum Aufwendungsersatz bei selbst organisierter Kinderbetreuung. In: NJW 2012, S. 2839–2844.
Rohr, Teresa	Teilzeitarbeit und Kündigungsrecht. Baden-Baden: 2003.
Rolfs, Christian	Das neue Recht der Teilzeitarbeit. In: RdA 2001, S. 129–143.
Rost, Friedhelm	Beendigung von Arbeitsverhältnissen bei Umstrukturierungen. In: NZA-Beil. 2009, S. 23–32.
Roth, Markus	Die betriebsbedingte Kündigung zwischen freier Unternehmerentscheidung und Arbeitsschutz. In: ZIP 2009, S. 1845–1853.
Rudolf, Inge **Rudolf, Klaus**	Zum Verhältnis der Teilzeitansprüche nach § 15 BErzGG, § 8 TzBfG. In: NZA 2002, S. 602–606.
Rudolf, Klaus	Die Verlängerung der Arbeitszeit gemäß § 9 TzBfG. Berlin: 2003.
Salamon, Erwin **Reuße, Bastian**	Grenzen der arbeitgeberseitigen Darlegungslast zur Ablehnung von Teilzeitarbeit nach der jüngsten Ausweitung durch das BAG. In: NZA 2013, S. 865–870.
Salaw-Hanslmaier, **Stefanie**	Diskriminiert das Elterngeld die Mehrkindfamilie? In: ZRP 2008, S. 140–143.
Sandmann, Bernd	Alter und Leistung: Fördern und Fordern. In: NZA-Beil. 2008, S. 17–27.
Sargeant, Malcom **Lewis, David**	Employment Law. 4th Edt. Harlow; Munich:2008.

Schäfer, Christoph	„Schwebende Wirksamkeit" von Kündigungen. In: NZA 2004, S. 833–836.
Schaub, Günter	Arbeitsrechts-Handbuch. Systematische Darstellung und Nachschlagewerk für die Praxis. 16. Aufl. München: 2016.
Schellhorn, Walter Fischer, Lothar Mann, Horst Schellhorn, Hellmut Kern, Christoph	SGB VIII. Kinder und Jugendhilfe. Kommentar. 4. Aufl. Köln: 2012.
Schiefer, Bernd	Entwurf eines Gesetzes über Teilzeitarbeit und befristete Arbeitsverhältnisse und zur Änderung und Aufhebung arbeitsrechtlicher Bestimmungen. In: DB 2000, S. 2118–2123.
Schiefer, Bernd	Die Sozialauswahl bei der betriebsbedingten Kündigung. In: NZA-RR 2002, S. 169–180.
Schliemann, Harald König, Dirk	Ärztliches Beschäftigungsverbot und krankheitsbedingte Arbeitsunfähigkeit der werdenden Mutter. In: NZA 1998, S. 1030–1035.
Schloßer, Philipp	Stellenausschreibung auch als Teilzeitarbeitsplatz – ein Gebot ohne Sanktion. In: BB 2001, S. 411–412.
Schmid, Viola	Die Familie in Art. 6 des Grundgesetzes. Berlin: 1989.
Schmidt, Jan	§ 4 S. 4 KSchG und Gesetz zu Reformen am Arbeitsmarkt. In: NZA 2004, S. 79–82.
Schmidt, Marlene	Anm. zu BAG 15.8.2006. In: RdA 2008, S. 42–44.
Schmitt, Thomas Wohlrab, Sebastian	Ein Ende des Kita-Ausbaus durch Richterrecht? In: KommJur 2013, S. 18–21.
Scholze-Stubenrecht, Werner	Duden. „Das große Wörterbuch der deutschen Sprache" 3. Aufl. Mannheim: 1999.
Schübel-Pfister, Isabel	Kindertagesbetreuung zwischen (Rechts-) Anspruch und Wirklichkeit. In: NVwZ 2013, S. 385–391.

Schubert, Jens M. — Das Normalarbeitsverhältnis in der arbeits- und sozialrechtlichen Wirklichkeit. In: NJW 2010, S. 2613–2618.

Schwab, Dieter — Familie und Staat. In: FamRZ 2007, S. 1–7.

Schwab, Dieter — Zur Geschichte des verfassungsrechtlichen Schutzes von Ehe und Familie. In: FS Bosch 1976, S. 898–907.

Schwarze, Jürgen — Bär-Bouyssière, Bertold — EU-Kommentar. 3. Aufl. Baden-Baden: 2012.

Seeleib-Kaiser, Martin — Fleckenstein, Timo — The Political Economy of Occupational Family Policies: Comparing Workplaces in Britain and Germany. In: BJIR 2009 (Dec.), p. 741–764.

Seeleib-Kaiser, Martin — Fleckenstein, Timo — Business, skills and the welfare state. In: Journal of European Social Policy 2011, Vol. 21 p. 136–149.

Seiler, Christian — Ehe und Familie noch besonders geschützt? In: Arnd Uhrle (Hrsg.), Zur Disposition gestellt? Der besondere Schutz von Ehe und Familie zwischen Verfassungsanspruch und Verfassungswirklichkeit. Berlin: 2014, S. 37–58.

Seiler, Christian — Das Elterngeld im Lichte des Grundgesetzes. In: NVwZ 2007, S. 129–134.

Sell, Stefan — Kinderbetreuungseinrichtungen in der Republik – Angebot und Kosten als Kontextbedingungen für das reformierte Unterhaltsrecht. In: FPR 2009, S. 101–105.

Sievers, Jochen — Anm. zu LAG Stuttgart v. 27.1.2010. In: jurisPR-ArbR 23/2010.

Sinzheimer, Hugo — Über einige Grundfragen des Arbeitstarifrechtes. In: Die Reichsgerichtspraxis im deutschen Rechtsleben (1929) IV, S. 1–16.

Söllner, Alfred — Ohne Arbeit kein Lohn. In: AcP 167 (1967), S. 132–147.

Söllner, Alfred	Die Änderung von Arbeitsbedingungen durch Weisung. In: Hromadka, Änderung durch Arbeitsbedingungen 1990, S. 13–34.
Sowka, Hans-Harald	Der Erziehungsurlaub nach neuem Recht. In: NZA 2000, S. 1185–1191.
Sowka, Hans-Harald	Elternzeit. 5. Aufl. Düsseldorf: 2009.
Spieker, Manfred	Ehe und Familie als Ressource der Gesellschaft. In: Arnd Uhrle (Hrsg.), Zur Disposition gestellt? Der besondere Schutz von Ehe und Familie zwischen Verfassungsanspruch und Verfassungswirklichkeit. Berlin: 2014, S. 11–35.
Stahlhacke, Eugen Preis, Ulrich Vossen, Reinhard	Kündigung und Kündigungsschutz im Arbeitsverhältnis. 11. Aufl. München: 2015.
Stahlhacke, Eugen	Grundrechtliche Schutzpflichten und allgemeiner Kündigungsschutz. In: FS für Wiese. Neuwied: 1998. S. 513–533.
Statistisches Bundesamt	Von niedrigen Geburtenzahlen und fehlenden Müttern (20. September 2012) https://www.destatis.de/DE/Publikationen/STATmagazin/Bevoelkerung/2012_09/Bevoelkerung2012_09.html (Stand 15.12.2015).
Staudacher, Heribert Hartmann, Claudia Hellmann, Andrea Wenk, Herbert	Teilzeitarbeit. Arbeitsrecht-Sozialrecht-Steuerrecht. München: Beck 2003.
Staudinger, Julius v. (Begr.)	J. v. Staudingers Kommentar zum Bürgerlichen Gesetz mit Einführungsgesetz und Nebengesetzen. Berlin. §§ 139–163 (2015), §§ 241–243 (2015), §§ 315–326 (2015), §§ 611–615 (2010).
Steiner, Udo	Schutz von Ehe und Familie. In: Handbuch der Grundrechte. Bd. 4 (Hrsg. Detlef Merten, Hans-Jürgen Papier). Heidelberg: 2011, S. 1249–1278.

Stern, Klaus	Das Staatsrecht der Bundesrepublik Deutschland. Band IV/1. Die einzelnen Grundrechte. Der Schutz und die freiheitliche Entfaltung des Individuums. München: 2006.
Straub, Dieter	Erste Erfahrungen mit dem Teilzeit- und Befristungsgesetz. In: NZA 2001, S. 919–927.
Strick, Kerstin	Familie und arbeitsrechtliche Bestandsschutz. In: Familienschutz und Familienverträglichkeit des Arbeitsrechts. 3. Ludwigsburger Rechtsgespräch. ZAAR Schriftenreihe Bd. 9: 2006, S. 79–104.
Taylor, Stephan Emir, Astra	Employment Law. An Introduction. 2 Edt. Oxford: 2009.
Tettinger, Peter J. Wank, Rolf Ennuschat, Jörg	Gewerbeordnung. Kommentar. 8. Aufl. München: 2011.
Tettinger, Peter J. Geerlings, Jörg	Ehe und Familie in der europäischen Grundrechtsordnung. In: EUR 05, S. 419–434.
Viethen, Hans Peter	Das neue Recht der Teilzeitarbeit. In: NZA Beilage 24/2001, S. 3–8.
Vossen, Reinhard	Die Entfristungsklage nach § 17 Satz 1 TzBfG. In: FS für Schwerdter. München: 2003, S. 693–670.
Wahl, Rainer	Verfassungsrecht und Familienrecht. In: Lebendiges Familienrecht, FS für Rainer. Frankfurt am Main: 2008. S. 31–56.
Waltermann, Raimund	Abschied vom Normalarbeitsverhältnis? In: DJT 2010 Bd. 1 Teil B. München: 2010.
Wank, Rolf	Arbeitnehmer und Selbstständige. München: 1988.
Wank, Rolf	Änderungen von Arbeitsbedingungen. In: NZA-Beil. 2012, S. 41–49.
Wank, Rolf	Die Kündigung außerhalb des Kündigungsschutzgesetzes. In: Arbeitsrecht und Sozialpartnerschaft. In: FS für Hanau. Köln: 1999, S. 295–315.
Weber, Ulrich Ehrich, Christian	Direktionsrecht und Änderungskündigung bei Veränderungen im Arbeitsverhältnis. In: BB 1996, S. 2246–2254.

Weigand, Horst	Kleine Geschichte der Kleinbetriebsklausel im allgemeinen Kündigungsschutzrecht. In: FS für Gerhard Etzel zum 75. Geburtstag. Köln: 2011, S. 437–466.
Weldon-Johns, Michelle	The Additional Paternity Leave Regulations 2010: a new dawn or more sound bite legisaltion? In: Journal of Social Welfare & Family Law (Vol. 33) March 2011, p. 25–38.
Wenzel, Leonhard	Der Kündigungsschutz des Arbeitnehmers. Teil 12: Der besondere Kündigungsschutz der werdenden Mutter. In: MDR 1978, S. 719–722.
Weyand, Joachim	Der Anspruch auf Mutterschutzlohn bei krankheitsbedingten Beschäftigungsverbot. In: BB 1994, S. 1852–1856.
Wiebauer, Bernd	Die Rechtsprechung zum besonderen Fall nach § 9 MuSchG und § 18 BEEG. In: BB 2013, S. 1784–1790.
Wiebauer, Bernd	Elternzeit und beabsichtigte Betriebsstilllegung. In: NZA 2011, S. 177 180.
Wiesner, Reinhard	SGB VIII. Kinder- und Jugendhilfe-Kommentar. 5. Aufl. München: 2015.
Wießner, Reinhard Grube, Christian Kößler, Melanie	Der Anspruch auf frühkindliche Förderung und seine Durchsetzung. 2. Aufl. Wiesbaden: 2013.
Wlotzke, Otfried	Öffentlich-rechtliche Arbeitsschutznormen und privatrechtliche Rechte und Pflichten des einzelnen Arbeitnehmers. In: FS für Hilger/Stumpf. München: 1983. S. 723–769.
Wollenschläger, Michael	Arbeitsrecht. 3. Aufl. Köln: 2010.
Zmarzlik, Johannes Zipperer, Manfred Viethen, Hans Peter Vieß, Gerhard	Mutterschutzgesetz Mutterschaftsleistungen – mit Mutterschutzverordnung – 9. Aufl. Köln: 2006.